BOLETÍN DE LA DEFENSA NACIONAL

De Froylán Turcios

ERANDIQUE
COLECCIÓN

BOLETÍN DE LA DEFENSA NACIONAL
Por Froylán Turcios

©Editorial Erandique 2024
Supervisión Editorial: Óscar Flores López
Diseño de portada: Andrea Rodríguez-Lilyana Gálvez
Administración: Tesla Rodas y Jéssica Cordero
Levantamiento de texto: Zona Creativa
Presidente: José Azcona Bocock

Segunda edición
Tegucigalpa, Honduras-marzo de 2024

**Llegada de los Marines al centro de Tegucigalpa.
La tropa invasora instalada en Honduras.**

Todo nuestro catálogo en www.erandique.com

NOTA DEL EDITOR

Esta es *la Biblia del patriotismo*. Fue publicado en treintaiún ediciones entre el 21 de marzo al 25 de abril. De eso, hace noventa nueve años y, sin embargo, las letras de aquellos valientes hombres y mujeres que defendieron con sus artículos la soberanía nacional provocan admiración.

Indignado por la invasión de Tegucigalpa realizada por 200 marines de Estados Unidos , el escritor Froylán Turcios publicó, con dinero de su propio bolsillo, el Boletín de la Defensa Nacional.

Cada tarde, nos cuenta Turcios en sus Memorias, varios muchachos voluntarios salían a las calles, en medio de la sanguinaria guerra civil que despedazaba a Honduras, a regalar las hojas sueltas impresas en los talleres de la Tipografía Nacional.

A pesar de la magnitud de la obra, el Boletín de la Defensa Nacional sólo es conocido por unos pocos hondureños. Hoy, Colección Erandique pone en sus manos todas sus ediciones (con excepción de la número 1, la cual nos fue imposible localizar en las búsquedas realizadas en la Biblioteca de la Universidad Nacional Autónoma de Honduras, UNAH; la Biblioteca Nacional *Juan Ramón Molina*; Archivo Nacional y Hemeroteca. Quizás está completa en alguna biblioteca privada, por lo que nos comprometemos a su publicación íntegra siempre y cuando encontremos esas ediciones extraviadas), incluyendo los nombres de las personas que contribuyeron financieramente para que Turcios y un grupo de intelectuales continuaran con su tarea de denuncia.

Usted encontrará los artículos de Froylán Turcios, Visitación Padilla, Alfonso Guillén Zelaya, Céleo Dávila, Adán Canales, Alejandro Armijo (obrero), Esteban Guardiola y Rafael Díaz Chávez, entre otros.

Acuartelados en el Hotel Agurcia en el centro de la capital (donde hoy está el edificio Fiallos Soto), los doscientos marines fueron enviados por su gobierno para "defender" la vida de compatriotas que vivían en Honduras, así como sus propiedades. Llegaron el 11 de abril de 1924.

Fue Franklin E. Morales, ministro plenipotenciario "gringo", en Honduras, el que solicitó la llegada de los 200 marines. Turcios y el resto de articulistas arremeterían fuertemente contra el diplomático estadounidense.

"Contrájose la cara de Franklin Morales cuando se impuso del pliego, y dio fuertes puñetazos sobre su escritorio declarando, con esa grosería de los plebeyos ascendidos por el azar a delicados cargos, que Honduras era una tierra de salvajes, que los marinos de su país venían a proteger a sus conciudadanos y demás extranjeros de los asaltos de los bandidos; y que en la petición que a él se hizo para que aquéllos llegaran, había muchas firmas de importantes hondureños, etcétera", escribió Turcios.

De hecho, el autor de Mariposas, El Vampiro, Cuentos del amor y de la muerte y Hojas de otoño, exigió a Morales en varias ediciones del Boletín de la Defensa Nacional, que revelara los nombres de los hondureños que solicitaron la presencia de tropas extranjeras en territorio hondureño.

Sin embargo, nunca obtuvo respuesta.

Irónicamente, el Boletín de la Defensa Nacional, nos cuenta el propio Turcios, fue atacado desde el anonimato por unos pocos hondureños.

Con excepción de eso, el Boletín de la Defensa Nacional tuvo respaldo popular, y si no llegó a cada rincón del país fue por la guerra civil que desangraba a Honduras.

A la par de la publicación diaria del Boletín de la Defensa Nacional, Turcios inició en Tegucigalpa una campaña para recolectar las firmas de aquellos que deseaban que la inmediata salida de los marines.

Recolectó nueve mil firmas.

Según la leyenda, el enojo del poeta llegó a tal punto que algunas tardes se iba a dar una vuelta a La Isla, donde los invasores realizaban sus prácticas militares, y los amenazaba con su pequeño revólver.

Parece poco probable que hubiera sido así, pues el mismo Turcios, en las páginas del Boletín de la Defensa Nacional, realizó constantes llamados a la prudencia.

"Esta publicación excita a los verdaderos patriotas para que observen una actitud prudente en presencia de los marinos norteamericanos. Cualquier violencia podría ocasionar la ruina total del país, precipitándonos en un conflicto armado", era el mensaje.

Coincidentemente, ninguno de los principales líderes rebeldes (Tiburcio Carías Andino, Vicente Tosta, Gregorio Ferrera y Francisco Martínez Fúnez), hizo público su rechazo a la invasión, a pesar de los constantes llamados de Turcios, quien puso a disposición las páginas del Boletín de la Defensa Nacional.

Turcios nunca ocultó su antiimperialismo. Basta con que recordemos la campaña internacional que realizó para dar a conocer la lucha de Sandino en Nicaragua.

Las páginas del Boletín de la Defensa Nacional sirvieron para denunciar la invasión de los 200 marines y para exigir su salida inmediata de Honduras, y simbolizan el amor por su patria de esos valientes hombres y mujeres que lo arriesgaron todo, incluyendo sus vidas.

"Pudimos comprobar, una vez más, que lo más feo y odioso que existe sobre la tierra es la cara del imperialismo yankee", escribió Turcios.

Los hondureños nunca agradecieron como se debía a Froylán Turcios su iniciativa patriótica. La indiferencia continúa, a tal punto que el Boletín de la Defensa Nacional nunca ha sido material de estudio en las escuelas y universidades.

Hoy, por primera vez, las ediciones del Boletín de la Defensa Nacional son publicadas íntegras. Agradezco al personal de Colección Hondureña de la Biblioteca de la UNAH y a Renán Valle por su ayuda; a Zona Creativa por la digitalización del material; al ingeniero José Azcona, Mirka Betanco, Tesla Rodas, Juan Carlos Pagoaga y Andrea Rodríguez.

Hemos respetado la ortografía con que fue escrito en 1924.

Editar el Boletín de la Defensa Nacional ha sido una experiencia hermosa.

ÓSCAR FLORES LÓPEZ
Editor Colección Erandique

FROYLÁN TURCIOS: "la tropa invasora FUE UNA HUMILLACIÓN A MI PATRIA"

"También fui Presidente del Comité-Pro-Paz (el Vicepresidente era el doctor Vicente Mejía Colindres), fundado para trabajar por la paz de la República, amenazada por la exaltación de las pasiones políticas con motivo de la campaña electoral de 1923. Las actas de las sesiones de estas dos últimas entidades aparecieron en Hispano América. En la medida de mis fuerzas hice cuanto pude para evitar la guerra civil.

Desatada ésta llegó a Tegucigalpa un cuerpo de doscientos marinos yanquis que fijó su cuartel en pleno corazón de la ciudad (casa de Agurcia, esquina oriental del Parque Morazán). Desde el instante en que tuve la noticia del desembarco de aquellos intrusos en Amapala violando nuestra soberanía, me presenté al Consejo de Ministros solicitando una inmediata protesta contra el ultraje hecho a Honduras.

Atendióse mi petición, y cuando la soldadesca extraña hallábase todavía en dicho puerto, fue redactado aquel documento y se me comisionó para que, en persona, lo entregara al ministro norteamericano. Acompañóme el doctor Octaviano Arias, subsecretario de Relaciones Exteriores.

Contrájose la cara de Franklin Morales cuando se impuso del pliego, y dio fuertes puñetazos sobre su escritorio declarando, con esa grosería de los plebeyos ascendidos por el azar a delicados cargos, que Honduras era una tierra de salvajes, que los marinos de su país venían a proteger a sus conciudadanos y demás extranjeros de los asaltos de los bandidos; y que en la petición que a él se hizo para que aquéllos llegaran, había muchas firmas de importantes hondureños, etcétera.

Le contesté en el mismo tono altanero que él uso, punto por punto; terminando por rechazar, como una vil calumnia el gravísimo cargo que arrojaba sobre algunos de mis compatriotas. Él se comprometió a remitirme sus nombres, dentro de breve tiempo, lo que nunca hizo.

Como en su larga, violenta y difusa peroración manifestara que no daría respuesta a la nota del Consejo porque éste no actuaba con

5

funciones legales, le manifesté que, en tal caso, él se hallaba desprovisto de todo empleo e inmunidad diplomáticos, ya que no existía gobierno legal ante el que pudiera acreditar su representación. Sobresaltóse al oírme imaginándose quizá ver su cabeza paseada por las calles de Tegucigalpa en la punta de una bayoneta.

Con estas últimas palabras salí sin darle la mano. Tornándose cordial, nos acompañó, a Arias y a mí, hasta la portezuela del automóvil.

Al día siguiente ingresó a la capital la tropa invasora, y, por primera vez sentí, convertida en hecho, la afrenta con que se humillara a mi patria. Lancé una candente hoja suelta protestando de aquel incalificable abuso de la fuerza bruta (Alfonso Guillén Zelaya y dos otros hondureños de gran corazón fueron los primeros que acuerparon mi solicitud). Y publiqué, desde esa fecha, todos los días, el Boletín de la Defensa Nacional —calificado por Vargas Vila como la más valerosa, vigorosa y oportuna demostración de alto civismo, permanente latido del duelo de Honduras por la injuria hecha a su bandera, encendido panfleto contra los victimarios del Derecho y de la Libertad en Hispano América y tenaz esfuerzo por quitarnos de encima aquella oprobiosa lepra.

El Boletín circulaba todas las tardes gratuitamente en número de cinco mil ejemplares; y, desde el mediodía veíase la calle, junto a mi casa, llena de hombres y mujeres que esperaban su aparición. Distribuía una parte, en mi puerta, yo mismo, ayudado por un grupo de patriotas; y, el resto, por una veintena de muchachos que sin admitir ningún pago, recorrían Tegucigalpa y Comayagüela, introduciéndolo hasta en los más lejanos suburbios. Todos los soldados y oficiales de los cuarteles hacíanse presentes solicitando la hoja en que palpitaba el alma hondureña. De aquí la calurosa simpatía de que me dieron tantas pruebas en las sangrientas semanas del sitio.

Llegó una hora en que me faltó dinero para pagar a los tipógrafos que trabajaban en el diario y promoví en él una suscripción para obtener esos fondos. La primera persona que se presentó, llevando su cuota de cinco pesos, fue la señorita Mercedes Garay (tía del licenciado Constantino Garay), quien, al abrazarme elogiando mi actitud, díjome que si fuera rica habría puesto a mis órdenes toda su fortuna para contribuir eficazmente a expulsar a los marinos intrusos del territorio patrio. Alargóse la lista de los donantes, que aparecía diariamente en las páginas del Boletín con el detalle de la inversión de los fondos. Abrí un libro de protestas contra la odiosa permanencia de los yanquis en Honduras, encabezado por algunos párrafos enérgicos que brotaron de mi pluma; y, durante un mes, cada cinco minutos llegó un hombre o una mujer a firmar en aquel libro.

A veces reuníanse hasta diez personas, esperando su turno para inscribir su nombre. Más de nueve mil firmas sólo de la capital llegó a sumar la nómina patriótica. Me di entonces cuenta exacta del espíritu rebelde, del odio al yugo extranjero, de la pasión por la soberanía que vibran en el alma del pueblo hondureño. Sentíame orgulloso cuando grupos entusiastas me aclamaban al pasar por las calles o frente a mi casa.

Nunca, en ningún momento histórico en los anales de los pueblos hispanoamericanos escarnecidos por el imperialismo yanqui, fue éste atacado con mayor audacia, con mayor desprecio de la vida, con mayor impetuosa energía, que como lo fue en el Boletín de la Defensa Nacional. Lamenté únicamente que su poderosa acción no trascendiera —por el sitio de la capital— a las demás regiones de la República; pero la prueba inequívoca, irrefutable, potente, que en él se dio de que nuestro país perecerá antes que dejarse encadenar, fue el principal motivo para el retiro inmediato de los odiados marinos.

Mi conciencia y la conciencia de mis conciudadanos dignos así me lo dicen. Y esto me basta. Debo añadir que las semanas mejor empleadas de mi existencia fueron aquellas en que, sin perder un minuto, sin medir los peligros y las conveniencias, con plena renuncia de mi vida trabajé intensamente, con el cerebro y con el corazón — como nadie jamás lo hiciera— por la dignidad, por la gloria y por la soberanía de Honduras".

(TOMADO DEL LIBRO MEMORIAS DE FROYLÁN TURCIOS, PUBLICADO POR COLECCIÓN ERANDIQUE).

Froylán Turcios, poeta, cuentista, novelista, patriota y editor del Boletín de la Defensa Nacional.

BOLETIN DE LA DEFENSA NACIONAL

Director: Froylán TURCIOS.

DISTRIBUCION GRATIS   TEGUCIGALPA, HONDURAS, CENTRO-AMERICA, 22 DE MARZO DE 1924.   No. 2.

Estados Unidos no tienen ningún derecho
para mezclarse en nuestros asuntos internos

Ningún centroamericano en que vibre la más insignificante emoción de patriotismo podrá reconocer jamás el menor derecho al Gobierno de los Estados Unidos para inmiscuirse en nuestros asuntos internos. Si, desventuradamente, vivimos con el dicterio en los labios o con el rifle al hombro, destrozándonos como fieros enemigos, con la saña de los gallos de pelea, esto sólo nos incumbe a nosotros y nada le importa de ello a ninguna nación extranjera. Que no se nos diga, cínicamente, que acuden en nuestro auxilio por piadosa humanidad, pues lo cierto es que tal ayuda es interesada, nacida de un instinto pirata. Y aún cuando no fuera así, sería ignominiosa para nuestro civismo y atentatoria para nuestra soberanía. Somos nosotros, y solamente nosotros, los que debemos buscar el remedio a nuestros males de ambiente y de raza y no los extraños y los entrometidos.

FROYLAN TURCIOS.

La esclavitud de Nicaragua
Por ISIDRO FABELA

La diplomacia del dólar. -- La revolución contra Zelaya

La intervención de los Estados Unidos en la República de Nicaragua es un caso de suma gravedad en el destino de Centroamérica y en la historia de la política panamericana, porque marca la aplicación de un nuevo sistema del imperialismo yanqui, el de la «diplomacia del dólar», que no ha resultado en su ejecución ni menos inmoral ni menos pernicioso que los anteriores métodos imperialistas aplicados por los Estados Unidos en Hispano-América. La «dollar diplomacy», instaurada por el Secretario de Estado Knox, se ha ejercitado en varias repúblicas iberoamericanas, con menoscabo de su soberanía e independencia. Consiste en otorgar empréstitos a ciertos países bajo condiciones más o menos onerosas, y a las veces leoninas, con garantías de seguridad completa en todo caso y oficial casi siempre. En los casos de incumplimiento de los compromisos contraídos con los banqueros prestamistas, éstos recurren a su Gobierno, demandando protección de sus intereses, y entonces las autoridades de los Estados Unidos, cumpliendo sus sagrados deberes de proteger a sus nacionales en el extranjero, y con fundamento en los pactos suscritos, concluyen, administran o se apoderan de los ferrocarriles, de los telégrafos, de las aduanas, o del gobierno todo, del Estado deudor, si así lo exigen las circunstancias, con el objeto de dar satisfacción al capital norteamericano invertido en país hispanoamericano. Ahora bien: si la república deudora no puede pagar en razón de su pobreza o por dificultades de política interna, y, al propio tiempo, se resiste a abdicar su soberanía y a sacrificar su honor, o encuentra injusto el apremio y resiste a las exigencias que le imponen, entonces el Gobierno de Washington emplea la fuerza, introduciendo en la nación insolvente las tropas necesarias, o efectuando los actos de fuerza precisos para hacer respetar la bandera y los empréstitos norteamericanos, así como los acuerdos inapelables de la Casa Blanca.

Cuando algún determinado país hispanoamericano no tiene deuda contraída en los Estados Unidos, y conviene a los financieros y a los políticos estadounidenses que la contraiga, se le hace aceptar un empréstito, coaccionando su voluntad por medios muy variados y que resultan tanto más eficaces cuanto más pobre y más débil es la nación a la que, oficialmente, protegen los Estados Unidos con su apoyo pecuniario, la cual, al fin de cuentas, viene a quedar hipotecada en su territorio, intervenida en sus negocios interiores y lesionada en su libertad y autonomía.

El caso de Nicaragua, por sí solo, bastaría para desprestigiar la diplomacia de un gobierno; parece como si los autores del atentado, según veremos, se propusieran alardear de una gran energía contra el Derecho mismo.

El 10 de octubre de 1909 estalló en Nicaragua una revolución contra el Presidente don José Santos Zelaya. El jefe del movimiento era el Gral. Juan J. Estrada, gobernador intendente de la costa atlántica. «El Cónsul norteamericano Moffat aparecía como el *Deus ex machina* de esta sedición (1).» Los sublevados se presentaron a la liza bien armados y pertrechados, pues «recibieron libremente elementos de guerra y municiones de todas clases y dinero de capitalistas americanos; todo de manera notoria y con manifiesta tolerancia y puede decirse complacencia de funcionarios americanos.» (2). El mismo Gral. Estrada, siendo más tarde Presidente de su país, por obra y gracia de la revolución apoyada por elementos norteamericanos, confesaba así los hechos en una entrevista que le hiciera, el 10 de septiembre de 1912, el *New York Times*: «El Gral. Estrada fue rudamente franco, demasiado franco, cuando concluyó diciendo que admitía que la revolución que él había encabezado contra Zelaya había recibido la ayuda financiera de ciertas compañías norteamericanas, establecidas en la costa atlántica de Nicaragua. Dijo que tales compañías contribuyeron a la revolución de Bluefields con un millón de dólares, y la casa de Joseph W. Beers con unos doscientos mil, y la de Samuel Weil con cerca de ciento cincuenta mil dólares.»

(Continuará)

(*) Fernández Güell.
(1) Leura (Juan), *Los Estados Unidos y la América Latina* (New Orleans, The L. Graham Ca. Printers, 1912).

LA CONCIENCIA NACIONAL

La dificultad actual de las comunicaciones impide conocer la impetuosa corriente de la conciencia nacional, que, a una voz, se levantará indignada contra el atropello del suelo patrio.

Por esa dificultad, la protesta patriótica sólo puede, por ahora, concretarse a la capital; pero luego la veremos levantarse airada de todos los ámbitos hondureños.

AL Sr. MINISTRO NORTEAMERICANO

Si el Sr. Ministro Morales no nos da los nombres de los hondureños que, según él, pidieron la llegada de los marinos intrusos—si no cumple su palabra, que nos dió a este respecto—tendremos, plena y absoluta razón para creer que solamente para disculparse por el profundo agravio que hizo a la nación hondureña, encontró ese pretexto equívoco, por el cual muchos de nuestros connacionales empiezan a ser señalados como traidores.

Por la defensa nacional
I.

En estos momentos estamos recibiendo los hondureños una lección gráfica de Instrucción Cívica. Es necesario que la aprovechemos y hagamos aprovechar a aquellos de nuestros compatriotas que no tienen conciencia de lo que significa su nacionalidad. Tropas armadas de un país extraño han desembarcado en el territorio patrio, con sus banderas y sus armas, sin pedir siquiera el permiso correspondiente de las autoridades militares, y permanecen en él, a despecho de la vigorosa protesta elevada por el Poder Ejecutivo Provisional. Ello constituye una violación flagrante a los principios establecidos por el Derecho. El pueblo, que no puede *ni debe intentar en estos momentos* una acción enérgica, merced al estado de desorganización en que nos encontramos, está en la obligación de protestar con todas sus fuerzas contra semejante atentado. No es el caso de ponernos a averiguar *quién tuvo la culpa* de la llegada de los norteamericanos *no tienen derecho a permanecer aquí en ningún caso.*

Es mil veces preferible que perezcamos todos, junto con nuestras familias, a vivir en la ignominia. Yo sé que éste es un lenguaje demasiado culto para que lo comprendan algunos Sanchos que estiman demasiado su seguridad personal. Pero sí, sé también, y de ello me enorgullezco, que hay muchos hondureños dispuestos a sacrificar sus vidas antes que aceptar la hegemonía extranjera.

Es preciso que el señor Ministro de los Estados Unidos sepa que al país no se le puede manejar como a un *sandwich.*

Porfirio Hernández.

Primera página de la Edición número 2 del Boletín de la Defensa Nacional.

BOLETÍN DE LA DEFENSA NACIONAL

Director: Froylán Turcios

TEGUCIGALPA, HONDURAS, CENTROAMÉRICA
SÁBADO 22 DE MARZO DE 1924

GRATIS No. 2

Estados Unidos no tiene ningún derecho
para mezclarse en nuestros asuntos internos

Ningún centroamericano en que vibre la más insignificante emoción de patriotismo podrá reconocer jamás el menor derecho al Gobierno de los Estados Unidos para inmiscuirse en nuestros asuntos infernos. Si, desventuradamente, vivimos con el dicterio en los labios o con el rifle al hombro, destrozándonos como fieros enemigos, con la saña de los gallos de pelea, esto sólo nos incumbe a nosotros y nada le importa de ello a ninguna nación extranjera. Que no se nos diga, cínicamente, que acuden en nuestro auxilio por piadosa humanidad, pues lo cierto es que tal ayuda es interesada, nacida de un instinto pirata. Y aun cuando no fuera así, sería ignominiosa para nuestro civismo y atentatoria para nuestra soberanía. Somos nosotros, y solamente nosotros, los que debemos buscar el remedio a nuestros males de ambiente y de raza y no los extraños y los entrometidos.

FROYLÁN TURCIOS.

La esclavitud de Nicaragua
Por ISIDRO FABELA

La diplomacia del dólar. -- La revolución contra Zelaya

La intervención de los Estados Unidos en la República de Nicaragua es un caso de suma gravedad en el destino de Centroamérica y en la historia de la política panamericana, porque marca la aplicación de un nuevo sistema del imperialismo yanqui, el de la diplomacia del dólar, que no ha resultado en su ejecución ni menos inmoral ni menos pernicioso que los anteriores métodos imperialistas aplicados por los Estados Unidos en Hispano-América.

La dollar diplomacy, instaurada por el Secretario de Estado Knox, se ha ejercitado en varias repúblicas iberoamericanas, con menoscabo de su soberanía e independencia. Consiste en otorgar empréstitos a ciertos países bajo condiciones más o menos onerosas, y a las veces leoninas, con garantías de seguridad completa en todo caso y oficial casi siempre. En los casos de incumplimiento de los compromisos contraídos con los banqueros prestamistas, éstos recurren a su Gobierno, demandando protección de sus intereses, y entonces las autoridades de los Estados Unidos, cumpliendo sus sagrados deberes de proteger a sus nacionales en el extranjero, y con fundamento en los pactos suscritos, controlan, administran o se apoderan de los ferrocarriles, de los telégrafos, de las aduanas, o del gobierno todo, del Estado deudor, si así lo exigen las circunstancias, con el objeto de dar satisfacción al capital norteamericano invertido en país hispanoamericano.

Ahora bien: si la república deudora no puede pagar en razón de su pobreza o por dificultades de política interna, y, al propio tiempo, se resiste a abdicar su soberanía y a sacrificar su honor, o encuentra injusto el apremio y resiste a las exigencias que le imponen, entonces el Gobierno de Washington emplea la fuerza, introduciendo en la nación insolvente las tropas necesarias, o efectuando los actos de fuerza precisos para hacer respetar la bandera y los empréstitos norteamericanos, así como los acuerdos inapelables de la Casa Blanca.

Cuando algún determinado país hispanoamericano no tiene deuda contraída en los Estados Unidos, y conviene a los financieros y a los políticos estadounidenses que la contraiga, se le hace aceptar un empréstito, coaccionando su voluntad por medios muy variados y que resultan tanto más eficaces cuanto más pobre y más débil es la nación a la que, oficialmente, protegen los Estados Unidos con su apoyo pecuniario; la cual, al fin de cuentas, viene a quedar hipotecada en su territorio, intervenida en sus negocios interiores y lesionada en su libertad y autonomía. El caso de Nicaragua, por sí solo, bastaría para desprestigiar la diplomacia de un gobierno; parece como si los autores del atentado, según veremos, se propusieran alardear de una gran energía contra el Derecho mismo.

El 10 de octubre de 1909 estalló en Nicaragua una revolución contra el Presidente don José Santos Zelaya. El jefe del movimiento era el general Juan J. Estrada, gobernador intendente de la costa atlántica. El Cónsul norteamericano Moffat aparecía como el Deus ex machina de esta sedición. Los sublevados se presentaron a la liza bien armados y pertrechados, pues recibieron libremente elementos de guerra y municiones de todas clases y dinero de capitalistas americanos; todo de manera notoria y con manifiesta tolerancia y puede decirse complacencia de funcionarios americanos. El mismo general Estrada, siendo más tarde Presidente de su país, por obra y gracia de la revolución apoyada por elementos norteamericanos, confesaba así los hechos en una entrevista que le hiciera, el 10 de septiembre, de 1912, el New York Times.

El General Estrada fue rudamente franco, demasiado franco, cuando concluyó diciendo que admitía que la revolución que él había encabezado contra Zelaya había recibido la ayuda financiera de ciertas compañías norteamericanas, establecidas en la costa atlántica de Nicaragua. Dijo que tales compañías contribuyeron a la revolución de Bluefields con un millón de dólares, y la casa de Joseph W, Beers con unos doscientos mil, y la de Samuel Weil con cerca de ciento cincuenta mil dólares.

(Continuará).

LA CONCIENCIA NACIONAL

La dificultad actual de las comunicaciones impide conocer la impetuosa corriente de la conciencia nacional, que, a una voz, se levantará indignada contra el atropello del suelo patrio.

Por esa dificultad, la protesta patriótica sólo puede, por ahora, concretarse a la capital; pero luego la veremos levantarse airada de todos los ámbitos hondureños.

AL Sr. MINISTRO NORTEAMERICANO

Si el Sr. Ministro Morales no nos da los nombres de los hondureños que, según él, pidieron la llegada de los marinos intrusos —si no cumple su palabra, que nos dio a este respecto—, tendremos plena y absoluta razón para creer que solamente para disculparse por el profundo agravio que hizo a la nación hondureña, encontró ese pretexto equívoco, por el cual muchos de nuestros connacionales empiezan a ser señalados como traidores.

Por la defensa nacional

En estos momentos estamos recibiendo los hondureños una lección gráfica de Instrucción Cívica. Es necesario que la aprovechemos y la hagamos aprovechar a aquellos de nuestros compatriotas que no tienen conciencia de lo que significa su nacionalidad. Tropas armadas de un país extraño han desembarcado en el territorio patrio, con sus banderas y sus armas, sin pedir siquiera el permiso correspondiente de las autoridades militares, y permanecen en él, a despecho de la vigorosa protesta elevada por el Poder Ejecutivo Provisional.

Ello constituye una violación flagrante a los principios establecidos por el Derecho. El pueblo, que no puede ni debe intentar en estos momentos una acción enérgica, merced al estado de desorganización en que nos encontramos, está en la obligación de protestar con todas sus fuerzas contra semejante atentado. No es el caso de ponernos a averiguar quién tuvo la culpa de la llegada de los norteamericanos. Lo único que debemos pensar es que los soldados, norteamericanos no tienen derecho a permanecer aquí en ningún caso. Es mil veces preferible que perezcamos todos, junto con nuestras familias, a vivir en la ignominia. Yo sé que éste es un lenguaje demasiado culto para que lo comprendan algunos Sanchos que estiman demasiado su seguridad personal. Pero si sé también, y de ello me enorgullezco, que hay muchos hondureños dispuestos a sacrificar sus vidas antes que aceptar la hegemonía extranjera. Es preciso que el señor Ministro de los Estados Unidos sepa que al país no se le puede manejar como a un sándwich.

Porfirio Hernández

Yo no conocía ese dolor...

Así le he oído decir a un espíritu excelso, bajo la impresión de haber visto caminar por las calles de Tegucigalpa, a un grupo de marinos norteamericanos, quienes, al fijar sus miradas, en nosotros; parecen decirnos: "Tributadnos homenaje". Ciertamente: no conocíamos ese dolor... El que ha sentido Cuba,

Santo Domingo y nuestra hermana República de Nicaragua. Lo presentíamos, pero no nos imaginábamos que la realidad fuese tan terrible.

Si el señor Ministro de los Estados Unidos de Norte América SIENTE EL AMOR DE LA PATRIA, podrá comprender la puñalada que Honduras recibe en estos momentos. El Gobierno de los Estados Unidos de Norte América, que indudablemente se honra de representar un país ilustre y poderoso, no ha estimado su dignidad y en la obcecación de su soberbia no comprende que está eclipsando la gloria de su país y desacreditando la fe cristiana de que pretenden dar ejemplo a las demás naciones.

Ante el presente atentado a la soberanía de Honduras, ¿dónde está el espíritu de los puritanos del May Flower que fundaron la gran nación del Norte?

¿Ha degenerado en sus manos la doctrina inmortal de Jesucristo? ¿Los hombres que juran fidelidad a la Patria sobre la Biblia son los que están humillando a Honduras en estos momentos? Podemos decir ahora, parodiando a madame Rolland frente a la guillotina: "¡Oh,

Biblia bendita! ¡Cuántos crímenes se están cometiendo en tu nombre!".

VISTACIÓN PADILLA

Tegucigalpa, 22 de marzo de 1924.

CUÁNDO SALDRÁN LOS NORTEAMERICANOS

Tenemos noticia oficial de que el señor Ministro norteamericano manifestó al señor Ministro de Relaciones Exteriores: que tan pronto como termine en esta capital el período de violencia que culminó con el saqueo de algunos establecimientos comerciales, volverán à su barco de guerra las tropas norteamericanas que actualmente se hallan en Tegucigalpa.

TRAIDORES VERGONZANTES

Así puede calificarse a los malos hondureños que han solicitado la intervención extranjera.

Ocultan sus nombres, se ocultan en la sombra, temerosos de la reprobación de los patriotas.

Huyen de la luz, huyen de que se les señale con el índice de la vergüenza, de que se les marque con el sello de la ignominia.

Tan seguros están de su traición que ninguno se atreve a reconocer su infamia; pero nosotros los encontraremos y publicaremos sus nombres.

A LOS ESCRITORES NACIONALES

Excitamos a todos los escritores nacionales para que se sirvan de enviarnos pronto sus artículos de protesta por el ingreso indebido de los marinos extranjeros a esta capital. Este es el momento en que el silencio constituye un crimen.

Tal excitativa va, de manera especialísima, a nuestros compañeros de pluma: Alfonso Guillén Zelaya, Luis Andrés Zúñiga, Céleo Dávila, Matías Oviedo, Antonio Castillo Vega; a los doctores Vicente Mejía Colindres, Alberto Uclés, Esteban Guardiola, Miguel Oquelí Bustillo, Miguel A. Navarro, Manuel S. López, Sanuel Laines, Manuel G.

Zúñiga, Rómulo E. Durón, Eduardo Martínez López, Félix Salgado, Ricardo Alduvín, Salvador Zelaya, Luis Landa, Tito López Pineda, a la señorita Carlota Membreño, a don Manuel de Adalid y Gamero, Inés Navarro, Adán Canales, Octavio R. Ugarte, Ángel R. Fortín, Gonzalo Sequeiros y a todos los miembros del Ateneo de Honduras y de la Acción Ibero—Americana.

Cuotas patrióticas

para pagar a los cajistas que trabajan en este *Boletín*

Mercedes Garay	$ 5.00
Román Ramos Valdés	5.00
Cristóbal Canales	5.00
Federico C. Canales	5.00
Cecilio Colindres Zepeda	2.00

EL SEÑOR ARZOBISPO DE TEGUCIGALPA Y LAS TROPAS NORTEAMERICANAS

En carta que recibimos ayer nos dice el señor Arzobispo Hombach:

Si usted desea o necesita conocer la honda pena que me ha causado la llegada de las tropas americanas, puede hablar con Monseñor Fiallos o con el doctor Rómulo. E. Durón

---

El Libro del Partido Autonomista Hondureño.

De las 8 a.m. a las 6 p.m. estará abierto en la Redacción de Hispano América el libro de inscripción para las firmas que llevará la protesta por la llegada de fuerzas extrañas al territorio nacional.

UNA ADVERTENCIA OPORTUNA

Esta publicación excita a los verdaderos patriotas para que observen una actitud prudente en presencia de los marinos norteamericanos. Cualquier violencia podría ocasionar la ruina total del país, precipitándonos en un conflicto armado.

BOLETÍN DE LA DEFENSA NACIONAL

Director: Froylán Turcios

TEGUCIGALPA, HONDURAS, CENTROAMÉRICA, DOMINGO 23 DE MARZO DE 1924

GRATIS No. 3

El imperialismo yankee.

El imperialismo del Norte es un pulpo formidable, cuyos gigantescos tentáculos se alargan siniestramente sobre todos los países débiles. México lo ha detenido con su brazo heroico, acostumbrado a manejar con brío el rifle y el machete en los combates sangrientos en que no se da cuartel al invasor. México, llamado gráficamente el Centinela de la Raza, tierra generosa del valor legendario, en donde se castiga con la muerte toda traición a la soberanía, es la muralla inconmovible que ha rechazado al pulpo en su voraz intento homicida.

El conquistador de pueblos, el destructor de libertades, tiene los ojos de Argos, y su famélica zarpa se posa hoy en un punto, y mañana en un kilómetro cuadrado, y al otro día en toda la extensión de una comarca. Comienza por atrapar un dedo, sonriendo amistosamente; después la mano, luego el brazo; y en seguida, de improviso os echa la garra al cuello y os destroza sin piedad. Es multiforme, es un Proteo siniestro; y se aprovecha de todas las circunstancias, y de todos los errores de los pueblos que codicia. Juega con ellos, hipócritamente, como el gato con el ratón; les halaga, les da esperanzas de libertad, les deslumbra con sus montañas de oro, y de pronto, de un golpe certero y terrible, les arranca las entrañas.

FROYLAN TURCIOS.

PROTESTA
del Consejo Supremo del Partido ¡Liberal

Sesión extraordinaria del Consejo Supremo del Partido Liberal. En Tegucigalpa, a las cuatro p.m., del día miércoles diecinueve de marzo de mil novecientos veinticuatro. —Presidió el Ingeniero señor Reina, con asistencia de los vocales Castillo Vega, coronel Tejeda, coronel Hernández, Chévez, Ferrari, Bachiller Cisneros, y el infrascrito Secretario.

1º. —Se leyó y aprobó el acta de la sesión anterior.

2º. —El secretario dio cuenta con la correspondencia recibida.

3º. —El vocal señor Tejeda expuso que hoy a las once a.m. ha ingresado a esta capital una columna de doscientos soldados norteamericanos, con sus respectivas armas y pertrechos de guerra, sin haberse obtenido previamente el permiso respectivo del Gobierno de esta República: que tal hecho constituye un menosprecio a la soberanía de la nación, conforme a las prácticas del Derecho Internacional; que los hondureños estamos en el deber de procurar el retiro de tales fuerzas norteamericanas del suelo patrio, y que en tal virtud, excita al Consejo Supremo para ejecutar una labor patriótica, por todos los medios que estén a su alcance, para normalizar la vida político internacional del país, alterada con tan inesperado arribo.

Después de considerados ampliamente tan sensibles acontecimientos para el suelo patrio, El Consejo Supremo del Partido Liberal, encargado de la política del partido, según sus Estatutos, unánimemente ACORDÓ:

1º. Llevar la representación escrita, en nombre del Partido Liberal al Señor Ministro norteamericano residente en esta ciudad, pidiendo, en nombre del Pueblo Hondureño, el retiro de los soldados norteamericanos ingresados el día de hoy, haciendo presente la inconformidad manifiesta de la nación, por el desembarco de fuerzas pertenecientes a un pueblo amigo con quien Honduras ha estado en cordiales relaciones.

2º. Designar al Vocal Castillo Vega para formular la representación a que se refiere el número que antecede.

3º. Dirigirse a todos los centros políticos de Centro América para que presten su patriótico concurso en el difícil momento para estos países, cuya unidad se aleja más con la intervención de factores extraños.

4°. Desarrollar, colectiva e individualmente, por todos los centros liberales del país, una labor continua para lograr el retiro de las fuerzas norteamericanas; y

5°. Acreditar delegados en las cuatro secciones de Centro América para interesar a todos los gobiernos hermanos, y asociaciones obreras en el sentido expresado.

6°. Se levantó la sesión.

(f) Manuel A. Reina, Presidente (f) A. Gómez Romero,
PRESIDENTE SECRETARIO

Por la defensa nacional

En el cocktail de razones que el Excelentísimo Señor Ministro de los Estados Unidos nos sirvió el día en que entraron a Tegucigalpa fuerzas armadas de su nación, no figura ningún ingrediente que justifique a la luz del Derecho el atropello de que es víctima actual la república de Honduras. Abundan, eso sí, elementos de varias clases, traídos de todas partes en vasijas que nunca han guardado otro licor que el del sentido común: Pero es preciso convenir en que, cuando se trata de *bebistrajes* de esta clase no basta el limón, no basta el vino, no basta el agua, ni basta una cereza, sino que es necesario agregar el alcohol fuerte de la justicia internacional.

Hasta hoy, que sepamos, no se ha dado un solo caso, en Honduras de que los norteamericanos no hayan cobrado a dólar cada peso perdido en nuestras revoluciones endémicas. Si hay un país en que los extranjeros gocen de privilegio exclusivo ese es Honduras. Sus personas resultan intocables, sus propiedades sagradas y ¡guay del que las toque! No tardará en arrepentirse al ver que, antes que un daño, ha hecho un servicio al extranjero.

Señor Ministro: desearíamos tomar algo, pero que no sea eso que usted acaba de prepararnos. El trago está demasiado simple.

Porfirio Hernández.

PERMANENTE

Si el señor Ministro Morales no nos da los nombres de los hondureños que, según él, pidieron la llegada de los marinos intrusos, —si no cumple su palabra, que nos dio a este respecto— tendremos plena y absoluta razón para creer que solamente para disculparse por el profundo agravio que hizo a la nación hondureña, encontró ese pretexto equívoco, por el cual muchos de nuestros connacionales empiezan a ser señalados como traidores.

UNA ADVERTENCIA OPORTUNA

Esta publicación excita a los verdaderos patriotas para que observen una actitud prudente en presencia de los marinos norteamericanos. Cualquier violencia podría ocasionar la ruina total del país, precipitándonos en un conflicto armado.

"El que lo abandona todo por ser útil a su patria, no pierde nada y gana cuanto le consagra".

Colaboración femenina en la defensa nacional

Me siento orgullosa porque mis compañeras han atendido con fineza la excitativa que en esta hoja patriótica se les ha dirigido. Hay un número considerable de firmas de señoras y señoritas al pie de la protesta que el País ha comenzado a patentizar por su soberanía manifiestamente lesionada.

Se conoce que la mujer hondureña sabe lo que es Patria y si estamos algunas indiferentes es porque no hemos recibido la educación cívica que la mujer necesita. He ahí que no es extraño que en ciertos hogares la mujer hable de Política sin saber lo que dice, como nos decía un amigo; y en otros, hasta se muestren ardientes por el candidato tal o cual, expresándose con la mayor frialdad acerca de un combate sangriento donde se devoran mutuamente nuestros mismos hermanos. No tanto los hombres como las mujeres debemos tener un concepto distinto de *Patriotismo*.

Patriotismo es indignarse ante un atentado a la dignidad nacional como el que estamos sufriendo ante una tropa de extranjeros que ha entrado al país sin permiso del Gobierno. Y esta clase de patriotismo es el que ha enardecido en estos momentos el corazón de muchas mujeres, hasta hacerlas derramar lágrimas verdaderamente sinceras por semejante desgracia. Una me dijo: "Comprendo lo que pasa porque yo vengo de Nicaragua".

¡Loor a ellas! Las mujeres tenemos derecho a sentir esta indignación. No es abandonar el hogar inscribirse en una lista tan noble. Una mujer de los Estados Unidos de Norte América se divorciaría inmediatamente de un traidor a la Patria. Usted sabe bien esto, señor Ministro de los EE UU. de Norte América, don Franklin E. Morales.

Centroamericanas hondureñas: no seamos como las hebreas del desierto que dieron sus joyas para fundir el becerro de oro y adorarlo. Seamos como las hebreas de la Tierra Prometida, despojándonos de nuestras joyas para sacrificar en el Templo del Dios Único: LA LIBERTAD.

VISITACIÓN PADILLA.

Tegucigalpa, 23 de marzo de 1924.

El Encargado de Negocios de El Salvador y la llegada de las tropas norteamericanas

Tegucigalpa, 23 de marzo de 1924.

Señor don Froylán Turcios. —P.

Estimado amigo:

Respondiendo a su carta de hoy, le manifiesto a usted que ninguna participación he tenido en la venida de los marinos norteamericanos. De usted, atento servidor.

B. Larios h

La esclavitud de Nicaragua
por ISIDRO FABELA

La diplomacia del dólar.---La revolución contra Zelaya. 2

El Presidente Zelaya encargó de sofocar la rebelión al Gral. Toledo, quien embarcó sus fuerzas en el lago de Granada, dirigiéndose por el río San Juan abajo. Cuando los buques expedicionarios se acercaron al punto llamado La Conchuda hizo explosión una mina, que pudo haber volado a alguna de las embarcaciones, pero que no produjo daños por error tal vez de las manos criminales que intentaron el desastre. Se procedió, acto seguido, a buscar los autores del atentado, habiendo sido encontrados escondidos, en las cercanías del lugar, dos norteamericanos y un francés: Lee Roy Cannon, Leonard Groce y Edmundo Couture. Los dos primeros resultaron ser coroneles revolucionarios, comisionados por el Gral. Chamorro para volar con dinamita los vapores del Gobierno constituido. Los detenidos fueron juzgados por un Consejo de Guerra, que condenó a muerte a Cannon y Groce, conforme a las leyes nicaragüenses, como convictos y confesos del delito de rebelión contra el Estado y el Gobierno de Nicaragua. En cumplimiento de la sentencia, fueron fusilados el 16 de noviembre de 1909. El hecho causó una profunda indignación en los Estados Unidos.

Cannon y Groce, coroneles del ejército revolucionario nicaragüense, dinamiteros mezclados en la política de un país extranjero y autores convictos y confesos de un acto que, conforme a las leyes de la guerra de cualquier país, amerita la pena capital, fueron considerados como víctimas, no como ajusticiados.

Se llamó salvaje al Gobierno liberal y se le declaró fuera de la civilización. El Secretario de Estado, Philander C. Knox, dirigió una nota extraordinaria al diplomático nicaragüense acreditado en Washington, insólita en la forma y en el fondo, que, como podrá juzgarse más adelante con su simple lectura, no honra, ni con mucho, a su autor, sino antes bien lo denigra La culpabilidad de los dos norteamericanos era, sin embargo, indudable, y como su muerte fue la causa determinante, o, mejor dicho, el pretexto final para la intervención de los Estados Unidos en Nicaragua, es conveniente dejar constancia y pruebas de la culpabilidad de aquellos señores para que se palpen las injusticias cometidas por el Gobierno del Presidente Taft.

En el procero seguido contra Groce, Cannon y, Couture, por el delito de rebelión, se encuentra la declaración que en parte transcribo:

"Ante el general Rafael C. Medina, comparece, el día 2 de noviembre de 1909, el coronel revolucionario Leonardo Groce, quien dice ser ciudadano americano.... Preguntado qué objeto tenía su permanencia en las vegas del río San Juan, contestó: que después de haber ocupado la revolución las posiciones de la Boca de San Carlos, se dirigieron a Machuca, con el objeto de atacar el retén del Gobierno constituido y como encontraron resistencia, regresaron en los vapores del gobierno, Narma y Managua; siendo jefe de los revolucionarios aludidos, primero Emiliano Chamorro, y segundo el Coronel Canuto Ugarte; que al declarante le ordenó Chamorro saltar a tierra nicaragüense, acompañado de Ignacio González, originario de Matagalpa y residente en Kukra; de Francisco Espinosa, y seis individuos más cuyos nombres ignora. Preguntado qué instrucciones recibió de Emiliano Chamorro al quedarse en el punto indicado y que dice llamarse La Conchuda, contesta: que le entregó Chamorro tres cajas de dinamita, una cajita de fulminantes, ciento ochenta yardas de alambre eléctrico, un rollo de alambre de telégrafos y una máquina eléctrica, con instrucciones de colocar en medio del río una mina, la cual fue colocada por el declarante con setenta y cinco libras de dinamita, y la hizo estallar cuando el vapor del gobierno *Diamante* se encontraba diez varas al costado de la mina y el cual venía con las fuerzas de vanguardia; que Emiliano Chamorro, en su regreso de Machuca, se detuvo en Boca de San Carlos y llegó dos veces a visitarlo en gasolina, mandando con frecuencia comisiones con el mismo objeto; que después del estallido de la mina, huyó el declarante y sus compañeros (1).

(Continuará).

(1) J.S. Zalaya. La Revolución de Nicaragua y los Estados Unidos, páginas 138 y 139 (imprenta de Bernardo Rodríguez. Barquillo, 8 de 1910), Madrid.

Tegucigalpa, 22 de marzo de 1924.

Señor don Froylán Turcios. —Ciudad.

No puedo —por ahora— llegar a su casa a poner mi firma en el Libro Santo que su patriotismo ilímite ha abierto, para que en él se inscriban los que reprueben el ultraje cometido haciendo venir fuerzas extrañas a esta capital, cuando ni el Ministro, ni ningún interés de su patria, ha estado amenazado.

Ruego a Ud., en consecuencia, alto Poeta, consignar mi nombre en su Libro, y también el de mi mujer: Jesús de Zelaya Jiménez.

Saludo a Ud. devotamente y soy su obsecuente servidor.

Saul Zelaya Jiménez.

Cuotas patrióticas

para pagar a los cajistas que trabajan en este boletín.

Mercedes Garay	$ 5.00
Román Ramos Valdés	5 00
Cristóbal Canales	5.00
Federico C. Canales	5.00
Cecilio Colindres Zepeda	2.00
Miguel Oquelí Bustillo	5.00
Manuel A. Reina	5.00
Humberto Sosa M.	2.00
Humberto E. Guerrero	0.50
Un mexicano	1.00
Visitación Padilla	1.00
Arcadio Díaz Ballesteros	1.00
Pura Vijil	1.00
Alfredo Sagastume	10.00
Camilo Zelaya	1.00

Hay sentimientos que no se pueden contener en el pecho de un amante de la patria; ellos rebosan agitados por su propia violencia y a pasar del mismo que los abriga, una fuerza imperiosa los comunica.

BOLETÍN DE LA DEFENSA NACIONAL

Director: Froylán Turcios

**TEGUCIGALPA, HONDURAS, CENTROAMÉRICA LUNES
24 DE MARZO DE 1924**

DISTRIBUCIÓN GRATIS No. 4

SOLICITUD

a Froylán Turcios para que, en nombre y representación de las suscritas, interponga sus buenos oficios ante el Consejo de Ministros y Directores de los movimientos revolucionarios, a efecto de que provoque un avenimiento honroso que ponga fin a la guerra civil que está causando la desolación y ruina de la Familia Hondureña y que ha traído, como consecuencia, el desembarque de marinos americanos.

Las suscritas, Madres de Familia y Damas de la Sociedad de Comayagüela, a usted imploran sus valiosos oficios ante el Consejo de Ministros y Directores de los diferentes movimientos revolucionarios que asedian la capital del Estado, para que, en su nombre y representación, procure, por todos los medios posibles, una inteligencia honorable que ponga término a la angustiosa situación por que atraviesa el pueblo hondureño y especialmente la capital de Honduras. Fundan su petición en las razones siguientes:

PRIMERO: En el desembarque de los marinos americanos, que amenazan la pérdida de la Soberanía e Independencia de la Patria; y
SEGUNDO: En razones de Humanidad.

Basadas en las razones antes expuestas y con generales y amplios poderes para usted, le reiteran el ruego de interponer inmediatamente toda su influencia en el sentido indicado, haciéndoles considerar la enormidad de los peligros que amenazan a nuestra querida Honduras.

Todo por la Autonomía Nacional.

Comayagüela, 23 de marzo de 1924.

1.—Dolores v. de Fiallos.
2.—Fidelia de Durón.
3.—Soledad de Durón.
4.—María Teresa N. de Sagastume.
5.—Carmen F. de Lara.
6.—Ramona F. de Ponce.
7.—María Cristina U. de Durón.
8.—Dolores v. de Reyes.
9.—Juana Ramírez v. de Estrada.
10.—Rosa de Mendoza.
11.—Isabel v. de Guillén.
12.—Avelina de Guillén.
13.—Josefa de Bustillo.
14.—María M. de Rodríguez.
15.—Jesús v. de Estrada.
16.—María Reyes.
17.—Trinidad Osorio R.
18.—Dolores Reyes.
19.—Florencia Fiallos V.
20.—Adela Ilías Plata.
21.—Eva Judith Fiallos.
22.—Celina Durón.
23.—Mariana Medina.
24.—Elvira Rodríguez.
25.—Emilia Durón M.
26.—Victoria Sánchez.
27.—Elena Reyes Durón.
28.—Sergia Olga Durón.
29.—Aída Julia Jirón.

30.—Concha Reyes Durón.
31.—María A. Cubas.
32.—Juana Reyes Durón.
33.—Susana Ramírez.
34.—María Reyes Durón.
35.—Elvia Galindo.
36.—Magdalena Valladares.
37.—Lubina Galindo.
38.—Vicenta Díaz C.
39.—Trinidad Pavón.
40.—Elena Valladares.
41.—Amalia Pavón.
42.—Juana Estrada.
43.—Ruperta Pavón Díaz.
44.—Carmen Matamoros.
45.—Arcadia Estrada.
46.—Avelina Cruz.
47.—Filomena Ordóñez.
48.—Mercedes Valladares.
49.—Adela Pavón.
50.—Mercedes Valladares.
51.—Cristina Valladares.
52.—Elena Valladares h.
53.—Eva G. Gálvez.
54.—Carmen Alvarado.
55.—Guillermina Pavón.
56.—Adriana Reyes.
57.—Mónica Medina.
58.—Adela v. de Pineda Nájera.

PERMANENTE

Si el Sr. Ministro Morales no nos da los nombres de los hondureños que, según él, pidieron la llegada de los marinos intrusos —si no cumple su palabra, que nos dió a este respecto— tendremos plena absoluta razón para creer que solamente para disculparse por el profundo agravio que hizo a la nación hondureña encontró ese pretexto equívoco, por el cual muchos de nuestros connacionales empiezan a ser señalados como traidores.

—Sirvamos a la patria nativa y después de este deber coloquemos los demás. —*Simón Bolívar.*

Por la defensa nacional
III

La mejor prueba del desprecio con que nos miran los extranjeros en estos países istmeños está en el procedimiento que emplean para ultrajarnos. Hasta el ultraje tiene su técnica, su moda, o su manera, como quiera llamársele. Para hollar el suelo de una nación extraña que sabe hacerse respetar por medio de sus leyes, de sus jurisconsultos y de sus cañones se emplean mil modos a cual más originales y complicados. Se inventan razones de todas clases, pretextos innúmeros y procedimientos retorcidos, que en cierta forma dan la impresión de la justicia. A nosotros no se nos pide siquiera permiso para desembarcar fuerzas en nuestro territorio. El señor Ministro de los Estados Unidos no se toma ese trabajo. Con una destreza de cocinero político ha colgado nuestra soberanía del clavo de su oficina, como si se tratara simplemente de una longaniza y, con los brazos arremangados procede en estos momentos a hacer la limpieza, barre y friega el tablón en que ha de hacernos picadillo.

Pero, si el señor Ministro quiere destazarnos, necesita emplear otros medios. Porque esta diplomacia en mangas de camisa ha pasado a la historia desde el día en que dos millones de soldados americanos llegaron a Europa declarando que iban a luchar por la democracia y por la libertad de los pueblos.

Porfirio Hernández.

Tegucigalpa, 22 de marzo de 1924.

Señor don Froylán Turcios. —.

Muy estimado señor y amigo:

Hasta ayer tarde llegó a mis manos la hoja patriótica que publicó Ud. con motivo de la llegada de fuerzas regulares de la gran nación norteamericana a este país, haciendo un llamamiento a todos los hondureños, sin distinción de colores políticos, a que se cobijen bajo la Bandera Autonomista y formular así, la más enérgica de las protestas.

Yo, como Ud. bien lo sabe, pertenezco al PARTIDO LIBERAL NACIONALISTA DE NICARAGUA, y que durarte mi permanencia en esta República, que data desde el mes de mayo ppdo., he procurado y logrado colocarme a respetable distancia de los asuntos internos de este país, honrando así la buena acogida y generosa hospitalidad de que he sido objeto; en ESTA OCASIÓN no ruedo ni debo ser indiferente a la desgracia que agobia al país donde he plantado mi tienda en busca de abrigo y de trabajo, y vengo ante Ud. a ofrecer mi contingente intelectual material en favor del Partido Autonomista Hondureño.

Por segunda vez he sufrido el inmenso dolor de ver cruzar fuerzas extranjeras en tierras centroamericanas: la primera en mi país y la otra aquí, el 19 del corriente, a las once y cuarenta minutos de la mañana, y nosotros podemos ir del brazo de la gran nación norteamericana, pero nunca bajo su férrea bota.

Hágame el honor de aceptarme como inscrito en el Libro del Partido y como contribuyente para el sostenimiento de la hoja patriótica que, cual, una llama ardiente, mantendrá siempre en alto la bandera de la protesta.

De Usted, con toda consideración, soy su Afmo, S. y amigo. —*Humberto Sosa M.*

¡Ni habiendo traidores!

—Adelante, señor Ministro.

—Good morning, miss.

—No entiendo. Hábleme en la lengua más bella del mundo, en la de mi Cervantes, de mi Castelar y Santa Teresa de Jesús. Pero... ¿qué le pasa a Ud:? Lo veo con su Thomson. La mujer hondureña tiene miedo de que le hable un hombre armado. Nuestros indios son cultos. Dejan su corvo tras la puerta cuando entran a una casa para dar la mano a una señora. ¡Oh! Deje Ud. por ahí su Thomson y tenga la bondad de sentarse. Siempre estamos cordiales y las puertas de nuestro hogar están abiertas para Ud., a pesar de su Thomson. Siéntese y sírvase escucharme un momento y ahora, un cuentecito: los norteamericanos son cultivadores del cuento ¿verdad? Pues bien:

Un propietario tenía una finca que le daba una renta considerable. Sin embargo, no era tan rico para sacar de ella mayores rendimientos. Cierto día pasó por los alrededores un millonario y deseando conocer mejor la propiedad, procuró relacionarse con el dueño. Logró su objeto y acabó por proponerle la compra de su hacienda. El propietario se sintió indignado al comprender la innoble codicia de aquel rey del oro que pretendía arrebatarle por unas monedas miserables la herencia de sus hijos. Nuestro buen padre de familia tenía un hijo idiota. Cuando el millonario lo supo, procuró estrechar su amistad con aquella gente ingenua, hasta conseguir hacer un trato de venta de la finca seduciendo al joven idiota, firmado con todas las seguridades que la ley exige.

—¡Oh! Pero este es un cuento absurdo, señorita.

—Sin embargo, señor Ministro de los EE. UU. de Norte América, don Franklin E. Morales: esta es la historia verídica de los EE. UU. con estos países latinoamericanos. Contratan ocultamente con degenerados de alma y de cuerpo —esos son los Judas— la libertad de un pueblo para satisfacer sus ambiciones imperialistas. ¿Traducción gráfica? Canal de Panamá, futuro Canal de Nicaragua, etc...

Aunque hubiera traidores, EE. UU. no justificaría el actual atropello de nuestra dignidad nacional.

Hondureños, ¡alerta! Los mismos norteamericanos en estos momentos están despreciando interiormente a los hombres y a las mujeres que se muestran insensibles en este: conflicto internacional..

Visitación Padilla.

Tegucigalpa, 24 de marzo de 1924.

UNA ADVERTENCIA OPORTUNA

Esta publicación excita a los verdaderos patriotas para que observen una actitud prudente en presencia de los marinos norteamericanos. Cualquier violencia podría ocasionar la ruina total del país, precipitándonos en un conflicto armado.

Cuotas patrióticas

para pagar a los cajistas que trabajan en este Boletín.

Mercedes Garay	$ 5.00
Román Ramos Valdés	5.00
Cristóbal Canales	5.00
Federico C. Canales	5.00
Cecilio Colindres Zepeda	2.00
Miguel Oquelí Bustillo	5.00
Manuel A. Reina	5.00
Humberto Sosa M.	2.00
Humberto E. Guerrero	0.50
Un mexicano	1.00
Visitación Padilla	1.00
Arcadio Díaz Ballesteros	1.00
Pura Vijil	1.00
Alfredo Sagastume	10.00
Camilo Zelaya	1.00
X. X.	5.00
X. X.	5.00
Juan V. Vásquez	2.00
Antonio Gómez Romero	1.00
Antonio Armijo h	0.50
Roque J. López	5.00
Modesto Rodas Alvarado	5.00
Un mexicano	3.00
Amado Tejeda	5.00

—El que lo abandona todo por ser útil a su patria no pierde nada y gana cuanta la consagra.

Hondureños contaminados con el Veneno de la traición

Conozco algunos hombres pueriles en los cinco fragmentos centroamericanos, hombres pueriles ya contaminados con el veneno de la traición, para quienes todo nuestro porvenir colectivo está concentrado en los progresos materiales, en la transformación mecánica de estos países por medio del oro del Norte; sin darles

34

importancia alguna a los grandes valores humanos, la soberanía, la libertad, el derecho, que estarán siempre, pese a los malvados, por encima de toda finalidad grosera y egoísta. Desearían cambiar lo que nos es más caro, la autonomía de la República, por esos ilusorios adelantos prácticos de los que ni siquiera se beneficiarán. Pues las fábricas, y caminos férreos y compañías de vapores y construcción de ciudades y todo lo que constituye, en su base primordial, el progreso moderno, sería del conquistador. Y, ¿qué ganaríamos, aun materialmente, aun olvidando el negro origen de la transformación, qué ganaríamos, por ejemplo, con ver nuestras perdidas tierras repletas de hombres rubios, con ver sustituidas las viejas casas humildes de Tegucigalpa por imponentes palacios de hierro, por fastuosas residencias de mármol, si no son nuestros, si son del orgulloso magnate extranjero que a puntapiés hará arrojar de su puerta al mendigo hondureño que solicite un mendrugo?

¡Que haya paz! —gritan esos espíritus superficiales, aunque sea la paz de la muerte, la paz de la vergüenza publica, la paz del esclavo que no levanta la voz ante su verdugo, la paz humillante más oprobiosa mil veces que la más sangrienta de nuestras revoluciones. Que haya oro y paz desean esos miserables, aunque la autonomía patria se hunda para siempre en el más inmundo de los estercoleros; aunque los centroamericanos dignos vaguen como parias por los duros exilios, sin amor y sin hogar, escupidos y vejados por los sayones de la conquista.

1923   *Froylán Turcios.*

Palabras de Jorge Washington

PASAJE DE SU ALOCUCIÓN DE DESPEDIDA
(17 de septiembre de 1796).

Observad la buena fe y la justicia para con todos las naciones. Cultivad la paz y la armonía con todo el mundo. Así lo imponen ya la religión y la moral. ¿Y acaso no lo impone igualmente una buena política? Digno será de una nación libre, ilustrada y llamada a ser grande en un periodo no distante, el ofrecer a la humanidad el magnánimo y novísimo ejemplo de un pueblo guiado siempre por una justicia y benevolencia elevadas. ¿Quién puede dudar de que, con el transcurso del tiempo y de los acontecimientos, los frutos de semejante propósito indemnizarán con creces las ventajas temporales que quizás perdamos practicándolo? ¿Es posible que la Providencia no haya ligado la felicidad permanente de una nación con su virtud?

El Colector norteamericano..

(Palabras finales del discurso relativo a un contrato de empréstito, que fué rechazado).

Por más mal que pudiera yo querer —políticamente, se entiende— a un Presidente de Costa Rica, jamás podré desearle que en su Administración llegue el día de recibir un telegrama de Limón en que se le avise el desembarco del Colector americano. Cuando muere uno de nuestros, Presidentes o ex-Presidentes, las bandas militares entonan los acordes tristísimos de la obra inspirada del maestro Chávez, *El duelo de la Patria*. Cuando ese Colector americano venga, entonces sí será la ocasión de que resuenen las notas de aquella marcha desgarradora: no habrá muerto un Presidente, sino que habrán muerto todos los Presidentes de Costa Rica. Recuerdo haber leído que cuando Hénnings, el lugarteniente de Walker, abandonó Granada, a consecuencia del asedio de esa plaza por las fuerzas centroamericanas, incendió la ciudad y dejó clavada en la plaza mayor una lanza con un cartel que decía: *"Aquí fue Granada"*. Así, cuando llegue a Costa Rica el Colector americano, podrá fijarse en el suelo de Limón otra lanza, con esta inscripción: *Aquí fue Costa Rica.*

Ricardo JIMÉNEZ.

Palabras del Secretario de Estado de los

Estados Unidos, Elihu Root, pronunciadas en 1906 en la
Conferencia Panamericana de Río de Janeiro

Consideramos que la independencia del miembro más pequeño y más débil de la familia de las naciones tiene derecho a gozar de iguales prerrogativas y a exigir igual respeto que la del más poderoso imperio, y consideramos la observancia de ese respeto como la garantía principal del débil contra la opresión del fuerte. No reclamamos, ni deseamos mayores derechos, privilegios o poderes que los que libremente concedemos también a todas y a cada una de las repúblicas americanas.

Elihu ROOT

Del libro La politica exterior de los Estados Unidos.

Los norteamericanos honrados justifican
NUESTRA ALARMA

—Aunque Ud., señor Ministro Morales, continúa visitando el hogar de la mujer hondureña con ese su Thomson infernal en el pecho, estamos para conversar otro rato con Ud.

—Modere Ud. su tono, señorita. ¡Oh! Si usted me dice palabras suaves, yo hasta puedo que los marinos reembarquen.

—¡No, señor! La mujer hondureña le pide a Ud., enérgicamente, su Patria por derecho y no por limosna, porque Honduras es muy suya y no de Ud. ¡La mujer hondureña, señor Ministro Morales, no besará la bota del conquistador! Sin embargo, ya que Ud. quiere oír arpegios, melodías de ruiseñores, hágame el favor de mostrarse muy atento, Acérquese a mi aparato de radiotelefonía. Quiero darle un gustazo. Le hablan sus cultísimas y honorables paisanas, señor Ministro Morales. Escuche Ud. La voz musical de mujeres altamente espirituales.

—¡¡Hello!!

—Mr. Morales, Ministro de United States in Honduras?

—Yes, miss, and you?

—En spanish, para que la mujer hondureña sepa lo que debo decir a Ud. Habla a Ud. la Liga Nacional de Mujeres Votantes en el Gimnasio de la Universidad de Columbia. Hay aquí mil doscientas mujeres estudiantes y yo soy Mrs. Carrie Chapman Catt, Presidente de la Asociación Panamericana, que pronunciaré un discurso. ¿Desea Ud. oírlo?

—Muy bien, Mrs. Catt.

—En Latino América, diez y siete, de las veinte naciones, temen a los Estados Unidos, principalmente debido a las relaciones de este país con los de Centro América. La falta de delicadeza y refinamiento que demostramos en nuestra actitud de señorío hacia los latinoamericanos es justamente resentida con el mayor desprecio por ello y en no poco grado esta nuestra actitud contribuye a la infundada desconfianza y recelo con los que se nos mira. Creen los de la América Latina que la doctrina de Monroe se promulgó solamente para resguardar a Sud América de la agresión futura del yankee... y esta opinión se cambiará solamente cuando los Estados Unidos, prueben lo contrario.

—Palidece Ud., señor Ministro Morales. ¿No quiere Ud. seguir oyendo más? Bien! Queda convencido, por una elevadísima mujer norteamericana, que es la actitud de señorío de hombres como Ud., la causa de la Protesta que los hondureños elevan con valor indígena..

El esposo de Misses Catt, en lugar del señor Ministro Morales, no hubiera cometido el atropello que él ha inferido a nuestra soberanía.

Ahora una pregunta: ¿Habrá hondureños que contraríen a Mrs. Catt, pensando que los latinoamericanos somos culpables de las intervenciones? ¡Valor, compatriotas!

Visitación Padilla

Tegucigalpa, 24 de marzo de 1924.

POR LA AUTONOMÍA

La violación de soberanía que estamos sufriendo todos los hondureños con la permanencia de los marinos americanos en la capital, nos hace pensar en una revisión de nuestros valores morales y políticos para cambiar las formas de nuestro patriotismo —que hasta ahora ha sido destructivo— por un patriotismo edificante.

Hemos vivido una vida de ilegalidad y de bochinche. El derecho a la vida, a la libertad, a la propiedad, a la igualdad y todos los demás derechos que constituyen una democracia civilizada han sido letra muerta en nuestras leyes. No hemos querido comprender que la justicia es el único medio de afianzar el orden público; y la conquista del poder, por el poder mismo; ha sido la finalidad de nuestros partidos políticos sin importarles otra cosa. El desarrollo de la industria, la organización del trabajo, la dotación de patrimonio a las clases pobres, la cultura de los ciudadanos, son problemas que nada han importado a nuestros hombres de Estado, con muy raras excepciones. Pero en vista de lo que nos está pasando, el sentido común nos impone que cambiemos de rumbo, que abandonemos el patriotismo de la montonera por un patriotismo práctico; que la patria se ama solamente cuando se trabaja para que sea rica, para que sea culta, para que sea fuerte, y, en consecuencia, libre.

Si realmente amamos nuestra soberanía debemos obrar de otro modo. Tal como vivimos esta vida de bochinche constante, estamos trabajando con ahínco en contra de nuestros fueros de pueblo independiente. Es cierto que tenemos derecho conforme al Derecho Internacional, de resolver nuestros asuntos políticos matándonos los unos a los otros o del modo que nos parezca más conveniente, con exclusión de todo poder extraño; pero al lado del derecho, debemos ver la realidad, el continente y el momento histórico en que vivimos, y debemos ver también lo que les ha pasado a varios de nuestros países hermanos, víctimas de los mismos atropellos.

El mejor modo de ser autonomista en nuestras pequeñas repúblicas es organizar los partidos políticos en forma civilizada para que sus luchas no culminen en la matanza; vivir dentro del orden y la ley; y emplear los métodos del fuerte, desarrollando nuestra riqueza y cultura colectivas para hacernos fuertes también.

Atenernos únicamente a un principio de derecho internacional en la defensa de nuestra soberanía, es un error. Bueno es alegar el derecho, pero hay que crear la fuerza para defenderlo. La experiencia histórica es triste en lo que se refiere a los países débiles. Por eso es que no trabajar por hacerse fuerte y derrochar nuestra vitalidad nacional como lo hacemos nosotros, es cometer un crimen contra la autonomía de la república. Ojalá que todos los hondureños, al protestar contra el ultraje inferido a nuestra soberanía, nos hiciéramos la resolución firme de cambiar de rumbo y vivir una vida verdaderamente civil, la vida del trabajo, de la libertad y del derecho.

Céleo Dávila.

Si hay traidor que cambie la libertad y la fuerza de la patria por un puñado de oro para remediar penurias que en el trabajo ordenado y previsor hallan remedio, maldito sea el traidor que podrá hacer opulenta la ignominia, pero no habrá sabido mantener la honra de la patria con la cual es decorosa y relevante la miseria. —*José Martí.*

Germina en nuestro país la maldita semilla de la traición

¿Cómo es posible que haya hondureños que deseen la muerte de Honduras como nación soberana? ¿Cómo es posible que anhelen para la madre, empobrecida y angustiada, el látigo del extranjero? Es doloroso, es horrible pensar en esto, compatriotas; pero es cierto, con certidumbre que espanta, que ya germina en nuestro país la maldita semilla de la traición que tan tremendos frutos de oprobio ha dado en Nicaragua: Yo no pediría, en la serenidad de mi experiencia, como el griego legendario, que se ahorcara en la plaza pública a los convictos, plenamente, dé traición a la Patria. ¡No! Son nuestros hermanos, caídos en el más vergonzoso de los errores; pero aún pueden alzarse iluminados por la Verdad. Que abran los ojos, que abran el corazón endurecido antes de que el terrible mal sea irremediable; antes de que mancille nuestra tierra la ferrada bota del invasor, antes de que veamos nuestro amado pabellón azul y blanco abatido humildemente ante el orgulloso flamear de una bandera conquistadora.

1923.   *Froylán TURCIOS*

UNA ADVERTENCIA OPORTUNA

Esta publicación excita a los verdaderos patriotas para que observen una actitud prudente en presencia de los marinos norteamericanos. Cualquier violencia podría ocasionar la ruina total del país, precipitándonos en un conflicto armado.

La voz del patriotismo

Cuando el pueblo de Israel llegó al colmo de la desmoralización, crujieron los cimientos del Templo; y estremeciéndose el Sancta Sanctorum, se oyó una voz que dijo: Salgamos de estos lugares. En la patria de Morazán y de Lempira, si bien, según propuesta del señor Ministro norteamericano, hubo, hijos espurios, que simpatizadores del imperialismo yankee, pusieron su óvolo de traición, contribuyendo al desembarque de marinos norteamericanos, no es el caso de que se estremezca el Sancta Sanctorum Nacional, porque, por encima de seres tan menguados, si los hubo, hay multitud de patriotas capaces de ofrendar sus vidas en aras de nuestra autonomía. El sentimiento popular ha crujido de coraje y marcará, en no lejano día, con el estigma de los perversos, a los hondureños desnaturalizados que hayan pedido el desembarco de tales marines. Aquí en Honduras guardamos todos, con la pureza de las vestales, el fuego sagrado del patriotismo, mantenedor de nuestra independencia y semejante a los españoles en la santa cruda del derecho, sabremos volver sobre el escudo o debajo de él, conservando el honor, de nuestra patria, o

41

pereciendo con ella si no nos fuese posible hacer triunfar el derecho ante la fuerza.

Eduardo F Padilla.

CONFIEMOS Y ESPEREMOS

A las diez y media de la mañana del miércoles 19 de los corrientes ingresó a esta capital un piquete de cerca de 200 marinos americanos. Según ha declarado el señor Ministro de los Estados Unidos, tales marinos vinieron llamados por él a pedimento de personas particulares, lo cual ha causado en el pueblo sorpresa e indignación.

Sin querer calificar, por ahora, la solicitud para traer tropas norteamericanas, protestamos por el curso que se le dió a tal solicitud, porque entendemos que ni la inmediata seguridad ni los intereses esenciales de los Estados Unidos de América NO están seriamente amenazados en este país, como ha sido costumbre en otras partes invocar tales pretextos de estilo; y si algún caso aislado de transgresión se presentare respecto de sus nacionales, es bien sabido que el derecho de protección no va más allá del derecho de reclamación o petición, en caso de manifiesta denegación de justicia.

El señor Ministro de Relaciones Exteriores, en cumplimiento de su deber y en nombre del Gobierno de la República, gestiona ante el señor Ministro Americano el retiro de los marinos, declinando en la Legación "las responsabilidades por los sucesos que puedan ocurrir como consecuencia de la llegada, de los soldados americanos".

Mientras la Secretaría de Relaciones Exteriores sigue adelante sus patrióticas gestiones, no es para nosotros el momento de librarse a manifestaciones patrioteras, pues no cabe más que la inmediata terminación de la guerra. Lo único que conviene es rodear a las autoridades nacionales; guardando todos la mejor compostura para demostrar que somos dignos y sabemos hacer buen uso de la libertad e independencia de que hemos disfrutado y disfrutamos. Así, pues, observamos y esperemos, para saber adoptar las supremas resoluciones que nos inspirara la calma, reflexión y la paciente prudencia.

LUIS SUAZO
EX-DIRECTOR DEL DIARIO PATRIA.

No hay mayor crimen que el de traicionar a la Patria. ¡Caiga un negro baldón sobre los hondureños que cometan la ignominia de agruparse alrededor de un pabellón extraño!

F. T.

Muy estimado don Froylán:

El momento porque atraviesa el país es decisivo; y la hora no es de acusaciones para ningún bando político, porque la responsabilidad pesa por iguales partes.

Hoy no hay más que *Autonomistas,* y *esclavos* que se disfrazan con un ropaje de falso humanitarismo invocando la intervención de un poder extraño.

Yo encarezco a Ud. poner mi nombre en primera línea, entre los hondureños que protestan con altivez por el desembarco, en nuestro país, de marinos americanos, en los actuales momentos en que los directores de nuestra política y Jefes revolucionarios se disputan el poder.

De Ud. cordialmente.

Eusebio Fiallos V.

Comayagüela, 24 de marzo de 1924.

Al señor Froylán Turcios, Jefe del Partido AUTONOMISTA
Presente.

La esclavitud de Nicaragua
por ISIDRO FABELA

La diplomacia del dólar***La revolución contra Zelaya.
III
En el mismo proceso aparece la siguiente de la declaración de Lee Roy Cannon:

"... se dirigió al río San Juan, en busca del Gral. Emiliano Chamorro, de quien recibió orden, por medio del Gral. Pablo Reyes, para levantar planos militares en todo el río y establecer vías de comunicación y de transporte a los revolucionarios; que el puesto que ocupaba en el ejército revolucionario era el de coronel. Preguntado qué motivos tuvo para tomar parte en la rebelión contra el gobierno de la república, contesta: que el motivo que tuvo fue porque, en 1906 fue maltratado de obra en Matagalpa por unos oficiales...; que no ha prestado promesa ni recibido sueldo, pero sí ha hecho el servicio de su grado...". *(*)*

(*) J.S. Zelaya.

Esta declaración se complementa con el siguiente mensaje que Cannon dirigió al Ejecutivo del Estado, después de ser sentenciado a muerte: "El Castillo, 14 de noviembre de 1909. —Sr. Comandante General don J. Santos Zelaya. —Campo de Marte—. Mis confesiones que obran en el proceso seguido contra mí son pruebas suficientes de mi voluntaria culpabilidad; por eso no procuro afirmar a usted mi inocencia, que no existe, y me limito a suplicarle que su reconocida magnanimidad se haga extensiva a mí, salvándome la vida.... —Lee Roy Cannon, sentenciado a muerte. El Castillo, 14 de noviembre de 1909".

Groce, por su parte, intentó el recurso de indulto dirigiendo al Presidente de la República el telegrama que dice: "El Castillo, etc. —Reitérole mi súplica, señor Presidente. Soy culpable, y así lo he confesado; pero yo le ofrezco, General, jamás volverme a mezclar en ningún asunto de la política de este país". —Leonardo W. Groce.

Los señores vocales que formaron el Consejo de Guerra que juzgó a los dos norteamericanos, Ruiz B. Calderón, Pasos Morales (hijo), Villalobos y Quiñónez, estimaron como reos del delito de rebelión a los procesados, y conforme al artículo 82 del Código Militar, votaron por que se les aplicase la última pena.

El defensor de Cannon y Groce, don L Fernando Calderón, al pedir la absolución de sus defensas, apeló a los sentimientos humanitarios y a la piedad de los jueces, y sobre todo, señores —dice en su alegato— pido la absolución en nombre de la necesidad que nuestra querida patria, anémica y herida por las guerras continuas, necesita mantener incólume su integridad económica y su integridad de sangre, que, como orgullosos soldados, tendríamos que derramar de una manera estéril al sólo escuchar los sones del clarín de la guerra promovida por dos naciones fuertes, Francia y los Estados Unidos de Norte América, que llegarían hasta nosotros, sin que la proteja la razón y la justicia, en busca tan sólo de venga venganza, de venganza protegida por el derecho de la fuerza...

(Continuará).

BOLETÍN DE LA DEFENSA NACIONAL

Director: Froylán Turcios

**TEGUCIGALPA, HONDURAS, CENTROAMÉRICA
MARTES 25 DE MARZO DE 1924**

DISTRIBUCIÓN GRATIS No. 5

Momentos que pesan como siglos

Hay momentos que pesan como siglos en los corazones. Momentos colmados de cosas profundas y de ideas metálicas y eternas. Instantes de enorme intensidad en que parece que el espíritu se amplía, y se hace ligero y brillante y le nacen alas, para ascender al infinito.

Es cuando la Patria se halla en peligro cuando sentimos esas manifestaciones inmortales que nos elevan sobre las miserias y prejuicios, haciéndonos conocer que hay en nosotros, recóndita y vibrante, una fuerza maravillosa creadora de altos hechos, madre del sacrificio y del heroísmo.

Vemos volar el enjambre de los días mediocres con ojos indiferentes, pausados los latidos de nuestras arterias, normal el golpear del corazón, frías las ideas en la complicada máquina del cerebro. Inertes se hallan nuestras energías, inmóviles nuestros impulsos, en la somnolencia habitual del ritmo del tiempo que corre.

Pero un día vése amenazada nuestra tierra por un poder extraño y la sangre circula por nuestras venas en hilos de fuego, y se encienden, como purpúreas estrellas, nuestros pensamientos, y surge de lo más ignoto del espíritu ese estímulo sublime que ha llenado de legendarias acciones la historia del mundo.

Froylán TURCIOS.

Lo que debería hacerse con los traidores

Establece el dipiomático Weitzel, en su nota, y lo dijo también el Presidente Taft, que el fundamento de la intervención armada de los Estados Unidos en Nicaragua es la petición que de ella hizo el Ministro de Relaciones nicaragüense. ¿Es que realmente el señor Weitzel pudo creer que la solicitud de un ciudadano era la voluntad de la patria? Es evidente que no lo creyó, como no lo creyeron Mr. Tatf ni el pueblo de la Unión. Y, sin embargo, al efectuarse la ocupación militar norteamericana en Nicaragua, se dijo que estaba pedida por el Gobierno de Adolfo Díaz, y que, por consiguiente, era justificada.

¿Y porque un hombre así pidió la intervención extranjera en su patria, los señores Tatf, Knox y Weitzel la estimaron legítima y declararon que el pueblo nicaragüense la deseaba? Es seguro que no, a no ser que pensaran qué todos los nicaragüenses eran traidores a su país.

Es posible también que, para excusarse a sí mismos de cometer el atentado, se dijeran: Una nación que tiene traidores no merece respeto ni es digna de ser libre. Si se hicieron los gobernantes estadounidenses esa consideración se equivocaron, cometiendo una injusticia más, porque traidores los ha habido, los hay, y probablemente los habrá en todas partes, aun en las naciones más civilizadas, donde el culto patriótico ha sido más exaltado.

Los Estados Unidos debieran proceder al contrario de cómo proceden, puesto que son más fuertes que las otras repúblicas del Continente; en caso de hallarse con caudillos traidores en los pueblos débiles de América, deberían despreciarlos, pero de ningún modo crearles ellos mismos una personalidad político internacional, que es de todo punto artificial, puesto que no está basada ni en el valor intrínseco de la persona, ni en la voluntad popular.

Isidro Fabela
Ciudad, 24 de marzo de 1924.

Señor don Froylán Turcios. Su oficina.
Distinguido poeta:
Ya esperaba de Ud. esa actitud de gallarda rebeldía ante la invasión de los modernos hunos del norte.

Varias veces he oído decir que el señor Ministro Americano Morales sentía por nuestro país honda simpatía. La presencia de soldados yankees en Tegucigalpa de modo indudable viene a corroborar ese dicho. El Ministro Morales nos quiere... esclavizar.

Así sea.

Honduras es un país pequeño: perturbado en el actual minuto de su historia por la lucha intestina, no pudo evitar el desembarco con una acción enérgica. Pero, a falta de energías materiales, que valdrían bien poco ante el avance del coloso, que podría exigirlas para el porvenir **XXXX** la brava de los patriotas que, como Ud., ven con dolor zozobrar la nave de la Soberanía Nacional. Soy de Ud., con todo cariño y admiración, muy atto. S. S.

Modesto Rodas Alvarado.

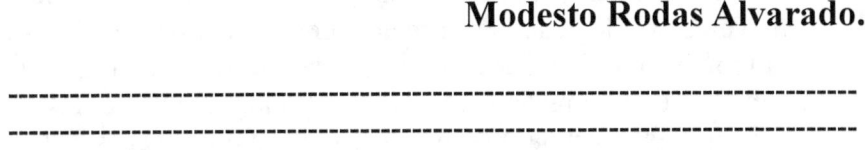

Palabras del Senador Borah

(Extracto de su reciente discurso en CARNEGIE HALL).

Por nuestra propia conveniencia debemos abandonar Haití, Santo Domingo, Nicaragua y otras naciones donde estamos como amos, sin tener derecho alguno, pues no nos pertenecen. Los Estados Unidos de N. A. han obligado a estos pequeños países a destruir sus sistemas de impuestos, promulgar nuevas leyes de contribuciones, sólo para que los capitalistas norteamericanos puedan ir allá a adquirir terrenos por sumas irrisorias.

Los Estados Unidos han acabado con la libertad de imprenta, encarcelando y castigando severísimamente a todos los periodistas que han tenido el valor de protestar contra los atentados que cometen. Hemos fusilado a muchos hombres útiles, sólo porque han cometido el crimen de repetir las mismas palaras que inmortalizaron a James Otis y Thomas Jefferson.

Si queremos la paz, seamos justos, y en vez de extorsionar a los débiles, ayudémosles.

Resulta extraño que apenas un pueblo posee vastos recursos naturales, nazca en los pueblos fuertes el magnánimo deseo de ayudarles.

¿Quién es responsable de esta situación? No lo se. Quizá el Senado, quizá el Secretario de Estado; pero, quien quiera que sea, es una vergüenza para los Estados Unidos.

Por la defensa nacional

IV

Seguimos creyendo que en ningún lugar de la tierra pueden tener mayores privilegios ni estar mejor protegidos los extranjeros que en la república de Honduras. La seguridad de sus personas y la de sus capitales está en razón inversa de la que logran obtener los hijos del país, que es casi nula. Vivimos cuidando aquí los bienes de la colonia europea y "americana" con una solicitud casi paternal, Pero esto, en vez de ablandar a nuestros protegidos, los endurece hasta el punto de considerarse con suficiente derecho para protegernos. Nuestras leyes, nuestras armas y nuestras autoridades están siempre abocadas a la defensa del último turco, chino o sirio libanés que arriba a las plazas hondureñas con el fin de enriquecerse. Son muy pocos los extranjeros que se hondureñizan. Cualquier "chele" analfabeta que desembarca arrojado aquí como la espuma de las razas se siente con derecho a considerarnos inferiores, y, como si todo esto no bastara, como si no fuese razón atenuante el hecho de amasar fortunas al amparo de la justicia unilateral que aquí reina, se reclama la presencia de fuerzas armadas pertenecientes a países que únicamente desean un pretexto para intervenir en nuestros asuntos interiores. Eso, después de hacernos pagar hasta la última cuchara a precio de sitio.

Por muy grande que sea la propina que va Ud. a recibir, Excmo. señor Ministro de los Estados Unidos, es bueno que sepa una cosa y es la siguiente:

Nuestra soberanía nacional vale más, mucho más, mil veces más que todas las hilachas que aquí tienen almacenadas los señores comerciantes extranjeros.

Porfirio Hernández.

Hondureños: ¡de pie!

Negros nubarrones cubren el cielo de la Patria. Ayes lastimeros se oyen de las tumbas en que descansan los padres que le dieron vida. Silencio profundo en el ambiente... Y es que hay razón. Nuestra bandera, el emblema sagrado que representa la soberanía nacional, ha sido vilmente ultrajada con el desembarco de tropas norteamericanas a playas hondureñas; y más aún, con su acuartelamiento en la propia ciudad, donde Francisco Morazán abrió sus ojos a la luz del día. Hondureños: de pie en esta hora de angustias; de pie en este minuto de dolorosa prueba: de pie en presencia de la gravedad de nuestra madre. Nada de lloriqueos y exclamaciones: la enfermedad es tal, que todas nuestras actividades, todos nuestros deseos, deben reasumirse así:

¡Viva Honduras! ¡Fuera los intrusos!

24 de marzo de 1924)

Saul Zelaya Jiménez.

Contra la realidad terrible

Yo no soy un iluso. Yo sentía desde hace tiempo cernirse sobre el destino de nuestra amada Patria la espantosa realidad. Yo vivía en Cuba, en 1900, cuando llegó Mr. Taft, después Presidente de los Estados Unidos de Norte América, comisionado de su Gobierno, a instalar a Mr. Magoon como primer Gobernante angloamericano de aquella heroica y desgraciada isla. Era estudiante de Derecho en la Universidad de la Habana, y hame dejado un angustioso recuerdo la horrenda impresión que me causó el que fuera Mr. Taft, en nombre de una nación extraña y vencedora de la Madre Patria, quien abriera el período escolar de aquel año, con un discurso en inglés, traducido a retazos por un cubano infeliz al servicio del intruso....

Yo estaba en Nicaragua, todavía estudiando Derecho en León, cuando llegaron los agentes militares de Mr. Knox, el fatídico

51

inventor de la Diplomacia del Dólar, a ultrajar con lesión eterna la soberanía de nuestros herma nos, en nombre y representación del gran pueblo civilizado de América que se ha erigido, a mano armada, en maestro de la Democracia moderna.... Vi caer bajo las balas piratescas, a los patriotas aguerridos, que en estéril sacrificio revivieron hazañas de los héroes antiguos; sentí como en carne viva la insolencia de la fuerza bruta ensañada contra la dignidad indefensa; y quedóme en el espíritu de centroamericano, con marca de fatalidad, la sensación de la inmensa desgracia de ser un pueblo débil cerca de una nación ambiciosa y rapaz.

He estudiado detalladamente, además, la dolorosa historia de los sistemáticos atropellos infligidos por esa nación poderosísima y ultra civilizada contra los pueblos inermes de Filipinas, Santo Domingo y Colombia, haciendo surgir del sainete trágico con esta última víctima propiciatoria, para fines de predominio mundial, la irrisoria República de Panamá.

Y conozco, y he adivinado algo, del plan definitivo y metódico que la clase directora de aquella nación absorbente, sin escrúpulos ni piedad de ninguna naturaleza, está desarrollando para ejercer hegemonía política, financiera y comercial en toda la América Latina, a fin de dar expansión, sin rivalidades temibles, a sus enormes recursos productores.

Por eso —porque considero como una fatalidad abrumadora ese peligro siempre inminente sobre nuestra soberanía—, en todos mis discursos políticos, y en casi todos mis escritos de carácter sociológico, he propuesto transacciones convenientes para apaciguar conflictos de opiniones, cediendo algo de la rectitud de los principios teóricos en beneficio de resultados prácticos; he aludido a fraternales componendas que conciliarán las pasiones partidaristas, a veces más encarnizadas entre hermanos enemistados que entre enemigos extraños; he exhortado a los pueblos al civismo y al orden, y a los caudillos a la concordia y a la paz: todo con el objeto de evitar trastornos públicos, y el consiguiente destrozo de vidas, propiedades y crédito, que dieran pretexto a la nación abusiva que nos acecha, para intervenir indebidamente en nuestros asuntos internos, y se alejara a manejable distancia, si no se hacía desaparecer, aquella amenaza fatal.

En el intento de resolver de modo satisfactorio y patriótico el último problema eleccionario, cuya falta de resolución ha traído esta espantosa anarquía, fui de los Diputados del Congreso Nacional que aceptaron o propusieron todos los medios factibles y decorosos que produjeran el efecto deseado, sin omitir el sacrificio pleno e incondicional de mis convicciones políticas y de mis compromisos de Partido, para estorbar la intromisión de la garra violadora cuya sombra siniestra estaba yo sintiendo proyectarse sobre el alma acongojada de mi Patria

Por todo lo dicho, repito, no me hacía ilusiones; por encima de la angustiosa pesadumbre de ver a mis hermanos destrozarse en desastrosa anarquía, por bastardas ambiciones, estaba viendo venir el golpe de gracia contra el supremo Bien Común...

Y la horrible realidad amenazante está aquí, ahora, en la forma brutal, y arbitraria de un cuerpo de soldados extranjeros hollando nuestro sagrado suelo, sin figura ni causa alguna de Derecho. ¡Soldados de la nación más civilizada de América, cometiendo en nombre de la civilización un acto de barbarie, sin más razones que el derecho de la fuerza, fomentando su conveniencia!

Pero ante la materialidad del HECHO bárbaro de un Fuerte, está, inalienable y real como la Vida, la idealidad del derecho sagrado de una Patria.

Una protesta solemne y enérgica, con toda nuestra conciencia; una protesta continua, airada, es decir, con ira; una protesta interminable, que sume, todas las potencias de nuestro espíritu; una protesta múltiple, multánime, que reúna en un solo grito de dolor y de rabia la indignación popular... Debe ser el gesto de cada hondureño, de todos los hondureños, ante el atropello de nuestro Derecho Público y de nuestra soberanía nacional; por la nación pirata que ha robado su independencia a los pueblos de las Islas Filipinas, de Hawaii, de Puerto Rico y de la República Dominicana, y menoscaba actualmente la soberanía de Cuba, de Nicaragua, de Panamá y de México.

Personalmente, manifiesto y proclamo, con toda la energía que me comunican la indignación y el dolor, que **RECHAZO CUALQUIERA FORMA DE SERVI DUMBRE PARA MI PATRIA, Y QUE COMO HONDUREÑO, AUN ENCADENADO, ESTARÍA REPELIENDO CON TODO MI ESPÍRITU AL INVASOR.**

He sido informado, tanto por papeles públicos como por conversaciones, que algunos naturales del país (no puedo llamarlos connacionales ni compatriotas), han solicitado la intromisión de esa fuerza militar extranjera, o se han alegrado de semejante atropello de nuestra soberanía nacional, que talvez sea peor. Si eso es cierto....esos hijos desnaturalizados —abyectos o imbéciles—, o ambas cosas, son indignos de tener una patria tan bella, tan rica, por naturaleza y tan digna de ser amada y defendida como: Honduras. ¡Son indignos de tener ninguna! ¡Son indignos hasta de la estéril y azarosa dicha de los beduinos de tener por Patria el árido Desierto!

¿Creen por ventura esos desgraciados que los yankees traerían con su dominación, el civismo, la cultura y el respeto a la libertad individual de que se goza irrestrictos en su admirable país? Que vayan esos ciegos de cerebro y estúpidos de alma, a Santo Domingo y a Nicaragua, para que sienta como bofetones en el rostro y puntapiés en la espalda: ¿qué digo?: como hierro candente en el corazón, si les queda un resto de dignidad —la ignominia—, el desprecio y el ultraje que constantemente sufren aquellos infortunados pueblos de nuestra raza.

¿Esperan acaso, esos miserables degenerados, que los émulos de Roosevelt, vendrían a participar en nuestras luchas fratricidas poniéndose de parte de alguno de los bandos contendientes? Ahí está la Historia que lo dice: aquí la Psicología que lo enseña. Lo más que harían los modernos conquistadores, como lo hicieron los antiguos, mitad por sport, mitad por facilitarse la tarea, en cuanto a tomar en cuenta nuestros bandos políticos, sería ponerse alternativamente al lado del más débil para debilitar o vencer al más fuerte hasta destruirlos a todos, y dominar al fin sobre un territorio sin alma, poblado, de esclavitud laboriosa, tal como hizo Pedro de Alvarado con Quichés y Cachikeles. Tendrían, sí, ignominiosa preferencia por el bando maldito y execrable que les vendiera por un plato de lentejas la herencia sagrada de sus mayores. Preferencia infernal, mezclada de desprecio, digno premio de su esclavitud voluntaria.

No hay condición moderna bastante degradada a donde relegar en su propio elemento a estos degradados y abyectos que piden para su Patria la tutoría de un padrastro de raza extraña. Sería necesario que existieran todavía los ilotas de Grecia, para que fueran a sufrir con ellos su bajeza. Sería necesario que hubiera todavía parias en la India, para que fueran a gemir con ellos en la atroz humillación que padecían y purgaran con ellos la atrocidad de pedir para su Patria la esclavitud colectiva. En un país donde el patriotismo es una religión sacratísima, como en Francia o el Japón, no la Autoridad Pública, (que no habría necesidad de ello), sino que el último ciudadano, arrancaría la lengua instantáneamente al desnaturalizado connacional que dijera una palabra en contra de su Patria y en bien del invasor. Malditos sean esos traidoras infames. Malditos sean esos infames traidores. Malditos, mil y mil veces sean, esos degenerados, abyectos, despreciables, degradados, imbéciles, corrompidos y execrables hijos espurios de Honduras. Que sean sepultados vivos, y que tarden un siglo en agonía, salmodiados por Judas y Caín.

Tegucigalpa, 20 de marzo de 1924.

A. Gómez ROMERO.

Consejo Supremo del Partido Liberal de Honduras

Señor Ministro: Tegucigalpa, 20 de marzo de 1924.

Gran parte del pueblo hondureño se ha impuesto de la protesta llevada a conocimiento de Ud. por el Poder Ejecutivo Provisional de la República, con motivo del allanamiento a nuestro territorio por soldados de la armada norteamericana, quienes, según nota aludida, han desembarcado en el puerto menor de San Lorenzo el día 18 del presente mes, ingresando a esta capital el día 19 a las 11 a. m., sin que haya mediado la autorización correspondiente ni solicitud de desembarco, por parte del Gobierno de Honduras. La situación anormal porque transitoriamente atravesamos, semejante a los desequilibrios que a diario ocurren, aun en naciones mejor organizadas que la nuestra —que llevan la vanguardia en la firmeza de sus instituciones— no da ni podrá dar base en ningún momento para que cualquier nación amiga desembarque cuerpos armados de ejército en nuestro territorio; menos aún, cuando los ciudadanos o súbditos de esa nación gozan de completas garantías en sus personas, como acontece con las personas y bienes de los norteamericanos domiciliados en la República.

Este hecho de fuerza, salido de la plataforma de la igualdad internacional, desdice las tendencias libertarias proclamadas por el gran pueblo norteamericano y constituye menosprecio para una nación débil, que aun en medio de su debilidad, pero escudada por un derecho inalienable, es acreedora a que se le respete como país libre en el concierto de las naciones; con mayor lógica, por las grandes entidades políticas que son la salvaguardia de las pequeñas.

Todo comentario que por ahora se haga sobre este hecho es superfluo, y sólo se impone de uno a otro extremo de la República el deber ciudadano de reprobarlo con toda energía, como lo hacemos nosotros interpretando los sentimientos del Partido Liberal que representamos, así como los del pueblo hondureño en masa, cuyo acendrado espíritu de autonomía no se debilita, ni por la insignificancia de nuestras fuerzas materiales ni por el enorme poderío de la nación norteamericana,

Reprobamos el acto y pedimos a Ud. que rectifique por respeto a nuestra soberanía y por respeto a la gran nación que Ud. representa; y demandamos que vuelvan a la cubierta de su barco los marinos acuartelados en la capital de la República Hondureña y que se pongan de manifiesto los motivos que han originado tal acontecimiento. Esta es la representación que ante Ud, hace el Partido Liberal de Honduras.

MANUEL A. REINA,
Presidente.

JOSÉ TEJEDA
Vicepresidente.

A. CASTILLO VEGA
Vocal

R. FERRAAY C.
Vocal

S.H. HERNÁNDEZ
Vocal

T. CHÉVEZ
Vocal

ÁNGEL M. CISNEROS
Vocal

A. GÓMEZ R.
Vocal

Al señor Ministro de Estados Unidos de Norteamérica. —Ciudad.

En presencia de los hechos

Viene a mi memoria el recuerdo de la actuación punible de Mr. Henry Lanne Wilson, Embajador de los Estados Unidos en México, en los aciagos días en que una facción se levantó en armas contra el Presidente legítimo, don Francisco I. Madero, y al comparar situaciones recuerdo, asimismo, que denunciados los abusos de aquel diplomático arbitrario, el Gobierno Norteamericano, haciendo justicia, lo destituyó, borrándolo además, por indigno, de la lista de los diplomáticos de su patria.

Quiere decir esto que, en mi concepto, el señor Franklin E. Morales, diplomático ocasional, no ha cumplido instrucciones de su gobierno cuando se ha mezclado indebidamente en nuestras cuestiones políticas y que no es sino por un abuso de su posición, seguramente sin instrucciones de su gobierno, que ha llamado a los marinos que hoy se encuentran en Tegucigalpa, ultrajando inmotivadamente la soberanía de Honduras. Și al gobierno provisorio, integrado por el Consejo de Ministros, le fuera dable entenderse directamente sobre estos asuntos con el Departamento de Estado, doy por seguro que el diplomático ocasional, señor Morales, sería destituido en el acto y que las tropas de ocupación serían reembarcadas inmediatamente. Todos estos atropellos ocurren, o porque no sabemos alegar nuestro derecho o porque la cobardía civil nos detiene el impulso de protesta. No hay necesidad de derramar sangre para hacer valer la justicia cuando se tiene constancia de que es factible conseguirla por medios pacíficos y viriles. El caso de Costa Rica y Panamá es esencialmente revelador.

Con más detenimiento voy a hacer un análisis de la gestión del señor Morales en Honduras, como particular, hace algunos años, y como diplomático ahora; para sentar un precedente en lo que hace a las relaciones internacionales de los Estados Unidos y Honduras; y como principio de desconocimiento del derecho norteamericano para intervenir en nuestros países, so pretexto de nuestros desórdenes, quiero dejar establecido que, según observación honrada de un notable publicista mexicano, un día de criminalidad en los Estados Unidos equivale a un mes de revolución sangrientísima en cualquier país de Hispanoamérica y que, sin embargo, a ninguno de nuestros países o gobiernos se le ha ocurrido hasta hoy, intervenir en los

Estados Unidos en el propósito humanitario de hacer que disminuya su criminalidad consuetudinaria.

Matías Oviedo

Tegucigalpa, 23 de marzo de 1924.

PERMANENTE

Si el Sr. Ministro Morales no nos da los nombres de los hondureños que, según él, pidieron la llegada de los marinos intrusos —si no cumple su palabra, que nos dio a este respecto— tendremos plena y absoluta razón para creer que solamente para disculparse por el profundo agravio que hizo a la nación hondureña encontró ese pretexto equívoco, por el cual muchos de nuestros connacionales empiezan a ser señalados como traidores.

BOLETÍN DE LA DEFENSA NACIONAL

Director: Froylán Turcios

TEGUCIGALPA, HONDURAS, CENTROAMÉRICA
MIÉRCOLES 26 DE MARZO DE 1924

DISTRIBUCIÓN GRATIS No. 6

LEVANTÉMONOS, EN UNÁNIME ÍMPETU, EN DEFENSA DE HONDURAS

Levantémonos, en poderoso y unánime ímpetu, hoy, que aún es tiempo, en defensa de Honduras. Sigamos, si así lo quiere el adverso destino, en nuestras abominables luchas fratricidas, antes que acogernos, mansamente, vilmente, al amparo de un pabellón extraño. Prefiramos un millón de veces, nuestro atraso, nuestra abulia, todo lo obscuro de nuestro porvenir, a perder, por un fementido progreso, el don supremo, el mayor y más inestimable de los dones, el divino don de la Libertad, gozado ampliamente en plena patria luminosa y bella.

Prefiramos un millón de veces —permitid esta hipérbole a mi patriotismo— prefiramos los más brutales déspotas en el Poder Público de Honduras; los gobernantes más ladrones, y más estúpidos, y más sanguinarios; los peores entre los peores de los hombres, siendo hondureños, es decir, hermanos nuestros, al sedoso e hipócrita Gobernador norteamericano, de mano blanca y fina y enguantada, altanero y sonriente y despectivo en lo alto del palacio de hierro, imperando sobre manadas de esclavos, sin honor y sin bandera... y ya sin esperanza, ni la más remota, de rehabilitación en el mañana...

¡Antes que esto sucediera sería mejor que un súbito terremoto borrara del mapa, en un pavoroso segundo, la tierra de Centro-América!

Compatriotas: una grave responsabilidad pesa sobre nosotros: meditad bien lo que hacéis. O autonomistas o traidores: así quedaréis señalados para siempre. Escoged. Os lo demando por lo que hay de más sagrado en el corazón de los nombres: no dejéis sin patria a las generaciones del mañana. No expongáis, por falsos mirajes, a nuestra querida Honduras, a ser pasto de la rapacidad extranjera. Evitando así que caigan sobre vuestros nombres —como caen y caerán sobre los traidores nicaragüenses— las tremendas maldiciones de la Historia.

Froylán TURCIOS.

LA VERDAD DEL PANAMERICANISMO

A diario se quejan los norteamericanos de la desconfianza con que se reciben en nuestros países los actos del Gobierno de los Estados Unidos. El ciudadano que se agita en un ambiente de respeto al derecho y a la libertad humanas, encuentra absurdo y a su vez increíble que más allá de sus fronteras, en pueblos indefensos, los representantes de su patria violen esa misma libertad y ese mismo derecho.

Gentes nobles, gentes que creen en la justicia y la sinceridad del mundo nos acusan de prejuicio, y se organizan para obtener una verdadera afinidad espiritual que haga surgir la simpatía y por ende la necesaria comprensión entre su país y los nuestros. Solo así, dicen ellos, les será dable comprobar que su respeto al derecho, del cual —a partir de la guerra europea, se han erigido en campeones— es una verdad de la Civilización. El movimiento en este sentido es cada vez más creciente, y cuantos se inclinan allá con veneración decorosa frente a los ideales de sus antepasados, sueñan con ver implantada en breve una leal y generosa fraternidad en el Continente.

Pero he aquí que mientras allá se lucha con laboriosa buena fe, acá se asesina en forma torpe el impulso generoso del pueblo norteamericano. Ni ofensa en la persona ni perjuicio en sus intereses han recibido los ciudadanos de los Estados Unidos residentes en esta capital. Vida plácida, vida de varón feliz, ha llevado entre nosotros el señor Morales desde cuando carecía de investidura diplomática. Contaba con la simpatía de todos. Era uno más en nuestra casa. Sin embargo, de un día para otro, este buen amigo nuestro, se revuelve iracundo, y hace ingresar por las calles de nuestra capital, marchando con insolente gallardía y armado hasta los dientes, un ejército de marinos de su país, ejército que nadie le ha pedido, que nadie esperaba, y que todo hondureño digno ha visto con la natural repulsión con que es forzoso ver todo ultraje a la soberanía de su patria.

Nadie sabe a qué vienen, ni por qué han venido los soldados estadounidenses. Quizá ni el señor Morales lo sepa. Se le han dirigido notas de protesta, se le ha interrogado por la prensa. Y el señor Ministro guarda un silencio imperturbable.

¿Cómo creer entonces en el panamericanismo? Con actitudes semejantes ¿cómo es posible, sin cometer injusticia, acusar de prejuicio, de suspicacia o de recelo a los pueblos de habla española en sus relaciones con los gobiernos de los Estados Unidos? ¿Quién puede confiar en la sinceridad del amigo que nos asesta un bofetón en el momento de tenderle nuestra mano?

Lo que aquí pasa constituye una de las heridas más certeras que se han inferido al panamericanismo. Pareciera que el señor Morales estuviese empeñado en acumularle odios a su patria. Un enemigo de los Estados Unidos no habría conseguido hacer nada más hábil en detrimento de sus relaciones con los pueblos indo-espanoles. Casi pudiera presentirse que le ha herido sonriéndole el sutil estilete de la diplomacia británica.

Recapacite el señor Ministro. Compare la obra y las aspiraciones de sus compatriotas con el hecho que ha llevado a cabo, y si tiene estatura moral, reconozca su error haciendo regresar a su barco, sin pérdida de tiempo, los soldados con que actualmente lesiona la soberanía de la República. Es éste el único medio para que el diplomático norteamericano, reivindique, en forma decente y caballerosa la. simpatía con que le ha honrado el pueblo de Honduras.

A. Guillén Zelaya

Por la defensa nacional

V

Algunas personas escrupulosas creen que no se puede asimilar un hotel, con su respectiva cantina y refresquería, a la representación diplomática en un país de otro país. Nada más inexacto. Se puede, siempre que se quiere, y no perderíamos mucho tiempo en buscar un caso que probara la inexactitud de su aserto. Analicemos esta posibilidad. En primer lugar, nada más semejante a una nación que, un hotel. Se entra por una puerta, sin pedir permiso, puesto que el hotel no es una casa privada sino pública, y se sale por otra si no se tiene la intención de pernoctar en él. En esto hay una ligera diferencia, pues necesitamos pedir el cuarto e inscribirnos en un libro muy sucio que exige nuestras generales, mientras que en una nación no es necesario nada de eso. Algunas de ellas exigen pasaporte, filiación, cuota de inmigrante, etc., pero eso sólo lo hacen las que están muy atrasadas. También se acostumbra pagar el hospedaje, pero esto es peccata minuta. En el centro encontramos al cantinero, quien nos sirve diligentemente con las mangas arremangadas hasta el codo. ¿Qué cosa más semejante a un diplomático que un cantinero? Su clientela es exigente, pero él se mueve con una agilidad asombrosa y hace mil caravanas, sonriendo a cada uno de los parroquianos con esa sonrisa estereotipada de los que están al servicio voluntario. ¿De qué lo quiere Ud? —pregunta, feliz, a uno que le pide un helado— ¿de piña o de naranja? Tengo de coco muy buenos.

El hotelero es una persona muy culta, muy amable, que está versada en literatura, en idiomas y en Derecho Internacional. Se le puede considerar como el ser mejor adaptado para dirigir las relaciones de un país. Es cortés, sabe vestir muy bien y, sobre todo, tiene muchos amigos, con lo que está dicho que es hombre sociable.

Si después de esto hay todavía quién dude de sus aptitudes para otra cosa, es porque la suspicacia humana es insondable, como la tontería.

Porfirio Hernández.

ENERGÍA

Hay quien piensa que el Boletín de la Defensa Nacional es una llamarada que necesita agua. Pero si preguntamos a esta clase de compatriotas: ¿es Ud. intervencionista? Contestan que no. ¿Está Ud. contento de ver en la capital de su país esa nube de marinos armados que entraron sin permiso del Gobierno? Ya lo creo que no. Este es un crimen de parte del señor Ministro de los Estados Unidos. —No obstante, en su mayoría éstas son las personas que tiemblan cuando leen la frase candente de esta hoja patriótica.

La indignación es roja, amigos míos. No es una sátira ligera la que tenemos que contestar en estos momentos al representante de Norte América en Honduras, don Franklin E. Morales. Es una amenaza a mano armada que no se justifica a la luz del derecho y que nos cubre de ignominia y de vergüenza si no devolvemos con el mismo gesto de osadía un reto oprobioso y degradante. Recuerdo, de la campaña unionista de 1918, el telegrama de un ciudadano que más o menos decía: "No quiero permanecer tácito. Me declaro francamente por la unión". Cierto escritor hizo un comentario bastante significativo del telegrama, que pudiéramos aplicar a esos correligionarios tácitos, quienes, o bien permanecen mudos o lacran su opinión con palabras que más parecen reproche que una protesta. Es el alma herida de un pueblo la que clama en lo profundo en este momento brumoso de su historia. Entonces debe ser un grito supremo de rebeldía que estremezca el Continente Latino.

Oigo, Patria, tu aflicción —dice un verso ibérico, traduciendo el momento de esclavitud francesa que sufriera España. ¡Quién pudiera oír la aflicción de este fragmento! de Centro América en este día aciago que aún soportamos bajo un abuso extranjero!

Juan Ramón Molina nos diera hoy su sangre en una estrofa de fuego: el poeta que dirigió a Honduras las palabras de amor más tiernas a su regreso de Europa. "El amor a la patria —dijo— dormido cuando se está en ella, se despierta terriblemente en el extranjero, siempre que uno no sea un nómade cosmopolita o un degenerado. Nunca —lo digo con el corazón en la mano— la he querido más hondamente que a mi regreso. Poco faltó para que, al llegar a Amapala, abrazase a los remeros del bote que me llevaba a tierra. Debe causar risa o desprecio quien por haber viajado en el extranjero, se cree autorizado en su torpe necedad para burlarse en seguida de sus compatriotas, del suelo que les vio nacer. Hoy amo a Honduras mucho más que antes; de tal modo, que hasta sus defectos me parecen cualidades, después de ver en otros países tantas cosas tristes a la vez que tanta civilización y progreso".

Poetas hondureños: vosotros que sabéis descifrar en oro y gemas el sentimiento "humano" hablad a nuestro pueblo en esta hora difícil; que sea vuestro grito, en su corazón entusiasta, la clarinada de un juicio final que señale la apoteosis de nuestras libertades futuras.

VISITACIÓN PADILLA.

Tegucigalpa, 26 de marzo de 1924.

Los Códigos, los sistemas, los estatutos, por sabios que sean, son obras muertas que poco influyen sobre las sociedades: hombres virtuosos, hombres patriotas, hombres ilustrados constituyen las Repúblicas.

No es posible que hayan pedido la venida de soldados americanos a esta ciudad

Circula la noticia de que han sido ciudadanos de las colonias extranjeras, residentes en esta capital, los que solicitaron del titulado señor Ministro de los Estados Unidos, don Franklin E. Morales, la venida de soldados americanos.

Muchos de los agraviados, con tal acto de fuerza, no hemos querido dar crédito a tal noticia, porque no podemos imaginarnos que personas a quienes el Gobierno y la sociedad hondureños les ha dispensado consideraciones y aprecio, puedan corresponder así a la hospitalidad que se les ha ofrecido desde que pusieron pie en el territorio nacional.

Los ciudadanos de la colonia francesa saben mejor que nadie que cometerían un crimen al pedir la intervención que ellos rechazarían para su patria con el valor heroico con que Francia, maestra de la libertad, ha luchado por los altos ideales de la Justicia, de la Igualdad y Fraternidad humana.

Los ciudadanos italianos no deben desearla si se inspiran en el recuerdo de Garibaldi y no olvidan el vía-crucis de su historia, con la intervención austriaca en los asuntos que les correspondía dirimir a ellos exclusivamente.

Con gran sentimiento y profunda pena se dice y aun se asegura enfáticamente de que han sido los ciudadanos españoles los que con su cónsul a la cabeza han puesto el mayor empeño por humillar a Honduras, lo que no podemos creer ni suponer siquiera porque el Sr. Santamaría, caballero tan fino y tan culto, como es, no podría prestar su nombre a esta intriga que deshonra a cualquiera y con mucha mayor razón a un hijo de España, y decimos que no lo podemos ni siquiera suponer porque sería vergonzoso al margen de la intervención francesa en su patria, porque quienes supieron luchar contra ella con valor heroico no han, de desearla para una hija de la Madre Patria, a la que le legara su idioma, su religión y su sangre; no han de desearla para este pueblo débil, consciente de sus derechos, que después de una centuria, lejos del odio colonizador, vuelve sus brazos, con las otras repúblicas de Latino América, al regazo de ella en un tardío reconocimiento de que las suerte les depara un destino común, en esa tendencia actual de unificar las razas.

No deben ser los ciudadanos españoles quienes pidan la intervención americana en Honduras porque mucho saben de ella en Cuba y Filipinas y saben algo más: que han ofendido a España con la injusticia del Maine, que motivó la guerra de aquella nación con los Estados Unidos y que dio por resultado el humillante tratado de París, que pesa sobre el alma española con peso abrumador que reclama venganza.

Quede constancia aquí de que son los ciudadanos de la colonia alemana los que al solicitarles su cooperación en tal sentido, como dicen que sucedió, supieron negarse con energía a ello y es que ellos saben honrar a su patria y saben corresponder a la estimación que les dispensa el pueblo hondureño.

Para concluir queremos anotar el hecho siguiente: que en las gentes del pueblo se barajan ya nombres, entre las personas hondureñas, que han pedido la venida de soldados americanos a esta capital. Dicen que la pidieron los señores.

Nosotros, sus adversarios políticos, que reconocemos en ellos ciudadanos distinguidos y patriotas, afirmamos con la certidumbre más alta de nuestro espíritu que no es cierta la versión, que se les calumnia de manera burda y torpe, porque en Honduras no hay traidores a la patria y en desagravio a Honduras nosotros desmentimos la noticia. Honduras se salvará por las virtudes cívicas de sus hijos.

Si los hondureños sabemos distanciarnos en las luchas partidaristas, sabemos unirnos como un solo hombre ante las amenazas a la patria.

EDMUNDO LOZANO.

Tegucigalpa, 23 de marzo de 1924,

Señor don Froylán Taurcios.—Ciudad.

Distinguido amigo:

Ud. es alma del trascendental movimiento patriótico que se está realizando con motivo del ingreso de soldados norteamericanos a tierras hondureñas; Ud., poniendo por entero, pensamiento y corazón al servicio de la Patria, representa el ejemplo más acabado de dignidad ciudadana. Yo le admiro y le aplaudo lleno de entusiasmo. Y hay todavía algo más, digno de loa, en su fervor patriótico. Es su heroísmo, su valor, al dar de mano a toda conveniencia personal, e ir, levantada la frente, en busca de los traidores.

Y es, tal como Ud., como debemos todos templar nuestras almas en esta hora de brumas, para que el grito de protesta resuene imponente y majestuoso. Como Ud., creo que el silencio ante el ultraje hecho a la Patria, es criminal; y más criminal todavía, el silencio de los hombres de letras; pero más criminal aún el silencio de los Directores del movimiento político que ha culminado con la actual fogarada revolucionaria. La voz de esos líderes, en estos momentos, tiene máxima significación.

Su silencio, en cambio, aun podría traducirse en complicidad. Cada vez que pueda, cada día si es posible, le enviaré algo para contribuir al éxito de la brillante campaña iniciada por Ud.

Lo saludo atentamente, suscribiéndome su muy atto. y S. S.

TITO LOPEZ PINEDA.

Lucha de tiranos

(Para el distinguido poeta don Froylán Turcios, que se preocupa por el bienestar de la Patraia y para la señorita Visitación Padilla, mujer heroica, que con su pluma libra mejores batallas que nuestros militares improvisades).

No vengo a condenar ni a ultrajar a nadie con mi modo de pensar. Al leer el BOLETÍN DE LA DEFENSA NACIONAL de ayer, he sentido una honda e íntima satisfacción al ver que don Froylán Turcios, hijo bueno de la Patria, y Visitación Padilla, mujer que lleva en su alma toda la dulzura nazarena y en su cerebro toda la fuerza de Cervantes, Castelar y Santa Teresa de Jesús, en estos momentos trágicos, de corrupción y de odio, de venganzas y de maldad, en que hijos espurios quieren levantar el estandarte del tutelaje y la humillación, están poniendo todo su empeño porque la bota de hierro del yankee invasor no venga a ultrajar nuestra soberanía nacional; y yo, que siento en mis venas glóbulos de idealismo, no puedo menos, también, que pedir que caiga sobre esos hombres pueriles, contaminados con el veneno de la traición, todos los anatemas de los hombres probos, sanos y libres. Hermanos: busquemos la manera de armonizar la familia hondureña; hagamos que desaparezca esa cuestión del combate sangriento, y que venga el combate de ideas; que lleguen a los destinos públicos hombres conscientes, porque necesitamos tranquilidad, necesitamos paz.

Y si individuos de espíritu malo no quieren buscar el camino del bien, hagámoslos desaparecer, y evitar así el derramamiento de tanta sangre de inocentes.

BENJ. HERRERA ORELLANA.

Honduras es libre

Nuestra querida Honduras es completamente libre e Independiente. Todos aquellos que amamos a nuestro suelo patrio, no necesitamos que una nación extranjera venga a tomar parte en nuestros asuntos políticos. Somos muy capacitados para la lucha Constante. Hoy excito a toda aquella juventud patriótica y aspirante por el mañana. Debemos defender nuestra bandera hasta el último momento y jamás retroceder antes de vernos humillados bajo el dominio de otra bandera extraña. Hondureños, no perdamos más tiempo; trabajemos enérgicamente hasta rechazar, lo más pronto posible, ese grupo de soldados marinos americanos que más tarde será la ruina de nuestra querida patria.

Tegucigalpa, 24 de marzo de 1924.

ANGEL CENTENO M.

UNA ADVERTENCIA OPORTUNA

Esta publicación excita a los verdaderos patriotas para que observen una actitud prudente en presencia de los marinos norteamericanos. Cualquier violencia podría ocasionar la ruina total del país, precipitándonos en un conflicto armado.

Renovación de un dolor

Aunque soy de las que opinan que el centro de acción de la mujer está en el hogar y en la cátedra, desde donde puede hacer sentir su influencia tanto como el hombre en los parlamentos y demás puestos que le corresponden, no puedo callar ahora que, debido a mi origen hondureño-nicaragüense, en mi corazón se renueva un gran dolor, con motivo de la llegada de tropas norteamericanas a esta capital.

¡Sí! En 1910 tuve el dolor de presenciar la funesta, execrable e injustificable intervención en la infortunada Nicaragua, mi segunda y amada patria. Alla he tenido la indecible amargura de ver ondear altanero el pabellón de las barras en el torreón principal de nuestro Campo de Marte, mientras nuestra hermosa bandera parece como cautiva en un torreón secundario. Por eso, desde que el problema político de Honduras fue complicándose más y más, y comentaba eso con algunas personas amigas, no obstante mi ignorancia en materia de política y quizá por pura intuición, siempre terminaba diciéndoles: "No saben lo duro que es ver ondear una bandera extraña en lugar de la propia, y por eso van llevando al país por semejante despeñadero, que puede conducir a una intervención armada de Estados Unidos".

Y aunque las tropas americanas acantonadas en esta capital no han sido llamadas por ningún hondureño, y hasta el momento no han intervenido directamente en nada, el sólo hecho de su presencia en nuestro territorio, es ya una amenaza a nuestra soberanía nacional, pues el venir a garantizar los intereses de sus connacionales, bien puede ser el primer paso de un atenta protectorado, como pueden decirlo Cuba, Filipinas y Nicaragua.

Pero lo que me contrista más hondamente, es que yo me imaginaba que la visita de tropas americanas en nuestro papis causaría tan intensa conmoción en nuestros compatriotas, que un convulsivo temblor (no de miedo sino de dolor), haría caer de sus manos el arma fratricida para empuñar en su lugar el arma de la justicia y del honor, para unidos todos, nacer frente al enemigo común. No lo han hecho aún, pero abrigo la esperanza de que lo harán.

¡Valiente pueblo hondureño!: Reflexionad un poco; pensad qué haríais si de momento las venerandas sombras de Morazán, Cabañas y del Valle surgieran de sus sepulcros y os pidiera cuenta de la Patria, ¿qué les mostrarais? Un cuerpo escuálido, enrojecido con la sangre de sus propios hijos y quizá sufriendo, además, el dolor que le produjeran, al penetrar en sus enjutas carnes, las aceradas garras del Águila del Norte.

Pensad también que cando la conquista iba precedida del retumbar de los cañones, estaban alerta los pueblos amenazados y se preparaban a la defensa; pero hoy que el arma empleada es el *dollar,* cuya maléfica influencia más bien parece que adormece a los pueblos, y manejada con seducción y engaño, el peligro es mayor y puede suceder que, sin daros verdadera cuenta de él, dejéis naufragar, de la noche a la mañana, la nave de la Patria.

Tomad el ejemplo de la misma gran nación que nos amenaza: ella ha llegado al gran poderío que hoy tiene (y del cual se vale para hacer imperar el derecho de la Fuerza), desterrando de su suelo las luchas fratricidas que debilitan, pues bien sabido es que allá, después de terminados los periodos eleccionarios, en que se entabla una lucha puramente cívica, cada cual retorna a su oficina, a su taller, etc., a emplear sus energías en un trabajo laborioso y productivo que ha hecho alcanzar a su país un desarrollo industrial y comercial verdaderamente colosal, merced al cual tiene actualmente semejante preponderancia entre todas las potencias del mundo. Empuñando, pues, la pluma, el azadón y las herramientas, se labora más por la Patria que empuñando el arma fratricida. Así llegaríamos a merecer su amistad, perdono como una humillante protección; sino con todo el decoro que demandan las leyes del Derecho Internacional. Ya nosotras las mujeres, ¿qué nos toca? No atizar odios ni fomentar rencores, sino que, depurando nuestros corazones de todo sentimiento innoble y al unísono grito de *sursuum corda,* elevarlog al cielo pidiendo al Dios de las naciones que pronto, mañana, hoy mismo, si fuere posible, cese la lucha fratricida y se levante sobre nuestra Patria el hermoso Arco Iris de la Paz, para que, al conjuro de sus nacarinos reflejos, huyan despavoridas las sombras de ese siniestro fantasma que se llama *Intervención americana.*

MARÍA L. HERRADORA ALCÁNTARA

LA INTERVENCIÓN

La contienda eleccionaria recién pasada se caracterizó por un hecho cuya trascendencia y significación marca una nueva etapa en el desarrollo de nuestra vida republicana: la intervención de Washington en los asuntos de política interna, privativos de los hondureños.

Desde a principios de la campaña pudimos sentir los efectos de la influencia yankee, que se manifestaron, ora en forma de conferencias de los candidatos, celebradas en casas particulares por sugestiones del Ministro Americano, presididas por el Presidente de la República, primero, y más tarde realizadas en la Legación Americana bajo el patrocinio del Ministro; ora en disimulada forma de recomendaciones y prevenciones, más o menos reveladoras de los designios de intervenir del gobierno americano.

En el interregno del proceso eleccionario vimos acudir varias veces a los candidatos presidenciales a los llamamientos que les hiciera el representante yankee, quien —intérprete fiel de los sentimientos de política de su gobierno hacia los débiles países de Centro América—, mostraba el más vivo interés en el sentido de que el problema de sucesión presidencial en que estábamos empeñados los hondureños, se resolviera de manera que asegurase la estabilidad de la paz, y por ende, de los intereses vitales de la República.

Aquellos actos de injerencia del gobierno yankee en cuestiones que incumben exclusivamente a los nacionales de Honduras denunciaban a las claras los propósitos intervencionistas de Washington. Así lo comprendimos casi todos los hondureños, y algunos espíritus patriotas, advirtiendo su alcance y contenido, dieron la voz de alerta.

El gobierno americano, por su parte, se apresuró a declarar que no reconocería ningún orden de cosas que contrariara lo establecido en la cláusula segunda del Tratado de Paz que suscribieron en Washington, el año pasado, los plenipotenciarios centroamericanos. La norma de conducta que Washington se trazaba con respecto a reconocimiento de los gobiernos centroamericanos, se inspiraba de esta suerte en la disposición de un convenio centroamericano, que no es una ley para los países signatarios, porque no ha recibido la completa consagración que deben darle las legislaturas respectivas.

Los propósitos de intervención yankee fueron acentuándose de día en día, y seguramente sólo se esperaba el pretexto para traducirlos en actos de ocupación militar. El pretexto llegó y el crimen ha principiado a consumarse.

CARLOS A. PERDOMO

Cuotas patrióticas

para pagar a los cajistas que trabajan en este Boletín.

1	Mercedes Garay	$ 5.00	17	X. X.		5.00
2	Román Ramos Valdés	5.00	18	Juan V. Vásquez		2.00
3	Cristóbal Canales	5.00	19	Antonio Gómez Romero		1.00
4	Federico C. Canales	5.00	20	Alejandro Armijo h.		0.50
5	Cecilio Colindres Zepeda	2.00	21	R. J. L.		5.00
6	Miguel Oquell Bustillo	5.00	22	Modesto Rodas Alvarado		5.00
7	Manuel A. Reina	5.00	23	Un Mexicano		3.00
8	Humberto Sosa M	2.00	24	Amado Tejeda		5.00
9	Humberto E. Guerrero	0.50	25	Antonia Hernández		1.00
10	Un Centroamericano	5.00	26	Nicolás Toledo		1.00
11	Visitación Padilla	1.00	27	Otro Centroamericano		3.00
12	Arcadio Díaz Ballesteros	1.00	28	María Luisa Hernández		1.00
13	Pura Vijil	5.00	29	Porfirio Guardiola		1.00
14	Alfredo Sagastume	10.00	30	Tito López Pineda		2.00
15	Camilo Zelaya	1.00	31	Manuel Corea Bueso		5.00
16	X. X.	$ 5.00				

BOLETÍN DE LA DEFENSA NACIONAL

Director: Froylán Turcios

TEGUCIGALPA, HONDURAS, CENTROAMÉRICA
JUEVES 27 DE MARZO DE 1924

DISTRIBUCIÓN GRATIS No. 7

CENTROAMERICANOS

Enderecemos hacia las máximas alturas nuestras más vibrantes energías de hombres libres; execrando a los pesimistas antipatriotas, que carecen de vergüenza cívica; y uniéndonos con los fuertes, con los constructores de voluntad, con los varones íntegros por el valor y por el carácter. No pongamos jamás el más pequeño grano de arena en la obra oprobiosa que intenta levantar en nuestra tierra el invasor. No cometamos la infamia de tender el cuello para que nos remache la cadena del esclavo.

Si la artera Conquista avanza ciegamente sobre nosotros con su prepotencia arrolladora, que nos halle de pie, altivos sobre el pedestal de nuestro derecho; y que pase como un huracán de fuego, sembrando para siempre la muerte sobre nuestros campos y ciudades, sin que nuestras manos se tiendan implorantes y sin que marque nuestra conciencia el sello de la ignominia por haber cedido, en ninguna forma, a las dádivas malditas del invasor y haber pactado sobre la eterna ruina moral de nuestra Patria.

Froylán TURCIOS.

POR LA DEFENSA NACIONAL

VI

Algunos lectores, muy apreciables, de este Boletín, no están del todo conformes con el lenguaje empleado al referirnos a la diplomacia "americana" en Honduras. Como el que esto escribe es de los que piensan que todos tienen razón, incluso los que no la tienen (es decir, los irracionales), se propone explicarles, aunque sea provocando su disgusto, la contexta de su estilo. No será hoy, por cierto, pues el tiempo apremia y el espacio es corto. Apenas podrá hacer algunas consideraciones generales sobre el asunto.

Explícase, perfectamente, el disgusto de ciertas personas. Si no fuera así, podría considerarse fracasado nuestro intento, que no es otro que el de perturbarles la digestión. Porque no tendría gracia que después de haber hecho lo que hicieron continuaran disfrutando de toda clase de consideraciones, entre las cuales se hallaba el aprecio que les teníamos. El mal que con esto les hacemos es ridículo, comparado con el que ellos nos hacen alentando la intervención. Mucho hemos logrado, pues, con que se enojen, y de ello nos felicitamos. Explícase también el disgusto de otra clase de personas. Nos referimos a aquéllas que son demasiado refinadas. No es posible haber apurado el contenido de todos los estilos, desde el fuerte y vigoroso de la Biblia, hasta el suave y aterciopelado de Anatolio France, sin sentir repugnancia por las cosas mal escritas. Vea Ud. —nos dicen— lo que escribe X por ejemplo qué culto, qué delicado, qué manera de decir las cosas. ¡Si parece una dama!

Pero esos no toman en cuenta una cosa, y es que nosotros no estamos dirigiéndonos a esa media docena de personas cultas y pseudo-literarias que hay en Tegucigalpa, sino al pueblo hondureño, que es el único que tiene conciencia de su nacionalidad.

Hablamos al Sr. Ministro en el único lenguaje que conoce, es decir, el culinario, Y si se nos apremia, declararemos que somos más admiradores del Quijote que de Anatolio. (No ve Ud., amigo mío, la lengua que se gasta Sancho?)

Hay una clase de personas con las que no podremos entendernos jamás. Eso creen ellas. Eso quisieran. Desgraciadamente no lo van a conseguir Les demostraremos que somos muy capaces de escribir algo que les satisfaga. Aquí va:

"La presencia en esta capital de una compañía de soldados *americanos,* de lo más culto, fino y amanerado que tiene Norte América, es un honor que nosotros debemos agradecer con lágrimas de reconocimiento. Porque, ¿quiénes somos nosotros, míseros mortales, indios infelices pertenecientes a una raza inferior, para merecerlo? Caigamos de hinojos, compatriotas, a sus pies y besémoselos, que para eso los tienen tan chiquitos. Humillémonos en su presencia, alfombremos el suelo por donde han de pasar, enfloremos sus armas libertadoras y que nuestras más bellas mujeres caígan en sus brazos, desmayadas de admiración. ¡Oh, fuertes y valerosos hijos de Tío Samuel!
Amén.

PORFIRIO HERNANDEZ

ACLARACIÓN

Cuando hablamos de traidores nicaragüenses nos referimos concretamente al grupo nefando que en la república hermana solicitó el yugo extranjero para su patria.

La mujer en el altar de la Patria

Ayer, las honorables damas de Comayagüela y hoy la señorita María Luisa Herradora, han traído a mi corazón un nuevo entusiasmo. Como las vírgenes prudentes del Evangelio han ofrecido sus vasos de aceite para alimentar las lámparas donde debe arder continuo el fuego sagrado del patriotismo. Es unánime el clamor de protesta que se levanta de los hogares por la sorpresa de una tropa extranjera que ha allanado el territorio nacional y hojas y hojas se llenan todos los días con lindas firmas femeninas.

Señor Ministro Morales: Como le he demostrado una vez, hay miles de mujeres compatriotas de Ud., que no están de acuerdo por su agresión imperdonable a nuestra soberanía. Yo sé que hay grandes mujeres de EE. UU. que simpatizan con la mujer hondureña en esta hora de dolor y que tienen hasta el deber de simpatizar porque han comunicado cordialmente con nosotras, representadas por la culta señorita hondureña, Mercedes Laínes, en la Conferencia Panamericana de Mujeres, reunida en Baltimore el año de 1922.

Sé también que estas mujeres sentirán mucha vergüenza porque sea Ud. el representante en Honduras de un país que predica el derecho de los pueblos y que se considera a sí mismo, por muchas razones, árbitro en las dificultades internacionales del mundo, que deben solucionarse de acuerdo con los imperativos de la civilización. Sentirán vergüenza que EE. UU. tenga un diplomático que haga aparecer a su país como una horda de beduinos saliendo del desierto a atacar una ciudad indefensa.

El artículo de la señorita ría Luisa Herradora que apareció ayer en el Boletín de la Defensa Nacional es tan precioso y tan sincero. La elevada señorita Herradora no ha querido permanecer tácita. Ella sabe de nuestras lágrimas porque ha sido herida con la hoja del mismo puñal. Desearía que ciertas damas de Tegucigalpa cuyas hijas educa la señorita Herradora se fijaran en sus bellas palabras, siquiera en las siguientes:

—Aunque soy de las que opinan que el centro de acción de las mujeres está en el hogar y en la cátedra, desde donde puede hacer sentir su influencia tanto como el hombre en los parlamentos y demás puestos que le corresponden, no puedo callar ahora que, debido a mi origen hondureño-nicaragüense, en mi corazón se renueva un gran dolor, con motivo de la llegada de tropas norteamericanas a esta capital. Tengo la convicción de que todas protestamos, pero es mejor hacerlo como lo han hecho las dignas matronas y señoritas de Comayagüela, como lo ha hecho la distinguida Profesora centroamericana señorita María Luisa Herradora y las señoras y señoritas de esta capital consignando honrosamente sus firmas en el libro de honor nacional, para dar un ejemplo a los hombres que tienen miedo al señor Ministro de los Estados Unidos.

VISITACIÓN PADILLA

El caso de los Estados Unidos

En este régimen capitalista en que la humanidad se retuerce de dolor profundo, no debe extrañarnos la inmoralidad observada por los gobiernos en sus relaciones internacionales. La injusticia del potentado bajo la tolerancia de nuestras leyes civiles, dentro del orden social, es la injusticia del gobierno respaldado por su aplastante poder económico, en la convivencia internacional. Porque nada en la vida de las naciones, como en el de las sociedades de órdenes diferentes, contradice el determinismo económico de la historia. Así que hogaño, como antaño, las leyes —que regulan las relaciones entre los hombres y los pueblos entre sí— combaten la justicia, no la fortalecen.

Las naciones directoras en el mundo no se imponen sólo por su cultura; la moral capitalista endiosa a la fuerza económica, y del oro almacenado nace la arrogancia de los gobiernos que sostienen embozadamente el prejuicio secular del derecho de la fuerza con que imponen su voluntad en los pueblos débiles. Funesta es la desigualdad económica de los pueblos. Ella es la que determina, generalmente, el porvenir aciago de las naciones sin experiencia, y tuerce, frecuentemente, el criterio moral de los gobiernos plutócratas. Los Estados Unidos, nación de abolengo puritano, y enmarcada en circunstancias ventajosas creadas por su situación próspera, son en este Continente el árbitro en todas las cuestiones externas e internas de los países hispanoamericanos; pero en su conducta internacional con Hispano América, olvidando la pureza de su origen y cegados por el oro de sus arcas, desempeñan el papel del capitalista opresor ante los trabajadores hambrientos.

Su política del *EMPRESTITO*, del *NO RECONOCIMIENTO* y la de *GARANTIZAR LOS INTERESES NORTEAMERICANOS*, salvaguardada por su Doctrina Monroe, justifica el celo de los hispanoamericanistas que, en su labor autonomista, recuerdan los ultrajes consumados en Santo Domingo, Puerto Rico, Cuba, Colombia y Nicaragua. Su civilización industrial, base de su orgullo desbordado, embotando su facultad de comprensión de sus hombres de Estado, ha venido actuando con inflexible lógica en el sentido de colocarlos en el caso de sentarse autorizados a pisotear los más elementales principios del Derecho de Gentes. Y en su afán de satisfacer su espíritu de expansión, base para adormecer a estos pueblos, el señuelo de su panamericanismo, que no es más que su angloamericanismo violador de soberanías.

Los Estados Unidos, con sus procedimientos de pirata, parece que se vendan caprichosamente para no ver la labor de formación de un mundo nuevo; los Estados Unidos, por sus atentados propios de los pueblos primitivos, parece que no se han percatado del formidable despertar de la América Hispana. Y así, frente a sus trabajos de zapa, no es de sorprenderse que, mientras la corriente de ideas que tienden a levantar el espíritu hispanoamericano contra la política rapaz del gobierno de Casa Blanca se labra un ancho cauce en los pueblos de habla española, un ultraje a la soberanía de nuestro país venga a acrecentar nuestra justa inquietud; no es de sorprenderse que, mientras los estadistas norteamericanos se empeñan en visualizar las ventajas que acarrearía el implantamiento efectivo de las doctrinas que fundamentan su pamamericanismo desleal, el arribo a la capital de un cuerpo de soldados de la marina yanqui venga a demostrar, una vez más, la falta de fidelidad de los Estados Unidos, en el cumplimiento de las reglas elementales de su amistad internacional.

Se arguye por ahí que el caos por que atraviesa el país es la causa más cercana de la intromisión violenta del gobierno estadounidense con el pretexto de garantizar los intereses extranjeros en la capital. No negamos nuestra bancarrota económica y moral y la ausencia de un ideal social que nos empuje a la lucha fecunda. Pero el inferior grado de civilización de un pueblo ¿ha sido motivo suficiente, alguna vez en la historia de la humanidad, para que una nación fuerte se arrogue el derecho de irrespetar la soberanía de los países débiles? El Derecho Internacional no sanciona ultrajes a la dignidad de un pueblo; pero la **MORAL CAPITALISTA** sí consiente la satisfacción de **NECESIDADES ECONÓMICAS, POLÍTICAS Y MILITARES,** aunque esa satisfacción se obtenga mediante **LA CONCULCACIÓN DE LA LIBERTAD DE LOS PUEBLOS DÉBILES.** Si a los Estados Unidos los autoriza su civilización industrial para inferir el agravio más estupendo a la soberanía de nuestra desventurada Honduras, acusemos su falta de lealtad ante la nueva conciencia que se forma, y, mientras sus marinos estén pisando nuestro territorio, no demos tregua al trabajo de movilización de los espíritus hacia la defensa de nuestra autonomía nacional.

Ángel G. Hernández

PROTESTAMOS

ENÉRGICAMENTE CONTRA EL INGRESO DE TROPAS NORTEAMERICANAS A ESTA CAPITAL Y PEDIMOS AL SR. MINISTRO MORALES EL INMEDIATO RETIRO DE DICHAS FUERZAS DEL TERRITORIO DE LA REPÚBLICA

Froylán Turcios, A. Guillén Zelaya, Porfirio Hernández, Visitación Padilla, Roque J. López, Marcial Lagos, Miguel Oquelí Bustillo, Alberto A. Rodríguez, Federico C. Canales, Salomón Bueso, J. I. Rápalo, Adolfo Zúñiga, Tomás Becerra B., Eusebio Fiallos V., Arturo Pineda Arias, Manuel Corea Bueso, José Jorge Callejas, Salomón Surto Z., Ángel M. Cisneros, Arturo Martínez Galindo, Antonio Gómez Romero, Constantino Garay, Tito López Pineda, Octaviano Arias, Simeón H. Hernández, Carlos Muñoz M., Antonio Corrales, Martín Uclés, Abelardo Erazo, Alfredo Sagastume, C. Colindres Zepeda, Eduardo J. Padilla, Lorenzo B. Pacheco, Manuel Monge M., Catarino Castro S., Horacio Moya Posas, Ricardo Roesch, Pedro Rovelo Landa, Cristóbal Canales, Edmundo Lozano, Darío Montes, Alex. Mayer h., Raúl Zaldívar, Saúl Zelaya Jiménez, Pompilio Ortega, Salvador Colindres, Cornelio Fiallos Soto, José Antonio Dávila, Rafael Lanza Ramos, Porfirio Guardiola, Arcadio Diaz Ballesteros, Ernesto Alvarado G., J. M. Cofu, Alejandro Rodríguez, Florencia v. de Villalta, Raquel Ramos, Amalia Ramos, Amalia Ortega, Sofia Andino, Victoria Flores, Dolores Salinas, Ángel R. Fontecha, Manuel Bonilla G., Vicente Gámez Nolasco, María de la Luz García, Amelia Cruz, Nazaria Salgado, Mercedes Jarquín, María López Padilla, Margarita Chávez P., Ernestina Quiñónez, Amelia Flores, Josefa Laínes, Mercedes Cerrato, María de Jesús Palma, Blanca Flores, Anita Flores, María Chávez, Edgardo Becerra, Ernesto Fiallos V., Gonzalo A. Robleto, Anastasio Cabrera, Miguel Oquelí Rodríguez, Adán Canales, Bernabé Mayen B., Roberto Escalón, E. Koelpin, Arturo Suárez, Godofredo Streber, Ángel G. Hernández, Alfredo Berlíoz, Guillermo Arias, Vicente Flores Santos, Carlos Zelaya G., José B. Henríquez, J. Ernesto Dávila, Sergio B. Pagoaga, Benjamín H. Orellana, Lurio Martínez, Pedro, J. Paiz, Adán E. López, Constantino Martinez H., F. Parrales, Julio C. Mejía,

Alberto Dávila, José de la Cruz Álvarez, Casto Fortín, José Ángel García, Juan María Cuéllar, A. Funes C.. Pablo J. Cámbar, Jorge Ramos R., Coronado Álvarez, J. M. Mendoza, Alberto González, Jerónimo Rivas R., José F. Pineda, E Palma R., C. M. Gómez, M. Rafael Reyes, Carlos Carías Medina, Samuel Nieto R., Manuel Avilés, Miguel Ángel Montenegro, Francisco Ordóñez, J. Román Ramos Valdés, Luis F. Velásquez, Felipe N. Bustillo, Francisco López Rojas, Dionisio Medina, Teodosio Castillo, Isidro Dávila, Roberto Tablas, Rómulo Reyes F., Fernando G. Ramírez, Froylán Becerra, Alfredo Berlioz, René Selva, Federico Flores G., Gumersindo Lanza B., Miguel López, Rafael Medina, Ramon Meza, Francisco Aguilar, Isidro Ortez, Alberto C. Rodríguez, Alejandro Banegas, Lorenzo Monfort h., Francisco E. Zelaya, Ramiro Alfaro, Domingo Lagos, Manuel Herrera Ezequiel Rivas F., Enrique. Rivas M., Ángel Centeno M., Alfredo Zamora, Juan Ángel Irías, Luis P. Colindres, J. Antonio Lara, Jesús Castillo hija, Juan B. Vásquez, Camilo Estrada h., Arturo Euceda D., José de J. Cerrato., Gabriel Barrientos, Florentino Ochoa, José Banegas B., Benjamín Larios, Vitalicio Laínes, Miguel A. Zelaya, Ramón Servellón, Salvador Hidalgo, Alejandro Armijo h., Tomás Lanza, Jesús Rodríguez, Terencio Armijo, Braulio Armijo, Heriberto Castellanos, Alejandro Herrera M., Nicolás Ramírez, Francisco Mairena, Juan Pablo Ávila, Alejandro R. Varela, Manuel Banegas, Antonio Molina, Martín Núñez, Ernesto Mejía, Eloy Palma, Ventura Valle, Gil Flores Núñez, C. Cárcamo L. Vicente Enamorado, Eleuterio Flores, Marco Ramírez h., Luciano Zelaya, Leonidas Fajardo, Enrique Godoy, José J. Maradiaga, Ciriaco Cruz, Leonidas Irías Valeriano, Clemente Rodríguez, J. Antonio Maradiaga, V. M. Funes, S. Sebastián Palma, Eustaquio D. Paz, Alejandro Altamirano, Esteban García, Arístides Ochoa P., Alfredo León Gómez, José María Zavala, Fernando C. Aguilar, Elías Bonilla, Antonio Durón C., Juan María Vargas, Miguel Escobar, J. Méndez Valle, Andrés Flores, Constantino Gálvez, Juan José Arias, J. M. López, J. A. Moncada, Tomás R. González, Marco E. Rodríguez, J. Esteban Armijo,. Bibián Lanza C., Rubén Lara Yanes, Miguel Ángel Flores, Saúl Morán, Alberto R. Acosta, José Emiliano Chévez, Pedro J. Obando, Carlos C. Elvir, Santiago Durón Dominguez, Rafael Rosales, Tomás Velásquez, Vicente Sosa, Rafael Rosales Luna, Alfonso González, Manuel de J. Alvarenga, Alfredo Laínez, Salvador Maradiaga,

Manuel Valle, Benjamín Ortiz h., Antonio Enrique Alvarenga, Pedro J. Casco, Esteban Reyes, Luis Velásquez, Manuel Sevilla O., Antenor Salmerón, Ángel Acosta, Trinidad Henríquez.

(Continuará).

Por los fueros de la Patria

PARA MIS CONCIUDADANOS.

Un hálito de muerte, un frío funerario parece flotar en el ambiente de este caro suelo.

Un aletear de águilas parece escucharse desde el límpido cielo de la patria. Es que el conquistador de pueblos débiles toca a nuestras puertas, y su siniestra presencia conmuévenos como una ave indefensa ante el rapaz que acecha su sagrado nido; y es que no nos trae el simbólico ramo de olivo, sino el cabo fuerte y el cruel chicote para uncirnos al carro de ignominia en que gimen en cautiverio varias de nuestras hermanas, que no han tenido más pecado que haberlas dotado la naturaleza con prodigalidad.

Escuchemos, compatriotas, esos gemidos y tendamos nuestras manos generosas para siquiera levantar de sus caídas, en su prolongado calvario, a esas víctimas inocentes. Arranquémoslas del carro infamante y confortemos sus dolores.

¿Ya no habrá cóndores en nuestras hirsutas montañas? ¿Ya los Andes latinos se habrán vuelto estériles? ¿Ya el marasmo criminal habrá sentado sus reales en nuestros ánimos? No, conciudadanos; el pueblo hondureño lleva en sus venas sangre castellana, esa sangre legendaria que viene del Lacio y que hizo un reguero en el mundo antiguo, como un bautismo de altivez.

Nuestras constantes revueltas no menguan a pueblo alguno, ni mucho menos al pueblo norteamericano, o para mejor decir, al gobierno de Washington, para que con fútiles pretextos hollen este suelo que sólo es para los libres. Díganlo sus mismos connacionales, que son objeto de más privilegios y libertades que en su propia patria.

No queremos creer que el gobierno norteamericano, doctrinario por excelencia, que ha tratado de reformar el Derecho Internacional Público, con enmiendas altamente liberales, quiera ahora llevar el estigma de los hipócritas y el sello vergonzoso de los pérfidos. Y la ira santa sube de punto cuando nuestras protestas son dirigidas a oídos tapiados, porque así conviene a sus intereses personales, mezquinos y puestos en práctica mediante un mercantilismo odioso e indecente. Porque, señores, hay que decirlo de una vez: hemos sido víctima de un diplomático sin escrúpulos y sin dignidad; sin escrúpulos, por inmiscuirse en asuntos que exclusivamente sólo a nosotros corresponde resolver, y sin dignidad, porque no ha sabido apreciar nuestra buena fe. Y si esta acción es obra de los réprobos; si esta honda herida en que se ha interesado el corazón de la patria es inferida por extranjeros, allá ellos. Si es por nuestros connacionales, responderán ante la vindicta pública, que será el tribunal supremo, que se encargará del enjuiciamiento de los traidores y les colocará el fatídico número del recluso para que las generaciones por venir los señalen con el índice acusador. Es obvio que la suma de los agravios inferidos a algunas repúblicas americanas van dejando un surco profundo en la conciencia de estos pueblos, enajenando la confianza en el Norte, como violadores de la fe pública. ¿Qué contestaría el gran Washington ante un interrogatorio formulado por el patricio y nunca olvidado General Morazán? ¿Qué cargos haría el primero a sus conciudadanos? Bien lo sabríamos: los cargos que se hacen a los fementidos e hipócritas.

Unamos, conciudadanos, nuestros pensamientos; unamos nuestra acción; que nadie claudique en defensa de los derechos de Honduras. En fin, sepamos morir gloriosamente, si el caso es llegado, para que, recordando al Mariscal Ney, digamos al mundo civilizado: **VENID A VER CÓMO MUEREN LOS HONDUREÑOS.**

ALFREDO M. ORTIZ.

Frente al imperialismo

Siempre supimos nosotros, en los días aciagos de la República, frente al ultraje de nuestra soberanía, invocar la justicia y protestar con dignidad. El hecho del desembarco de tropas estadounidenses al territorio del país nos ha conmovido profundamente. Es como si una daga nos hubiese despedazado el corazón.

Hemos oído con frecuencia, a más de un timorato e incomprensivo, que hay razón para que fuerzas norteamericanas se ocupen de salvaguardar la vida y los intereses de sus compatriotas. Y no es así. Léase lo que escribió José Madriz, en 1910, con motivo de la intervención de aquéllas en su patria. "En cuanto al peligro de los intereses de americanos, la ley internacional establece que los extranjeros residentes en un lugar están sujetos a todas las contingencias de las operaciones de guerra ejecutadas legítimamente por un beligerante. Esta tesis, indiscutible en principio, fué sostenida por el Gobierno americano cuando el bombardeo de San Juan del Norte, ciudad abierta, desarmada, puramente comercial, por el buque *Cyane* de la marina de guerra de los Estados Unidos, el año de 1846".

Y aquí cabe preguntar: ¿Se ha molestado en alguna forma al Excmo. señor Ministro de los EE. UU. de América en Honduras? ¿Se ha confiscado los intereses de sus connacionales? No. El pueblo, consciente en toda época de su destino en la Historia, ha sido respetuoso con la persona del señor Enviado Extraordinario y ha permanecido bien lejos de las propiedades de sus compatriotas. Lo cierto es que los gobernantes de los EE. UU. siempre han sido, desde que estas tierras fueron colonias de España, expansionistas y conquistadores.

Lo anunció en las siguientes frases, don Luis de Onís, Ministro español en Washington, al Virrey de Nueva España, don Francisco Javier Venegas.

"Cada día se desarrollan más y más las ideas ambiciosas de esta República, confirmando sus miras hostiles contra España. V. E. se había ya enterado, por mi correspondencia, de que éste Gobierno se ha propuesto nada menos que fijar sus límites en la embocadura del Río Norte, o Bravo, siguiendo su curso hasta el grado 30, y de allí, cursando una línea recta, hasta el Pacifico, tomando, por consiguiente, las provincias de Tejas, Nuevo Santander, Coahuila,

Nuevo México y parte de las provincias de Nueva Vizcaya y de la Sonora. Y el Marqués de Polavieja, en su libro *Mi política en Cuba* (1896), agrega: "Parecería este proyecto un delirio a toda persona sensata, pero no es menos seguro que el tal proyecto existe, que se ha levantado expresamente un plano de dichas provincias por orden de Gobierno, incluyendo también en dicho límites la isla de Cuba como una parte natural de la república".

De manera, pues, que el pretexto invocado para que el ejército de los EE. UU. de América ocupe nuestro territorio, es inútil. Si se le busca, no se encuentra.

Nuestras luchas civiles, deplorables, en verdad, porque nos matamos sin misericordia hermanos contra hermanos, no autorizan a ningún nación para que intervenga en nuestra propios asuntos. Somos nosotros los llamados a evitar que continúen nuestras guerras civiles, que traen como consecuencia la lobreguez de nuestro espíritu, la ruina, la devastación y el oprobio. Somos nosotros los que debemos educar, las muchedumbres, haciéndolas comprender que sobre el egoísmo personal, que sobre la ambición desalentada, que sobre el interés de unos pocos, está la Patria. La Patria dolorida que se angustia ante la amenaza del porvenir. La Patria que se estremece de pavor al escachar el galope que llega del Septentrión y que acongoja en presencia de la cobardía moral de algunos de sus hijos.

"Los que saben y callan, por temor a los EE.UU —exclama un bizarro publicista— padecen un lamentable error; es urgente convencerse de que el miedo es un pésimo defensor. El pueblo de los EE. UU., pueblo viril, orgulloso de su poderío, consciente de su gran valer, desprecia los actos tímidos y le irritan los hombres y las naciones apocados. Sobre todo, el que tente teniendo la razón de su parte, produce un sentimiento contraproducente a su derecho: infunde desprecio y misericordia".

El que no ama a su Patria debe desaparecer. Este es el apotegma fatal.

Hacer Patria, repite el sentimiento nacional hondureño. Y, efectivamente, hacer Patria es lo mejor. La Patria es nuestro propio espíritu, es nuestro propio corazón. Patria es la cuna donde abrimos los ojos a la luz y es el lecho sombrío donde se apaga nuestra lámpara interior. Es la cadena sinuosa de nuestras montañas y la solemne dilatación de nuestros mares. Es nuestro cielo azul. Es nuestro sol. Es la novia que suspira, en los ventanales de la esperanza. Es la cita que se da bajo las enramadas en flor. Es el camino que conduce a la alquería, donde a mujer de la selva nos obsequia con el plato familiar. Es el aura que pasa y que nos lleva el mensaje de la ilusión, indicándolos la claridad del porvenir.

Y si esto es la Patria, hay que defenderla, hay que amarla, hay que guardarla como un tesoro inapreciable.

Nosotros así lo exigimos. Nosotros así lo hemos de reclamar siempre los ciudadanos de la República.

24 de marzo.   *ADAN CANALES.*

Cuotas patrióticas

para pagar a los cajistas que trabajan en este boletín

1	Mercedes Garay	$ 5.00	17	X. X	5.00
2	Román Ramos Valdés	5.00	18	Juan V. Vásquez	2.00
3	Cristóbal Canales	5.00	19	Antonio Gómez Romero	2.00
4	Federico C. Canales	5.00	20	Alejandro Armijo h.	0.50
5	Cecilio Colindres Zepeda	2.00	21	R. J. L.	5.00
6	Miguel Oquelí Bustillo	5.00	22	Modesto Rodas Alvarado	5.00
7	Manuel A. Reina	5.00	23	Un Mexicano	3.00
8	Humberto Sosa M.	2.00	24	Amado Tejeda	5.00
9	Humberto E. Guerrero	0.50	25	Antonia Hernández	1.00
10	Un Centroamericano	5.00	26	Nicolás Toledo	1.00
11	Visitación Padilla	1.00	27	Otro Centroamericano	3.00
12	Arcadio Díaz Ballesteros	1.00	28	María Luisa Hernández	1.00
13	Pura Vijil	5.00	29	Porfirio Guardiola	1.00
14	Alfredo Sagastume	10.00	30	Tito López Pineda	2.00
15	Camilo Zelaya	1.00	31	Manuel Corea Bueso	5.00
16	X. X.	$ 5.00	32	M. Bersabé Ramos R	2.00

El Sr. Cónsul de España y el ingreso a esta capital de los marinos extranjeros

Con fecha de hoy recibimos una carta del Sr. Cónsul de España, don Ramón de Santa María, en la que nos dice: "Participo a Ud. que es absolutamente falso que yo haya tenido participación alguna en el asunto a que se refiere (don Edmundo Lozano, en su artículo publicado ayer), y que es asimismo absolutamente falso que los súbditos españoles hayan hecho solicitud alguna con su Cónsul a la cabeza".

PERMANENTE

Si el Sr. Ministro Morales no nos da los nombres de los hondureños que, según él, pidieron la llegada de los marinos intrusos, si no cumple su palabra, que nos dió a este respecto, tendremos plena y absoluta razón para creer que solamente para disculparse por el profundo agravio que hizo a la nación hondureña encontró ese pretexto equívoco, por el cual muchos de nuestros connacionales empiezan a ser señalados como traidores.

Franklin Morales, Ministro Plenipotenciario de Estados Unidos en Honduras de 1922 a 1925.

BOLETÍN DE LA DFEENSA NACIONAL

Froylán Turcios

TEGUCIGALPA, HONDURAS, CENTRO AMÉRICA
VIERNES 23 DE MARZO DE 1924

DISTRIBUCIÓN GRATIS No. 8

HAGAMOS CONCIENCIA NAGIONAL

Cuando los marinos norteamericanos desembarcaron en Santo Domingo, se hallaba aquella República bajo una sucesión de guerras civiles que cambiaban continuamente de caudillo. Comparado con aquello, lo que aquí ocurre ofrece toda la gratitud de una paz conventual. Pero así y todo, en el centro de un torbellino de pasiones y de metralla, los dominicanos supieron ser dominicanos, y ante la ofensa común, les encontró el invasor asumiendo la actitud viril de los patriotas enteros.

En el momento del desembarco, un joven dominicano, una noble vida de veinte años, llegaba hasta los soldados extranjeros.

—¿Quién es el jefe de esta fuerza? —interrogo con tranquilidad insospechable. Es aquél, le respondieron.

Fue hacia él sin vacilar, y le saludó con dos balas en el cráneo. Las descargas menudearon sobre el joven héroe que se alejaba defendiéndose. Marchaba ileso bajo la lluvia de balas. De pronto, ya para perderse en una calleja vecina, hizo el último disparo, y volviéndose hacia la soldadesca usurpadora que le perseguía enfurecida, gritó sonriendo:

—Tiráis muy mal. No mataréis a la patria.

Aquel joven constituye un símbolo, y a su vez una síntesis de la conciencia nacional dominicana, a excepción de la de México, la más vigorosa y heroica con que se enorgullece nuestra América de habla española.

No quiero yo, no deseo, que mis compatriotas imiten este ejemplo para castigar la violación de nuestro derecho. De ninguna manera. El crimen no se corrige con el crimen. Y además, los soldados estadounidenses que se encuentran en esta capital son absolutamente irresponsables de la desgracia que nos avergüenza. Lo son también los ciudadanos norteamericanos que viven en esta ciudad. La responsabilidad corresponde a un acto de festinación del señor Morales, que su amor propio, nocivo amor propio, le impide rectificar. Es indudable que no ha habido en esto dañada intención de su parte, sino festinación, pura festinación, y quizá..... miedo, un poquillo de infundado miedo.

Lo que sí reclamo es que esa ferocidad de que hacemos alarde para asesinarnos los unos a los otros, que ese despilfarro de valor con que glorificamos la serranía, se concrete en factor útil, en energía creadora para exaltar los ideales y provocar la fraternidad de los hondureños. Pudor, rudimentario pudor siquiera, es lo que necesitamos nosotros para producir esa homogeneidad de aspiraciones, esa vinculación de intereses, esa necesidad de orden y elevación de miras que cambian los pueblos débiles en respetados y respetuosos. Es así cómo se construye la conciencia de una Nación. Así, a base de respeto a la propiedad y a la vida, a base, en síntesis, de fuerza moral; pero nunca en la montonera sangrienta de hermanos contra hermanos. Promuévase, pues, entre nosotros mismos, sin mediaciones extrañas ni dilación alguna, la manera de poner término a esta mutua degollina. Que a falta de derecho no encuentre el señor Morales pretexto siquiera para excusar su agravio a la integridad de Honduras. La patria está sobre todo. Y frente al peligro común, sólo cabe la unidad de los hondureños.

A. GUILLÉN ZELAYA.

EL MIEDO ES CONTAGIOSO

Una señora recibió un susto tremendo cuando vio el ejército de marinos norteamericanos atravesar el puente de Comayagüela. Creyó que estaba en el Teatro Principal mirando el desarrollo de una película de asunto bélico, sólo que en la consabida tropa no encontró algo que se pareciera a las evoluciones del cuerpo de milicia español en la imponente ceremonia de la Jura de la Bandera; aquella caballería, aquellos jóvenes de quintas que recuerdan el delicado análisis que hace don Juan Montalvo de la bella raza ibérica.

—Señorita, me dice la humilde señora, ¿pues no ve que ya están aquí los gringos? Era cierto lo que decían de que el Ministro americano los iba a mandar traer; pero en mi casa come un chele y dice que solo vienen a cuidar al Ministro porque tiene mucho miedo. Yo creía que los yankees no eran miedosos, pues ya ve Ud., los otros extranjeros no necesitan guardias.

—Así es, señora, la contesté. Los demás no tienen guardias y no creo que las hayan mendigado al señor Ministro norteamericano por el solo hecho de que no considera posible que la Doctrina de Monroe, promulgada a causa de la gente del Viejo Mundo, sea una cosa olvidable, por lo menos, desde el punto de vista del orgullo de las naciones.

—Esa doctrina que Ud. dice, señorita, es la misma doctrina de Jesucristo?

—De ningún modo, mi señora, mucho menos en la interpretación que ya es imposible ocultar a la diplomacia norteamericana. Todos los días nos dicen que somos amigos y que somos amigos. Hasta las mujeres de allá nos invitan a las mujeres latinoamericanas para sus congresos y nosotras vamos sólo a escuchar las protestas más vivas de confraternidad panamericana. De una manera creeríamos en esa amistad que nos ofrece Yankilandia. No volviendo a mandarnos al país un Ministro tan miedoso que su seguridad personal exija el atropello de nuestra soberanía nacional.

—¿Quiere decir, señorita, que EE. UU. nos quieren hacer esclavos?

—Por lo que han hecho en otras partes, tenemos derecho a suponerlo. Pero puede ser que esos hombres no piensen en Honduras, aunque les agrada mucho venir a respirar las brisas del Golfo de

Fonseca; y si piensan, significa que el señor Ministro don, Franklin E. Morales se presta para una comisión infame que penará con el vituperio del pueblo honrado de EE. UU. de Norte América.

—De todas maneras, ese Ministro sale mal, señorita; porque si no hay intención de conquistar a Honduras, el señor Morales, por puro miedo, está representando indignamente a su país.

Lo peor de todo es que haya hondureños que le tengan miedo a un miedoso.

Contagio.

VISITACIÓN PADILLA

Tegucigalpa: 28 de marzo de 1924.

"El no indignarse, en los individuos como en los pueblos, es la señal evidente de estar envilecidos". Tamayo y Baus.

Por la defensa nacional

VII

Jamás se imaginó el insignificante autor de estas mal pergeñadas líneas que fuese tan estimado por ciertos elementos sociales. Lástima que tal estimación se haya revelado en el momento de retirársela, como esas dichas que ignoramos tener hasta que se nos despoja de ellas. ¡Y todo por haber tratado de darle una lección de cocina al señor Ministro de los Estados Unidos! Pretensión inaudita ha sido la suya al proponerse hablar un idioma que no conocía, para dirigirse a peritos en la materia. Pero él tiene una disculpa: era más fácil cambiar de ministro que de idioma. Eso sí, no comprende cómo hay en esta ciudad quienes se enojen más fácilmente con el idioma que con el ministro; que soporten mejor las personas que las palabras!

El autor no tiene más que un consuelo, en este derrumbe de estimaciones, a su persona, y es el de que lo han comprendido todos, desde el literato, que es el ser más incomprensivo que hay, hasta el mozo de restaurant, a quien puede colocarse en el pináculo de la civilización y del progreso. No de otro modo se explica que naciones más ilustres que la nuestra, pobladas por razas superiores, hayan ido a la cantina, a buscar quien las represente entre nosotros, en vez de irse a las universidades o a las academias científicas y literarias en donde no saben ni siquiera cómo se redacta una nota, es decir un menú diplomático

Jóvenes petimetres, que aprendieron a chapurrear el inglés cuando todavía no conocían su idioma; especie de anfibios internacionales, que son extranjeros en tiempo de guerra y hondureños en tiempo de paz; apreciables damas que no reconocen patria más allá del límite marcado por la tapia del corral, en que educan su prole con sublimidades de gallina clueca; honorables miembros de la colonia extranjera, para quienes el país no representa más que un campo de explotación debidamente protegido; huecos e hipócritas representantes de la Diplomacia mundial, que forman las primeras avanzadas de la piratería extranjera; hombres sin pudor y mujeres inconscientes: el que estas líneas escribe prefiere, a estar con vosotros, a ser alabado por vosotros, el aplauso del más infeliz e ignorante de todos los *pencos* hondureños, con tal que en su corazón. de rudo campesino aliente el más leve soplo del espíritu patrio.

PORFIRIO HERNANDES.

Bandera patria

¡Levantemos en alto el pabellón amado, cuyo libre flamear ha sido nuestro orgullo! ¡Levantémosle sobre todas las cumbres, sobre todos los grandes episodios, en la próvida paz o entre el ruido de la metralla!

Levantemos al infinito nuestra bandera blanca y azul, emblema de nuestra dulce patria, de nuestra alma y de nuestro porvenir. Y juremos morir mil veces antes que verla humillada. Juremos morir antes que verla corrida como un harapo miserable frente al flotar vencedor de una bandera enemiga. Antes que ver ese odioso espectáculo, caigamos, compatriotas, envueltos en sus pliegues sacrosantos, con las manos negras y rojas de pólvora y de sangre, de cara al sol, como mueren los valientes.

FROYLÁN TURCIOS

Un silencio extraño

Estamos sorprendidos del silencio que ante la intervención extranjera ha guardado el Partido Unionista. Quedamos esperando una explicación a este respecto.

Una advertencia oportuna

Esta publicación excita a los verdaderos patriotas para que observen una actitud prudente en presencia de los marinos norteamericanos. Cualquier violencia podría ocasionar la ruina total del país, precipitándonos en un conflicto armado.

PROTESTAMOS

enérgicamente contra el ingreso de tropas norteamericanas a esta capital y pedimos al Sr. Ministro Morales el inmediato retiro de dichas fuerzas del territorio

DE LA REPÚBLICA

María Josefa Pinel, Rosendo Ferrari, Rosinda Landa, Jesús de Zelaya Jiménez, Rafaela Turcios, Delia T. de Becerra, Gloria de Becerra, Alonso V. Gálvez, Adriana, Padilla Dávila, Julio C. Zamora, Isaías López Inestroza, Justo P. Monterrey, Genara López, Miguel G. Cerrato, Vicente Ponce, Camila López, Isabel López, Cayetano

Martínez, Rafael Salinas, Nicolás Torres, Santiago Martínez, Pedro Francisco Cuis, José María Salinas T.. Tomás C. Velásquez, Fernando Villar, M. Antonio Jirón R., José Ildefonso Núñez, J. Manuel Romero y Tercero, Anastasio Pérez, Tomás Argueta M.. Tomasa González, Pablo Núñez A., Roberto López, Laura S. Velásquez, Mercedes Escobar L., Nicolasa Cruz, Santos Escobar, Teresa Escobar, Josefa Escobar, Socorro García, Guillermina Escobar, Petrona García, Lidia García, Rosa González, Gregorio Nieto, Lidia M. Nieto, Ernestina Escobar, Raquel Escobar, Josefa Bustillo, Amerto Escobar, Mélida Escobar, José Felipe Núñez, Raquel Rojas, J. J. Bonilla h., Ramón Rosa V., José Mendoza, Gilberto Mendoza, J. Santos López, Domingo Aguilar A., Ciriaco Vásquez, Felipe Barahona R., Cecilio Romero, Juan Ferrera V., José M. Carballo, Rosa Amador, Leonor Flores, Delia Ramos, Juana Cerrato, Argelia G. Garay, Angélica Garay, Berta Garay T.. Isaac Zelaya, Brígida Martínez, Carmen Muñoz G., Alfredo Bonilla, Samuel Cruz Z., Tránsito Canizález, Luis Juárez, Odilón Bonilla, Pedro Gómez, Apolonio Quesada, Tomás Núñez, Balbino García, Pablo Fonseca, Isidoro Aguilar, Lorenzo Sierra, Juan Durón, Leopoldo Ordóñez, Ernesto Gómez, Ceferino Izaguirre. Andrés Amador, Juan Velásquez, José M. Núñez, Tránsito Ávila, Mercedes Gómez, Benito Flores, Salomón Sierra, Alfonso Espinosa, José G. Nieto, Camilo Sierra, Felipe González G., Anastasio Sierra, Julia Almendares, Mateo Torres, Balbino Elvir, Andrés Cálix, José M. Córdova, Domingo Rivas, Vicente Hernández, Félix Calderón, Modesto Montoya, Manuel Zúñiga, Salvador Fuentes, Salvador Velásquez, José M. López, Nicolás Parrales, Pedro Díaz C., Presentación García, Ángel Ramos, Jesús Medina, Antonio Maradiaga, Juan A. Mendoza, Leopoldo Pagoaga, Miguel Lanza, Felícito Funes, Alejandro Ayestas, Felipe Salgado, Leónidas Gómez, Ramón García, Cristino Ramos, Arcadio Ordóñez, Policarpo Martínez, Eliseo Quiroz, Pedro Martínez, Olayo Hernández, Pedro Vázquez, Basilio Valladares, Gonzalo Reyes, Paulino Gálvez, Rafael Zalazar, Justo Zelaya, Froilán Laínez, Modesto Rovelo, Guillermo Martínez, Rafael Martínez, Santos Colindres, Juan Hernández, Federico López, Francisco Matamoros, Francisco Ortiz, Ignacio Ávila, Nicomedes Hernández, Benito Osegueda, Ernesto García, Isabel Pérez, Luis Simeón, Jesús Martínez, Higinio Alas, Hermenegildo Alvarenga, Aurelio Mairena, Gabino Cruz, Vivián

Velásquez, Celedón Morales, Benjamín Sánchez, Napoleón Rivas, Fidel Cerrato, Raúl Ramírez, Antonio Cerrato, Ignacio Rodríguez, Miguel R. Espinoza, Ciriaco Acosta, José A. Estrada, Concepción Velásquez, Antonio C. Sosa, Felipe Alvarenga, Rafael Laínez, Ciriaco García, Julio C. Vaquedano, Evaristo Ramos, Lorenzo Aguilar, J. Miguel Díaz, I. Montalván, A. Majano, Bartolo García, Marco A. Zotice, María Socorro García, L. Agustina Aguilar, Jesús J. de Lara, Manuel Valladares. Miguel Durón, Lalo López: Rosa Barrientos. María de Fontecha, Sebastián Suazo, Esteban Mendoza, Benjamín Gale, Alfonso María Ramírez F.. Luis Enrique Bustillo, Carlos Becker C., Carmen Becker, Refugio Becker, Angela Becker, Eugenio Sánchez F., Felipe Flores, Manuel Turcios R., Eugenia Turcios R., Francisca Turcios R., Fausto, Sánchez, Paula García S., Ramona Membreño, Abraham Membreño, Carmela Ugarte, Luisa Flores, Antonia Vallejos, Trinidad Rodríguez, Vicenta Alvarenga, Ventura v. de Laínez, José Ricardo Torres, Rogelio Lagos. Venancio Rubio, Rodrigo Sandoval. Miguel Barahona Valle, María de Jesús Zavala, Jesús Laínez h., Céleo Amador, Abelino Canales, Gregorio Cerrato, Marcos Maradiaga, Jesús Cruz, Pedro Francisco Cubas, Rafael Laínez, Carlos R. Linares, J. M. Hernández, Antonio Calona, Ramón Sosa, Antonio Idiáquez P., Emilia Escobar, Lidia García, Ramón Castellón T., Simeón Lorenzana, Alfonso Rubio, Ramón Ortega, Pedro M. Coello, Teófilo Zúñiga, Margarita López, Gregoria López, Josefa Barrientos. Carlos M. Obando, Felipe Gómez, Rosa, García de Gómez, Enriqueta G. de Velásquez, Pablo Padilla, Amalia Padilla, Carlos Gómez, Rodolfo Andino, José Figueroa, Edgardo Orellana, Alfonso Zúñiga, Rosendo B. Zepeda, María Escobar, Guillermo S. Flores, Santiago S. Flores, José S. Flores, María Josefa Sánchez F., María Luisa Sánchez F., Ramón Flores, Manuel Zelaya, Eustaquio Raudales, María Turcios, María Valladares, Ramona Valladares, José V, Figueroa, Juan Antonio Pavón, Gustavo Sierra Torres, Susana Bonilla, Timotea Maradiaga, Juana de Elvir, Eugenia Elvir, María Jacinta Villatoro, Cornelia Ferrera, María Isabel Valladares, Amalia Laínez, Encarnación Cerrato B:, Elvira Maradiaga, Rosa Flores Martínez Leónidas Midence, Rafael H. García, Anita Ayala, Carlos Humberto Suazo, Venancio Sierra, Luciano Rodríguez, Juan B., Aguilar, Modesto A. Rivera, Tomás Núñez, Roberto Laínez, José

Gómez Cisneros, Emilio Mayorga, Luis M. Flores, Jesús Aguilar, Francisco Zúñiga M., Ernesto Acosta, José Díaz M.

(Continuarán)

Tegucigalpa, marzo 27 de 1924.

Sr. don Froylán Turcios, Jefe del Partido Autonomista. —Ciudad.
Muy señor mío:

Considerándole poseído de la realidad de los hechos que han motivado la aparición del *Boletín de la Defensa Nacional,* órgano defensor de nuestros derechos autonómicos, no he vacilado en enviarle una copia de la protesta que como patriota autonomista he escrito para su publicidad, lo que espero hará imprimir en dicho boletín, no, sin tomar en cuenta a Ud. como vocero verídico en relación con la historia patria. De Ud. muy atto, S. S.

JUAN A. VALLECILLO

PATRIA Y AUTONOMÍA

"Así como las preocupaciones de los individuos han formado la preocupación pública, la preocupación pública, forma, a su vez, la de los individuos". *SENECA*

Se hace hoy llamamiento a todos los verdaderos patriotas para que en la hora presente se agrupen a formular protesta contra la intervención norteamericana; como autonomista genuino, y en presencia de la gran catástrofe porque atraviesa nuestra infortunada Honduras, no puedo, no debo callar, siendo como el que más, patriota sin mácula.

Preocupémonos, pues, individual y colectivamente como patriotas puros y miremos sin hacernos de la vista gorda, lo que ha motivado los efectos. "Hay un arma —dice Talleyrand—, más terrible que la calumnia: la verdad".

"Pero es posible —dice Max Vásquez— que sólo se trate de garantizar intereses extranjeros que se consideran amenazados; y si ello es así, y así hay que desearlo, yo invito a todos los hombres civiles y militares de Tegucigalpa a organizarse inmediatamente en una guardia de civismo que tenga por objeto impedir desde hoy, todo desorden de que han sido responsables algunos de nuestros inconscientes compatriotas y algunos enemigo del Partido Liberal que, disfrazados con nuestra divisa, se han entregado al desacato.

Bien. Yo, en nombre de todos mis compatriotas de limpios sentimientos, protesto enérgicamente por el desembarco y arribo a la metrópoli de marinos norteamericanos armados y hago llamamiento, a la vez, a todos los hondureños amantes de su Patria, para que se adhieran a la protesta de que hoy hago pública manifestación.

JUAN A. VALLECILLO.

"Las naciones que quieren propagar por la fuerza de las armas la prosperidad política de que ellas gozan, se parecen a esos devotos que se esfuerzan en hacer el bien a los incrédulos por el fuego y el hierro".

PINHEIRO FERREIRA

Tegucigalpa, marzo 27 de 1924.

Señor don Froylán Turcios. . —Presente.

Únome a los tantos que como verdaderos patriotas lo han felicitado por su actitud estos momentos aciagos para Honduras, deseando vivamente que sus hermosas ideas sean secundadas por todos aquellos que queremos ser dignos centroamericanos. Yo llevo y siento correr en mis venas la sangre de los indios de Cuscatlán, rebelde siempre a la opresión de una raza extraña que, valiéndose únicamente de sus potentes y asquerosas garras, trata de aniquilarnos para dejarnos, quizá mañana, mendigando los pedazos de cielo y tierra que nuestros abuelos nos legaron creyéndonos digno de defenderlos.

No sólo a los hondureños concierne el presente asunto, sino que también a lo centroamericanos, pues la amenaza es para todos. No dudo que, mis paisanos-amigos estarán prestos para ayudarnos, y dar su sangre, si necesario fuese, por la autonomía e Honduras, que es la misma, por muchas razones, de la patria querida allende a Goascorán.

Que mi protesta llegue a los oídos de aquellos que, cual búhos, se esconden en la sombra de una bandera extraña, son mis deseos.

Con muestras de la más sincera admiración,
de Ud. atento y S. S.

G. ABARCA ORANTES.

CUOTAS PATRIÓTICAS

Volvemos a excitar a los verdaderos patriotas a fin de que manden sus cuotas para pagar a los tipógrafos que forman este boletín.

Ninguna nación tiene derecho de mezclarse en el gobierno de otra

"Es una consecuencia manifiesta de la libertad y de la independencia de las naciones que todas tienen el derecho de gobernarse como lo juzguen conveniente; ninguna tiene el menor derecho de mezclarse en el gobierno de otra. De todos los derechos que pueden pertenecer a una nación, la soberanía es, sin duda, el más precioso, y el que las demás deben respetar con el mayor escrúpulo, si no quieren hacerle injuria". —*R. Beltrán y Rospide.*

Nuestros heridos en el Hospital General

Al defensor de nuestra Autonomía Nacional,
don Froylán Turcios.

Da lástima ver que nuestros heridos están sólo al amparo de unas pocas enfermeras.

En otras partes civilizadas, olvidan las damas su bienestar, sus mansiones lujosas para aliviar en algo la situación infortunada de aquel que gime bajo el peso de la desgracia. Alerta, distinguidas damas de Tegucigalpa. ¿Dónde está vuestro corazón?

Fernando Recarte.

Cómo puede enviar la firma

Todos aquellos que por una razón especial no les sea posible venir a dejar personalmente su firma de protesta por la llegada de los norteamericanos, pueden dirigirnos una nota en esta forma:

Señor Director del Boletín de la Defensa Nacional. . —Presente.

Le autorizo para poner mi firma en el libro de protestas por el ingreso de marinos norteamericanos a esta capital.

(Aquí la firma)

LA PROTESTA PATRIÓTICA

Ayer comenzamos a publicar la extensísima lista de los hondureños que protestan enérgicamente contra la intromisión del extranjero en Honduras.

Las personas que tengan algún inconveniente para venir a firmar, pueden enviarnos su nombre en una tarjeta o en un trozo de papel.

Señor Ministro de los Estados Unidos:

Estamos publicando centenares de firmas de protesta contra el ingreso de soldados de su país a esta capital. Las suyas, las que Ud. afirma tener para justificar el atentado cometido en nuestra patria, no aparecen todavía. ¿Existirán esas firmas o será una ilusión, pura ilusión del señor Ministro?

Cuotas patrióticas

para pagar a los cajistas que trabajan en este boletín

#	Nombre	Cuota	#	Nombre	Cuota
1	Mercedes Garay	$ 5.00	18	Juan V. Vásquez	2.00
2	Román Ramos Valdés	5.00	19	Antonio Gómez Romero	2.00
3	Cristóbal Canales	5.00	20	Alejandro Armijo h.	0.50
4	Federico C. Canales	5.00	21	R. J. L.	5.00
5	Cecilio Colindres Zepeda	2.00	22	Modesto Rodas Alvarado	5.00
6	Miguel Oquelí Bustillo	5.00	23	Un Mexicano	3.00
7	Manuel A. Reina	5.00	24	Amado Tejeda	5.00
8	Humberto Sosa M.	2.00	25	Antonia Hernández	1.00
9	Humberto E. Guerrero	0.50	26	Nicolás Toledo	1.00
10	Un Centroamericano	5.00	27	Otro Centroamericano	3.00
11	Visitación Padilla	1.00	28	María Luisa Hernández	1.00
12	Arcadio Díaz Ballesteros	2.00	29	Porfirio Guardiola	1.00
13	Pura Vijil	5.00	30	Tito López Pineda	2.00
14	Alfredo Sagastume	10.00	31	Manuel Corea L.	5.00
15	Camilo Zelaya	1.00	32	M. Bersabé Ramos R.	2.00
16	X. X.	$ 5.00	33	Rosendo Ferrari	5.00
17	X. X.	5.00	34	Carmen Muñoz P.	1.00

El carácter esencial de la soberanía es que el Estado, en lo que toca a su constitución y a su gobierno civil, no tiene, por derecho, que recibir leyes de ningún extranjero.   . —*MARTENS*.

BOLETÍN DE LA DEFENSA NACIONAL

Director: Froylán Turcios

TEGUCIGALPA, HONDURAS, CENTROAMÉRICA
SÁBADO 29 DE MARZO DE 1925

DISTRIBUCIÓN GRATIS No. 9

Dolorosa extrañeza

Hablando ayer con un amigo, entusiasta por nuestra acción autonomista, nos decía:

. —Veo con la más dolorosa extrañeza que los jefes de los movimientos revolucionarios y otras personas que actúan como caudillos no hayan protestado por la intervención extranjera en nuestro país.

El Director de este boletín no sirve los intereses de ninguna agrupación política. Sirve a Honduras; defiende, con todas las fuerzas de su alma y de su pensamiento, la soberanía de su patria, pese a los villanos y traidores; y con el mismo gusto con que publicó la protesta del Consejo de Ministros hubiera publicado o publicaría la que hicieran los directores de los movimientos revolucionarios. Todos somos hondureños y todos tenemos el imperativo deber de velar por la autonomía de la República. Esto es lo esencial, lo básico, lo eterno; todo lo demás es secundario.

EL SOLDADO HONDUREÑO

No será esclavo nunca. Por idiosincrasia, ama la libertad, legible en su rostro autóctono y silvestre. Montañés indomable, no se inclina a otro jefe que no sea el que lo domine por su valor, su pericia militar o su trato humano y generoso. En Honduras será imposible una tiranía con esta clase de hombres que no retroceden en la lucha, aun con los sesos fuera del cráneo.

Nuestros soldados heridos en el hospital, cuando supieron que una tropa yankee había profanado la campiña patria, su primer impulso fue el de quitarse las vendas: deseaban tomar sus rifles y hubo quienes derramaran lágrimas de indignación. Pienso, tengo la seguridad de que en estos momentos todo aquel que empuña el arma fratricida está poseído del mismo espíritu de rebeldía, porque el soldado hondureño es el mismo en todos los ámbitos de la República.

Ciertamente: la matanza de hermanos es feroz. Un largo siglo ha visto correr un chorro de sangre casi sin intermitencias; pero si el hecho conmueve las entrañas, los motivos de las guerras intestinas en Honduras tienen su disculpa. El soldado hondureño no va al matadero en busca de una pulgada más para su territorio; no va para ganar un mercado más en el mundo. Las batallas que libra no son por el vientre. Son por la conquista de un derecho, por un ideal de libertad, cuando no han sido por la Unión de Centro-América. Si ha habido caudillos engañadores, el soldado hondureño siempre es noble.

Este soldado es el que vemos, con su rostro curtido en el vivac, llegar sudoroso, tal vez de la línea de fuego, a dejar su firma de protesta, indignado hondamente por el insulto imperdonable que el Sr. Ministro norteamericano ha inferido a los hondureños. Los ciudadanos tácitos a diario están recibiendo una lección de ese ejército maltratado pero jamás vencido, que exhibe su valor legendario ante la columna extranjera importada al país por el señor don Franklin E, Morales.

Señoras y señoritas hondureñas: nuestra gratitud por sus firmas a nuestros soldados defensores del honor nacional.

VISITACIÓN PADILLA

Tegucigalpa: 29 de marzo de 1924.

La conciencia nacional

Si estuvieran funcionando el telégrafo y el correo, millares de protestas por la intervención extranjera nos habrían llegado de todas las regiones del país y tendríamos que editar dos veces al día este boletín para darles publicidad.

Pero con la interrupción de comunicaciones, nuestra patria ignora el atentado de que se le ha hecho objeto. Lo decimos, lo explicamos claramente así, para que no vaya a creerse, ni por un instante, que el silencio de los departamentos obedece a una aceptación tácita del abuso cometido.

¡No, jamás! El alma del hondureño está forjada para el goce perfecto de la libertad y en ella no caben los sentimientos rastreros del esclavo.

Ya veremos cómo, en cuanto la situación se aclare, la República entera se levantará en un poderoso movimiento de alto patriotismo, para condenar con energía el allanamiento de su territorio.

. —*"El no indignarse, en los individuos como en los pueblos, es la señal evidente de estar envilecidos"*. Tamayo y Baus".

Por la defensa nacional

El Excmo. señor Ministro debe estar contento con el menú que le hemos preparado. Si así no fuera, procedería injustamente. Sobre todo, tiene que tomar en cuenta nuestra buena voluntad. Nosotros hemos hecho lo que pudimos para obsequiarlo a su gusto, y sabor. En este mercado político a que nos tiene reducido el estado de sitio, hay muy pocos artículos que llevar a la cocina diplomática. Frijoles brutos, más brutos que algunos de nuestros lectores involuntarios; repollos, con más hojas que tronco, parecidos a ciertas señoras que andan por ahí; ayotes que semejan cabezas de intervencionistas; rábanos, a los que no falta quien tome por las hojas; carne de gallina (para esto hay que informarse con mi estimable amiga la señorita Visitación Padilla); patas, quiero decir patatas. De esas sobran en el anexo de Agurcia.

Pero escasea el maíz,. porque todo se lo han comido los yankófilos; y la leña, porque hay que darla a los "americanos". El dulce habrá que ir a buscarlo en los labios de algunas personas que sonríen al solo recuerdo del 19 de marzo, y en cuanto a sesos escasean. Lo único que sobran son cucharas, porque no falta quien meta la suya particular a cada paso. Ud. dirá, señor Ministro, si quiere repetir, que, por lo que a nosotros respecta, ya estamos aburridos de comer arroz con leche.

Alrededor de la mesa en que va a servirse este gigantesco lunch, pueden sentarse todos los extranjeros, con excepción de los alemanes que, por lo visto, no quieren aceptar la protección desinteresada del señor Ministro de los Estados Unidos, no obstante ser, hasta ahora, las únicas víctimas de la guerra, al lado de los nacionales; más los intervencionistas, más los ayankados por sport, simplemente, más los que no quieren firmar en el Libro de don Froylán Turcios, porque temen que su partido les niegue el empleo a que creen tener derecho, no obstante que permanecen inactivos y que algunos de sus compañeros han demostrado ser más hondureños que liberales o cachurecos; más todos los representantes diplomáticos, si gustan, que al cabo ellos no tienen obligación de negarse a asistir a esta clase de festines antipatrióticos. Nosotros, humildemente, nos quedaremos con el totoposte del autonomismo.

PORFIRIO HERNÁNDEZ.

En la hora trágica

Un sentimiento de conmiseración y de piedad inspiran los que callan en presencia los atentados a la República. Da lástima, da pena, es asqueante la actitud de esa gente que sólo se conforma con vivir en la órbita de su conveniencia personal.

Rectifiquemos errores y prejuicios. Levantémonos de nuestras caídas vergonzosas, fijemos nuestra mirada en el porvenir. Esto es lo que indica la razón. Esto lo que reclama la cordura. Esto lo que exige la dignidad de nuestra patria. Pero nunca, en la hora trágica de nuestro destino en la Historia, debemos enmudecer de miedo y temblar de cobardía.

Sangre caliente, sangre indígena, sangre española llevamos en nuestras venas. Y esta savia generosa debe avergonzar a los que alientan la intervención, a los que piden el mecapal de la esclavitud en la frente, a los que se arrastran, envilecidos, en demanda de un auxilio inexcusable.

¿Qué hacemos mal ofreciendo el espectáculo de una degollación fraterna? ¿Que hemos menester de una alta escuela de civismo? ¿Que somos un pueblo sin orientación, sin solidaridad, sin ideales? Pues bien: el mal puede y debe desaparecer. El civismo lo alcanzaremos sin duda; y todo lo demás, lo que constituye una verdadera nacionalidad, estamos seguros de obtenerlo mediante un esfuerzo constante, firme, sin vacilaciones ni claudicaciones, sereno el espíritu y fuerte el músculo para la labor fecunda y bienhechora. Nada hay más hermoso para el alma, en la ensoñación del futuro, que la patria engrandecida por el amor, exuberante y vigorosa por el trabajo, perenne, libre y altiva porque la escuda el derecho a su soberanía, fresca y luminosa, coronada de mirtos, bajo la sombra de sus laureles legendarios. El corazón se amplía de orgullo cuando se prevé lo que ha de llegar en un día de glorificación, lavadas ya nuestras culpas con el agua de todos los arrepentimientos, felices al amparo de la justicia internacional, gallardo el paso que no teme a nadie, prestos a las luchas por la civilización y aptos para figurar en la concurrencia del mundo.

Y esto no será, desgraciadamente, si persistimos en nuestras luchas armadas, sí, en vez de fatigarnos sobre el surco en las heredades magníficas, nos precipitamos en las sierras y en los valles sobre el hondureño que no pensó como nosotros en las contiendas políticas. Si en lugar de un lazo de cordialidad nos tendemos el arma homicida para acabar con nuestra propia existencia. Y si, como sucede ahora, en cambio de coraje y de indignación, se explica para algunos (no quisiéramos creerlo), el ultraje a nuestra bandera.

ADAN CANALES.

28 de marzo

Es una amarga verdad

Tenemos ya la certeza de que algunos hondureños firmaron la petición (¡qué vergüenza!) relativa al ingreso de los marinos extranjeros. Parece que el señor ministro Morales empeñó su palabra de honor de guardar absoluto secreto acerca de esa odiosa lista negra; y al amparo de ese ofrecimiento los traidores respiran con relativa confianza.

Pero deben saber que se ha formado un Comité Patriótico para esclarecer la absoluta verdad; y que ésta tiene que resplandecer pronto, a fin de que los culpables del más horrendo delito, el crimen de traición a la patria, reciban el castigo que merecen.

No recibirán de nosotros el más pequeño insulto; no los apostrofaremos con candentes palabras. Nos concretaremos únicamente a publicar sus nombres en grandes caracteres negros para que las generaciones del presente y del futuro les señalen o recuerden con desprecio.

PROTESTAMOS

enérgicamente contra el ingreso de tropas norteamericanas a esta capital y pedimos al Sr. Ministro Morales el inmediato retiro de dichas fuerzas de nuestro territorio

Matías Oviedo, Adán Canales, Manuel Ramírez, Isidro R. Amaya, Isidro R. Amaya h., Feliciano J. Castro, Jesús V. de Vásquez, Moisés

Aguilar, José de la Cruz Amador, Andrés Almendares, Víctor Montoya, Ildefonso Zelaya, Santos Sierra, Ramón Cárcamo, Carlos A. Zúñiga, Maximiliano Zúniga, E. A. López, J. F. Coello, Ramón Varela, Guillermina Mejía, Camilo Gutiérrez, Ignacio Z. Gutiérrez, Modesta de Flores, Elvira Flores, Ricardo Reyes B., Graciela Flores, Elena Laines, Rosaura Laines, Santos García, Margarita de Irías, Pantaleona v. de López, Porfirio López, Guillermina Dávila, Filomena Carías, Eugenia R. de Reyes, Abraham Valladares, Miguel Jirón, Rómulo Sierra, Felina Canales, Lurio Martínez, Felipe Bran, Narciso Romero, Óscar Munguía Payés, Abel Rosales R., Jorge Medina, Alfredo Medina, Matilde R. Medina, Mercedes Medina, Estefana Medina, Zoila Medina, Ricardo Matamoros, Juan J. Gómez, Doroteo Martínez, Humberto E. Guerrero, Rogelio Ayala, M. C. Pagoaga, Santos Espinosa, Indalecio Espinosa, Ángela Espinosa, Fidelia Espinosa, Salyadora Espinosa, Rosa Espinosa, Carlos E. Chévez, José Palacios, Carmen Sauceda, Sofia Sauceda, Gregoria Garay Cubas, Salvador d'Arbelles, Alfredo Barahona, J. M. López, José A. Rodríguez Flores, Máximo Velásquez, Agustín Velásquez, Bernardino Velásquez, Santiago Velásquez, José Jorge Velásquez, J. Raimundo Velásquez, Juan Alberto Velásquez, Jesús Rodríguez, Camilo Rodríguez, Jacobo Rodríguez, José Ventura Velásquez, Pablo Velásquez, Florencio Velásquez, Florencio García, Emilio Pinto Ch., Pedro O. Mejía, David Ramos, Ramón Paniagua M., Salomón Calvin, Víctor Nelson, Rubén Lara Gómez, Tobías Valencia, Francisco Cedillos, Luis Hernández, Erminio Suazo, Santiago Funes, Emilia de Velásquez, Concepción de Ochoa, Francisca Velásquez, María Luisa Velásquez, Vicenta Velásquez, Joaquina Velásquez, Eugenia de García, Petrona García, María de la Luz García, Marla de la Luz García V. Santiago García, Esperanza García, Merego Cabrera, Cayetano Tenorio L.. Marcelino Caraya M., Salvador Paredes O., Micaela Cerrato, Brinda Cerrato F., Camilo Zelaya C., Guillermo Medina Rosales, Guadalupe G. Elvir, Federico Alvarenga, Víctor M, Chacón, Rosendo Ferrera, Andrés F. Aguilar, Ramona Membreño, María E. de Ramírez, Medardo Moncada F., Allela Funes, Anastasio López, Juan Bautista Vásquez, Margarita N. de Frías, Blanca Rosa de Rodríguez, Concha Martínez, Luisa B. de F., Narcisa Martínez, Vicenta Rosa, Ramón Flores, Clemente Flores, Emma González, Graciela Sandoval, Mercedes. Romero, Rosa Amelia Ponce, Ramona

Maradiaga, Nemesio Núñez, Isaac Núñez, José de la Cruz Barahona, Rodolfo Núñez, Ángel Antonio Núñez Gregoria Cáceres, Pastora Murillo, Liberato Murillo, Edgardo A. Valladares, Luis Cárdenas, Antonio M. Venes, Eduardo E. Cáceres, Filiberto M. Mazariegos, Alfonso Rosales G. Juana Zerón, Concepción Argueta, Reyes Méndez, Joaquín Zerón, Gregorio Aguilar, Guillermo Banegas, Margarita García A., Alberto Ulloa H., Daniel C. Gale, Carmen Muñoz, G., José Antonio González, Felipe R. Godoy, Nicolás Flores, José Luis Pavón, Antonio Figueroa, Fernando Laines, Mónica Tejada, María Amparo Garay M., J. Enrique Domínguez G., J. Antonio Lara, Rosa O. Martel, Carmen O. Martel, Delfina O. Martel, Cheba de Pérez, Adán Morales R., Pedro Emilio Castellón, Augusto Urbina, Mariano Banegas, Luis Amador, Salomón Maldonado, Raimundo Hernández, Juan Núñez, Pedro A. López, Francisco Valladares, Dionisio Sánchez M. Purificación Coello, Daniel Canales, José Cervantes, Ramón Ferrufino, Ismael Gamero, Ernesto López, José María Medina, Hipólito Moncada, Gustavo Salgado, Fernando Villar Arturo Ruiz, Víctor Pineda, José Santos Idiáquez, José M. Pavón, Adán Suazo, Ildefonso Palma, Javier Valladares, Natividad Soto, Samuel Martínez, Octavio C. Pinel, Manuel M. Mendieta, Pedro Aguilar, Rigoberto Borjas, Manuel Hernández, Modesto Herrera M., Juan P. Bardales, Aminda Armijo P. María de la Paz Ávila, María de los Ángeles Armijo, José N. Núñez, Dominga García, Pastora Velásquez, José de l Cruz Velásquez, M. Tulio Rodríguez, Julián Reyes R., Leonardo Alvarenga, Guillermo Martínez, Apolonia Quesada, Porfirio Zepeda L, Rafael Soto, Sinforiano Galindo, Ernesto Gómez F., Juan Rosales. Lund, Federico López, J. Arístides Reyes, J. Abel Valladares, Antonio Rivera G., Goya O. Martel.

Salud, tierra de amor

¡Salud, Patria mía! —dicen los jóvenes ciudadanos en los días trágicos, firme el puño, el paso ágil, la mirada serena y en el alma un sagrado calor. ¡Salud, tierra de amor, bajo cuyo límpido cielo abrí los ojos a la vida y vibró mi espíritu!

Y el ardiente saludo, en alas de los vientos, cruza por los verdes llanos y las montañas azules y encuentra un eco simpático en los nobles corazones:

¡Salud, tierra maternal! Que la planta enemiga que se fije en tu suelo maldita sea para siempre y que el invasor sufra un tremendo castigo por la mano de tus hijos leales y heroicos. Y, sobre todo, que exterminados sean los traidores que, cegados por la venganza y el odio, se acojan a una bandera extraña, anhelando humillar el pabellón hondureño.

Suelo amado de los pinares y de los altos montes: mientras lata el corazón de los que saben quererte no te mancharán con su presencia los que hagan un arma de la traición. Rechazados serán como tigres sedientos de sangre, e irán a expiar su crimen en tierras extranjeras, en el olvido y en el silencio.

Froylán TURCIOS.

La voz de Centro América

Un caballero nos dijo anoche que deberíamos intensificar el trabajo de cada boletín como si fuera el último, porque cualquiera otro orden de cosas que dominara en Honduras impediría nuestra acción patriótica contra el yankee. No lo creemos, no lo creemos. Pero si así sucediera y esta publicación dejará de aparecer por fuerza mayor, Centro América hablaría por nosotros.

Una advertencia oportuna

Esta publicación excita a los verdaderos patriotas para que observen una actitud prudente en presencia de los marinos norteamericanos. Cualquier violencia podría ocasionar la ruina total del país, precipitándonos en un conflicto armado.

CARTA de un PATRIOTA

Comayagüela, 27 de marzo de 1924

Señor don Froylán Turcios. —Tegucigalpa.

Mi muy estimado poeta:

A pesar de una aguda enfermedad en la vista he tenido el placer de informarme del giro de su Campaña de Defensa Nacional en el Boletín que dirige, y aunque no soy ateneísta, creo estar catalogado entre los escritores hondureños que tienen una pluma en la mano, dispuesta a protestar ante vejámenes, como el que, gracias a los oficios del Ministro de los Estados Unidos, Mr. Franklin E. Morales, se acaba de inferir al país desembarcando en su suelo una compañía de marinos, que jamás estimaremos como huéspedes gratos, pues su sola presencia es el más grave indicio de la irreverencia que un país que se juzga fuerte infiere a nuestra soberanía, ya que no ha habido gestión ninguna para que tales tropas se dejen ver entre nosotros. En otra oportunidad me referiré con mayor claridad al expresado Ministro Morales, de origen cubano, y cuya carrera diplomática, sin el elevado carácter que hoy representa, todos sabemos cómo la vino a comenzar en Honduras.

Conocida la suerte de Cuba, imaginémonos la satisfacción que al señor Morales le cabe por nuestro desastre; pero creo que anda errado; el genuino cubano se extinguió en él para afirmar el nuevo tipo racial, cazador de pueblos y contribuyente, como otros elementos mercenarios, a la decapitación de la autonomía de muchos pueblos de nuestra raza. Este producto, bien concebido y bien preparado, es el que más está ayudando al imperialismo yanki en su desarrollo, y lo más deplorable es ver cómo los pueblos se doblegan y los vencen porque para ello se emplean en todo caso la omnipotencia del oro. Yo, con mi romanticismo, con mi inexperiencia, diría que no hay en Honduras todavía un bandido tan bandido hasta el punto de traficar, con nuestra soberanía. Yo con mi creencia en nuestra altivez ciudadana, con mi creencia en que "no puede esclavo ser, pueblo que sabe morir", con mi convicción de que en ningún partido político puede acogerse la víbora que morderá el seno de la Patria, convengo a que el Judas existe. Y se verá a su tempo porque va llegando él momento de las profecías. Y la verdad ha de resplandecer.

Después de la guerra europea, el cinismo invasor ha crecido en tal forma, que en la misma alianza del A B C sudamericano cunde el temor, y de esto hay síntomas tan graves como la Dictadura que acaba de proclamar en Chile el incorruptible Alexandri, íntimamente relacionado con Casa Blanca, y no le agrego la agitación petrolera del Brasil ni la intervención instructora de oficiales yankis en el ejército argentino. Hasta la Patagonia va llegando la garra de los hombres rubios que por designios fatales nunca llegaron a ver reconstruido el imperio soñado por todos los Césares.

Yo creía poeta, que a más de todo lo que el yanki ha obtenido en nuestra tierra, sólo faltaba ese ferrocarril estratégico que tanto ha estudiado la United Fruit Co., y que tanto conviene, se dice, a los Estados Unidos; pero no, me acuerdo de que Paulino Valladares ha insistido demasiado diciendo: "Nada se ha arreglado en Honduras mientras no se arregle nuestra deuda externa". Esto se lo he oído varias veces en privado, designando tal problema como lo más rotundo para la existencia nuestra como pueblo libre.

Ahora bien: ¿quién es nuestro acreedor? ¿A cuánto monta lo que debemos? ¿No sería un buen pretexto expansionista para Wall Street que puede hacer acrecer nuestra deuda a más de 200 millones de dólares, haciéndoselos pagar bonitamente con el refinado medio que tiene de atrapar los productos aduaneros?

Las bayonetas yankees respaldan con firmeza estos compromisos y la fuerza económica de este país es como se explica subsista, hasta el punto de sostener en Venezuela la dictadura de Juan Vicente Gómez, imbécil que en Wall Street pesa muchos millones de dólares.

Mucho hay que decir y muchas aclaraciones hay que hacerle al pueblo para que abra los ojos y vayamos dando de mano con nuestra manera de hacer literatura acerca de asuntos tan trascendentales para nuestra Patria. La política yankee con nuestros pueblos hay que exponerla de tal manera, que penetre por todos los sentidos de nuestra gentes a fin de que se convenzan de la clase de conquista de que estamos siendo víctimas,

Yo estoy muy dolorido y alarmado por lo que se avecina. Y si todo llega a consumarse en Honduras, como en otros países de nuestra misma lengua, tengo la convicción, mi muy querido poeta, que

113

consagraré mi vida, mis capacidades mentales y todos mis esfuerzos a la lucha contra el conquistador y contra aquellos que, no sabiendo despedazarse como los propios lobos, propiciaron la oportunidad de que viniera el intruso a intermediar con su reconocida habilidad después de habernos contemplado desangrados y reducidos a la calamidad de espíritu que va a culminar en el que resulte el Judas de este última cena de horrores.

Como siempre, tengo el gusto de testimoniarle mi leal amistad. Todo por la Patria.

MANUEL RAMÍEZ

SEGUNDA CAMPANADA

Con profunda lástima hemos visto a algunas gentes del pueblo — y aun a personas que se llaman cultas— agruparse frente al cuartel extranjero, a celebrar los cantos y gritos de los soldados invasores, conversando con ellos con la mayor cordialidad.

Así como recomendamos que por ningún motivo se cometa un acto de violencia contra esos marinos, así pedimos que no se les haga objeto de admiración y cordialidad. Ellos, aisladamente, tomados como individuos, nada significan; pero colectivamente representan el abuso incalificable de que se ha hecho víctima a nuestra tierra. Repetimos: más dignidad, señores. No se exhiban como faltos de vergüenza cívica. Sean más conscientes de sus derechos y de sus deberes.

Cómo puede enviar la firma

Todos aquellos que por una razón especial no les sea posible venir a dejar personalmente su firma de protesta por la llegada de los norteamericanos, pueden dirigirnos una nota en esta forma: *Señor Director del Boletín de la Defensa Nacional. —Presente.*

Le autorizo para poner mi firma en el libro de protestas por el ingreso de marinos norteamericanos a esta capital.

114

Cuotas patrióticas
para pagar a los cajistas que trabajan en este boletín

1	Mercedes Gáray.	$ 5.00	
2	Román Ramos Valdés.	5.00	
3	Cristóbal Canales.	5.00	
4	Federico C. Canales.	5.00	
5	Cecilio Colindres Zepeda.	5.00	
6	Miguel Oquelí Bustillo.	2.00	
7	Manuel A. Reina.	5.00	
8	Humberto Sosa M.	5.00	
9	Humberto E. Guerrero.	2.00	
10	Un Centroamericano.	0.50	
11	Visitación Padilla.	5.00	
12	Arcadio Díaz Ballesteros.	1.00	
13	Pura Vijil.	2.00	
14	Alfredo Sagastume	5.00	
15	Camilo Zelaya.	10.00	
16	X. X.	1.00	
17	X. X.	5.00	
18	Juan V. Vásquez.	5.00	
19	Antonio Gómez Romero	2.00	
		2.00	
20	Alejandro Armijo h.	$ 0.50	
21	R. J. L.	5.00	
22	Modesto Rodas Alvarado	5.00	
23	Un Mexicano.	3.00	
24	Amado Tejeda	5.00	
25	Antonia Hernández.	1.00	
26	Nicolás Toledo.	1.00	
27	Otro Centroamericano.	3.00	
28	María Luisa Hernández.	1.00	
29	Porfirio Guardiola	1.00	
30	Tito López Pineda.	2.00	
31	Manuel Corea Bueso.	5.00	
32	M. Bersabé Ramos R	2.00	
33	Rosendo Ferrari	5.00	
34	Carmen Muñoz P.	1.00	
35	Otro Centroamericano.	5.00	
36	C. M. Gómez.	1.00	
37	Antonio Reina h.	5.00	
38			

BOLETÍN DE LA DEFENSA NACIONAL

Director: Froylán Turcios

TEGUCIGALPA, HONDURAS, CENTROAMÉRICA
DOMINGO 30 DE MARZO DE 1925

DISTRIBUCIÓN GRATIS No. 10

PALABRAS
de Froylán Turcios en la segunda sesión de la
JUNTA PATRIÓTICA

5 de diciembre de 1923.

FRAGMENTOS.

Hace más de un año —al ver levantarse sobre nuestra patria esa terrible amenaza de la intervención— me he dedicado, en cuerpo y alma, a trabajar contra ella en mi revista Hispano América, procurando, por todos los medios a mi alcance, iluminar la conciencia nacional.

Los Estados Unidos no tienen ningún derecho para intervenir en nuestros asuntos; pero se arrogan ese derecho por la fuerza, y, desgraciadamente, nada efectivo y práctico puede, en casos como éste, hacer el débil frente al poderoso. Con la nota amenazante de la Secretaría de Estado de aquella nación, que todos vosotros conocéis, el peligro es seguro e inminente.

Seamos patriotas, no en las palabras, sino en los hechos. Seamos abnegados, no en las columnas de los diarios políticos, sino en nuestra conducta pública. Levantemos el alma sobre los rastreros prejuicios y sobre la vanidad, el amor propio y los intereses personales. Nuestra Patria es nuestra madre: pongámosla siempre sobre todo falso orgullo y sobre toda ambición particular, que, en este caso, sería criminal.

En la altísima idea de Patria y de Autonomía no hay relatividad; todo es absoluto. Yo quisiera que ante aquella tremenda amenaza, todos juráramos, solemnemente, no contribuir a la muerte de nuestra autonomía; teniendo, a cada minuto presente, no olvidándolo nunca, que cualquiera situación, por anormal, por injusta que fuera, surgida de esta crisis, sería transitoria; y permanente, eterna para nuestro baldón eterno, la humillante conquista.

Por todas partes oigo decir a los extranjeros residentes en esta capital, que en Honduras no hay patriotismo; que las masas son movidas por el capricho; que en nuestros hombres representativos sólo prevalecen el amor propio y la ambición personal. Demostremos que están equivocados.

El más grande crimen

¿A qué decir que el amor a la Patria define la calidad del hombre y lo diferencia de la bestia, aún dentro del mismo linaje humano? Y sin embargo, es una innegable verdad la de que hay hombres, no de los que pertenecen a la clase humilde, sino de los que se imaginan distinguidos, para quienes la Patria es una cosa indiferente y el amor a su permanencia y soberanía no tiene arraigo en el pecho y no es, por lo mismo, un sentimiento ni una convicción diferenciales, en cuanto a lo que hay en el hombre de divino y en la bestia de rastrero y deletéreo.

Un fenómeno digno de ser anotado cómo dato importante para nuestra sociología vernácula es el de que la traición a la República, es decir, la negación de la patria, no se inicia en nuestros medios en la mentalidad de las mayorías, sino en el corazón purulento y en la cabeza vácua de un pequeño porcentaje de nuestros parásitos sociales. Si el señor Ministro de los Estados Unidos en Honduras, Franklin E. Morales, no fuera quien es y antes bien fuera un hombre reflexivo y estudioso, habría parado mientes en ese fenómeno y resistido, si ciertamente hubo petición de por medio, la criminal excitativa, contraída al desembarco de tropas norteamericanas en nuestro territorio. Porque ¿quiénes son cuarenta, cincuenta, cien traidores, cien individuos más bajos moralmente que los animales, cien parásitos de corazón purulento y de cabeza vacua, para decidir de la suerte de un país en donde, por lo me nos, hay doscientos mil hombres que aman a su patria y que en ningún caso estarían conformes con entregarla ni a la vigilancia ni a dominio extraño? El señor Franklin E. Morales pertenece a una democracia en carácter de ciudadano y si se ha dado cuenta de este carácter, debe tener sabido que en las democracias no es la opinión de una minoría la que decide, mucho menos de una minoría imprudente y estúpida, como la que según sé asegura cometió el delito de solicitar al propio señor Morales la ocupación de Tegucigalpa por tropas norteamericanas. Desde tal punto de vista, el Ministro de referencia, al acceder a lo pedido por cuarenta, cincuenta o cien traidores hondureños, ha cometido dos violaciones que no justificará nunca: la violación a los principios que informan al espíritu y cuerpo de su propia ciudadanía y la violación a la ciudadanía de Honduras, que no puede medirse ni pesarse por la inmoralidad y estupidez de unos cuantos malhechores de levita, almas insensatas y pérfidas cuya más alta función se concreta al rebuzno y al crimen. Ya se conocerán los nombres de los traidores hondureños y entonces se comprobará que entre ellos no hay uno solo que no merezca esos calificativos.

El más grande crimen que en todos los tiempos ha sublevado el ánimo de los pueblos es el de traición a la Patria. Pero viéndolo bien, en nuestro caso este crimen tiene un atenuante: la imbecilidad de los peticionarios. Sin embargo, como esto no puede dejar de sancionarse con la más entereza e inflexible energía, cuando el orden se restablezca en el país y funcionen normalmente los Poderes Públicos, habrá que pedir que el Congreso, en nombre de la soberanía nacional ofendida, declare al margen de la ciudadanía hondureña a los solicitantes de la ocupación y a sus hijos, porque a tan grande delito debe corresponder un extraordinario castigo, así por lo que hace a la descendencia sea tachado de excesivo o injusto. La defensa de la Patria no se sujeta a leyes y la justicia, cuando de tal defensa se trata, debe levantarse hasta abarcar el porvenir en un apretado fallo de previsión y condena.

MATIAS OVIEDO.

119

Por la defensa nacional

IX

La popularidad que se ha creado el señor Ministro con motivo del ingreso a esta capital de un *piquete salvador* de norteamericanos, está en relación inversa de la impopularidad que cada día va ganándose el insignificante autor de estos mal redactados renglones. Lentamente, seguramente, fatalmente, el infeliz hombre siente que va hundiéndose en un mar de odio y de desprecio. Pobre de él. Que Dios guíe sus últimos pasos y que lo lleve a su reino en recompensa de los sufrimientos que está padeciendo en este bajo suelo. ¡Bienaventurado sea!

En cambio, por el Oriente surge ya el astro rutilante que ha de alumbrar en el porvenir a los habitantes de este rincón dichoso del planeta. Vedlo, recortado en el ancho pliegue del espacio, ¡cómo se perfila sobre el éter azul! Miradlo: es Él, es el señor Ministro, que ha venido a estas tierras como el Mesías, a redimir a un pueblo triste que estaba dejado de la mano de su Creador. Vivíamos aquí, entregados al más salvaje de los deportes, cual era el de cazarnos los unos a los otros, cuando llegó el señor Ministro y nos dijo como San Francisco de Asís: ¡Paz, hermanos lobos!

Y la paz se hizo como por encanto…

"Excelencia:

No ya como miembros de una comunidad de hombres, unidos por los lazos de sangre, de raza y de idioma; no ya como admiradores personales de Ud., no ya como clientes suyos, que esto pasó a la Historia. (Hemos olvidado las propinas que Ud. nos sacó). No ya como individuos pertenecientes a una raza reconocidamente inferior y degenerada, en presencia de un representante de la suya, infinitamente superior; no ya como nada, que nada somos ante de Ud., sino apenas como polvo, polvo impalpable que se adhiere a la suela de sus botas, venimos a pedirle, con lágrimas en los ojos, que acepte su candidatura para la Presidencia de Honduras en el próximo período constitucional de 1928-1932.

¿Aceptará Vuestra Excelencia? Quedamos esperando su resolución como agua del cielo. No nos haga sufrir más.

Porfirio Hernández.

Los tácitos tienen tanta indignación como NOSOTROS

El señor Ministro norteamericano, sin duda, debe consolarse por no aparecer en la protesta contra la intervención, los nombres de muchas personas que debieran firmarla.

Por desgracia, según hace suponerlo el Boletín de la Defensa Nacional de ayer, hay en su lista algunos hondureños que solicitaron de Ud. el desembarco de la tropa acuartelada en el Hotel Agurcia. Pero esos cuatro degenerados, a quienes Ud. ha atendido, no constituyen toda la familia hondureña. Y sepa, señor Ministro: esos capitalinos (damas y caballeros), que van a saludarlo a Ud., cada mañana, con un ramillete de rosas en la mano, lo están engañando tristemente.

Cuando nos encuentran, nos felicitan por nuestra campaña autonomista. Les retoza el corazón cuando leen esta hoja patriótica, sabiendo que están sacando la brasa por mano ajena. Todo lo que Porfirio Hernández dice, es la verdad —agregan sonrientes— y hablan otra cosa peor: —lo que nosotros jamás hemos aconsejado al pueblo—:

—Nosotros, señorita —me dicen— no es con la pluma que vamos a demostrarles a los yankees nuestra indignación. Cuando sea tiempo, para eso tenemos almacenado en el cuartel de San Francisco… Y hacen cierto signo. Por supuesto que no tendrán valor de hacerlo. Si no dan una firma, menos irán a exponer en un encuentro sus célebres vidas. Así es que, por esa parte, tranquilícese. No tenga Ud. miedo.

Pero eso sí. Tenga la bondad de reflexionar un poco, señor Ministro. El honor es todo. Si Ud. se estima, no debe comulgar con traidores. En la Biblia, que me hicieron conocer los misioneros norteamericanos, dice el Salmo 19: "Bienaventurado el varón que no anduvo en consejo de pecadores". La mujer hondureña pide a Ud. el retiro de su tropa de marinos que pernocta en la capital sin motivo justificable.

VISITACIÓN PADILLA

Tegucigalpa, 30 de marzo de 1924.

No es un partido. Son todos los hondureños

Verá el señor Ministro de los EE. UU. de América, Mr. Franklin E. Morales, por las firmas que publicamos en nuestro boletín, que son todos los hondureños, sin distinción de colores políticos, los que protestan por el ingreso de los marinos de su país a nuestro territorio..

Los odios partidaristas van desapareciendo en presencia del peligro que entraña un pabellón extranjero en nuestra patria.

PROTESTAMOS

enérgicamente contra el ingreso de tropas norteamericanas a esta capital pedimos al Sr. Ministro Morales el inmediato retiro de dichas fuerzas del territorio DE LA REPÚBLICA

(Continúan)

Antonio Reina h., Alfredo M. Ortiz. Teófilo Canales, José Laitano, José María Zúñiga, Manuel Pérez, José Manuel Martínez, Pedro Laines, Alfredo Mendoza, Antonio Matamoros, Juan E. Martínez, Pedro Sagastume, Felipe Juárez, Francisco Nájera, A. Castillo Vega, Marcial Cáceres Vijil, Ramón Zelaya Zúniga, Francisco Prats, María F. Jereda, Juan Alemán, Agustina González, Adela Maradiaga, J. Antonio R. Soto, José León Montenegro, Ángel Martínez, Pedro Funes, Manuel Sagastume, Pedro Matamoros, José Ángel Cruz, Miguel A. Parrales, Antonio Álvarez G., Fernando Velásquez G., Nicolás Toledo, Teodoro Valle, Filadelfo Pérez, Pedro A. Martínez, Rufino Arévalo, Carlos R. Espinal, Justo P. Monterrey, Francisco Alcerro, Demetrio Sánchez, Manuel J. Mejía C., Humberto Andino A., Ramón Medina, Justo A. Medina, Tomás Sierra, Agustín Turcios, J. Antonio Rosales, Agustín Sunsin C., Encarnación Garza, Dionisio Santos G., Fernando Pérez, Pedro Antonio Pineda, Julián Velásquez M., Manuel Valenzuela, Tomás Medina, Carlos Cárcamo, Carlos Cerrato, Magdalena García, José Antonio Suazo, Guillermina García, Alfredo Bonilla, Juan Funes, Fidel Cálix, Fernando Sánchez,

122

Inés Martínez, Silverio Vásquez, Santos Dominguez, Cástulo Pérez, Jerónimo Vásquez, Eulogio López, Marcelino Ramírez, José López, Carlos Salgado G., Silverio Vásquez A.; Felipe Ramírez, Miguel Olivares, Juan J. Berríos G., José Ángel Hernández, Arturo Ruiz, Sebastián Varela C., José Maradiaga, E. Turcios F., José A. Cálix, César Varela, Luis J. Guerrero, Miguel Zavala, José Maradiaga Tercero, Clotilde López, J. R. Canales, Julio Lanza, Vicente Mejía Inestroza, Ildefonso Rivera, José Antonio Matamoros, Pedro J. Pavón, Miguel Lanza, Bernardo Carías, M. Amaya Canales, Úrsulo Hernández, Domingo Velásquez, Leonardo Hernández, Félix Orellana, Antonio López, Desiderio Hernández, Marcelino López, Apolonio Vásquez, Julio Ramírez, Hipólito Vásquez, J. Ángel Pacheco, Pablo López, José D. Pérez, Julio Martínez, Cecilio Martínez, Leoncio Silva C., Cipriano Pérez, Rodrigo Gámez, Jacinto Gutiérrez, Gil B. Mejía, José L., García, Santos Sibaja, Noé Andino, Trinidad Santos, Florencio Mairena, José Flores, Juan Lagos, Santos Zelaya, Samuel Lagos, Erasmo Mendoza, Presentación Fiallos, Paula de Pantoja, Abel Arturo Valladares, María Coello, A. Torres Hernández, Fernando Durón A.. Alejandro Velásquez G., J. Adrián Navarro R., Ricardo Coello, Manuel E. Gálvez, Felipe H. Lagos V., Toribio Hernández, Antonio Castro, Alfredo H. Obando, J. Ángel Castillo, Encarnación Ávila, Raimundo Laínez, Concepción Elvir, Fulgencio Salinas, Juan P. Zúniga, Secundino L. Uriarte, Carlos A. Soto, Samuel Rodas, Feliciano Ramírez, Jesús Chávez, Manuel Alonzo, Ismael Gaitán, Felipe Valladares, Rosa Espinal, Pablo S. Gómez, Daniel Obando. Estanislao Maradiaga B., Miguel Almendares, Juan C. González, Modesto Pérez, Juan López, Juan Martínez, Teodoro Godoy. Lorenzo Martínez, Bernardo Rodríguez, Pedro C. Quiñónez, Juan José Bonilla h., María Ponce, Elvira Sierra, Lidia Valle, Julio César Funes, Francisco A. Zúniga, Eulogia E. Ochoa, Ercilia Ramírez, Julián Díaz, Augusto Rivas, Justo Ramos, Mercedes García, Martín Aguilar, Hilario Domínguez, Céleo Castro, Tiburcio Ávila, Salomé Sauceda, Tomás Ayala, Matilde Bonilla, José Blas Rodríguez, Remigio Baca, Pedro Diaz, Socorro Rodríguez, Laura Lagos, Manuel Amado h., Clemente Pavón, José Alberto González, Francisco López, Venancio Matute, Leonardo Valeriano, Maximiliano López, Samuel Sierra, David López, Alberto A. Rodríguez h., Basilio Hernández, Eulalio Gómez, Rosa Ferrera,

Cristina Alcántara, Rosinda Martínez, Estéfana Álvarez, María Ochoa, Soledad Vega, María Andrea Sauceda, Bernabé Reyes h. Antonio González, Agripino Hernández, José Dolores Jiménez, Juan B. Álvarez, Francisco Zerón, Gregorio Lagos, Nicasio Martínez, Rafael Martínez, Arturo C. Canales, Daniel Torres, Pastor Amador, Miguel A. Funes, Rafaela Martínez, Isabel González, Rosa Andino, Leonor Irias, M. A. Valeriano, Jesús Velásquez A., Jesús Godoy, María J. Gutiérrez, Saturnino Figueroa, Héctor R. Montoya Cerrato, Gonzalo Argeñal, Manuel Matamoros, Francisco Novoa, M. J. Matamoros, Rubén R. Espinal, Catalina Castro, Estéfana Castro, Ramón Zúniga, C. Flores, Julio Gálvez, Jesús Bueso, José Marla Gutiérrez, J. Bonilla, Medardo S. Cerrato V.. Enrique Chávez Z., Eduardo Fausto Ramos,

(Continuarán).

Tegucigalpa, 29 de marzo de 1924.

Señor Ministro Norteamericano
Don Franklin E. Morales.
Presente.

La nación que Ud. Representa posee, como todos los individuos, inteligencia y conciencia; e interpretando esos dos atributos de la personalidad de su gran nación, los presidentes Jefferson, McKinley, Taft, Wilson y Harding han declarado que el pueblo americano anhela establecer, como lo ha establecido ya (afirmando los dos últimos,) el hábito fijo de tratar a todas las naciones del mundo —grandes y pequeñas— en un plano de igualdad para contribuir al progreso de la civilización. Cerca de dos años he vivido en los Estados Unidos, y entonces he tenido ocasión de constatar la certeza sobre los anhelos de aquel gran pueblo en relación a las declaraciones de los mencionados presidentes, sustentados por Benjamin Franklin, John Adams, John Jay, John Marshall, John Quincy Adams y Henry Clay, quienes, representando diplomáticamente a su país en Europa, predicaron que los Estados Unidos estaban predestinados a desempeñar la gran misión de ser el sustentáculo de la libertad, independencia y soberanía de las naciones del Nuevo Continente, y que estaban empeñados en la sustitución de la fuerza física por la razón y el derecho en sus mutuas relaciones.

Me consta que el pueblo norteamericano entiende que toda nación tiene derecho a la vida y a que se le respete su existencia integral, y eso es un sentimiento natural que tiene hondo arraigo en el pueblo que Ud. representa; y el acto de Ud., trayendo fuerza armada extranjera, pasando sobre la soberanía de Honduras, no se compadece con los sentimientos de su gran nación. ¿Será que el actual gobierno de los Estados Unidos, en asuntos internacionales, procede contra los anhelos de su patria?

Yo sé que los actos de los diplomáticos norteamericanos deben de estar de acuerdo, no sólo con su gobierno, sino también con las aspiraciones de la nación toda, ya que ésta se hace oír por medio de su legítimo representante, que es el Congreso; y no puedo creer, no, jamás, nunca podré creer que el pueblo de los Estados Unidos apruebe la introducción de sus marinos armados y equipados a nuestra pobre Honduras sin las formalidades que exige el derecho en tales casos. ¿O habrá quien crea que Honduras es hoy un territorio sin dueño? ¿Se creerá que es *res nulios*? Está decretado que Tegucigalpa es el asiento de las autoridades supremas de la República y sólo una Constituyente podía cambiar esta capital; mientras los funcionarios que integran este gobierno usen en sus actos los sellos superiores propios de las autoridades de que están investidos, los extranjeros deben ver en ellos al Gobierno del país, pues ningún extranjero tiene derecho (oiga don Ernesto Lázarus) para juzgar si hay o no gobierno legítimo para cumplir compromisos anteriores y las obligaciones que tienen de acatar nuestras leyes.

Basta por ahora, señor Ministro, y quedo de Ud. atento S.S.

E. LANZA RAMOS.

La tendencia del coloso

Después de la primera intervención armada llevada a cabo por los Estados Unidos en Cuba, hace 24 años, el coloso del Norte creyó conveniente seguir poniendo en práctica este sistema político en todos los pequeños países donde hubiera intereses norteamericanos que custodiar. Sometida Cuba al yugo ignominioso, el coloso dio rienda suelta a su política aplastante y de mano fuerte; y contad ahora todos los demás pueblos que están dentro de sus enormes tentáculos.

Todos los buenos ciudadanos de los países intervenidos han protestado contra el modo de proceder de los Estados Unidos, como lo están haciendo ahora los verdaderos patriotas hondureños; pero el audaz coloso, confiado siempre en nuestra debilidad y en su poderío, ha mirado con menosprecio los duros reproches que se le van lanzando, reproches basados en la legalidad y la justicia.

México, el gran México invicto, ese país que sólo está separado por una pulgada de tierra del coloso del Norte, no permite jamás que en su suelo ponga la planta el vecino, a pesar de que allí hay muchos intereses norteamericanos que custodiar, y lo está azotando también la guerra civil. Y, ¿por qué allí, señores rubios, no se introducen de la noche a la mañana y sin pedir permiso a nadie? Quizá porque saben bien con quien se las van a ver.

PEDRO J. PAIZ.

VAMOS EN ORDEN

Ante las angustias de nuestro país, ensangrentado por la corrupción que cunde en casi todos los órdenes sociales, y principalmente en los falsamente llamados grupos directores, caben los gritos más en alto y las protestas más sentidas de quienes no contaminados con los vicios que minan el organismo de esta patria nuestra, bella como la más bella y rica como la más rica. Hondureños que profanáis las instituciones en nombre del derecho y de la libertad dad media vuelta, y aprended que el derecho sólo sirve a la justicia y la libertad tiende al bien; ni la justicia ni la libertad son escudos de hecatombes, destrucciones, latrocinios y tantas calamidades que hacen chorrear sangre del cuerpo enclenque de Honduras.

Hondureños que creís que el Gobierno es la fuente propicia para enriquecerse personalmente, sin trabajar, y que buscáis en vuestras luchas por el poder, un puesto para medrar en la Hacienda Pública:

dejad de ser bárbaros, buitres, y acercáos a las verdades que ignoráis: el gobierno es para crear el orden y con él impulsar el progreso, que es manifestación del bienestar general, única finalidad muy oculta a vuestros espíritus, que desconocen la filantropía y la fraternidad.

Hondureños que consideráis vuestros caprichos, como lo único mejor y no abrís paso a otras ideas, llegando, en vuestra ceguedad, a desconocer las leyes escritas y los grandes principios que rigen las democracias: quitaos esas vendas; la luz entra a las conciencias amplias; la tolerancia y la ausencia de pretensiones absurdas, os darán nuevas ideas que puedan armonizar con las que anidan en vuestros hermanos; sólo la armonía que nazca del saber ganar o saber perder, en vuestros devaneos mal llamados políticos, haría la paz, fruto bendito que no aprecian ni quieren los ciegos ni los degenerados.

Hondureños que hacéis del rifle y del machete los medios de exterminio de nuestros hermanos: meditad en vuestra obra sangrienta: la República se hunde; sus energías se agotan. Sus campos en vez de fructificar con el surco del arado se vuelven desolados por el surco de la granada del cañón; sus escuelas que crean ciudadanos, se cierran, y los cementerios y los campos se abren para recibir despojos de hombres que bien pudieran ser fuerzas positivas para la grandeza de Honduras.

Vosotros, los más degenerados los más abyectos, los más indignos de este suelo, los más infames, los que habéis olvidado siquiera lo más elemental que es la patria, y que esclavos de vuestras pasiones y de vuestra miseria de espíritu traficáis con ella, vais con la soberanía por mercados extranjeros para trocarla por apoyo material que os sostenga en vuestros propósitos de mando y de oro; vosotros los más ruines y los que jamás tendréis perdón: vosotros los que imitáis a los chamorros: dejad vuestra miseria; vale más que mendiguéis dinero francamente, en Honduras, que arrastrar la dignidad, la vida nacional y vosotros mismos a la ruina, a la muerte. Miserables: dejad a Washinton, dejad a sus Ministros, no vayáis a pedir de rodillas apoyo para esclavizarnos. Miserables: ahorcaos, antes de vuestras infamias patricidas, y el lazo os será más amable que la esclavitud que buscáis.

Hondureños que sentís angustia honda con la planta extranjera que sin acatamiento a reglas de conducta internacional alguna, y sin motivo justificable, ha profanado nuestra soberanía, y vosotros hondureños indiferentes ante los grandes dolores, vosotros hondureños esclavos de vuestras pasiones que sentís cierta satisfacción, porque con fuerza extraña lográis el imperio de vuestros apetitos: todos, establezcamos el orden; regularicemos la vida del país, haciendo de las leyes fuentes de justicia: tengamos autoridades que cumplan sus deberes y seamos en el ejercicio de nuestros derechos y deberes, sensatos, altivos y dignos, y pensemos que sólo la vida digna debe vivir Honduras, y ella tiene y tendrá como fuerza invencible el orden social. Un país: pequeño puede ser muy fuerte por el orden en que vive: ahí está Costa Rica, en Centro América: Suiza, en Europa; y el Uruguay en la América del Sur.

DARÍO MONTES

Tegucigalpa, 24 de marzo de 1924.

Tegucigalpa, 29 de marzo de 1924.

Señor don Froylán Turcios. —Ciudad.

Estimado señor: —Nosotras, humildes trabajadoras, pero sintiendo verdadero patriotismo, protestamos contra el grave atropello de los americanos del Norte; protestamos enérgicamente, pidiendo a Dios la desocupación de nuestro territorio, pues lo violan indignamente esos hombres extranjeros. Le enviamos nuestras firmas para que nos inscriba en el libro de protestas. Sus S. S.

Rafaela Araque. —Galatea Araque. —Juana Ramona Araque. —Mercedes Águila. —Guadalupe Alonso. —Simona Medina. —Juana Medina.

Una advertencia oportuna

Esta publicación excita a los verdaderos patriotas para que observen una actitud prudente en presencia de los marinos norteamericanos. Cualquier violencia podría ocasionar la ruina total del país, precipitándonos en un conflicto armado.

Cómo puede enviar la firma

Todos aquellos que por una razón especial no les sea posible venir a dejar personalmente su firma de protesta por la llegada de los norteamericanos, pueden dirigirnos una nota en esta forma:

Señor Director del Boletin de la Defensa Nacional. —Presente.

Le autorizo para poner mi firma en el libro de protestas por el ingreso de marinos norteamericanos a esta capital,

(Aquí la firma).

CUOTAS PATRIÓTICAS

Volvemos a excitar a los verdaderos patriotas a fin de que envíen al Tesorero don J. Tomás Quiñónez A, sus cuotas para pagar a los tipógrafos que forman este boletín.

Cuotas patrióticas

para pagar a los cajistas que trabajan en este boletín

1	Mercedes Garay	$ 5.00	21	R. J. L.	$ 5.00
2	Román Ramos Valdés	5.00	22	Modesto Rodas Alvarado	5.00
3	Cristóbal Canalés	5.00	23	Un mexicano.	3.00
4	Federico C. Canales	5.00	24	Amado Tejeda	5.00
5	Cecilio Colindres Zepéda	2.00	25	Antonia Hernández	1.00
6	Miguel Oquelí Bustillo	5.00	26	Nicolás Toledo.	1.00
7	Manuel A. Reina	5.00	27	Otro centroamericano.	3.00
8	Humberto Sosa M	2.00	28	María Luisa Hernández	1.00
9	Humberto E. Guerrero.	0.50	29	Por...rio Guardiola	1.00
10	Un centroamericano.	5.00	30	Tito López Pinedá	2.00
11	Visitación Padilla.	1.00	31	Manuel Corea Bueso.	5.00
12	Arcadio Díaz Ballesteros	2.00	32	M. Bersabé Ramos R	2.00
13	Pura Vijil.	5.00	33	Rosendo Ferrari	5.00
14	Alfredo Sagastume	10.00	34	Carmen Muñoz P	1.00
15	Camilo Zelaya.	1.00	35	Otro centroamericano.	5.00
16	X. X.	5.00	36	C. M. Gómez.	1.00
17	X. X.	5.00	37	Antonio Reina h.	5.00
18	Juan B. Vásquez	2.00	38	Gabriel Valladares	1.00
19	Antonio Gómez Romero	2.00	39	María F. Jereda	1.00
20	Alejandro Armijo h.	0.50	40	R. R	2.00

"La sanción pública debe ser inexorable contra el mal ciudadano porque ella educa y estimula. Donde desaparece la sanción, los malos se imponen a los buenos".

BOLETÍN DE LA DEFENSA NACIONAL

Director: Froylán Turcios

TEGUCIGALPA, HONDURAS, CENTROAMÉRICA
LUNES 31 DE MARZO DE 1925

DISTRIBUCIÓN GRATIS No. 11

PROTESTA
del Partido Unionista Centroamericano

Zona 43 Tegucigalpa, 27 de marzo de 1924 y 103 de la I. N. Señor Ministro:

El Partido Unionista Centroamericano que tengo la honra de presidir como Jefe Supremo, se propone fusionar en una sola Republica los cinco Estados en que políticamente se divide hoy Centro América; defender la integridad de su territorio; su independencia absoluta de cualquier nación extranjera; y trabajar en la oposición o en el poder porque se practiquen en todo sentido los principios de la verdadera Republica.

Consecuente el Unionismo con esta doctrina, ha sido y será el defensor más decidido de la autonomía nacional cuando fuerzas extrañas han hollado o pretendan hollar con su planta el suelo de la Patria; y sin desconocer que en muchos casos la intervención pacífica o armada de los Estados Unidos de Norte América en la política de los Estados de la América Central ha sido provocada, pedida y consentida por algunos centroamericanos, siempre queda en pie el hecho irrefutable que la Nación que su Excelencia representa, ha tomado por sí y ante sí la tutela política de los países del Mar Caribe, al grado que el Partido que represento considera ya la injerencia de

Washington en los asuntos internos de estas naciones, como un obstáculo para la Unión de Centro América.

El hecho de haber desembarcado y ocupado la plaza de Tegucigalpa, el 19 del corriente mes, soldados del ejército de los Estados Unidos, armados y equipados, es, en concepto del patriotismo, un ataque a la soberanía de Honduras, y en col secuencia, formulo, en nombre y representación del Partido Unionista Centroamericano, PROTESTA ante el señor Ministro de los Estados Unidos de Norte América por la violación del territorio hondureño, haciéndola extensiva a los centroamericanos que resulten responsables, porque no comprenden que el respeto a la vida y a la propiedad de nacionales y extranjeros, lo mismo que el orden y la libertad, en un plano elevado de igualdad y de justicia, deben ser los fundamentos de nuestra nacionalidad para alejar las intervenciones de los países extranjeros en nuestros propios asuntos.

Rafael DÍAZ CHÁVEZ
Jefe del Partido Unionista Centroamericano.

Respetuosamente, a su Excelencia el señor Ministro de los Estados Unidos de Norte América en Honduras, don Franklin E. Morales. —Presente.

Por la defensa nacional

X

Pongo fin a estas breves pláticas con el señor Ministro por varios motivos, que enumero en la forma siguiente:

1º. Es una crueldad ensañarse contra los débiles. El señor Representante de los Estados Unidos es, en estos momentos, un ser débil, no obstante que cuenta con un piquete de marinos, a quienes respalda la escuadra más fuerte del mundo. En cambio, nosotros tenemos una arma terrible que es el derecho. Podemos gritar, con más fuerza que él, por la sencilla razón de que estamos en nuestra casa. Hasta el can más infeliz de la tierra se vuelve una fiera cuando ladra detrás de una puerta. El señor Ministro, por otra parte, no conoce el

132

español. Es así como repite, a cada paso, dando con el puño sobre la mesa:

—Este cosa tiene que arreglarse *absolutment*. Sería una crueldad infinita tratar de convencerlo en español; y, en inglés, no es tiempo todavía. Pero que admita, eso sí, la ventaja que nos lleva en lenguaje culinario.

2.º Estamos perjudicando al *bello sexo*.

Es indudable que una parte del sexo bello tiene simpatías por la invasión extranjera. Esto no se debe a falta de instrucción cívica, como alguien pudiera creer, sino a otra cosa, que un amigo nos ha explicado bondadosamente. Es un poco fuerte la explicación, pero hay que transcribirla porque se hace necesaria en el presente caso. Decía nuestro amigo:

—Pero no comprenden ustedes ¿por qué algunas señoritas de Tegucigalpa…?

—No.

—Pues muy sencillo. Aquí hay muy pocos hombres.

Y, como nos quedáramos callados ante tamaña declaración, agregó:

—¿No les gustaría a ustedes que viniera a aquí un ejército de mujeres?

—Ya lo creo que sí. Comprendido.

Que les aproveche.

3º. Algunos literatos, que son aquí bastantes, han criticado la pureza de nuestro estilo. Tienen razón. Después de leer autores tan ilustres como Guido de Varona, Vargas Vila, Carolina Invernizzio, Ponson du-Terrail, Fernández y González, Pérez Escrich y Gastón Leroux, hay derecho a pedir algo realmente superior. Pero aquí ya no hay defensa posible. Nos tienen cogidos en la ratonera y no nos queda más remedio que capitular.

4º. No hemos podido agradar todos los paladares, a fuerza de malos cocineros y peores diplomáticos. Hay en esta tierra personas que esperaban de nosotros la redacción de un "Himnario a los americanos". Pero la verdad es que no nos sentimos con valor para emprender una obra tan laudable como esa. ¿Quiénes somos nosotros, infelices hormigas, para cantar a la raza superior cuyo representante es el señor Ministro de los Estados Unidos? Quede a otros reservada esa noble labor.   ***PORFIRIO HERNÁNDEZ.***

Voz de protesta

Abrumado nuestro ánimo por diversos motivos, no podemos expresar, en toda su magnitud, nuestra santa indignación patriótica por el hecho incalificable del desembarco, en Hon-duras y arribo a su capital de marinos norteamericanos; y así nos limitamos, por hoy, a elevar nuestra voz de enérgica protesta por tan inaudito atentado, lamentando muy de veras que la dolorosa lucha fraterna en que actualmente se encuentran empeñados, por desgracia, casi todos los hondureños, no nos permita constituir un fuerte núcleo para luchar por la autonomía de la Patria, gravemente amenazada, o para morir, a ejemplo de los pueblos heroicos, al pie de su bandera.

E. Guardiola

La Patria está sobre todo

Washington creía que la mejor política es la honradez; pero una honradez activa que tenga por norma la rectitud. No es honrado quien no es verídico. Toda labor ha de hacerse a base de verdad y sinceridad para que llegue a la inteligencia, conmueva el corazón, anime la voluntad y sea edificante. La verdad es un sol que todo lo purifica y engrandece.

La llegada de soldados norteamericanos a nuestro suelo, además de inferirnos una humillación, nos ha cubierto de vergüenza, pues, no obstante que sabíamos que sólo esperaban un pretexto para proceder de esa manera, no evitamos ni hemos dado motivo a ese pretexto. Parece que el fuego del patriotismo hace tiempo apagó su llama en nuestros corazones; parece que la Patria está relegada a último término; como que para muchos la Patria está en el vientre. ¡Qué concepto se formarán de nosotras en el extranjero, cuando a pesar del peligro de nuestra soberanía, continuamos en fraterna degollina!

La Patria está sobre todo; el más patriota de los bandos de la actual montonera, sería aquel que depusiera las armas y unjera sus energías a las de sus contrarios, aunque tuvieran por jefes a unos Cortacabezas, para ponerse en guardia contra el enemigo común.

Pero no, la sangre corre sigue corriendo, y con ella van las lágrimas de tantas madres, viudas, huérfanos y desvalidos... La sangre sigue corriendo inútilmente y la soberanía nacional se hunde. Que mande un cualquiera; pero que mande un pueblo libre.

Levantemos nuestros corazones y abramos nuestros pechos tendiendo nuestros brazos al hermano. ¡Abajo las armas fratricidas y arriba las armas libertadoras!

JESÚS BUESO.

—Sólo hay una causa más grande y más gloriosa que la de la Unión entre nosotros; y es la causa de la Libertad, la causa que resume la autonomía de nuestra tierra. Trabajemos activamente por darle vida a la antigua Federación y de Centro América; realicemos tan luminoso proyecto, y habremos alejado el tremendo peligro que nos amenaza.

FROYLAN TURCIOS. — (El Heraldo, Tegucigalpa, 19 de octubre de 1909).

HEMOS DESPTERTADO

Si hay un país en América Latina que haya creído en el panamericanismo, ese ha sido Honduras. De tal manera ha confiado en la sutil diplomacia de la Casa Blanc, que todo trabajo en el sentido de desvirtuar las protestas amigables del Gobierno de los Estados Unidos hacia nuestras repúblicas, ha sido como predicar en el desierto. Porque, a Dios gracias, patriotas no ha faltado; videntes que advirtieran la tempestad asoladora. Era yo muy niña cuando ya oía los comentarios acerca de las pretensiones del rubio del Norte. ¡Cuánto nos dijo el Dr. Marco Aurelio Soto! No estamos a más que tres días de América del Norte. ¡La ley de expansión territorial! Nuestra deuda externa como un pretexto. Ese fue el tópico de su periódico *La Paz* en 1902. Letra muerta aún para el pueblo en aquellos años.

La propaganda antiyankista ha venido intensificándose y hoy con más conciencia, figurando a la cabeza de ese movimiento Froylán Turcios, quien justifica en la actualidad, ante Centroamérica, que no eran pueriles sus temores de una invasión repentina.

Tal vez el gobierno de su país, señor Morales, no piensa en nosotros; acaso la garra yankee no ambiciona la tierra hermosa de Francisco Morazán. Por lo menos, el pueblo hondureño así lo ha creído; pero su amenaza a mano armada lo despierta y lo pone de pie en presencia de un enemigo tangible. ¡Qué imprudencia la suya! Este paso, en ninguna manera ha sido diplomático. En adelante, hasta los niños desconfiarán de esa amistad con que Estados Unidos ha procurado adormecernos.

No sé si en otras partes, los verdugos de la autonomía habrán precedido con tan absoluta de ausencia de cautela. Ha puesto Ud. su país visiblemente, su enorme país, al nivel de los individuos de conciencia amorfa, enfermos de incurable lepra, que según afirma Ud. le solicitaron el desembarco de doscientos marinos; sin reflexionar Ud., por un momento, que estos desnaturalizados podrían colocarlo en la condición ridícula y deshonrosa en que hoy aparece ante las naciones que no ha perdido el concepto del derecho internacional.

Se ha colocado Ud., por el momento, en el mismo puesto de la falange destructora de la confianza mundial que están anhelando muchas mujeres ilustres de su importante país.

Reembarque sus marinos, Sr. Ministro. No insulte Ud. más a los hondureños que en nada han perjudicado a la Colonia Norteamericana. Ud. siente que debe retirarlos, pero endurece su corazón aun a costa de su honor.

Visitacion Padilla, Tegucigalpa, 32 de maro de 1924.

La política centroamericana

Hoy las razas no son resúmenes de caracteres anatómicos; no se basan en el color de la piel, la forma de la cabeza, el ángulo facial o nasal y la sección de cabello observada al microscopio; sino en la comunidad espiritual; en los caracteres diferenciales psíquicos de grupo a grupo humano. Por esto constituimos una raza aparte los mestizos iberoamericanos; por esto, también, nos solidarizamos fatalmente, a través de Portugal y España, con la cultura y civilización latinas. El lenguaje, la religión y costumbres nos suman al gran conjunto de pueblos que Roma instituyó, y que sostiene el prestigio del nombre latino en la historia.

Necio sería pretender oponerse a la obra multánime de las gentes. La conciencia que abrigamos de la especie nos une a lo que es como nosotros y nos aparta automáticamente de lo que diferente se muestra. Por más que nuestras relaciones mercantiles sean estrechísimas y constantes con los Estados Unidos, la raza, la conciencia de la especie nos apartará del pueblo yanqui y nos unirá con guatemaltecos, costarricenses y salvadoreños. No en balde se habla secularmente la misma lengua, se tienen los mismos usos y costumbres y se adora el mismo Dios. Por el norte, nunca nos asimilaremos; será preciso que nos descasten a todos y nuestros hijos o nuestros nietos olviden el castellano y se labre, pon medio de un idioma, próximo pariente del inglés, un alma lejana.

En cambio, por el sur, la cultura es la propia; igual el alma. La humanidad, inconscientemente, trabajó por anticipado, borrando las fronteras políticas con sus grandes y profundas razones históricas, que un tiempo las crearon. Pero aquí no se trata, de política, sino de civilización. Estamos, como diría Renán, A MIL LEGUAS DE LA POLITICA. O quizá sea mejor declarar que comprendemos la única política verdadera, la sola inmaculada, que integrará nuestra CIUDAD DEL PORVENIR: la política centroamericana precursora de la Anfictionía Iberoamericana.

ANTONIO CASO.

Autonomía y Unión

(Fragmentos)

Tegucigalpa, 20 de octubre de 1909.

Señor don Froylán Turcios, Director de El Heraldo. —Pte.

Distinguido señor:

Y, en lo relativo a la Autonomía, es Ud. el primero que entre nosotros inicia una propaganda en tal sentido. Ud comprende que la causa de la Autonomía es más alta, más trascendental que la causa de la Unión. Sin ésta tenemos patria, aunque pobre y pequeña; pero sin autonomía de hombres nos convertiríamos en una manada de siervos sin porvenir y sin hogar. De modo que esta última encierra la idea madre para todo verdadero patriota. Primero ser libres; después, en buena hora, trabajar por la Unión.

Hemos oído decir con frecuencia, por gentes que simpatizan con las dominaciones extrañas, que no hay motivo para su propaganda, y que el peligro que corre Centro América sólo existe en su fantasía. A lo que hemos replicado que ese peligro existe y que sólo no se da cuenta de él quien no se haya impuesto de lo que dice sobre el particular la prensa extranjera, y de algunos otros síntomas de relieve; y que, en todo caso, es mil veces preferible pecar por exceso de patriotismo, y ver, por tal motivo, sombras en donde sólo hay claridad, que mirar con simpatía o cruzarse de brazos, indiferentemente, ante el peligro, cercano o remoto, que amenaza a la Patria.

Por otra parte, es deber de los hombres de talento y, especialmente, de los escritores, instruir a sus conciudadanos en los asuntos graves que les afectan y de que ellos no tienen ni vaga noticia, por su ignorancia o porque viven aislados en pueblos o lugares lejanos de los centros de civilización. Es éste un acto de confraternidad que se impone en los espíritus elevados. No hay que olvidar que un aldeano tiene el mismo derecho que el Jefe de un Estado para interesarse en todo, aquello que se relaciona con su patria. Prosiga Ud. en su ardua tarea, seguro de que hace obra de bien y de que sus esfuerzos no se perderán en el vacío. Su labor patriótica será más meritoria porque lucha Ud., solo, por su propio impulso, sin que le guíe ningún interés mezquino. Adelante, siempre adelante en sus trabajos por el afianzamiento de la Autonomía Nacional y por la conquista de la Unión, grandes palabras que ostenta gloriosamente El Heraldo en su bandera de combate.

UNOS CENTROAMERICANOS.

Del diario El Heraldo, Tegucigalpa, 22 de octubre de 1909.

Moral de tiburones

Un día del año 1916 —ardía la guerra europea en toda su furia destructora— varios buques acorazados de los Estados Unidos rodearon aquella isla hacia donde aproraron las primeras carabelas de Colón; estrechándola con una cintura de cañones, desembarcaron tropas y más tropas, y se proclamaron dueños y señores de la microscópica República Dominicana. Por allí había empezado España a civilizar el Nuevo Mundo.

Aquella isla se llamó en un tiempo la Española. Los yanquis no estaban en guerra con aquel país. Tampoco los tiburones del Mar Caribe están en guerra con los pececillos, que devoran. Sólo que la moral de los tiburones es simplista y comprensible: se basa en la necesidad, mientras que la moral de los Estados Unidos quiere fundamentarse en la justicia, en el derecho. Esto les hace, en materia internacional, sobre criminales, ridículos. ¿Tenía derecho el idealista Presidente Wilson para adueñarse de un pobre país que vive entre sus bosques nativos, divirtiéndose con sus revoluciones? Su alevosa estrangulación de una pequeña e indefensa nacionalidad insular, se basaba en la justicia? ¿Cuáles son los argumentos explicativos de la ocupación militar de la República Dominicana? "El incumplimiento de un convenio dominico-yanqui", responden los estadounidenses. ¡Qué irrisión! Es verdad que no faltaron argumentos para crucificar a Cristo; es verdad que para victimizar al inca Atahualpa se adujo que había quebrantado el Código de las Siete Partidas del que jamás oyera hablar aquel pobre diablo de emperador.

R. BLANCO FOMBONA.

Tegucigalpa, 24 de marzo de 1924.

Señorita Visitación Padilla. —Presente.

Muy apreciable señorita y distinguida colega:
Me permito llamarle colega, no porque crea merecer el título de escritora, que Ud. muy bien se merece, sino porque ambas somos maestras, esto es, nos dedicamos a disipar las sombras de la ignorancia en muchos espíritus, a modelar almas juveniles que serán factores importantes en el porvenir de nuestra amada patria, oficiando dignamente en sus hogares. He tenido para Ud. sentimientos de justa admiración por varios motivos: cuando hace cinco años vine de Nicaragua, en calidad de paseo, visité varios centros de enseñanza, entre ellos, la Escuela Normal de Señoritas, donde la encontré a Ud. desempeñando dignamente la cátedra de Castellano, Segundo Curso, que fue una de las clases que presencié y en la que pude apreciar sus excelentes dotes para el magisterio; después, ya estando radicada aquí, tuve ocasión de escuchar su elocuente discurso en la clausura solemne del Congreso Nacional Federal, de nuestra última y muy efímera República de Centro América, y últimamente he venido admirando su justa indignación y enérgicos escritos contra el mil veces reprochable abuso del desembarco de fuerzas norteamericanas en nuestro territorio, sin consultar siquiera a quien debían.

Pero hay otro sentimiento, que por su noble naturaleza se sobrepone a todos los que tengo para Ud., cual es el de la gratitud, pues no puede menos que merecérmela quien, como Ud., ha tenido la exquisita fineza y generosidad de apreciar en tanto el sencillo artículo que escribí, como un desahogo del profundo sentimiento que me ha causado la presencia de los modernos conquistadores en nuestro caro suelo.

Realmente, señorita, no vale la pena dicho artículo; no tiene otro mérito que el de haber sido escrito a impulsos del corazón; las frases

140

en él contenidas son más bien sentidas que pensadas. Además, al escribirlos, apenas he cumplido con un sagrado deber, pues me parece incomprensible y abominable que un ser humano permanezca indiferente ante el sacrificio de su madre, y a la Patria, ¿no es también nuestra madre?

Por eso, así como detesto a la mujer politiquera, admiro a la mujer patriótica, porque entre ambas hay una enorme diferencia; la historia nos lo enseña así, pues ella ha consagrado y conserva, en caracteres de oro, los nombres de Judith, célebre heroína judía que mata al general de los conquistadores de su patria; Vetruria y Volumnia, célebres damas romanas que salvan a Roma de la invasión de sus más encarnizados enemigos, los volscos; la Doncella de Orleans, (hoy Santa Juana de Arco,) que poseída de divina inspiración patriótica condujo a los ejércitos franceses contra los ingleses, declarándolos enemigos de su patria; Rafaela Herrera, en Nicaragua, que rechaza heroicamente a invasores ingleses, en el Rio San Juan; Policarpa Salvarrieta, heroína colombiana que lucha denodadamente contra los españoles, opresor de su patria y sube hasta el cadalso.

Pero la historia ha consagrado también y conservado en caracteres diamantinos los nombres de algunas de las innumerables mujeres que han laborado silenciosamente por la Patria en el modesto santuario del Hogar o de la Escuela, entre ellos de Cornelia, madre de los Gracos.

Con que señorita, para Ud. mis más sinceros agradecimientos, por las amables y conceptuosas frases que tan inmerecidamente me dedica en el No. 7 del Boletín de la Defensa Nacional, junto con los deseos de que los corazones de, todos los hondureños sean un campo abonado en el que germinen y fructifiquen abundantemente las nobles ideas patrióticas.

Con toda consideración y aprecio me suscribo de Ud. atenta y S.S.

MARIA L. HERRADORA ALCÁNTARA

Nuestro pabellón bicolor

¿Quién no se hará matar antes de ver corrido, frente a una bandera extraña, nuestro pabellón bicolor? ¡Entregarlo sería como entregar nuestra honra! Es nuestra historia, es nuestro ayer y nuestro futuro, que ondea en el viento preñado de amenazas.

Su rumor acompasa el latir de nuestros corazones. Si lo vemos plegarse en la derrota, agonizamos de dolor y vergüenza; pero si se alza victorioso, flotando en las alturas, una formidable alegría embriaga nuestras almas.

Este sentimiento, vibrante en los días de peligro, es el patriotismo exasperado hasta la muerte. Es la gran emoción creadora de los actos sublimes inmortalizados en la Historia.

Froylán TURCIOS.

CUOTAS PATRIÓTICAS

Volvemos a excitar a los verdaderos patriotas a fin de que envíen al Tesorero, don J. Tomás Quiñónez A., sus cuotas para pagar a los tipógrafos que forman este boletín.

Carta enlutada

Sr. Director del BOLETÍN DE LA DEFENSA NACIONAL —Presente.

Me es grato autorizar a Ud. para que agregue mi firma en el libro de protestas por el ingreso de los marinos norteamericanos que, sin motivo justificable, permanecen en esta capital. De Ud., muy atto. y 8.8.

GABRIEL PAVÓN B.

PROTESTA IMPORTANTE

Con el mayor gusto publicamos la protesta del Partido Unionista Centroamericano, que fue enviada al Sr. Ministro Morales el 27 del actual, antes de la nota que sobre el particular insertamos en este boletín.

Las intervenciones de Norte América

Sin remontarnos muy lejos, escuchemos allí no más los lamentos del vecino. Van corriendo ya trece años que un destacamento de trescientos soldados norteamericanos acamparon el cuartel del campo de Marte de Managua, antes residencia del Presidente de la República, sin que hasta la fecha quieran levantar su tienda de campaña, ya sea por un motivo o por otro.

Si éstos con sus propios fusiles y cañones llegaron a destruir la revolución liberal de 1912, acompañados de aquellos dos cínicos que en mi país llevan los nombres de Adolfo Díaz y Emiliano Chamorro, ¿qué papel hacen ahora si la paz reina en aquella tierra desde hace doce años?

Aunque es verdad que en Nicaragua un número como de diez vende patria recogieron la pequeña suma de CIEN MIL DÓLARES y con este puñado de oro compraron, ¡quién lo creyera!, al ministro de Norte América, entonces en Nicaragua, un Mr. Weitzell, quien inmediatamente tuvo en sus manos estos treinta dineros, pedidos por él mismo, ordenó al capitán de un buque de guerra anclado en el puerto de Corinto, el desembarco de la tropa invasora. Ahora que Honduras está al borde de ese mismo abismo, ¿habrá hondureño que se cruce de brazos viendo a su vecino maniatado y estando por correr la misma suerte? Yo, como nicaragüense, que sé ya cuán duro aprieta el tacón de hierro, os digo con toda, la fuerza y el valor de mi espíritu, que debéis defenderos inmediatamente como hombres para que no tengáis mañana que llorar como mujeres.

Pedro Paiz. Tegucigalpa 1924

Una advertencia oportuna

Esta publicación excita a los verdaderos patriotas para que observen un violencia podría ocasionar la ruina total del país, precipitándonos en un conflicto armado.

Cuotas patrióticas

para pagar a los cajistas que trabajan en este boletín

1	Mercedes Garay	$ 5.00	24	Amado Tejeda	$ 5.00
2	Román Ramos Valdés	5.00	25	Antonia Hernández	1.00
3	Cristóbal Canales	5.00	26	Nicolás Toledo	1.00
4	Federico C. Canales	5.00	27	Otro centroamericano	3.00
5	Cecilio Colindres Zepeda	2.00	28	María Luisa Hernández	1.00
6	Miguel Oquelí Bustillo	5.00	29	Porfirio Guardiola	1.00
7	Manuel A. Reina	5.00	30	Tito López Pineda	2.00
8	Humberto Sosa M	2.00	31	Manuel Corea Bueso	5.00
9	Humberto E. Guerrero	0.50	32	M. Bersabé Ramos R	2.00
10	Un centroamericano	5.00	33	Rosendo Ferrari	5.00
11	Visitación Padilla	1.00	34	Carmen Muñoz P	1.00
12	Arcadio Díaz Ballesteros	2.00	35	Otro centroamericano	5.00
13	Pura Vijil	5.00	36	C. M. Gómez	1.00
14	Alfredo Sagastume	10.00	37	Antonio Reina h.	5.00
15	Camilo Zelaya	1.00	38	Gabriel Valladares	1.00
16	X. X	5.00	39	María F. Jereda	1.00
17	X. X	5.00	40	R. R	2.00
18	Juan B. Vásquez	2.00	41	Un salvadoreño	1.00
19	Antonio Gómez Romero	2.00	42	Otro mexicano	2.00
20	Alejandro Armijo h.	0.50	43	Florencia v. de Villalta	1.00
21	R. J. L	5.00	44	Un colombiano	4.00
22	Modesto Rodas Alvarado	5.00	45	Atanasio Valle	5.00
28	Un mexicano	3.00			

BOLETÍN DE LA DEFENSA NACIONAL

Director: Froylán Turcios

TEGUCIGALPA, HONDURAS, CENTROAMERICA
MIÉRCOLES 2 DE ABRIL 1924

DISTRIBUCIÓN GRATIS No. 12

La noble solicitud de las damas de Comayagüela

Cuando recibimos la solicitud de las damas de Comayagüela, que fue publicada en este boletín, contestamos inmediatamente:

Tegucigalpa, 25 de marzo de 1924.
Señoras doña Dolores v. de Fiallos, doña Fidelia de Durón y demás firmantes. —Comayagüela.
Distinguidas señoras y señoritas:

Agradezco a Uds. profundamente la alta comisión con que se sirven honrarme; y les manifiesto que aprovecharé el primer minuto oportuno pata interponer ante, el Consejo de Ministros y Directores de los movimientos revolucionarios, la más activa gestión en pro de la paz y de la defensa de la soberanía de la República.

Me es grato suscribirme de. Uds., con muestras de especial aprecio y consideración, muy atto. y S. S.

Froylán TURCIOS.

Hasta hoy, 2 de abril, ese minuto oportuno no ha llegado.

145

Hacemos presente nuestro vivo deseo porque termine la matanza de hermanos; y con la mayor sinceridad ofrecemos nuestros servicios a las agrupaciones beligerantes en el sentido de restablecer la paz en la República; haciendo ardientes votos porque el primer artículo del convenio que se firme establezca la enérgica petición de la inmediata salida del país de los marinos norteamericanos.

El país mejor del mundo

Tengo una amiga norteamericana pintora y estudiante incansable, toda simpatía y dulzura. Vivió aquí por varios años demostrando que amaba a Honduras muy intensamente.

—Es tan hermoso este lugar; amo tanto a mis amigos, que si yo fuera imperialista, regresaría a mi país sólo a trabajar contra las intervenciones.

Así me dijo una vez, aquella amiga inolvidable, que ahora vive en Nueva Orleans.

Una vez me esperaba sólo para enseñarme un paquete. No recuerdo de qué aduana estadounidense se lo devolvieron. Contenía un quetzal disecado que ella mandaba a una amiga para adorno de sombrero. Yo no comprendía, y entonces me explicó que allá era prohibida la importación de plumas porque es una crueldad matar las lindas aves sólo por satisfacer la vanidad de una mujer.

—Esto es inmoral y con ello nosotros demostramos —me dice, que Estados Unidos es el país mejor del mundo.

Fue la primera vez que oí esta afirmación dicha por mi dulce amiga; después, por motivos distintos, la oí de otros norteamericanos y últimamente he sabido que éste es un lema en los Estados Unidos, que se enseña desde que los niños están en la escuela. El orgullo de las naciones se traduce en frases parecidas, sobre todo, cuando han llegado, como los EE. UU., al apogeo de su grandeza. Esa frase típica es nada en comparación de aquella de Carlos Quinto: "El sol no se pone en mis estados".

Aunque sólo en parte, Sr. Ministro Morales, estemos de acuerdo con Ud. y sus estimables compatriotas. No podemos ahora escribir artículos muy largos, sino le copiaría un párrafo de otro mío que apareció en Hispano América donde hablaba de la grandeza de su país: de sus instituciones, de su riqueza, sobre todo, de su riqueza, y dije que, cabalmente, esta superioridad es nuestro mayor peligro, porque la pobre mariposa se quema deslumbrada por la luz.

Pero ¡ay, Sr. Ministro! Nosotros no ha sido en la llama donde hemos fracasado, sino, pobres moscas, en las sutiles redes de la telaraña panamericanista. Esa amistad ofrecida con demostraciones que no dejan lugar a desconfianza pueden hacer exclamar a cualquiera que no conozca el caso de Nicaragua: *Estados Unidos es el país mejor del mundo.*

¿Puede Ud., señor Ministro, seguir entonando, ese estribillo patriótico con la presencia de sus marinos armados en el Hotel Agurcia? Reembarque sus soldados para que cante jubiloso la grandeza de su país en las cumbres serenas que rodean a Tegucigalpa como custodios guardianes de nuestra soberanía nacional. Y trabaje Ud. porque de los puertos de EE. UU., devuelvan esas momias de alma carcomida que se llaman traidores, así como devuelven los pájaros disecados que han venido a cazar a nuestras selvas.

VISTACIÓN PADILLA

Tegucigalpa, 10 de abril de 1924.

Cómo puede enviar la firma

Todos aquellos que por una razón especial no les sea posible venir a dejar personalmente su firma de protesta por la llegada de los norteamericanos, pueden dirigirnos un nota en esta forma:

Señor Director del Boletín de la Defensa Nacional. —Presente.

Le autorizo para poner mi firma en el libro de protestas por el ingreso de marinos norteamericanos a esta capital.

(Aquí la firma).

Como un puñal clavado en el corazón

El cuartel extranjero, en pleno corazón de la ciudad, es, para los grandes patriotas, como un puñal clavado en el corazón. Duele, con dolor profundo, ver esa gente armada, impuesta por la fuerza en nuestra patria infeliz. Esa bandera extraña, amenazando con su poderío a la nuestra que siempre fue acariciada por los vientos de la Libertad sólo podrá ser vista con simpatía o indiferencia por los hondureños que carecen de civismo y para los cuales la vida solo vale por las satisfacciones de la materia.

¡Pero todo hondureño digno deberá sentir en la cara el calor de la vergüenza cada vez que pase frente al cuartel extranjero!

Un generoso protector de naciones

La República Dominicana, hacia principios del siglo XX, tenía sus pequeñas deudas, como cualquier hijo de vecino. Los yanquis, muy zalameros, se presentaron allí con grandes talegones y le hablaron a la incauta republiquilla, del modo siguiente:

—Tú tienes acreedores diversos, nosotros somos tus mejores y más desinteresados amigos. Toma veinte millones, págale a todo el mundo y débenos a nosotros, exclusivamente. Nosotros no te molestaremos por el cobro. Somos tus protectores naturales. Acuérdate de Monroe: *America for americans.*

La República Dominicana sonreía encantada.

—Es más —continuaron los Estados Unidos—: para evitarte trabajos y dolores de cabeza, nosotros recaudaremos tus rentas de aduana, pagaremos los intereses y amortizaciones de los veinte millones; es decir, nos pagaremos y te daremos el remanente, para las necesidades de tu administración, para tu fomento, para lo que quieras.

La republiquita aceptó, y hasta aceptó agradecida en medio de discursos, fuegos artificiales y varias botellas de champaña, que descorcharon y ofrecieron, generosos, los Estados Unidos.

Esto ocurría en 1907, cinco años después del famoso golpe de Panamá, realizado de mano maestra por el simpático Roosevelt, de ruidosa memoria. Esto es lo que se llama la convención dominico-yanqui.

R. BLANCO FOMBONA.

Salvemos a nuestra Patria

Para el Boletín de la Defensa Nacional

Salvar a nuestra patria, Honduras, es salvar a Centro-América; y salvar a Centro Amé rica es salvar también a nuestra raza latinoamericana; porque no se hiere sino a la Raza entera lanzando un dardo primero a la hermana Nicaragua y en seguida otro a Honduras. Hay que salvarla, pues, y de ello se trata precisamente en estos momentos. Si se me permitiera emitir mi humilde opinión, con motivo de las enérgicas protestas que varios patriotas hondureños han hecho por el arribo de 200 marinos norteamericanos a esta capital, sin motivo justificable y sin el previo permiso de las autoridades, según se afirma por la opinión pública, daría las siguientes:

1º. Como patriotas que somos, muy justo es que debemos considerar lesionadas la soberanía, la dignidad y el decoro nacionales, por causa del atropello arriba indicado;

2º. El pueblo hondureño, unánime, reconoce que tal atropello constituye la ofensa más grave que los EE. UU. del Norte comete, no sólo contra Honduras, sino contra Centro América, y por extensión, contra la raza latinoamericana, que no hace más que observar, el avance lento de su gran rival.

3º. Que así como el león, rey de las fieras, según las leyendas antiguas, reconoce al hombre como su más terrible enemigo, así también, en mi concepto, la raza latinoamericana debe reconocer como a su mayor adversario, a la gran República del Norte; y, por consiguiente, debe estar alerta desde el Cabo de Hornos hasta México, contra el empuje yankee, y desde luego, prepararse para una gran guerra que en no lejano tiempo estallará, y que no es remoto en Centro América, al segundo o tercer dardo que los Estados Unidos lance contra estos débiles países injustamente, porque injusticia no prosperará; y

4º. Que la gran República del Norte debe hacerse estas reflexiones: que es un país joven, y como todo ser joven, lleno de aspiraciones románticas; potente e inmensamente rico, a tal punto que en los actuales momentos y circunstancias domina al mundo por la pujanza del dólar; que está en el despertar y en el asomo de la flor de su raza; que si se conserva convenientemente, eclipsará a las más poderosas naciones del futuro; que apenas ha columbrado en lontananza un rayo aurífero que se desprende de una lejana aurora matutina que le anuncia una nueva Era, completamente nueva, grandiosa e inmensamente bella y deslumbradora, ante la cual parecerá un sueño de adolescente, la grandeza pasada de Alemania, de la antigua República Romana, de la Grecia en el siglo de Pericles y de la Persia de los Darío: que esto lo verá realizado si continúa desarrollándose, pero conservando todos las sus potencialidades y energías naturales, como el sabio sabe mejor conservar su vitalidad y energía que un ignorante. Y terminará por creer no una imprudencia, sino una locura continuar su política absorbente con que Mr. Knox y Mr. Taft dieron principio en Centro América, tal vez ampliando algún término jurídico de la Doctrina Monroe.

Sin embargo, su avance es lento, quizá porque ante su mirada se detiene, mirando fijamente tres puntos negros ante su camino: México, Chile y la Argentina, los tres símbolos y las tres hermanas mayores de nuestra Raza.

Tegucigalpa, 19 de abril de 1924.

VICENTE GAME NOLASCO.

La hora suprema del supremo patriotismo

Ha sonado en estos momentos, para los hondureños, la hora solemne de demostrar al mundo, que amamos nuestra patria y somos dignos de merecerla. Nuestras luchas cruentas por la libertad durante un siglo han llegado a demostrarnos, que ella ha sido hasta hoy una bella utopía, una noble y grande aspiración de los corazones patriotas; pero también nos enseñaron, con el santo martirologio de los que sucumbieron en la pugna heroica. lo que vale y significa ese bien inapreciable de la República, para luchar, por él, aunque sea sacrificándole lo más caro de nuestra existencia.

Un momento de desquiciamiento político y social ha dado pretexto para que desembarquen en el suelo hondureño, doscientos soldados de la marina de los Estados Unidos de Norte América. La presencia de estos agentes del ejército americano en esta capital ha producido un sentimiento general de protesta y de indignación; lo primero, porque se ha violado, ante el derecho internacional, la norma acostumbrada para tales casos, según el respeto absoluto que exigen la autonomía y la soberanía de la República; y lo segundo, porque con tal sistema el sentimiento nacional se ha sentido herido en lo más profundo de su dignidad.

Yo no quiero creer que el señor Ministro de los Estados Unidos de Norte América, Mr. Franklin E. Morales, ha tenido ni tiene ninguna mala intención para Honduras al pedir el desembarco de los marinos en nuestro suelo; estos actos se verifican frecuentemente en otros países; pero siempre mediante la autorización del gobierno respectivo, en los casos necesarios. Lo que yo califico de incorrecto y arbitrario, en el procedimiento que se ha empleado, es que no armoniza en manera alguna con las prácticas observadas según el derecho internacional.

Pero si bien es cierto que el momento de prueba a que hemos llegado es grave y supremo, por lo mismo estamos obligados, por deber patriótico, a revestirnos de la mayor cordura y prudencia posibles.

Debemos pensar que lo que hoy se presenta como un pretexto, por nuestro estado anárquico, para desembarcar marinos que garanticen propiedades y vidas extranjeras, fácilmente se puede convertir mañana en una razón obligada, en una causa ostensible ante la lógica del más fuerte, si con nuestras violencias irreflexivas y nuestra intransigencia por la paz y la armonía fraternales, abrimos campo propicio a las situaciones difíciles.

Y dejémonos de teorías infantiles, alegando que la fuerza del derecho nos asiste. Está probado ante los ojos espantados del continente americano, que los Estados Unidos hacen en estas nacionalidades, a horcajadas de la Doctrina de Monroe, lo que a ellos les conviene; y en nombre del derecho que les da su fuerza y de la hegemonía que han impuesto con pretexto del orden, de la paz y de los intereses y vidas de sus connacionales. Si hoy nosotros no arreglamos con cordura, armonía y patriotismo nuestros intereses, ellos, los americanos, en medio de las protestas indignadas de 700.000 hondureños y aun de los 5.000.000 de centroamericanos, se inmiscuirán mañana en nuestros negocios, crearán la situación política y económica que les convenga, estrangularán nuestra libertad y muestra soberanía y trazarán en su mapa de conquistas, una porción más destinada a nuestra patria esclavizada.

Todavía, pues, la suerte de Honduras depende de nosotros mismos. Unidos podemos resolver sus problemas bélico, político y económico y salvar su porvenir que inunda de profunda tristeza patriótica mi espíritu preocupado. Así como nos encontramos, sólo Dios sabe cuál será nuestra suerte.

La presencia de esos doscientos marinos americanos, fuera de la forma violenta en que han venido, no me causa mayor preocupación; ellos no representan la intervención; su actitud hasta el momento es de absoluta neutralidad, concretándose a proteger con su presencia las vidas y los intereses de sus connacionales. Cuando termine nuestro estado de guerra, esos marinos se reembarcarán, porque no existe ninguna razón de derecho ni de política que justifique ni explique su permanencia por más tiempo aquí. Lo que preocupa y espanta mis sentimientos de hondureño y de patriota, es el porvenir preñado de peligros, es el problema económico que ya se diseña como un abismo pavoroso en el cual si veo clara y patente la faz macabra y fatal de la intervención.

Y ese es el verdadero peligro que debemos temer; esa es la amenaza contra la cual debemos prepararnos armados con las armas de la inteligencia, del patriotismo y del valor, siquiera para que salvemos el porvenir de nuestros hijos y no le leguemos la herencia maldita y eterna de la esclavitud y de la infamia.

PEDRO RIVAS.

CUOTAS PATRIÓTICAS

Volvemos a excitar a los verdaderos patriotas a fin de que envíen sus cuotas para pagar a los tipógrafos que forman este boletín.

Mañana será tarde

(Fragmentos).

Nosotros, por una amarga y dolora experiencia, sabemos qué cosa es la intervención americana; ya sentimos el paso marcial de las tropas extranjeras hoyando nuestro suelo e imponiendo condiciones a nuestros propios soldados. Recordaremos por siempre la lectura de aquellas notas del jefe de las tropas americanas que sonaron como un fuetazo en nuestros oídos. La intervención americana verificada en 1912 tiene al país en una postración económica lamentable. Como si fuésemos un país maldito, el córdoba es como la sal en el agua. Nuestros conciudadanos han abandonado por millares el país. Las dos ciudades que sufrieron durante la intervención armada, Masaya y León, aún no han podido restablecer.

En León, desde entonces, se cerraron los grandes almacenes, las grandes casas importadoras se acabaron. El comercio de las Segovias huyó para Honduras en busca de otras plazas. He allí que la intervención secó desde entonces las fuentes del comercio.

La intervención americana no es gratis. Se hace pagar. A nosotros, al país, le importa cinco millones de dólares, que es lo que forma la deuda interna y para cuya amortización se creó la Alta Comisión de Crédito Público. Todo esto es una historia de sangre y de lágrimas. ¿Y es esto lo que buscan unos pocos hondureños?

El Cronista, León, Nicaragua, 7 de febrero de 1924.

¡Alerta, hondureños!

Ha llegado el momento de demostrar con hechos y no con palabras el patriotismo: recordad que por nuestras venas corre la sangre de Lempira. Nuestros abuelos en sus cánticos bélicos decían: "Morir por la Patria, ¡qué bello morir"! La vida debe amarse, pero no con tanto apego que vacilemos en sacrificarla gustosos en bien y defensa de nuestra patria. Los deberes del ciudadano son completamente diversos; cuando más culto e inteligente es el hombre, mayores son sus responsabilidades y obligaciones de abandonar todo y sacrificarse para contribuir al bien de su patria. Las palabras que más tiernamente suenan en nuestros oídos y nos lleva a los más halagadores ensueños son: PATRIA y FAMILIA. El amor a ellas es innato en todo hombre de sentimientos nobles y elevados; recordad las palabras de Gambetta: "Antes que todo, patriota; la patria ante todo y sobre todo". Por ella, nosotros los hondureños debemos sacrificar, si es posible, hasta la última gota de sangre, y el que no lo haga, denotará pobreza de sentimientos. La sangre que corre por nuestras venas será poca para verterla con honor ante nuestra soberanía, que se encuentra amenazada por una invasión extranjera. El mismo Napoleón dijo: "Que el amor a la patria es la primera virtud del hombre civilizado".

SAUL MORÁN

La ambición de los norteamericanos

Hace ya mucho tiempo que se anuncia la intervención yankee en Honduras; muy sutilmente han venido metiendo su mano hasta hoy, que han tenido el abuso de venir a pisotear esta santa tierra, sin ningún consentimiento, un grupo como de doscientos soldados americanos.

Esto significa mucho, quiere decir que a nosotros los hondureños no nos han tomado en cuenta, atenidos a que, como es una nación tan pequeña, pueden hacer lo que quieran a nuestra soberanía.

Sí, es cierto que Honduras es muy pequeña; pero si mañana sucede algo grave en nuestro territorio, causa será de una mano traidora. Aunque nos veamos en terribles conflictos, mejor preferiremos derramar hasta la última gota de sangre, antes que quedar en manos de la tiranía.

Compatriotas: marchemos con paso firme y jamás retrocedamos un momento. Dejémonos de ese letargo en que vivimos, que nada nos impresiona ni nos esforzamos a trabajar con verdadero ahínco. Ya se siente venir esa fuerza poderosa e imponente con el grito aterrorizador, escalando a nuestras vírgenes montañas, explotando todos nuestros productos que la naturaleza ha producido en nuestro adorado suelo. ¿Y qué sería de nosotros si mañana no gozáramos de ninguna libertad? Esto sería para nosotros una gran pérdida, que de nada nos serviría lamentarnos cuando ya todo sería en vano.

Me parece que todo está muy claro; no cabe ninguna duda. Ya llegaron los primeros y más tarde llegarán más, hasta dejarnos sin ninguna defensa. No nos quedaría otro campo más que lamentar tan triste situación. Ahora es el tiempo que debemos aprovechar; si ese grupo de soldados americanos no atiende con la moral y la justicia, hay que hacerlos entender, si es posible, por las fuerza; mucho cuidado con humillarse ante una nación, bárbara y tirana. ¡Hay que darles a comprender que nosotros los hondureños siempre levantaremos nuestras frentes serenas y altivas!

ÁNGEL CENTENO M.

Tegucigalpa, 28 de marzo de 1924.

Los emplazamos para el porvenir

—Muchos enemigos se está usted conquistando con la publicación de su *Boletín de la Defensa Nacional* —nos manifestó una apreciable señora. Se le critica, hasta se le injuria por esa hoja. Muchos hombres y mujeres se irritan por su labor.

Nosotros sonreímos con lástima. Lástima por esas pobres gentes, piedad por nuestra patria, desventurada.

—Es un honor para nosotros —contestamos— sumar enemigos entre nuestros conciudadanos por defender, con el mayor entusiasmo, el más caro de los bienes: la soberanía nacional. Tenemos plena certeza de que en los días del futuro será apreciado nuestro esfuerzo y execrados por las nuevas generaciones los hondureños que, de alguna manera, contribuyan a esclavizar a su patria.

¡ALERTA, OBREROS!

Como buenos centroamericanos, debemos sentirnos indignados, desde el momento que fuerzas de una nación extraña han entrado en nuestro suelo patrio. Los obreros, que siempre estamos entretenidos en el trabajo redentor, desde estos momentos debemos declararnos solidarios a esos grandes hombres que trabajan desinteresadamente para que esas fuerzas que traen la esclavitud de estos pueblos, desocupen lo más pronto posible nuestro querido suelo.

Y debemos protestar de la manera más enérgica para dar un ejemplo de que guardamos profundo celo porque se mantengan ilesas la soberanía e integridad de Honduras: y siempre debemos estar listos a defender y morir antes de ver nuestro hermoso pabellón bicolor atropellado por un poder extraño. ¡Ah! Sí. Recordemos el dolor de nuestros hermanos de Santo Domingo al dirigirnos su manifiesto:

Y si mañana somos testigos de un horrendo cuadro, tal como lo expresan nuestros compañeros de labor, no tendremos más remedio que protestar contra tales crímenes. Compatriotas: prefiramos morir en los campos de batalla antes que ser esclavos prefiramos mil veces morir a no estar contemplando nuestra debilidad.

Compatriotas: id a firmar en el Libro que el ilustre poeta Froylán Turcios tiene abierto en la oficina de Hispano-América.

ALEJANDRO ARMIJO h., (Obrero).
Tegucigalpa, 24 de marzo de 1924.

Cuotas patrióticas

para pagar a los cajistas que trabajan en este boletín

1	Mercedes Garay	$ 5.00	24	Amado Tejeda	$	5.00
2	Román Ramos Valdés	5.00	25	Antonia Hernández		1.00
3	Cristóbal Canales	5.00	26	Nicolás Toledo		1.00
4	Federico C. Canales	5.00	27	Otro centroamericano		3.00
5	Cecilio Colindres Zepeda	2.00	28	María Luisa Hernández		1.00
6	Miguel Oquelí Bustillo	5.00	29	Porfirio Guardiola		1.00
7	Manuel A. Reina	5.00	30	Tito López Pineda		2.00
8	Humberto Sosa M.	2.00	31	Manuel Corea Bueso		10.00
9	Humberto E. Guerrero	0.50	32	M. Bersabé Ramos R		2.00
10	Un centroamericano	5.00	33	Rosendo Ferrari		5.00
11	Visitación Padilla	1.00	34	Carmen Muñoz P.		1.00
12	Arcadio Díaz Ballesteros	2.00	35	Otro centroamericano		5.00
13	Pura Vijil	5.00	36	C. M. Gómez		1.00
14	Alfredo Sagastume	10.00	37	Antonio Reina h.		5.00
15	Camilo Zelaya	1.00	38	Gabriel Valladares		1.00
16	X. X.	5.00	39	María F. Jereda		1.00
17	X. X.	5.00	40	R. R		2.00
18	Juan B. Vásquez	2.00	41	Un salvadoreño		1.00
19	Antonio Gómez Romero	2.00	42	Otro mexicano		2.00
20	Alejandro Armijo h.	0.50	43	Florencia v. de Villalta		1.00
21	R. J. L.	5.00	44	Un colombiano		4.00
22	Modesto Rodas Alvarado	5.00	45	Atanasio Valle		5.00
23	Un mexicano	3.00	46	Ramiro Rodríguez		1.00

—Toda nación verdaderamente grande tiene el imperioso deber de respetar a los países pequeños. Ultrajar al débil, sólo, porque es débil, es un acto de cobardía semejante al acto que cometería un hombre fuerte golpeando a un niño de cinco años.

BOLETÍN DE LA DEFENSA NACIONAL

Director: Froylán Turcios

**TEGUCIGALPA, HONDURAS, CENTROAMÉRICA
JUEVES 3 DE ABRIL DE 1924**

DISTRIBUCIÓN GRATIS No. 13

RECLAMAMOS

de todos nuestros compatriotas su acción unánime para
eliminar de nuestro suelo a los

MARINOS NORTEAMERICANOS

Por haber guardado una absoluta neutralidad en las ardientes luchas políticas que últimamente agitaron nuestro país y que han culminado en la sangrienta contienda actual, creemos que no hay un hondureño que sienta más que nosotros, con más ecuánime y sincera intensidad, el estéril derramamiento de sangre fraterna, la diaria extinción de poderosas energías juveniles que más tarde hubieran florecido y dado fruto espléndido en beneficio de Honduras.

Es lamentable, es angustioso que constituyendo una nación tan pequeña estemos destruyéndonos encarnizadamente. Y nos causa una profundísima amargura ver que tanto extraordinario esfuerzo, tanta valentía, tanto ardor impetuoso, lo empleemos, no en una guerra internacional, no en combates trascendentes para cimentar la Unión de Centro América, sino en míseras luchas intestinas que sólo producen descrédito, desolación y muerte.

Torrentes de sangre corren por los cerros y campos hondureños. Inmenso número de hogares yacen hundidos en el dolor, y la miseria diezma y abate a la gran mayoría de nuestros compatriotas.

De día y de noche se escuchan los estruendos de los violentos combates y se respira una atmósfera de pólvora, de rencor y de exterminio.

Para cerrar esta pavorosa impresión, el conquistador yankee, aprovechando un momento de extravío colectivo, abusando brutalmente de su fuerza, invadió por sorpresa nuestro territorio y vino a fijar su cuartel y a clavar su odiosa bandera en nuestra capital. Esto es lo más terrible, lo más sombrío, lo más grave. La violencia y el desequilibrio que prevalecen entre nosotros son momentáneos comparados con la eternidad de la humillación que puede traernos el invasor que ha tiempo nos acecha.

Compatriotas, hermanos que os destrozáis desventuradamente como feroces enemigos: escuchad nuestras voces, oíd nuestras palabras de paz y concordia. Que termine ya esta matanza oprobiosa; que deje de correr la sangre hondureña vertida por hondureños; que no haya más lágrimas, más lutos, más dolor; que el odio ceda a la reflexión serena y la venganza ruin al generoso impulso: que un sincero abrazo una para siempre a la familia de esta región centroamericana en donde siempre encontraron eco los grandes gritos de libertad.

Reservad esas magníficas energías para las batallas trascendentales de la Justicia y del Derecho, cuando éstos sean pisoteados por plantas, extranjeras, o para cuando un nuevo Morazán, con la fúlgida espada en la diestra, os llame para la reconstrucción de la antigua Patria; y deponed el arma homicida en esta brega inútil en que sólo pueden recogerse frutos de humillación y de vergüenza.

Oídnos, compatriotas, amigos de todos los bandos políticos: nosotros no estamos contaminados de malsanas pasiones, ni de rencores de ningún género; nuestra voz es absolutamente imparcial, y nuestros únicos y fervientes deseos son de que se salve Honduras y de que todos los hondureños vivamos la vida de la libertad y del progreso.

Es preciso, es necesario, es problema de vida o muerte para nuestra Soberanía, que esta guerra civil concluya. Arrojad el fusil y daos el abrazo de hermanos. Es un delito, es un crimen continuar esta matanza teniendo sepultado en el corazón el puñal del invasor. Unámonos todos, unámonos en fraterno abrazo, para eliminar de nuestro suelo, con un esfuerzo moral, simultáneo y poderoso, al conquistador aborrecido. Este es nuestro imperativo deber en esta hora suprema en que un peligro tremendo se cierne sobre la soberanía de la República.

Está en nuestro imperativo deber en esta hora suprema en que un peligro tremendo se cierne sobre la soberanía de la República.

Cruzada por el honor y la libertad de Honduras

Después de una centuria de vida independiente, no hemos logrado aún, a pesar de tanto esfuerzo generoso, constituir una nacionalidad que posea sus más esenciales atributos.

Hundidos en el légamo de nuestras pasiones políticas, teniendo por escuela los campamentos, donde el fusil es el abecedario que nos ofrecen los maestros de esta gloriosa democracia, el agua bautismal que recibimos es la sangre de nuestras propias heridas; de jóvenes, la enseñanza del delito en todos los órdenes de nuestra actividad social; y ya de viejos, desorbitados y tristes, lejos de un ideal salvador, la tumba que se abre en la serranía para recoger nuestra postrera lágrima.

Continuar de esta manera sería deplorable. Necesitamos de una orientación más humana, más alta, más armoniosa, más plena de sol para que desaparezca la sombra de tanto error acumulado en nuestra conciencia.

Ya no es posible que nuestros rencores, que están cavando la fosa de nuestra soberanía se ahonden más en el espíritu de las colectividades.

Es indispensable, es urgente, no puede aplazarse más el cambio de nuestra existencia nacional.

Que los caudillos se arrepientan de su obra de desolación y de muerte. La tierra no está pidiendo cadáveres para abonar sus entrañas fecundas. Reclama brazos, reclaman energías, reclama sudor para la multiplicación de sus frutos; para que haya trajes que nos proporcionen el pan de cada día; para que el bienestar el regocijo se conviertan en rosas en la mejillas de nuestras mujeres y en músculos formidables en el cuerpo de nuestro campesinos felices.

Procediendo de este modo, la guerra civil, que es la causa inicial de nuestro descrédito, no volverá nunca más a enrojecer nuestros

161

picachos seculares. En vez del yatagán que se hunde en el corazón de nuestros compatriotas, llevaremos en las manos viriles la herramienta del trabajo; y en cambio de los laureles que coronan al jefe afortunado que vence en la lucha estéril, veríamos los otros, los que no tienen manchas y que caen sobre las testas que triunfan por la virtud del pensamiento. Honduras no debe ser un pueblo guerrero. Honduras debe ser un pueblo agrícola. Las armas debemos guardarlas para salvar nuestra autonomía, si es que al fin hemos de caer como héroes defendiendo nuestra bandera. Entonces sí. Que todos, unidos por la desgracia común, lejos del odio que ennegreció nuestro espíritu, oigamos la voz de nuestra patria que clama justicia, que exige reparación, que demanda el amor que no hemos sabido darla porque nos ha faltado tiempo para destruirnos en la matanza ignominiosa.

Y hoy que la presencia de los marinos americanos en nuestro territorio, nos llena de dolor el alma, sacudirnos esta indolencia criolla que enerva nuestro organismo y hagamos que fecunden todos en esta cruzada por el honor y la libertad de Honduras.

ADÁN CANALES

2 de abril.

No es compasión

La voz unánime de los hondureños es la que se oye a la hora presente en el clamor desolado de protesta, por la insistencia del señor Ministro de les Estados Unidos de que permanezca, sin motivo ninguno, su tropa de marinos armados en nuestra capital.

Representantes de todos los partidos, aun de los más distanciados, dejan sus firmas en el Libro de Honor Patrio, así como su pensamiento incendia las páginas del Boletín de la Defensa Nacional. En estos momentos no hay aristas, ni policarpistas, ni cariístas. Hay hondureños que ven sobre su patria las señales de un ciclón devastador que amenaza destruirla.

Los evangélicos cantamos un himno llamado Sea la paz. Los misioneros NORTEAMERICANOS lo enseñan a los habitantes de estos pueblos, en relación con las doctrinas nazarenas más humanas; y he aquí que, cuando menos lo esperábamos y con sorpresa de los honrados ministros de Jesucristo que vienen de su país, el señor Ministro norteamericano, don Franklin E. Morales, se cuadra frente a una tropa de soldados armados y nos dice: *Sea la guerra.*

¡Cómo se ha equivocado nuestro buen diplomático al entrar en una casa ajena, aprovechando la oportunidad de un disgusto pasajero de familia! Véala Ud. ahora cómo se indigna contra la osadía del intruso y hasta las mujeres cambian su dulzura por el gesto varonil y le dicen a Ud.:

"Salga de aquí. Reembarque sus marinos. Nada tiene que hacer un extraño con nuestra manera de vivir, así como notros con la suya, puesto que tenemos un hogar libre".

Hasta hoy habíamos pensado que el pretexto pacifista de los EE. UU. tuviera crédito alguno en Hispano América. Basta saber que sea uno de los peregrinos, recursos del panamericanismo, al lado de las pruebas indudables que tenemos del triste concepto que abriga de nosotros una parte del pueblo de los EE. UU.; una idea que todo puede engendrar en su conciencia, menos ese amor que pretenden hacernos creer.

Un pueblo que se considera el mejor del mundo y que muestra su repugnancia irresistible por otras razas, no podrá nunca ofrecernos a nosotros, infelices indios, un amor sincero. Por consiguiente, no perteneciendo Ud., señor Morales, a la familia de nobles estadistas, como a la que pertenece el Senador Borah, ¿cómo vamos a creer que Ud, desembarcó sus marinos para suspender nuestras hostilidades? ¿Qué le importa a Ud que nos descuarticemos? Dicen que un guajiro, recién pasada la última guerra de Cuba por su independencia, cuando ya la garra del Norte había arrebatado su presa a España, se abocó con un gringo y le dijo:

—Y deaü ¿cuándo se cogen la isla?

—¡Oh, no! Uds. ser gente muy peliona. Nosotros no poder trabajar aquí con mucho pleito.

—Sí —le contestó el guajiro—. Uds. quieren la hacienda, menos el ganado.

La mujer hondureña debe conocer al enemigo de su patria.

Visitación Padilla

Tegucigalpa, 3 de abril de 1924.

Comayagüela, 31 de marzo de 1924.

Señor Director del Boletín de la Defensa Nacional.

Le autorizamos para poner nuestras firmas en el libro de protestas por el ingreso de marinos norteamericanos en esta capital. Felícitas López, Sara López S., Elsa Lara, Leticia Lara, Priscila López, Luisa Cárcamo, Antonia Cárcamo, Tarcyla Zúniga C. Zoila Loper S.

"En los momentos de peligro para la libertad de las naciones es cuando se conoce el valor moral de sus hijos".

Carta al señor Ministro Morales

Tegucigalpa, 2 de abril de 1924.

Excelentísimo señor Ministro de los Estados Unidos Americanos, don Franklin E. Morales.

Presente.

A cada día, a cada hora, a cada minuto hemos estado esperando los hondureños la contestación que Ud. debe dar al Gobierno acerca de las razones que ha tenido en cuenta para ordenar el desembarco de marinos estadounidenses y para cuya incursión en nuestro territorio, Ud. no tuvo el suficiente valor siquiera de comunicarlo a la autoridad respectiva, ni mucho menos de solicitar de ésta el permiso que correspondía al efecto. Hemos esperado también que, al calor de la honorabilidad que Ud. debe poseer, cumpla el ofrecimiento hecho al ciudadano don Froylán Turcios, enviándole la lista de los asquerosos cuanto degenerados hijos de Honduras que solicitaron ante Ud. la venida de los marinos yankees.

Su sola contestación es el silencio. Y su silencio es muy natural. El acto que Ud. ha cometido para complacer la artería de esos pocos e insignificantes espurios de nuestro suelo, le manda permanecer mudo ante los reclamos justísimos del Gobierno y de los hondureños que saben amar con santo amor a su adorada patria. No de otro modo puede explicarse su conducta de diplomático que en nada es consecuente con todos los principios panamericanistas que a diario pregonan en la patria de Ud., señor Ministro.

John Adams siempre recomendó: *Observad buena fe y justicia respecto de todas las naciones. Cultivad con todas paz y armonía...*

Pero Ud., señor Ministro Morales, en lugar de observar esa buena fe y esa justicia que debiera vulgarizar para hacer más grande a su compatriota Adams, se ha olvidado de los intereses que justamente debiera representar, y en rigor de verdad parece que sirve intereses que en nada incumben a los Estados Unidos Americanos, no siendo por lo mismo el Ministro que verifica las funciones que se le han encomendado, sino antes bien, el individuo preñado de parcialidad y que en su gestación aprovecha de su cargo para asestar tan horrorosa puñalada a nuestra soberanía.

Cuando se celebró el Centenario de la Doctrina de Monroe en la ciudad de Filadelfia, en las noches de 30 de noviembre y 10 de diciembre de 1923, el Honorable Charles E. Hughes, Secretario de Estado de los Estados Unidos, al pronunciar su discurso de estilo, dice: "En resumidas cuentas reconocemos la igualdad de las Repúblicas americanas y sus iguales derechos ante el derecho de las naciones". El Presidente Marshall de la Corte Suprema dijo: "Ningún principio general de derecho es más universalmente aceptado que el de la perfecta igualdad de las naciones... De esta igualdad resulta que nadie puede imponer a otro su autoridad".

A principios de 1916, cuando celebró su primera sesión el Instituto Americano de Derecho Internacional, en Washington, en la cual tomaron asiento juristas de las Repúblicas americanas, se adoptó una declaración de Derechos y Deberes de las Naciones. Tal declaración establece los siguientes principios, que me permito recordarlos a Ud., señor Ministro, ya que entiendo que debe conocerlos:

"I.— Toda Nación tiene el derecho de existir y el de proteger y conservar su existencia; pero este derecho no implica el derecho ni justifica la acción por parte de dicha Nación para proteger o conservar su propia existencia, de cometer, actos ilegales contra Estados inocentes que no han cometido ofensa alguna".

"II.— Cada Nación tiene derecho a su independencia en el sentido de que tiene derecho de perseguir su propia felicidad y su libre desenvolvimiento, sin intromisión o control por parte de otros Estados, siempre que al hacerlo no afecte o viole los derechos de los demás Estados".

"III. — Toda Nación es, en derecho, y ante el derecho, igual a toda otra Nación que pertenezca a la Sociedad de las Naciones, y toda Nación tiene el derecho de exigir y, conforme a la Declaración de Independencia de los Estados Unidos, de asumir entre las potencias de la tierra la posición separada e igual que le corresponde según las leyes de Dios y de la Naturaleza".

"IV.— Toda Nación tiene derecho a su territorio, dentro de fronteras definidas, y a ejercer exclusiva jurisdicción sobre ese territorio y sobre todas las personas, nativas o extranjeras que se encuentren dentro de él".

"V. — "A toda Nación, a la cual corresponda un derecho, conforme al Derecho Internacional, le corresponde hacer que ese derecho se respete y proteja por todas las demás naciones, pues el derecho y el deber son correlativos, y el derecho de uno es el deber que a todos toca observar".

Consecuente con estos principios, el Honorable Secretario Hughes agrega en su mismo discurso: "De esto se deriva que es parte de nuestra política respetar la integridad territorial de las Repúblicas americanas. No tenemos política de agresión ni apoyamos agresión por parte de otros...".

Desgraciadamente para nosotros, Ud. señor Ministro, no se ha molestado en recordar los consejos de Mr. Adams, ni las declaraciones del gran Secretario Hughes y de Marshall, Presidente de la Corte Suprema de Justicia, como tampoco ha recordado todo lo que se estipuló en el Instituto Americano de Derecho Internacional, en 1916.

Pues bien, señor Ministro, es bueno que Ud. vaya comprendiendo que en nuestra Honduras hay apóstoles de Lempira y Morazán, en cuyas venas corre sangre heroica y cuyas mentes rebosan robustecidas por las grandes proezas y principios de esos Dioses; y que están dispuestos a ofrendar su vida en holocausto de la Soberanía de la Patria, cuyas ubérrimas montañas despiertan tanta ambición a las águilas voraces del Norte, hambrientas de dominio.

No queremos odiosas harpías que siembren el exterminio y la desolación en la patria de los próceres de 1821; ni queremos tampoco que se nos cuide tal como se cuidaban las puertas del Infierno por diabólico cancerbero. El derecho que tienen los Estados Unidos para vivir y que Ud. tan dignamente representa, es el mismo derecho que tiene Honduras, como asimismo el que tienen todas las naciones del mundo.

Ud. lo comprende bien, señor Ministro. Y lo que Ud. ha hecho hoy en este suelo, que le ha brindado una simpatía mucho más grande que la qué le dispensaba recién venido a Honduras (naturalmente), no lo haría en ninguna nación europea, ni en la vencida por Uds., Alemania, ni en la microscópica San Marino.

Termino rogándole Ud., haciéndome eco del sentimiento nacional, se sirva hacernos conocer su contestación al Gobierno y la lista de los patriotas que de rodillas mendigaron ante Ud. llevara a cabo la crueldad más grande e imperdonable contra Honduras. Todo por la Patria y por la Raza.

PEDRO ROVELO LANDA.

Ciudadanos: ¡Venid a las filas de los libres!

La opacidad de los idealismos redentores; la indiferencia ante los amagos de fuerzas extrañas; la inconsciencia por las cosas que entrañan nuestra vida o muerte, son rémoras que van rompiendo el germen fecundo del amor a lo digno, a lo alto y delicado que tenemos: el SUELO DE LA PATRIA. Escuchad, compatriotas, los lamentos de nuestros hermanos, que pugnan por destruir las mallas venenosas la libertad ultrajada y sustituida por la esclavitud, en pleno siglo XX; presenciad este baldón inmisericorde, por los que se hacen llamar nuestros hermanos mayores; de aquel país en que se proclama el puritanismo, aquel país que se enorgullece de proclamar las libertades del mundo.

La ecuestre estatua que sonríe a orillas del bravo Atlante bajará y apagará su antorcha, porque un eclipse total se está efectuando en el continente de habla española. Esa diosa sacrosanta bambolea en su pedestal, minada por la cínica mentira y burlada su simbólica presencia. Es un sarcasmo.

Poned vuestro contingente airoso para que no se repita en nuestra heredad un Santo Domingo, un Haití, un Nicaragua, etc., que nos llene de humillación y de miseria, por el indiferentismo que va en pos de la complicidad. ¿Qué responderemos al Padre de la Patria, que yergue su altiva figura en nuestra plaza central, cuándo nos interrogue qué hemos hecho de este caro suelo? ¿Podríamos contestar, como el polaco: señor, os dejamos arrebatar por los conquistadores del Norte, porque tendimos nuestras manos al manila infamante? No, mientras corra por nuestras venas sangre morazánica, sangre lempírica, defenderemos este terruño con la fe y el Derecho que nos asiste, que son más fuertes que las bayonetas anglosajonas.

La fuerza brutal, la arrogancia del poderoso, no podrá infundirnos el terror que siente el judío ante el irreconciliable musulmán. A ello opondremos la Razón y el Derecho; a ello opondremos la Justicia y la Dignidad, y veréis cómo esos atributos ciudadanos, cual conjuros mágicos, como un valladar impenetrable, cerrarán de una vez para siempre, los crueles designios de los atentados. Pero para esto, venid a las filas de los patricios; alistaos en las legiones del honor y empuñad el arma redentora, que es vuestra inteligencia reducida en tribuna fulminante o en la prensa arrebatadora, sin el miedo del siervo ni la cobardía del paria, para que después vayamos a otros campos, si así está escrito por la Entidad que los destinos rige.

Porque los pueblos que saben defender sus derechos; los pueblos que despreciando los atentados, recobran sus fueros con las reparaciones que exige el honor, son pueblos que tienen derecho a su existencia, son pueblos a los que los mismos adversarios tienden su mano en demostración de dignad. Ya la abyección en estos momentos, no tiene calificativo; está fuera del catálogo de los crímenes. Demos por sentado que la presencia de la fuerza armada norteamericana en nuestra capital no es obra de nuestros connacionales; que no hay responsables del crimen de lesa patria; que un puñado de comerciantes tal vez, encabezados por un diplomático culinario, nos han inferido esta honda herida, perdurable como un mea culpa eterna. Pero, señores, ¿vamos a cruzarnos de brazos, vamos a sancionar con nuestra abulia ese acto salvaje por mil títulos?

Hay en los países libres, dice un eminente publicista, un poder superior a todos los demás y que se hace sentir en todas las formas establecidas y no prohibidas por las leyes. Este poder, a que nada resiste y del que debe derivarse la representación nacional, es la opinión pública; vale más la libertad protegida por la fuerza de la opinión pública, que una garantizada por turbias combinaciones.

Estos conceptos elevados, hijos de la experiencia, nos revelan hasta dónde pueden llevarnos nuestra noble campaña, cuando los hondureños unidos en opinión pública, laboremos por la dignidad patria.

Esta lección objetiva que estamos recibiendo, será un nuevo tomo para que el Magiterio hondureño, noble y abnegado, funde en el corazón de los infantes ese amor inconmutable, indestructible, que como canto de esperanza será entonado en un himno inmortal. Porque ellos, los infantes, en el mañana incierto, serán nuestros sustitutos, serán los hombres que, con nuevas energías, con alta educación cívica, guardarán esta, parcela gloriosa en el oro de sus conciencias. Conciudadanos, venid a nuestras filas.

ALFREDO M. ORTIZ.

CUOTAS PATRIÓTICAS

Volvemos a excitar a los verdaderos patriotas a fin de que envíen sus cuotas para pagar a los tipógrafos que forman este boletín.

Cuotas patrióticas

para pagar a los cajistas que trabajan en este boletín

		$			
1	Mercedes Garay.......... $	5.00	25	Antonia Hernández......	1.00
2	Román Ramos Valdés......	5.00	26	Nicolás Toledo..........	1.00
3	Cristóbal Canales........	5.00	27	Otro centroamericano...	3.00
4	Federico C. Canales......	5.00	28	María Luisa Hernández....	1.00
5	Cecilio Colindres Zepeda..	2.00	29	Porfirio Guardiola	1.00
6	Miguel Oquelí Bustillo.....	5.00	30	Tito López Pineda......	2.00
7	Manuel A. Reina........	5.00	31	Manuel Corea Bueso.....	10.00
8	Humberto Sosa M........	2.00	32	M. Bersabé Ramos R.....	2.00
9	Húmberto E. Guerrero.....	0.50	33	Rosendo Ferrari........	5.00
10	Un centroamericano.......	5.00	34	Carmen Muñoz P........	1.00
11	Visitación Padilla.......	1.00	35	Otro centroamericano....	5.00
12	Arcadio Díaz Ballesteros...	2.00	36	C. M. Gómez..........	1.00
13	Pura Vijil.............	5.00	37	Antonio Reina h........	5.00
14	Alfredo Sagastume........	10.00	38	Gabriel Valladares	1.00
15	Camilo Zelaya..........	1.00	39	María F. Jereda	1.00
16	X. X...............	5.00	40	R. R................	2.00
17	X. X...............	5.00	41	Un salvadoreño	1.00
18	Juan B. Vásquez..........	2.00	42	Otro mexicano.........	2.00
19	Antonio Gómez Romero....	2.00	43	Florencia v. de Villalta...	1.00
20	Alejandro Armijo h........	0.50	44	Un colombiano........	4.00
21	R. J. L.............	5.00	45	Atanasio Valle.........	5.00
22	Modesto Rodas Alvarado...	5.00	46	Ramiro Rodríguez.......	1.00
23	Un mexicano.............	3.00	47	Tomasa González.......	0.50
24	Amado Tejeda .... $	5.00			

Yo me cogí aquel pueblo, tú te cogiste aquel pueblo, nosotros nos cogimos aquellos pueblos

Todo iba a pedir de boca: los yanquis, cobrando, pagándose y arrojando los huesos a roer al gobierno de la republiquita isleña. Pero como el apetito viene comiendo y los yanquis tienen los dientes largos y las tragaderas en excelentes condiciones, los sueldos que asignaron a la innumerable caterva yanqui de receptores presupuestívoros mermaban cada vez más las piltrafas adheridas a los huesos dominicanos.

El gobierno, mediatizado, tuvo necesidades superiores a los emolumentos que con su propio dinero le asignaba parcamente el recaudador extranjero.

—¡Cómo! ¿Te permites crecer por lo menos en gastos? —dijo Wilson—: Imposible. No lo tolero. Nuestro convenio debe consignar en algún artículo que puedas enajenarme tu soberanía. Y, aunque no lo consigne, pensó, los tiempos son propicios: el mundo tiene los ojos puestos en otra cosa. Es necesario que yo me coja ese país.

Y se lo cogió: "Y tock, Panamá", había confesado cínicamente Roosevelt. "Tú te cogiste la Isla Española", le dicen sus enemigos a

Wilson. "Nosotros nos cogimos Tejas, Puerto Rico, Cuba, las Filipinas, etc.", exclaman los yanquis. Y algunos humoristas se preguntan, como William Hard: Is America honest?

Parece cosa de risa, ¿no es verdad?

Y lo sería, si no fuera también cosa de lágrimas.

R. BLANCO FOMBONA.

Bajo el dolor de la hora presente

Yo soy de los que creen cumplir un alto deber centroamericanista, al hacer público manifiesto, en la medida y alcance de mis facultades, sobre el natural disgusto y la muy injusta indignación que proporciona la ingrata presencia de fuerzas extrañas en esta Capital.

Creo también que guardar silencio ante la lesión tan grave inferida a la Soberanía patria, ante abuso tan insólito, tan censurable y brutal, solamente es propio de espíritus enfermos de cobardía, de almas ajenas a lo que es el orgullo patrio e ignorantes de toda dignidad.

El rostro de los hombres dignos no puede menos que sentirse ruborizado, a la sola consideración de que haya quien vea con buenos ojos la presencia humillante odiosa de tropas extrañas en pleno corazón del país. Y no puede menos de sentir también, todo buen hijo de Honduras, que el corazón le rebosa de ira, de indignación, y en deseo de que la justicia deje caer todo su peso sobre la cabeza de aquellos ingratos que, con gestiones absurdas y criminales, tratan de cruzar impune y satisfactoriamente el impudor de sus miradas con las miradas azules de los hijos de Yanquilandia.

Para los que sufren tan lamentable estrechez de espíritu; para los que tienen el impudor de abrir la desvergüenza de sus brazos en una actitud suplicadora de protección indigna; para los que bajo la obsesión de una cobardía mujeril, reclaman el insulto de una intervención: para los que mendigan la férula vergonzante de la esclavitud, para todos aquellos que en su idiotez y su miopía, creen encontrar razonable el protectorado de un pueblo extraño sobre la vida y libertad de la República... para todos ellos, la Dignidad Patria reclama, en el poderoso grito de sus hijos conscientes, su más enérgico desconocimiento, su desprecio y su expulsión, allende las fronteras y en donde no puedan abrigarse bajo la consoladora caricia que proporciona el hermoso cielo de Centro América libre.

Y ya fuera de las trabas y la desconfianza que proporciona la indigna y anónima labor de nuestros malos hermanos, trabajemos con toda la noble fuerza de nuestros corazones, a fin de repeler, heroicamente, LA AMENAZA DE LOS ESPANTABLES OJOS AZULES: de esos que por constituir un incolmable contraste con nuestra raza, con nuestra lengua y, lo que es más notable aún, con nuestros ideales, nos resultan lamentablemente antipáticos e infraternos...

Rechacemos, pues, por sobre la adoración de nuestra patria, la fatídica sombra que produce el revoloteo de lo que se ha dado en llamar jactanciosamente águilas del Norte y lo que nosotros llamaremos ahora, con sobrada justicia, buitres de la ambición.

BOLETÍN DE LA DEFENSA NACIONAL

Director: Froylán Turcios

**TEGUCIGALPA, HONDURAS, CENTROAMÉRICA
LUNES 31 DE MARZO DE 1924**

DISTRIBUCIÓN GRATIS No. 15

Compatriotas de todos los bandos políticos: deponed vuestros recursos y ambiciones ante el gravísimo peligro que amenaza la soberanía nacional. Uníos, unámonos todos, ante el enemigo común, si no queremos llorar mañana lágrimas de sangre por la pérdida de nuestra patria.

*****

El servilismo atrae desprecio

El temor de incurrir en el disgusto de los Estados Unidos sólo revela ruin cobardía ante los deberes sagrados que impone la Patria. No. Por el contrario, el servilismo atrae desprecio y negación de los derechos ciudadanos; y con un gesto digno, el nombre de la República se alzará más alto en el criterio de los prohombres de aquel país. El mismo Gobierno temido nos apreciará un poco más, y en la Prensa y en el Senado norteamericanos, donde generosos y amplios espíritus velan por nuestra soberanía —dando una severa lección a los hondureños antipatriotas— encontrará seguro estímulo nuestro proceder. Porque no es a base de pusilanimidad que se forja el alma de las naciones; y porque todo acto de hermosura y de valor encontrará eco simpático en el corazón de los varones ilustres. Y, en todo caso, como dijo hace poco un notable periodista nuestro: "Entre

173

ofender a una nación extraña y traicionar a la propia nación, los hombres dignos deben pronunciarse por lo primero".

Froylán TURCIOS.

SERÍA UN ERROR

Encontrar motivos al desembarco de los marinos norteamericanos sería un fenómeno inexplicable. Alguien ha venido diciendo: "Nadie sabe a lo que han venido"; y ésta es la verdad. Quien encontrara los motivos sería un detractor público de sus conterráneos, poniéndose, al mismo tiempo, al nivel del extranjero que en estos días ha tenido el cinismo de manifestar que éste es el pueblo más salvaje del mundo. Ese innoble pesimismo de hallarlo todo malo en nuestra tierra es la semilla que fermenta en los bajos espiritas y que al fin desarrolla, dando por fruto los traidores que más tarde van al extranjero a vender la libertad de su patria. Ciertas personas, de las que se consideran en una posición más elevada de la escala social, debieran cultivar en el corazón de sus hijos el amor a las gentes humildes. Entre ellas están los *pencos* que nos dan de comer; la cocinera que nos prepara los alimentos; el sastre que talla al caballero para que luzca en los salones. Así dejaría de considerarse como la canalla vil, enemiga de sus vidas y haciendas, lo cual es una injusticia.

En nuestras guerras intestinas, me refiero a las que se han sucedido en años anteriores, las fuerzas, ya desmoralizadas por el hambre, es cierto que han saqueado los almacenes de los pueblos: pero solamente han saqueado las casas de nacionales y extranjeros que, de una manera o de otra, han coadyuvado a los movimientos revolucionarios.

Hay un refrán popular que dice: "Tropa, ni de ángeles", y por eso algunas personas aristocráticas alimentan un odio singular por el soldado; odio sin fundamento, porque aquí en Honduras ninguna tropa se organizaría sino fuera por la intervención de levas y guantes blancos. Odio injustificable, mucho más si pensamos que esos soldados dejan libres de sus extravíos, si los tienen, a las personas distinguidas. Ninguna dama o caballero de la alta sociedad es ofendido por un soldado, de palabras o de obra. Generalmente las contingencias suceden en los barrios, por causas muy distintas a la maldad que suponemos en el pueblo.

En estos momentos de dolor para la patria, por la presencia en nuestra capital de doscientos marinos extranjeros, es criminal el odio a nuestros soldados de cualquier partido político a que pertenezcan. Necesitamos unir y no dividir al pueblo; antes de vilipendiarlo y calumniarlo debemos honrarlo; porque es el soldado hondureño el defensor de nuestra autonomía nacional.

Honorables damas y caballeros de nuestra sociedad: ¿Será posible que acojáis en vuestro hogar, con vítores y flores, una tropa de soldados procedente de un país que codicia nuestra libertad y menospreciéis al indito de nuestras montañas que lleva en sus venas vuestra misma sangre? En México, en Chile, la mujer más bella, la de tez de perla y cabellera de sol se siente ofendida si alguien puede decir que en sus pulsaciones no palpita sangre indígena.

Sería un error lamentable que hubiese personas que justificaran la permanencia de esa tropa de soldados extranjeros en nuestra capital, cuando sólo significa un abuso del señor Ministro de los Estados Unidos don Franklin E. Morales.

VISITACIÓN PADILLA

Tegucigalpa, 5 de abril de 1924.

Después con los extranjeros

Sabemos que todos los hondureños, sin distinción de colores políticos, se preparan como un solo hombre para protestar con más energía y decisión contra la determinación intervencionista tomada por el señor ministro Morales, si éste no manda reembarcar sus doscientos hombres acuartelados en Tegucigalpa.

Pero si esto no sucede ya, con impaciencia esperamos ese día de la paz, aunque estamos seguros de que llegará luego, y entonces quedaremos más claros sobre este repulsivo asunto de intervención norteamericana, que ha venido a regar más sombra en nuestra oscura senda.

Ojalá que después no busque el señor Ministro Morales otro pretexto para no retirar sus soldados al lugar que les corresponde, cual es el buque de guerra donde el Jefe de la marina estadounidense los ha mandado a acampar, habiendo aparecido ellos en Tegucigalpa de la noche a la mañana, obedeciendo una orden arbitraria y ya premeditada desde hacía algunos meses.

Porque estamos casi seguros que el Departamento de Estado norteamericano tiene vagas noticias de estas cosas, o le llegan muy adulteradas por sus ministros residentes, quienes les dan el giro que les conviene. Pero, de cualquier modo que sea, loa pueblos nunca deben mostrarse débiles cuando hay nervio, valor y patriotismo en todos sus habitantes y saben éstos ponerse siempre a la altura de su deber en cualquier momento, pues David ante el gigante Goliat no midió el tamaño de aquél para darle la lección correspondiente,

También nuestro indio Lempira, rodando ya muerto al fondo del abismo, nos demostró hasta dónde llega el verdadero patriotismo cuando se sabe defender una 'causa digna y grande como es la autonomía del patrio suelo. Los hondureños, que siempre han demostrado rebeldía ante los actos políticos y de intervenciones ilegales, esta vez lo probarán paladinamente, no permitiendo la permanencia de fuerza extranjera en su país, por ser odiosa y ofensiva su presencia en esta tierra donde sólo ha reinado la libertad.

PEDRO J. PAIZ.

Tegucigalpa, 1924.

No es al clásico país de la libertad, a la República modelo que asombró al universo con sus sencillas prácticas democráticas, cuando la reglan los inmortales varones que se llamaron Washington, Jefferson, Lincoln, a la que apostrofo, en nombre de la Justicia, sino a sus Gobiernos de los últimos lustros, que olvidando sus nobles tradiciones, se han convertido en feroces padrastros de los pueblos débiles.   —F. T.

El cuartel norteamericano juzgado por un muchacho campesino

Un muchacho del campo le dijo a un amigo. suyo, en el Parque Morazán:

—Yo creía que los cuarteles de las grandes naciones eran modelos de orden y disciplina, de compostura y limpieza. Yo había leído así en los periódicos. Los Estados Unidos, se dicen, es el país más poderoso y uno de los más civiliza dos de la tierra. Así será; pero su cuartel en Tegucigalpa, que tenemos ahí, a cinco pasos, desdice de aquel juicio. Eso no es un cuartel: eso es una grillera de los once mil diablos. Es un centro de escándalo como no lo habíamos visto nunca aquí. Los rubios metidos en la sucursal del Agurcia, echados de bruces sobre las ventanas, medio desnudos, algunos muy sucios, ríen a carcajadas, gritan, silban, aúllan, maúllan, berrean, graznan, rugen, estornudan, espectoran, rebuznan, todos en coro, de las seis de la mañana a las nueve de la noche, siempre, siempre, sin perder un minuto, sin perder un segundo, como si constituyera esto su consigna. Óigalos: ¿quién va a creer que eso es un cuartel norteamericano? Si lo cuento en mi aldea nadie lo creerá. Yo lo creo porque lo estoy viendo. Nuestros cuarteles son mil veces superiores en orden y disciplina. Ese no parece un cuartel sino un manicomio.

Hondureños: de pie ante el altar sagrado de la Patria

Bravos hijos de Morazán y de Lempira: oremos devotamente ante el augusto altar, de la patria que se hunde. Elevemos nuestras plegarias de dolor a aquellos varones patricios que nos legaron una Honduras, soberana e independiente. ¡Oremos por todos aquellos nobles y grandes soldados que supieron heredarnos, a fuerza de tantos sacrificios patrióticos, un suelo santo, una patria noble cuyo seno se destroza.

Malditas por siempre sean las águilas funestas que jamás se cansan de pregonar su cacareado panamericanismo, evitando así, únicamente, una dominación europea o de cualquiera otra parte del mundo. Decid mejor: queremos que el Continente americano sea sólo guarida nuestra: queremos sus riquezas: queremos sus tesoros: queremos oprimir con nuestras potentes garras a todas las naciones débiles: tenemos hambre de dominio y nos morimos de ambición. Águilas del Norte: si tan potentes os habéis sentido siempre, ¿por qué no espantáis a los vecinos de más allá del Atlántico con el ruido de vuestras alas? ¿Por qué, en lugar de hacer que prevalezca vuestro dominio patricida, celebráis tratados para garantizar soberanías americanas que sabéis escarnecer impíamente? .

Oíd, conquistadores: somos gentes de habla española y descendemos de Iberia.. Muchos hermanos tenemos desde vuestras fronteras con México hasta las Tierras del Fuego, en el Sur, y en innumerables islas del Atlántico y Pacífico. Vuestras grandezas no habrán de ser eternas. Y algún día los iberoamericanos sabremos, con justicia, saborear la venganza que bien merecéis por todos vuestros atentados odiosos.

¡Hondureños, centroamericanos, iberoamericanos! Que sea vuestro grandioso ideal el mantenimiento de la autonomía de vuestra raza. Preparad vuestros nobles cóndores nutriéndolos en verdadero civismo y haced que ellos destrocen heroicamente, en nombre del derecho y la justicia, la garra conquistadora.

Tegucigalpa, 4 de abril de 1924.

PEDRO ROVELO LANDA.

Por la Patria dolorida

Todo espíritu patriota se subleva e indigna en santa cólera por el atropello hecho a nuestra soberanía por el coloso del Norte. De los pechos de todos los hondureños, y puede decirse de todos los buenos centroamericanos, se eleva, altiva y enérgica, la protesta por el atentado; pues el pueblo, que siempre se ha visto con indiferencia, ha derrocado mil veces tronos despóticos: ese mismo pueblo, lleno de ira, ha hecho rodar por tierra las coronas regias y a su empuje de coloso han crujido las bases de vetustos imperios y se han derrumbado los soberbios y oprobiosos altares de las tiranías.

En esta hora solemne debemos unirnos en un solo sentimiento —el de nuestra autonomía— todos los hondureños, sin distinción de colores políticos, pues en esta santa cruzada no debe haber colorados, verdes, ni tricolores, sino que todos debemos cobijarnos bajo el augusto pabellón de la Patria.

Recordemos las patrióticas enseñanzas de nuestro heroico Lempira, quien, no queriendo someterse con su pueblo al dominio extranjero, optó por arreglar las disputas que tenía con sus vecinos y se dedicó a promover la guerra nacional contra los castellanos, reuniendo la gente de más de doscientos pueblos, y levantando un ejército de más de treinta mil hombres se fortificó, cerca del macizo de El Congolón, desafiando desde allí el poder de los españoles; y que, a no haber sido la traición, ¡cuántos prodigios hubiera realizado aquel glorioso indio.

Mas, ante los peligros con que nos amenaza con su asquerosa garra la fatídica Águila del Norte, estamos dispuestos a probar que cada hondureño, cada centroamericano, es un bizarro centinela de su Patria y sus derechos; y hemos jurado, bajo nuestro estandarte, derramar —si necesario fuere— hasta la última gota de sangre defendiendo la justicia y la libertad.

Y si para nuestra desgracia se llegara el día en que se consumara el horrendo crimen que pretende el Tío Sam (que el Dios de las Naciones no lo permitirá), aunque superior sea a nuestras fuerzas, tendríamos que probar el valor, denuedo y estrategia de los aguerridos e indómitos soldados de nuestras montañas, quienes con entusiasmo bajarían a la lucha y como una avalancha caerían sobre el extranjero enemigo. Y al Marte, que siempre ha acompañado a nuestros valientes, se trasladase al campo de los invasores, en vez de amedrentarnos recobraríamos nuevos bríos y con la sangre hirviente de coraje levantaríamos al cielo el mortífero acero, pues nuestro lema sería: vencer o morir envueltos en el estandarte de la Patria. Porque sería preferible, una y mil veces, ver estos países reducidos a cenizas, como otra, Roma, y que los vencedores gobernaran sobre escombros, antes que vernos humillados y esclavos. Centroamericanos: sólo por dos causas es digno de llegar hasta el sacrificio de morir: por nuestra autonomía y por la unión de Centro-América. *ISAÍAS LOPEZ HINESTROSA.*

4 de abril de 1924.

El canal de Nicaragua

Cuando oigo ponderar los beneficios que obtendrá Centro América con la apertura del canal de Nicaragua, una profunda tristeza se apodera de mi espíritu. Pensando con amargura, y con lástima, y con desprecio, en la increíble inconsciencia y en la negativa visión del Futuro de la gran mayoría de mis conciudadanos. ¡Quiera Dios que obstáculos más poderosos que la rapacidad y desatentada ambición del Imperialismo, y que sus vastos depósitos de oro corruptor, impidan, para siempre, la construcción del canal de Nicaragua!

Porque... oídlo bien y no lo olvidéis nunca: cada golpe de barra en esa obra, para nosotros de falaz espejismo, será, en la concreción inmutable de los destinos de los pueblos, un día menos de libertad para Centro América.

Froylán TURCIOS.

En la tardanza está el peligro

Hondureños, nuestra Patria, se hunde. ¿Queréis hacerla agonizar? Tiempo es ya de que no agotéis vuestras energías en destruir la vida de los hermanos, vosotros que tuvisteis un momento de desequilibrio y os lanzasteis a la guerra: miradlo bien que nos amenaza la desgracia mayor que puede sufrir un pueblo. ¡Desgraciados! Sí, algo más mereceremos llevar si no la defendemos. Y a aquellos cobardes, aquellos hombres qué no merecen este nombre, aquellos cínicos por cuya petición se ve semejante amenaza, ¿qué deberían llevar? Yo no lo sé. ¿Qué deberían llevar esos vende-patria, esos abortos de la naturaleza que en mal día nacieron? ¿Esos infelices que no hallaron mejor medio de inmortalizar su nombre que haciendo una obra tan nefanda como ésta? Que los castigue la posteridad. Sí, la Historia se encargará de ellos; esos nombres serán manchas execrables que traerán a la mente el más triste recuerdo y la maldición más severa: serán como los canes humillados a su amo, que se echan a sus pies, demostrando así que ellos, pasaron primero por la ignominiosa esclavitud.

Y vos, ¡oh juventud!, despertad. Cumplid el ejemplo de nuestro héroe Morazán. Prefiramos morir antes que quedar esclavizados.

J. ANTONIO JIMÉNEZ

Tegucigalpa, 2 de abril de 1924.

Triste espectáculo

Uno de los espectáculos más repugnantes que a diario pueden presenciarse en Honduras es el que forman el 80 por ciento de nuestras mujeres, apasionadas por uno u otro candidato a la Presidencia de la República, cuando se acaloran por los acontecimientos de la guerra civil lamentable en que ahora nos debatimos.

Desbarran de una manera absurda y pierden todo comedimiento en sus palabras. Explican los sucesos según sus deseos, y la verdad nada les importa. Es verdaderamente triste este espectáculo. Damas y mujeres del pueblo se igualan en este deporte de mal gusto. Se olvidan de que la guerra es entre hermanos, de hondureños contra hondureños, para indignarse hasta lo inverosímil contra los que no pertenecen a la agrupación en que ellas se han colocado. Excitamos a nuestras virtuosas mujeres para que dejen a los hombres el terreno en este sangriento debate: y si desean mostrar las calidades de su alma, que imiten a las damas de alto espíritu de los grandes países, **indignándose con santa indignación contra el extranjero que atropella los derechos de Honduras y cooperando con todas sus energías a expulsarlo de la tierra que a ellas les dio la vida.**

LEON CÁLIX.

—Se ha repetido, en diversos momentos históricos, que la Unión Nacional es la causa ÚNICA por la que se debe luchar y morir en Centro América. Yo soy unionista por las ideas y por el corazón. Lo he sido, con absoluta sinceridad, desde mi infancia: lo seré hasta que, muera.

Pero hay entre nosotros una causa más alta que la Unión; más humana, más noble, más trascendental, más digna de ofrendarle la vida: la causa de la Autonomía. Antes de unir debemos existir. Esta es la firme base de todo ideal patriótico. Lo demás es secundario.

—F. T.

Hondureños, vivamos noblemente

Por nuestro mal vivir, nuestra madre Patria está vestida de negro, siendo la causa más sobresaliente la inesperada llegada de los marinos norteamericanos al país. Esto ha aumentado el duelo nacional, porque esto ha sido un abuso incalificable.

¿Qué tiene que ver el extranjero con nuestra vida política?

Los norteamericanos parece que quieren ser dictadores del mundo.

Hermanos hondureños: vivamos noblemente en nuestro territorio. Nuestros abuelos, desde el titán indio Lempira hasta Juan Rafael Mora y Juan Santamaria cuando los filibusteros, han muerto dignamente por dejarnos libres. Y ¿por qué ahora se quiere que nosotros abramos las puertas de nuestra nación a un extranjero que no pertenece a los latinos? ¡Pues no! Todos los hondureños o latinoamericanos debemos estar en un solo ideal de la defensa de nuestra raza. Ha tiempo se hablaba sobre la tal intervención y que muy luego a nuestra Honduras llegarían los invasores rubios; y parecíanos que se trataba de una broma o, como decimos, una bomba callejera.¡ Hermanos míos! Hay que tener carácter y sentir lo mismo. Froylán Turcios, Visitación Padilla y otros hondureños que soñamos por la grandeza de nuestra Patria. No más sangre de hermanos. (Honduras para los hondureños y centroamericanos). Prácticamente ya estamos viendo el mal resultado de vivir como Caínes.

¡Nuestra querida Patria esta de duelo! Una terrible amenaza la obscurece! Malditos mil veces los traidores! Si los tales vendepatria han solicitado con el Ministro Franklin E. Morales la entrada de esos marinos, pues el menor Ministro ha cometido un gran error, porque en las naciones no mandan los malos, sino los patriotas.

Tegucigalpa, abril 6 de 1924

LURIO MARTÍNEZ.

La esclavitud de Nicaragua

POR ISIDRO FABELA

La diplomacia del dólar. ---La revolución contra Zelaya.

Como lo prevela el defensor, la ejecución de la sentencia ocasionó, entre otros motivos, el desconocimiento del Gobierno de Zelaya, primero, y después la intervención de los Estados Unidos en la República centroamericana. El defensor alude también a la posible acción, contra su país, de parte de Francia. No sucedió tal. El ciudadano francés Edmundo Couture fue condenado a una pequeña pena corporal. Sentenciado conforme a las leyes del país, donde delinquió, nada tenía que hacer en el caso el Gobierno francés.

Una vez dictada por el consejo de guerra la sentencia de muerte, no quedaba a los reos más recurso que el del indulto del Ejecutivo. Ocurrieron a él en la forma ya indicada; pero el presidente Zelaya lo negó. En los Estados Unidos se trató en los peores términos al Ejecutivo nicaragüense.

Por la prensa y oficialmente se consideró aquel hecho como atentado. El Secreta rio de Estado, Knox, acusó al señor Zelaya, como el autor directo de la muerte de aquellos dos americanos, que, según convicción adquisidor por este gobierno resto de la muerte de por este Gobierno (palabras del señor Canciller), eran oficiales al servicio de las fuerzas revolucionarias, por consiguiente, tenían derecho a ser tratados conforme a las prácticas; modernas de las naciones civilizadas.

Pero no era esto sólo: en la Cancillería de Washington existía contra el presidente Zelaya, desde antes del castigo de Cannon y Groce, un sentimiento hostil. El mandatario nicaragüense se había negado a aceptar un empréstito que le ofrecieron los Estados Unidos. "Por la misma época en que se hicieron propuestas de empréstito a otras repúblicas, se hicieron también a Nicaragua, siendo Presidente el general Zelaya, quien no les dio entrada siquiera para discutirlas", —dice Leets. Habiendo negociado, en cambio, un empréstito con los banqueros de Ethelburg, de Londres, que tenía por objeto, como dice el propio general, librar al comercio nacional de ser tributario del ferrocarril de Panamá..... y realizar, además, la consolidación de nuestra deuda exterior.

La actitud del gobierno de Nicaragua no encuadraba dentro de los planes político financieros de Mr. Knox. Zelaya era un estorbo para la dollar diplomacy y era preciso eliminarlo.

Pero había más que la cuestión del empréstito: "Los Estados Unidos —dice aquel Presidente—, cuyo imperialismo es ya demasiado famoso, desde hace tiempo venían persiguiendo ejercer allá (en Nicaragua) un protectorado, y apropiarse, principalmente, de la faja del canal por territorio nicaragüense, para lo cual no encontraban facilidades con el presidente Zelaya, puesto que éste exigía, ante todo, que se garantizase le soberanía de Nicaragua, y, además, una cantidad correspondiente a la importancia de la concesión.

El caso de Panamá se repitió. Cuando Colombia, defendiendo su honor y sus derechos, no aceptó las condiciones de Washington, estalló una revolución en Panamá, patrocinada por Mr. Roosevelt, y cuando Zelaya negó a los Estados Unidos lo que ellos pedían, surgió también una revolución en Nicaragua, que tuvo la protección de la bandera de las barras y las estrellas. Lo mismo pasó en Santo Domingo más tarde.

Cuotas patrióticas

para pagar a los cajistas que trabajan en este boletín

#		$	#		$
1	Mercedes Garay	5.00	27	Otro centroamericano	8.00
2	Román Ramos Valdés	5.00	28	María Luisa Hernández	1.00
3	Cristóbal Canales	5.00	29	Porfirio Guardiola	2.00
4	Federico C. Canales	5.00	30	Tito López Pineda	2.00
5	Cecilio Colindres Zepeda	2.00	31	Manuel Corea Bueso	10.00
6	Miguel Oquelí Bustillo	5.00	32	M. Bersabé Ramos R	2.00
7	Manuel A. Reina	5.00	33	Rosendo Ferrari	5.00
8	Humberto Sosa M	2.00	34	Carmen Muñoz P	1.00
9	Humberto E. Guerrero	0.50	35	Otro centroamericano	5.00
10	Un centroamericano	6.00	36	C. M. Gómez	1.00
11	Visitación Padilla	1.00	37	Antonio Reina h.	5.00
12	Arcadio Díaz Ballesteros	3.00	38	Gabriel Valladares	1.00
13	Pura Vijil	5.00	39	María F. Jereda	1.00
14	Alfredo Sagastume	10.00	40	R R	2.00
15	Camilo Zelaya	1.00	41	Un salvadoreño	1.00
16	X. X	5.00	42	Otro mexicano	2.00
17	X. X	5.00	43	Florencia v. de Villalta	1.00
18	Juan B. Vásquez	2.00	44	Un colombiano	4.00
19	Antonio Gómez Romero	2.00	45	Atanasio Valle	5.00
20	Alejandro Armijo h.	0.50	46	Ramiro Rodríguez	1.00
21	R. J. L.	5.00	47	Tomasa González	0.50
22	Modesto Rodas Alvarado	7.00	48	Carlos Muñoz M	3.00
23	Un mexicano	3.00	49	Salomón Zorto	3.00
24	Amado Tejeda	5.00	50	José Mario Gutiérrez	5.00
25	Antonia Hernández	1.00	51	Un hondureño	60.00
26	Nicolás Toledo	1.00			

BOLETÍN DE LA DEFENSA NACIONAL

Director: Froylán Turcios

**TEGUCIGALPA, HONDURAS, CENTROAMERICA
DOMINGO 6 DE ABRIL DE 2024**

DISTRIBUCIÓN GRATIS No. 16

La ansiedad en los departamentos

Por cartas llegadas de algunos departamentos sabemos la ansiedad en que se hallan nuestros conciudadanos del interior por la invasión de nuestro territorio por marinos yankees. Se desea vivamente saber qué actitud, ante el supremo peligro, han tomado todos los hondureños de esta capital y demás lugares del tránsito para el Sur, en donde aquel hecho atentatorio es conocido.

Ya lo habíamos dicho en esta hoja; tan luego como los departamentos se enteren del odioso abuso, levantarán indignados su protesta contra el extranjero abusivo y contra los traidores que desean para Honduras esclavitud y vergüenza. Lástima que no sea posible, por el momento, enviar este boletín a las cabeceras departamentales, puertos y demás pueblos del país. Lo haremos en cuanto, para bien de todos, termine esta guerra civil.

No es la patria el lugar donde mejor se vive

Nunca creáis a los que piensan que la patria es el lugar donde mejor se vive. Jamás puede olvidarse, aunque se quiera, el hogar que escuchó los primeros vocablos del espíritu. El limonero que nos protegió con su sombra. El ave del cielo que bajó a cantar sobre la copa del árbol que cuidaron nuestras manos, y a cuyo frescor leímos, emocionados, la primera carta de la colegiala que fue maravilla de tentación y de pecado en nuestros sueños de entonces. Siempre recordaremos —aquí bajo nuestro mismo sol, o lejos, en un exilio atormentado— el agua armoniosa que limpió nuestro cuerpo, al perfume de las resedas que fingen charlas de amor con las torrenteras garrulas. Siempre —en la felicidad hecha carne rosa en el cuerpo de una mujer, o en el dolor hecho acero clavado en el corazón—, nuestra memoria hará desfilar ante los ojos febriles, lo que fue ritmo y luz, alegría o pesadumbre, risa o lágrimas en la tierra humilde que amó nuestra juventud y evocará nuestra vejez.

No tengáis rencor a vuestra patria, amigos míos. Nuestros escándalos familiares han de pasar. La pólvora que empenacha de humo los horizontes ha de pasar también; y sobre las ruinas de hoy, sobre la sangre tibia de la hora presente, sobre la misma lobreguez de nuestra conciencia, haced que flamee un estandarte de reparación.

Nuestra vesania política llegará a su término. ¡Y qué hermoso será mañana admirar la cordura de nuestro pueblo, satisfecho de sí mismo, sin reproches y sin odios, sin la vergüenza de la intervención, el brazo recio en la heredad y el alma buena hecha flor!

ADÁN CANALES.

De un poeta a un filibustero

Hace treinta años que el primer libro de lectura que los maestros ponían en las manos del niño hondureño era el de don Luis Felipe Mantilla. Nada llenaba tanto como leer los viajes de Colón y el descubrimiento de América; cuando llego a Cuba y dijo el Almirante enajenado en la contemplación de aquel cielo espléndido: "Esta es la tierra más hermosa que ojos hayan visto".

Cuba siempre fue para Honduras una ilusión.

No he visto a Cuba, pero me la imagino —decía don Ramón Rosa; y no podemos recordar el Gobierno del Doctor Marco Aurelio Soto, sin traer también a la memoria a aquellos nobles emigrados que hicieron causa común con nuestra familia. Tierra libre entonces la nuestra, como el resto de América, a excepción de la infortunada Cuba, ni soñaba con las maquinaciones solapadas del yankee, tuvo que simpatizar, desde el fondo de su alma con sus ideas libertarias.

En sonoros versos lloraba su esclavitud el poeta J. Joaquín Palma y este sello de melancolía mostraban los cantos de los poetas cubanos de ese tiempo. Cuando Palma no gemía en Honduras por la libertad de su patria, era porque estaba cantando a nuestro país su belleza y la perspectiva grandiosa de su porvenir. Tegucigalpa supo en ese tiempo de la felicidad espiritual sentida en la comunicación constante de espíritus superiores: la que nos proporcionaron aquellos varones de refinada cultura: médicos, literatos, militares de escuela, maestros que tanto nos estimaron. La primera presidenta de Cuba fue una tegucigalpense, como si don Tomás Estrada Palma hubiese querido presentar al mundo, como una joya inestimable, a la mujer hondureña.

Y si deseamos saber lo que valían aquellas maestros cubanos, hay que ir a Juticalpa para contemplar, en un jardín público, el busto de don Francisco de Paula Flores.

Y el poeta Palma quiso a Honduras entrañablemente y Honduras supo corresponderle la sinceridad de su cariño de tal manera, que nuestra literatura de aquel tiempo exhala el perfume sutil del jardín exuberante de uno de los líricos más vibrantes de América. Tanto amó a Honduras que dijo: "Si yo no fuera cubano, quisiera ser hondureño"; y tuvo tanta admiración por este suelo, que nos ha dejado una frase inmortal en la que cifra su orgullo en esta pequeña región de Centro América: "Honduras patria del oro y del talento cuna".

Yo no entendía por qué razón el nombre del señor Ministro norteamericano tienen la mitad inglés y la mitad español. Después, sin preguntarlo, he sabido que nuestro buen Ministro, para mayor sufrimiento del pueblo hondureño, es un cubano. Con justicia se le atendió; con justicia nuestra sociedad le ha rendido pleito homenaje, creyendo, sin duda, que veían en él uno de tantos caballeros que honraron con su hombría de bien y sus luces la inolvidable administración del Dr. don Marco Aurelio Soto.

Palma, custodiado por las nueve musas, príncipe de la lira, llega a la cima del Cerro de Hule, cuna de otro Apolo en la cumbre del Monte Parnaso.

Don Franklin E. Morales sube el cerro de Toncontín; temblando de miedo se pone a la cabeza de doscientos gringos armados, de los mismos que han vejado a Cuba; su patria, y cuando divisa a Tegucigalpa, dice: *¡Soltaos! ¡A Tegucigalpa! No poder llegar solo yo. Ser este pueblo el más salvaje del mundo.* Y da un golpe con la mano en la corteza de uno de nuestros lindos pinos. De un poeta a un filibustero ¿verdad?

VISITACIÓN PADILLA.

Tegucigalpa, 6 de abril de 1924.

El yankee es conquistador. Saquemos al yankee

Reina un instante de silencio solemne...

Ese vestiglo que tiene para todos los pueblos débiles de nuestra América los lineamientos de un formidable monstruo, la intervención, ya se columbra.

Cumpliendo su lógica evolución gradual, la intervención la lleva a cabo el yankee en su primer acto, con el desembarco de ALGUNOS MARINOS, INOFENSIVOS Y CORREC TOS, SALVAGUARDIAS DE INTERESES AMERICANOS.

El proceso a continuación de esta práctica, ya rutinaria en el yankee, la conocemos todos, por las víctimas que tiene hechas este feroz enemigo.

Estamos, pues, en la prima etapa de aquel proceso; pero ha sonado ya, de parte de todos los intelectuales, la primera clarinada, defendiendo con tesón los fueros de la Soberanía Nacional, en toda su integridad.

Entremos en liza todos. En esta lucha hemos de estar con el alma rebosante del ideal supremo, despedidos de nuestra vida de tumulto, árida e innoble; acortadas las distancias que nos separan y, aún más, en estrecho abrazo todos. Y nuestra lucha debe ser metódica, gradual y muy serena, sin violencias, porque la violencia no resuelve nada: la historia de todos los tiempos lo ha demostrado. Sólo así podremos realizar nuestra justa aspiración.

Y no olvidemos que el enemigo es formidable.

Es un monstruo omnipotente, sitibundo de pomposas glorias, que gusta mucho ceñirse coronas de vencedor en su frente de cruel histrión. Ve con desdén a todos nuestros pueblos, por considerarlos de razas inferiores; esto por orgullo étnico.

Es un grosero mercader. Su política de predominio lo ha hecho gestar doctrinas como la de Monroe que, creada para salvaguardia, hoy le da actividad efectiva sobre nosotros los hispanoamericanos, gracias a la AMPLIA VISIÓN de Mr. Hughes con sus famosos nueve puntos.

Es un pulpo formidable también. Cada UNIDAD de su Armada representa un tentáculo, y cada marino invasor una ventosa. Por esto para nosotros, el yankee, calzado con su bota de invasor, es asqueante.

Fines CIVILIZADORES Y DESINTERESADOS lo obligan a tomar injerencia en nuestros asuntos internos: esa es su famosa POLÍTICA DE DESINTERÉS. Contra ella se alzan firmes e indignadas las voces de México, Cuba, Colombia, Puerto Rico y Nicaragua.

Nicaragua, presa codiciada del monstruo glotón. Las bastardas legiones han echado sus reales en aquella tierra exuberante de patriotismo; pero sólo dominan en realidad sobre la superficie. El espíritu de los nicaragüenses vibra y flota sobre aquella masa inmunda.

Pero este pueblo no ha nacido para gemir bajo triste servidumbre. Desecha de una vez para siempre toda participación norteamericana, todo lo que sea salirse de los cánones del Derecho Internacional. Para la solución de sus actuales asuntos de política internacional, que puede resolver en tiempo más o menos breve, no necesita recorrer caminos que no estén acordes con los procedimientos de orden jurídico que sirven de norma de conducta en la vida, de las instituciones democráticas.

191

A salvar la libertad, pues, porque la libertad debe ser conquistada diariamente. Hemos de poner en movimiento fuertes energías, iguales o similares a las que necesitaron nuestros héroes para dar cima a la epopeya grandiosa de la salvación de nuestros pueblos.

En el hartazgo de este enorme tiburón, nuestros cinco pueblos hermanos son bocados apetitosos. El banquete ya empezó. La sombra de esta fiera voraz se posó un instante en mi Patria, El Salvador, pero aquello fue fugaz... y hemos quedado temblando.

Hondureños: no hemos de permitir que se cercene la personalidad de Honduras. No hemos de permitir, por un acto incorrecto y desatinado, por un abuso del Ministro Franklin E. Morales, que esta hermosa patria, libre y ubérrima, deje de hacer nota en el concierto de las naciones. Sería un crimen abominable.

Tenemos un siglo de festejar nuestra redención; un siglo de tener levantado en nuestros corazones un altar a la libertad y un siglo de ver flamear nuestras banderas con sacrosanta majestad.

Unirnos eso es lo urgente, para realizar fructuosos fines de salvación. Con nuestros propios medios levantemos valladares a esa tromba arrolladora, y que sea valladar también —el más formidable talvez— el himno triunfal cantado a la libertad y al trabajo, opuesto a perpetuidad a la usurpación de esos piratas, modernos argonautas.

Tegucigalpa, 5 de abril de 1924...

ROQUE MOLINA.

Una amarga verdad

Cuando la patria está en peligro el silencio es criminal. No recuerdo quién dijo esto, pero, a fe que dijo una verdad muy clara, verdad también saturada de un patriotismo cabal.

¿Qué debemos callar hoy para hablar mañana? Eso es cuestión de conveniencia. personal, lo cual no se amolda en ciertos espíritus, pues muy irónica y razonablemente dijo el poeta: *¿Callaremos ahora para llorar después?* Hubo un tiempo en que yo creía también que se debía esperar al agresor, procurando hacerlo desistir de su propósito, con razones basadas en la lógica. Después que vi caer a un hombre traspasado por una daga, por no haberse defendido inmediatamente, oponiéndole hierro al hierro, cambié de opinión. Las agresiones, pues, deben repelerse inmediatamente, si valor tenemos para ello, porque después será tarde.

Por eso también el Boletín de la Defensa Nacional no es un adelantado; apareció en su oportunidad y su campaña es saludable y superior a la que hicieron aquellos periódicos que contribuyeron al lanzamiento de este pueblo a la matanza fratricida.

Nuestra defensa contra los mercaderes de Norteamérica, respaldados por las bayonetas de su país, es muy oportuna, pues al caer éstos sobre la presa codiciada, como el aguilucho sobre el corderillo, aunque chille lastimosamente el pobre animal, ellos aprietan la garra, alegando que lo hacen en nombre de la humanidad, de la libertad y la concordia, como antiguamente se les cortaba la lengua a los herejes en nombre de Dios.

Y en vista de todo esto, hay todavía hombres que van como en romería a la Casa Blanca de Washington, a pedir misericordia, o a solicitar unos treinta dineros a ese ídolo que tiene el vientre de oro y las patas de dragón.

No, hermanos de Centroamérica; nuestra redención no vendrá de allí sino de nuestro propio esfuerzo y compostura. De nuestro suelo brotará la simiente que nos hará prósperos y felices, si prosperidad y felicidad general es la que honradamente anhelamos. En Nicaragua fueron solamente cuatro hombres los que prosperaron al amparo del, Ídolo que tiene el vientre de oro. Lo demás del pueblo vive hoy infelizmente, mientras esos Caínes ríen, ríen, ríen, en busca siempre de los banqueros de Nueva York, esos que aprecian nuestro oro nada más.

PEDRO J. PAIZ

Tegucigalpa, 1924.

PROTESTAMOS

enérgicamente contra el ingreso de tropas norteamericanas a esta, capital y pedimos al Sr. Ministro Morales el inmediato retiro de dichas fuerzas del territorio DE LA REPÚBLICA

M. A. Lardizábal, Moisés Aguilar O., Concepción Amador, Constantino Mejía Moreno, Juana Galindo F., J. Ismael López, Lorenzo Pastrana h.,. Mariano Paz, Manuel, Valle B., José Federico Reyes A., José Cabrera Reyes, Ana Josefa Lanza, Miguel Vaquedano C., Miguel Ángel Palma, Wenceslao Mora, Pedro A. Lobo, Augusto Hernández Ochoa, Miguel Ángel Tercero, Luis F. Guerra, A. Salazar, Antonio Cortés, Medardo Izaguirre, Norberto Sandoval, Santos Medina O., José Santos Mendoza, Emillo Hernández M., Juan Rodas F., María Rosales Rubio, Narciso Romero h.. Federico Torres, Gonzalo Alvarenga G.. Marcelo A. López, J. O. Ricaurte.

J. Antonio Quiñónez, Pablo J. Ochoa, Antonio Henríquez, Juan I. Henríquez, Coronado Henríquez A., Justo P. Moncada, Carlos A. Bernhard, Juan Pascual Laínez, Catalina Laínez, Florencia Laínez, Feliciano Laínez, Miguel A. Laínez, Rogelio Martínez, Petrona Matute, Ramona Matute, Rafael Rubio, Pedro Zepeda, Lucla Sosa, Susana López, Francisca Matute, Isabel de Ruiz, Juan Valle, J. Francisco Ferrera, Gonzalo A. Mendoza, Braulio Izaguirre. Carlos F. López, Eva Midence, Luis S. Valeriano V., Gertrudis Velásquez, Benjamín Betancourt, Bartolomé Jereda, Alberto Fonseca, Alberto P. Canales, Julio C. Molina, Constantino González G...José C. Doblado, Guillermo Garay, José D. Tránsito, Antonio Dubón M., Cristóbal Martínez F., Ramón Rodríguez S..

Alejandro Almendares M., F. Castillo L., Leonidas Rodríguez Flores, José Arturo Gálvez, J. Miguel Rodríguez G., Felipa Benicia Vásquez, Crescencia Vázquez, Aureliano Vásquez, Anastasia Palma v. de Vallejo, Alberto R. Montoya, J. Santos López, Ciriaco Vásquez, Teodora Rivas, Francisca Pérez, Francisco Valeriano, Pompilio Reyes, Catarino B. Reyes, María F. Ortega, Amalia Ortega, José Moisés Vásquez, Manuel S. Estrada, Hortensia Z. Ortega, Agustina Ortega, Filomena Ortega, Ramón Ortega E., Juan Barahona B., Victoria Flores, Porfirio Hernández, María Vicenta Cantillana, Micaela Flores. G., Florencia Flores, Mercedes Girón, Ernestina Girón, Delis Flores Ramos, Leonor Flores, Sara Díaz, Concepción

Flores, Ester Flores, Manuela Flores, Isabel Gómez D., Petronila Vásquez, Eufemia Salgado, María Salgado V., Elena Bustillo, Víctor Alejandro Barranchés, José Estanislao Aguilar, Desiderio Hernández, Toribio Hernández, Pablo López, Ricardo Martínez, Inés Martínez, Florencio Ramírez, Vicente Ferrera, Abraham López, Jerónimo Vásquez, Felipe H. López, Leandro Hernández, Anastasio Hernández, Pioquinto Hernández, Leandro Rodríguez, Coronel Agapito L Hernández, Mayor Úrsulo Hernández, Juan de Dios Pérez, Anselmo López, Marcelino López, Félix Oliva.

Eulogio López, Eusebio López, Juan Hernández, Antonio Martínez, Francisco Vásquez, Benvenuto Sánchez, Marcos Ramírez, José de la Paz Pérez, Juan B. Vásquez, José de la Paz López, Tiburcio Hernández, Natividad Hernández, Domingo Vásquez, Hipólito Vásquez, Silverio Vásquez, Teófilo Hernández, Santos Dominguez, Faustino Sánchez, Anastasio H. Sánchez, Justo Vásquez, Mercedes García, Marcelino Ramírez, Julián López, Elías Suazo, Rosinda C. Alvarenga, Asunción Cerrato, Agustina. B. Andino, Raimunda Cabrera, Concepción Alvarado, Valentín B. Andino, Rafael Cerrato M., Cornelia M. de Cerrato.

Dolores Cerrato, Cirilo Ramírez, Herminia Barahona, Enemesia Barahona, Matilde Barahona, Ramón Barahona, María de la Luz García, Policarpo Rovelo, Conrado, Garela, Guillermo García, Santos García, Amalia Moncada, Macaria Salgado, Gerardo R. García, María Canales, Ana Rosa Cevallos, Pedro, Díaz, Juan Paulo Diaz, A. Velásquez C., Juana v. de Matamoros, Anastasia López., Juana Barahona.

(Continuarán).

****

La esclavitud de Nicaragua

POR ISIDRO FABELA

La diplomacia del dólar.---La revolución contra Zelaya

(Continúa).

La nota Knox

El pronunciamiento del general Estrada contra el Gobierno de don José Santos Zelaya fue el 10 de octubre de 1909; el primero de diciembre, el Encargado de Negocios de Nicaragua, acreditado en la Casa Blanca, recibía sus pasaportes y con ellos una nota del secretario de Estado, Knox, en la que, oficialmente, se hacían al presidente de Nicaragua muy graves imputaciones, tan graves y expresadas en una forma tan insolente, que dicha nota, por sí sola, bastaría a una nación fuerte no sólo para considerarse con derecho, sino para tener deber, conforme al derecho de gentes y del honor de las naciones, a declarar la guerra a sus ofensores.

Dice la nota diplomática que Mr. Knox dirigió a don Felipe Rodriguez, representante de Nicaragua en Washington:

"Es notorio que, desde que se firmaron las convenciones de Washington de 1907, el presidente Zelaya ha mantenido a Centro-América en constante inquietud y turbulencia; que ha violado flagrante y repetidas veces lo estipulado en dichas convenciones, y por una influencia poderosa sobre Honduras, cuya neutralidad aseguran las convenciones, ha tratado de desacreditar aquellas sagradas obligaciones internacionales, con detrimento de Costa Rica, El Salvador y Guatemala, cuyos Gobiernos sólo con mucha paciencia han podido mantener lealmente el compromiso solemne contraído en Washington bajo los auspicios de los Estados Unidos y México.

Es igualmente notorio que, bajo el régimen del Presidente Zelaya, las instituciones republicanas han dejado de existir en Nicaragua, excepto de nombre; que la opinión pública y la prensa han sido estranguladas, y que las prisiones han sido el precio de toda demostración de patriotismo. Por consideración personal hacia usted, me abstengo de discutir innecesariamente los penosos detalles de un régimen que, por desgracia, ha sido un borrón en la historia de Nicaragua y un desengaño para un grupo de repúblicas que sólo necesitan la oportunidad para llenar sus aspiraciones de un gobierno libre y honrado. Por razón de los intereses de los Estados Unidos y de su participación en las convenciones de Washington, la mayoría de las Repúblicas de Centro América ha llamado desde hace tiempo la atención a este Gobierno contra tan irregular situación. Ahora se agrega el clamor de una gran parte del pueblo nicaragüense por medio de la revolución de Bluefields, y el hecho de que dos americanos que, según convicción adquirida, por este Gobierno, eran oficiales al servicio de las fuerzas revolucionarias y, por consiguiente, tenían derecho a ser tratados conforme a las prácticas modernas de las naciones civilizadas, han sido fusilados por orden directa del Presidente Zelaya, habiendo precedido a su ejecución, según informes, las más bárbaras crueldades.

Ahora viene informe oficial de que el Consulado americano en Managua ha sido amenazado, y con esto se colma el proceder siniestro de una administración caracterizada también por la tiranía sobre sus propios ciudadanos, y que hasta el reciente ultraje hacia este país se había manifestado en una serie de pequeñas molestias e indignidades que hicieron imposible, desde hace algunos meses, mantener una legación en Managua. Desde todo punto es evidente que ha llegado a ser difícil para los Estados Unidos retardar más una actitud decidida, en atención a los deberes que tiene para con sus propios ciudadanos, con su dignidad, con Centro América y con la civilización.

El Gobierno de los Estados Unidos está convencido de que la revolución actual representa los ideales y la voluntad de la mayoría de los nicaragüenses más fielmente que el Gobierno del Presidente Zelaya, y que su centro pacífico es tan extenso como el que tan cruelmente ha tratado de mantener el Gobierno de Managua.

A todo esto se agrega ahora que, según informe oficiado de diversas fuentes, han aparecido indicios en las provincias occidentales de Nicaragua de un levantamiento en favor de un candidato presidencial íntimamente ligado con el viejo régimen, en el cual es fácil ver nuevos elementos que tienden a una condición de anarquía, que pueden llegar, con el tiempo, a destruir toda fuente de gobierno responsable con el cual pueda el de los Estados Unidos discutir la reparación por la muerte de Cannon y Groce hasta dificultar la protección con que debe asegurarse a los ciudadanos e intereses americanos de Nicaragua".

(Continuará)

Carta de un obrero

Comayagüela, 5 de abril de 1924.

Señor don Froylán Turcios: —Tegucigalpa,

Excelso patriota: Me permito llamarlo así, porque creo que, en estos momentos, es el que más le corresponde y el que más le enorgullece; pero mi objeto no es ensalzar su labor, pues ella no necesita de alabanzas para brillar con luz propia como un sol y además, no soy yo el llamado ni el capacitado para hacerlo. El objeto de estas líneas es el de manifestar que los obreros, aunque no podamos expresar nuestras ideas y sentimientos, sí sabemos sentir con más fuerza quizá, que los que con frases, más pensadas que sentidas, expresan sus pensamientos. La verdadera causa que motiva la presente es el dolor, la indignación que sentí al oír hablar a dos extranjeros en términos laudatorios para los marinos norteamericanos que (para desgracia y vergüenza nuestra), se encuentran acuartelados en el centro de esta capital, con motivo de la contribución voluntaria de un dólar que cada uno de ellos dio a beneficio de los enfermos y heridos del Hospital General. Es doloroso ver cómo la mayor parte de los extranjeros nos creen desprovistos hasta de los principios más elementales de dignidad, pues creen que pueden inferirnos los mayores ultrajes y con cualquier dádiva recompensarlos, quedando nosotros obligados a quedarles altamente agradecidos; mejor dicho, en pocas palabras: nos creen todo materia, nada de espíritu; nos consideran igual a un perro a, quien se le da un puntapié y después se le halaga tirándole un mendrugo. Dispense, señor, que haya distraído tanto su atención, extendiéndome sobre mis ideas, pues mi deseo no ha sido ése, sino el de excitarlo a que trabaje en el sentido de averiguar si es cierto eso de la contribución de los tales marinos y en el caso de ser cierto, hacer todo lo posible porque de la manera más atenta, pero digna, les sea devuelta; pues esas monedas, que en el presente caso de angustia en que nos encontramos, dadas por otras manos serían preciosas, dadas por ellos constituyen una ofensa y aceptarlas es un crimen, pues sería confirmarles en sus creencias de que somos ignorantes, sin dignidad, fáciles de comprar y a bajo precio. Si bien ellos, individualmente, y no representando lo que en estos momentos representan, no sería ofensivo; pero en la forma en que están y vinieron, representan el abuso más oprobioso que para desgracia de los débiles rige y es el del más fuerte; quédenos siquiera a los débiles el recurso de que, a cuantos más ultrajes se nos hagan opongamos la mayor dignidad que sea posible. Esperando que atenderá a mi excitativa, me suscribo su A. S. S...

CARLOS A. BERNHARD..

(*) Recomendamos a las señoras que forman la Directiva de la Grya Roja, la lectura de esta carta y la resolución del asunto a que se contrae.

CUENTAS GORRIENTES

Mucho duele ver hollada la patria por pie extraño, y es grande la inquietud cuando se ignora la causa y el objeto que trae. Miles de aflictivas conjeturas asaltan a cada paso. La tropa norteamericana no ha venido a proteger, intereses de sus connacionales, como pretende. Tampoco los demás intereses extranjeros, pues por estos, los americanos no son tan celosos si no ven de por medio el *time is money*. Yo sé de un extranjero (no americano), que por último recurso de una justa causa ocurrió dos veces el año antepasado a la Legación Americana, y el Ministro, tras de la puerta, le ordenó al criado un "dígale que no estoy".

En los días en que la pobre gente buscaba con qué no morirse de hambre, quienes sí mucho perdieron, fueron los alemanes. Y los alemanes no han dado el infinitamente gustoso pretexto.

Esta intervención es posible que sea la línea roja con que la Dollar diplomacy cierra su Libro de Cuentas Corrientes con nosotros. Ahí está la partida de nuestra Costa Norte. La de nuestras ricas minas. La referente al ferrocarril panamericano, que en verdad fue un sabroso pan de yema para el americano. Muchos dicen que el ya famoso 19 fue el asiento de la de nuestra semi-soberanía. No, ella estaba comprendida en las anteriores. El 19 fue sencillamente el día del cierre de las cuentas.

Pero esto no es un libro legal, porque no es aseado. Tiene muchos borrones.

WILL VEGA

5 de abril de 1924.

CRUZ ROJA

ACTA NUM. 1. —SESION PREPARATORIA

Tegucigalpa, 2 de abril de 1924.

En el anhelo de constituir una Cruz Roja que tuviera por objeto, en la forma más amplia los altos fines que esa institución persigue, convocadas por las señoras doña Lola de Bueso, doña Clementina de Romero, doña Carmen de Corea Bueso y señorita María Matute Brito, reuniéronse en la casa de esta última, las siguientes, personas: señoras doña Lola de Bueso, doña Trinidad de Valladares, doña Adela v. de Meza, doña Cristina de Oyarzún, doña Carmen de Corea Bueso, doña Sofia de Gamero, señoritas Prisca M. Ugarte, María Matute Brito, María Luisa Herradora, Adela Travieso C., Justa Ordóñez, Amalia Fortín y Julia Reiza.

De acuerdo con el objeto de la reunión, procedióse a cambiar ideas en lo referente a su organización, quedando el siguiente Directorio, constituido en carácter de provisional:

Presidenta, doña Trinidad de Valladares; Vicepresidenta, señorita María Orfilia Lagunas Vargas; Secretaria, señorita María Luisa Herradora; Prosecretaría, señorita Adela Travieso O.; Tesorera, señorita Prisca M. Ugarte; Vocales: 19, 21, 89 y 4, señoras doña Sofía de Gamero, doña Carmen de Corea Bueso, señoritas Justa Ordóñez y Cristina Connor, respectivamente. Se acordó también nombrar un Directorio Honorario, que quedó constituido en la forma siguiente: Presidenta, doña Lola de Bueso; Vicepresidenta, señorita María Matute Brito: Vocales: 1, 2, 3, 4, 5, 6, 79 y 89, señoras doña Carmen de Sempé, doña Adela de Canales, doña Ester v. de Mejía, doña Amalia de Casco, doña Adela v. de Escoto, doña Cristina de Oyarsún; señoritas Amalia Fortín y Julia Reina, respectivamente.

Organizada de este modo la Institución, se presentó a la consideración de ella la urgente necesidad de nombrar comisiones destinadas en lo referente a la recaudación de fondos auxilio de los heridos.

Acordose reunirse nuevamente el día 8, quedando pendiente el nombramiento de las comisiones. Se levantó la sesión a las 6 p. m.

Trina de Valladares, Presidenta; Adela Travieso, Prosecretaria; Justa Ordóñez, Amalia Fortín, Prisca M. Ugarte, Tesorera; Carmen de C. Bueso, María Matute Brito, Julia Reina, María Luisa Herradora y Cristina Connor.

Cuotas patrióticas

para pagar a los cajistas que trabajan en este boletín

#	Nombre	$	#	Nombre	$
1	Mercedes Garay	5.00	27	Otro centroamericano	3.00
2	Román Ramos Valdés	5.00	28	María Luisa Hernández	1.00
3	Cristóbal Canales	5.00	29	Porfirio Guardiola	2.00
4	Federico C. Canales	5.00	30	Tito López Pineda	2.00
5	Cecilio Colindres Zepeda	2.00	31	Manuel Corea Bueso	10.00
6	Miguel Oquelí Bustillo	5.00	32	M. Bersabé Ramos R	2.00
7	Manuel A. Reina	5.00	33	Rosendo Ferrari	5.00
8	Humberto Sosa M	2.00	34	Carmen Muñoz P	1.00
9	Humberto E. Guerrero	0.50	35	Otro centroamericano	5.00
10	Un centroamericano	5.00	36	C. M. Gómez	1.00
11	Visitación Padilla	1.00	37	Antonio Reina h	5.00
12	Arcadio Díaz Ballesteros	3.00	38	Gabriel Valladares	1.00
13	Pura Vijil	5.00	39	María F. Jereda	1.00
14	Alfredo Sagastume	10.00	40	R. R	2.00
15	Camilo Zelaya	1.00	41	Un salvadoreño	1.00
16	X. X	5.00	42	Otro mexicano	2.00
17	X. X	5.00	43	Florencia v. de Villalta	1.00
18	Juan B. Vásquez	2.00	44	Un colombiano	4.00
19	Antonio Gómez Romero	2.00	45	Atanasio Valle	5.00
20	Alejandro Armijo h	0.50	46	Ramiro Rodríguez	1.00
21	R. J. L	5.00	47	Tomasa González	0.50
22	Modesto Rodas Alvarado	7.00	48	Carlos Muñoz M	3.00
23	Un mexicano	3.00	49	Salomón Zorto	3.00
24	Amado Tejeda	5.00	50	José Mario Gutiérrez	5.00
25	Antonia Hernández	1.00	51	Un hondureño	60.00
26	Nicolás Toledo	1.00	52	Santiago Cervantes	2.00

BOLETÍN DE LA DEFENSA NACIONAL

Froylán Turcios

**TEGUCIGALPA, HONDURAS, CENTROAMÉRICA
LUNES 7 DE ABRIL de 1924**

DISTRIBUCIÓN GRATIS No. 17

El libro de protestas

Hacemos un nuevo llamamiento a todos los patriotas de esta ciudad y la de Comayagüela, que aún no se hayan inscrito en el libro de protestas contra el yankee, para que lo hagan pronto. Las generaciones del mañana harán un registro de ese libro y serán anatematizados los nombres de los que no se hallen en él.

Los marinos hacen propaganda imperialista en nuestra capital

En el ejército de doscientos marinos que ha introducido al país don Franklin E. Morales hay algunos nativos de las Islas Filipinas. Uno de ellos está cometiendo el atrevimiento de hacer propaganda imperialista entre la gente del pueblo que, por curiosidad, trata a ese ejército acuartelado en el Hotel Agurcia, cuando, por patriotismo, debiera permanecer incomunicado.

Al señor Ministro de los EE. UU. no le importa esa propaganda criminal, llevando más lejos el abuso de que ha sido víctima el pueblo hondureño. Ese can filipino, que está lamiendo la bota del conquistador de su patria, es indigno de que el Boletín de la Defensa Nacional se ocupe de su bajo individuo, y si con asco lo hacemos, es para llamar la atención de nuestro pueblo y del Ministro que está consintiendo un delito más. ¿Qué no sabemos lo que hablamos? —dice ese reptil inmundo—. ¿Quién eres tú, ser anónimo enganchado en una marina lista para cumplir, ordenes de piratas sin conciencia?

¿Puedes siquiera descalzar a los grandes hombres y mujeres que se han levantado en tu país esclavo para conquistar su independencia? ¡Infame, que te has vendido a un barco de los enemigos de tu patria por unas monedas miserables!

¡Traidor! ¿Por qué insultas la ausencia de los nobles filipinos que allá en las soledades del Pacífico han enarbolado el estandarte de la libertad? ¿Por qué vienes a mi patria a predicar el evangelio del crimen?

VISITACIÓN PADILLA

Tegucigalpa, 7 de abril-1924.

PENSAMIENTO

Sólo el esfuerzo heroico del más acendrado patriotismo es capaz de salvar la autonomía de Centro América. Juntemos nuestros corazones y nuestras almas, para que, todos así, hagamos la obra de la reconstrucción de la antigua Patria y podamos oponer un valladar infranqueable a las ambiciones que nos amenazan.

D. Gutiérrez

El derecho al atropello

Los románticos de la justicia hablan a menudo de lo que debiera ser en orden a las relaciones de los pueblos, y toman al pie de la letra el doctrinarismo hipócrita de los falsos apóstoles del derecho igual, en cuanto a la convivencia de las nacionalidades fuertes y débiles. Y es en virtud de tal romanticismo, que ha venido cobrando prestigio, a través del tiempo, el concepto equivocado o falaz de la confraternidad de la América del Norte y Centro y Sud América. Nuestra hermana mayor ha llamado los diplomáticos cobardes de nuestra América a la América de allende el Bravo y trascendiendo esa farsa a los espíritus vulgares y acomodaticios, va generalizándose en detrimento sensible de nuestros intereses y de nuestra autonomía, al punto de que ya existe la convicción, en gran parte de nuestro público, del derecho norteamericano a tutearnos en nombre de aquella confraternidad fementida.

Vanos han sido hasta hoy los esfuerzos de inteligencias visionarias y de corazones incorruptibles, tendientes a la compenetración de la América española y por eso, cuando la confraternidad norteamericana se manifiesta por medio del big stick, que no es otro su conducto, en uno de nuestros pobres países, y clama la apelación desesperada a la solidaridad hispanoamericana para la defensa del ofendido, un silencio de muerte responde, tal que, si de país a país, en la América española, se extendiera el desierto. Cosechamos lo que hemos sembrado. Nuestro servilismo traidor es nuestro propio castigo. De no vivir de rodillas frente a la América del Norte; de no haber descuidado, esclavos de una imbecilidad voluntaria, los naturales vínculos hispanoamericanos, no sería imposible, pero sería harto difícil que por un quítame allá esas pajas, cualesquiera de nuestros pueblos sufriera la afrenta que hoy sufre nuestra infortuna. da república. De nuestra insolidaridad, de nuestra estúpida suficiencia individualista, de nuestro servilismo colectivo hacia una nación que nos desprecia, que nos ha despreciado siempre, que jamás podrá considerarnos en pie de igualdad internacional, es de donde vienen las desgracias que hoy estamos palpando en carne viva.

Por temperamento y por educación, el norteamericano estima a los hombres dignos y como país, el país de Estados Unidos respeta a los países decorosos. Cultivemos nuestra propia dignidad y el decoro de nuestra república, hasta hacer imposible que haya compatriotas nuestros, viles y renegados que, en una forma u otra, apostaten de su ciudadanía para acogerse a la influencia todopoderosa de Norte América en el logro de ambiciones políticas o en la consecución de

205

cualquiera otra clase de anhelos; y hasta hacer imposible también el servilismo internacional, en que a jirones grandes estamos perdiendo honra y derecho a la vida libre. Y cuando esa dignidad y ese decoro sean reales, mucho habremos conseguido en la afirmación de nuestra autonomía.

Entonces, no será posible que un Ministro audaz fomente nuestros desacuerdos y que, llegados al rojo vivo, deyeccione improperios impunemente contra nuestra nacionalidad, que larga ha sido antes de hoy para nutrirlo; entonces, no será posible la existencia de cabezas huecas y de corazones impúdicos para quienes sea lícito el derecho al atropello, disfrazado de interés humanitario, que a la hora presente ejerce en nuestro país contra todas las reglas de la civilización, el big stick del imperialismo de los Estados Unidos.

MATÍAS OVIEDO

Frases dichas en el kiosco del Parque Central

(Agosto de 1918)

CIUDADANOS:

Mutilada la América Española con el robo audaz de Panamá; pisoteada últimamente su dignidad y ultrajada la soberanía de su integridad territorial en Nicaragua, no nos queda por el momento otro recurso que evitar nuevos agravios y mayores atropellos: levantar una muralla formidable, más alta que los Andes, entre el águila sajona que vuela con ímpetus de conquista y el cóndor latino que se yergue en actitud de una defensa gloriosa y heroica. ¡Levantemos esa muralla! Concentremos nuestros esfuerzos en una sola aspiración común; hagamos de nuestras energías y voluntades una sola potencia invulnerable a los tiros del soldado yanqui; agrupémonos en torno a la bandera de nuestros pueblos libres: imitemos el ejemplo de los infusorios, que enseñan al hombre la dignidad de la naturaleza humana; unamos nuestros corazones y fusionemos nuestros espíritus para encarnarlos en un solo gigante de musculatura, huesos y nervios latinos. Sólo así podremos resistir el empuje colosal de los bárbaros. ¡Unámonos! Las hordas vandálicas de los modernos tiempos están sobre nosotros. Escapar a su influjo devastador y a la acción dominadora de su casco ferrado, he aquí nuestro deber de pueblos no domados y de razas no vencidas por hombres de otra sangre y de otros climas.

Alejar el peligro tanto como se pueda; erguirse frente a la tormenta para que ella Be disipe y el cataclismo no se haga; esquivar con serenidad un choque seguido de un desastre de pueblos que traería consigo, además de la muerte injustificable y sombría de millones de individuos, la desolación y la ruina de muchas naciones y el desquicia miento universal del progreso moderno. A evitar la consumación, de esta obra de exterminio y de dolor, debemos los centroamericanos consagrar nuestras energías materiales y toda la suma de nuestras potencias psíquicas.

Labor patriótica es ésta que tendrá por resultado la conquista definitiva de la libertad y el triunfo absoluto de la justicia. ¡Pongamos a su servicio nuestro cerebro y nuestra alma! Si a despecho de tantos esfuerzos, el timón se rompe y la nave sucumbe en el oleaje tumultuoso de la conquista, tendremos por lo menos el derecho de morir con gloria en una explosión de llamas. Con nosotros desaparecerán también, de la faz del planeta, envueltos en sangre, la civilización, el progreso y el siglo.

ERNESTO ARGUETA.

Por la Patria y por la Raza

La intervención de los Estados Unidos en Centro América, y especialmente en Nicaragua, para imponerle una política interior o exterior, es un hecho contrario a la Independencia Nacional, que la Historia de la Patria grande anotará seguramente; pero no es un derecho conforme a la Ley internacional de esta época. El tratado general vigente que las pequeñas Repúblicas centroamericanas celebraron en Washington, sobre la base constitucional de su soberanía solidaria, como nacionalidad histórica, y con la mediación de los EE. UU. y de México, no autoriza absolutamente a favor de las potencias mediadoras ninguna intervención o protectorado. La doctrina del Presidente Monroe, aunque no es una ley internacional, aplicándola a la América Centra concreta y solidariamente, ya que es una sola y está emancipada la nacionalidad iberoamericana, contiene una garantía de independencia para Centro-América, pero no da al Gobierno norteamericano ningún derecho de tutela o de policía. Por la declaración de Mr. Summer en el Senado americano, que estableció un principio imperialista de universal justicia y autoridad para honor de civilización, un Estado grande y poderoso, como es la República angloamericana no puede hacer justamente con otro Estado pequeño y débil como Nicaragua, lo que éste último no podría con aquél, a ley de igualdad. No obstante y para hacer una entidad internacional considerable, ya que la confederación hispanoamericana de Bolívar no existe, ni la federación centroamericana de Morazán, ni la alianza patriótica de Mora, Centro América necesita urgentemente, por defensa única de los pueblos y de la raza y de la historia, volver a la Unión Nacional, y ahora o nunca.

Alberto UCLÉS.

IDEAS

El pretendido protectorado en Nicaragua imposibilitaría el acariciado y bello ideal que nos legara el gran patricio Morazán, y prácticamente Centro América toda participaría del tutelaje. Es deber de patriotismo trabajar sin descanso y luchar con denuedo por impedirlo a todo trance, aunque en desigual combate marchemos hacia una caída segura, pues las derrotas sufridas en defensa de la soberanía, integridad y honor de la Patria, son derrotas gloriosas y semilla que germinan en las generaciones sucesivas para producir futuros triunfos, cuyas victorias constituyen el fruto de los sacrificios patrióticos que antes parecieran vanos o estériles.

Antonio Madrid

Los retratos de los traidores

Un excelente patriota, que trabaja con la mayor actividad en averiguar los nombres de los hondureños que solicitaron la llegada del invasor, nos aseguró ayer que tenía la lista casi completa de los traidores; que sólo le faltaban algunos pequeños detalles para establecer la absoluta verdad sobre ese trascendental asunto.

Publicaré en un folleto los retratos —nos dijo— para que sean conocidos del mundo entero. Solicitaré que sean colocados en las escuelas públicas, en los salones municipales, para que los hondureños conozcan a sus Judas y estos sean malditos hasta la quinta generación.

****

Ingenuidad aldeana

A raíz de la irrupción de los marinos norteamericanos a nuestra capital, tuve que salir en asuntos particulares a una aldea vecina.

Llegué a una casa amiga y generosa. Toda la familia se encontraba reunida comentando los últimos sucesos de nuestra guerra. Oí opiniones a cuales mejores. Uno de los mozos trajo a cuento la entrada de los norteamericanos. A esto, todos quedaron pendientes del relato de nuestro hombre, y comenzó:

—Ya sabrá, Ud., don Chico, que ha venido a Tegucigalpa un montón de gringos, que dicen son los primeros, porque más atrás vendrán otros y otros.

—¿Qué será eso, Fermín? Te habrás equivocado. Serán los mineros de San Juancito.

—No, señor— contestó el interpelado— son unos hombres cheles, vestidos de blanco, con unas cosas en las piernas que parecen sobrebotas y con fusiles muy pequeños que no son como los que usamos por acá. Dicen que son los mercadores. Eso me dijo upa viejecita.

—¿Pero qué decís, hombre? ¿Mercadores de qué?

—Mercadores de gente nuestra; y traen ya los fierros en que figuran esas letras U.S.

—¿Y esa nueva calamidad? ¿A cuenta de qué?

—Pues he oído decir que un señor que era mayordomo del Hotel Agurcia, a quien yo le vendía carbón, los ha llamado para eso.

—¿Ya oís, María Antonia —manifiesta el viejecito a su cara mitad—, lo que este, muchacho ha visto y cuenta? Vaya, qué tiempos. Yo, a pesar de todo, iré a Tegucigalpa a conocer a esa nueva gente.

—¡No, no vayas, hombre de Dios! —suplica la buena anciana—. Ya vos estás viejo y enfermo, y no podrás resistir el fierro. No hay que buscar menos pies al gato.

—Es verdad lo que decís, María Antonia; pero este viejo debe buscar las filas de los paisanos, que estoy seguro ya se han de estar formando, para rechazar en alguna forma esos hombres, como se rechazaron los indios del cruel García. ¿No te acuerdas?

—¡Ah! —dice Fermín—. Aquí traigo una gaceta que habla sobre eso mejor que yo. Y sacando del bolsillo un papel lo desdobló, y todos leímos: *Boletín de la Defensa Nacional Director: Froylán Turcios.* Ya ven —continúa—; lástima que no haya quien sepa deletrear. A lo que yo le manifesté que sabría darle lectura, y todos se pusieron en actitud de escuchar, Empecé por el editorial de Turcios, en que este bardo de la América Latina, en su eterna rebeldía contra los sicarios infamantes, hiere, fulmina, deshace, con su vibrante verbo las acechanzas a nuestro caro suelo.

Y aquel hogar, compuesto de todas las edades, a cada periodo que yo leía, se entusiasmaba, se llenaba de santa ira, hacía protestas y acercaba más a los pequeñuelos para oír mejor las oraciones patrióticas del Boletín. Así que hube concluido, todos me estrecharon las manos, pidiendo que les explicara algo más sobre el asunto de los gringos. Ante esta exigencia, no podía menos que sentar cátedra improvisada, y les dije:

—Hay un país situado hacia el Norte, que se llama en conjunto Norte América. No hace mucho tiempo, en la relatividad de éste, que era habitado por tribus de indios o naturales del país, hasta que un dia, y procedentes de otra nación, Inglaterra; llega ron unos peregrinos, que se denominaban puritanos, fracción de una secta religiosa, que cansados de vivir en dicho reino, dispusieron gozar de los aires de libertad que se respiran en América. Así fundaron una ciudad primero, luego otra hasta constituirse en varios estados. Como los naturales cuidaban sus tierras como nosotros a Honduras con verdadero celo, empezaron a sentir cierto malestar por la presión de los extranjeros, obligándose al fin a refugiarse en las montañas, para luego bajar con resolución de hacer frente al invasor, desarrollándose una guerra sin cuartel; pero como los elementos de los colonos eran superiores, sistemáticamente fueron reduciéndolos; con el objeto de exterminarlos sin piedad. De modo que ahora solamente existen algunos pocos representativos de aquella raza bravía, que se denominan, por el color de su piel, pieles rojas, a quienes, como una limosna, les han fijado una pequeña parcela de tierra para que vivan, que nombran los norteamericanos, territorio reservado. Los varios estados en que se organizaron estuvieron en guerra algún tiempo después, y parando en el error, dispusieron mejor confederarse, para proclamar su independencia. En el período de turbulencias, surgió un ciudadano honorable y humilde, llamado Jorge Washington, oriundo de un lugar del Estado de Virginia, que, dado su temperamento clarividente, fundó la gran república del Norte, siendo él su primer presidente. Este hombre fue tan bueno y justiciero, que por unanimidad de votos, sirvió dos períodos que duraron del 4 de marzo de 1789 al 7 de marzo de 1797. Y en la sucesión del tiempo vinieron otros presidentes, más o menos honorables. Washington, antes de entrar en política, vivía consagrado a su granja; después fue educado bajo la dirección de un profesor competente, estudiando matemáticas e ingeniería, fue dado a la lectura provechosa; llegó a ser coronel del ejército colonial; probó sus aptitudes negociando un tratado de amistad con los indios; nunca dejó de ser hombre de sociedad, ni descuidó el cultivo de su corazón con las ideas y las prácticas verdaderamente religiosas.

—¿Y esos hombres no han heredado las virtudes del señor de que me habla (no podía pronunciar su nombre), supuesto que ahora nos mandan gente armada con siniestras, intenciones?

—No, señor contesté al anciano; si tal cosa ocurriera, jamás habrían pensado en esclavizar a Nicaragua, nuestra hermana, y a otras Repúblicas también de nuestra sangre e idioma.

—No obstante de ser esclavos por aquel tiempo, ¿verdad?

—Tampoco. Nunca hemos sido esclavos. Lo que pasaba era que nosotros estábamos bajo el dominio de España como súbditos, por sus derechos de descubrimiento, como los americanos lo estuvieron del país de su procedencia.

—Explíqueme, por favor, ese asunto.

211

—Muy bien. En las casas foráneas siempre conservan un texto que detalla a los Doce Pares de la Francia, de la edad media. Al concluir este período, ya se esboza la figura que más tarde haría tambalear, a su capricho, los tronos de Europa: Napoleón Bonaparte. Por aquel tiempo, o sea antes del año de 1821, aconteció un hecho portentoso que hizo cambiar los destinos de los pueblos del orbe, sobre todo, los de origen latino y fue la Revolución Francesa, que proclamó los derechos del hombre, es decir, los derechos de igualdad ante la ley, la fraternidad y la libertad irrestricta del pensamiento. Esa doctrina proclamada en un momento de arrebato patriótico, influenció estos países; las auras libertarias del otro lado del Atlántico, refrescaban la mente de. nuestros hombres de pro y despertaron como de un letargo desconsolador. El Monarca español tenía en Guatemala su centro de acción para el dominio de estos pueblos y sus correspondientes tributaciones. Y de este modo, nuestros hombres de aquel tiempo, tan viriles y honrados, dieron el grito de independencia el 15 de septiembre del año a que me he referido (1821), sin derramar una gota de sangre, pues aún los mismos realistas de Guatemala, con excepción de un número negativo, insignificante, apoyaron tan justa resolución. Pasados algunos años, vinieron las disensiones domésticas, puedo decir: surgieron los caudillos y con ellos nuestras guerras intestinas.

—Conforme a su relato, no encuentro motivo alguno para que esos hombres del Norte quieran imponernos su capricho, a no ser que por el desavenimiento en la familia, que para eso está el padre, para corregir a los hijos, siendo en este caso la ley y la autoridad llamada a ejecutarla —objetó el anciano.

—Sí, precisamente —dije—. No hay motivo justificable para ello. Si hay guerras civiles en nuestro país, a nosotros toca exclusivamente arreglarnos. Porque hay un principio de Derecho, aceptado universalmente, que ninguna nación, por poderosa que sea, podrá ejercer acción de piratería o de dominio sobre otra.

—¡Ah! —exclamó nuestro interlocutor—. Si Morazán y Cabañas vivieran aún, qué lecciones darían a esos señores del Norte, que tratan de humillarnos tan vilmente. Ojalá el espíritu de ellos inspire a los hondureños; porque debe saberlo, señor, yo, que ya la tumba me reclama por mis años, pues cuento con 70, pero me siento joven y con fuerzas para protestar y jurar ante la Patria, defenderla por todos los medios posibles.

—Sin ir más lejos —le expresé— tenemos hombres viriles, inspirados en santa abnegación; llenos de fe, de esa fe que penetra en el corazón de los humanos cuando se lidia por un sacro derecho, llenos de patriotismo, que harán replegarse a sus antros tenebrosos a los sicarios del imperialismo, figurando entre ellos, el bardo exquisito de esta América, Froylán Turcios, quien ya se levantó un monumento en la conciencia de sus conciudadanos. Ha dado la voz solemne de ¡A las armas! en defensa de nuestros patrios lares.

Y el rostro de aquel buen anciano, se iluminó como por una aureola portentosa, que es el amor a la Patria.

ALFREDO M. ORTIZ

¿Será posible?

¿Será posible que el Sr. Morales no entienda la voz airada de los patriotas hondureños? ¿Será posible que Mr. Morales prefiera el anatema unánime de un pueblo libre, como el nuestro, antes, que escuchar sus quejas, que en nada desdicen de su alta investidura diplomática? Parece que lo es. Pero que sepa don Franklin E. Morales que de ningún hondureño saldrá la frase maldita que se ha oído de los labios de un nicaragüense indigno de ser compatriota de José Madriz y Benjamín Zeledón, de que en ningún tiempo ha estado mejor Nicaragua.

Sin distinción de colores políticos, puesto que el pabellón de las cinco estrellas nos cobija a todos, sólo escuchará el grito de protesta por el ultraje cometido en su soberanía; solo oirá frases de reproche y de indignación. Y si nada atiende el Sr. Morales; y si su tenacidad ignara llega hasta el extremo de conducirnos a una lucha homérica, que sepa que a través de los siglos aparecerá en los cielos de Centro América esta sublime inscripción: *Aquí fue Honduras*. Porque los hondureños tenemos en nuestras venas sangre del inmortal Indio de Coyocutena.

¿Por qué le merecemos tanto desprecio, señor Ministro Morales? ¿Por nuestra pequeñez? Pero si es por eso, ¿nunca ha oído usted referir, siquiera como cuentos de hadas (por historia quizá no lo sepa), que Napoleón, árbitro de un mundo, respetó un pueblo tan pequeño como Andorra, sólo con ver el amor patrio de un poquísimos habitantes? Si aquello sucedió en otros tiempos, ¿no puede resultar en el presente siglo, que se respete la opinión de Honduras, que cuenta con 800.000 habitantes? Será posible, señor Morales, que no atienda nuestros gritos de protesta?

El tiempo lo dirá.

SAÚL ZELAYA JIMÉNEZ

29 de marzo.

CUOTAS PATRIÓTICAS

Volvemos a excitar a los verdaderos patriotas a fin de que envíen sus cuotas para pagar a los tipógrafos que forman este boletín.

Mi opinión

No puedo permanecer callado ante la terrible realidad. Existe entre nosotros, principalmente entre el comercio y la clase indiferente, un sentimiento de simpatía para los marinos norteamericanos residentes en esta capital, que se calla por temor o por circunspección. Dichos marinos no se mueven de su cuartel ni de noche ni de día; tales señores no han venido a darles garantías a ninguna persona, sino a provocar con su presencia un conflicto armado. Las órdenes del señor Jefe Militar de la Zona del Centro y otras medidas preventivas han sido, a mi ver, lo que ha puesto término a tales abusos.

El arribo de los marinos norteamericanos a esta capital es un atropello a la vida libre e independiente de la República y si no se reembarcan, la pérdida completa de la soberanía del país. Si hay algún ciudadano centroamericano que vea con agrado semejante insulto es un degenerado y traidor. Yo soy salvadoreño de pura sangre pipil y siento dentro de mi pecho un temblor involuntario que se condensa en un suspiro y me dice: *¡Pobre Honduras!* Hice mis estudios de CC. y LL. en cuarteles salvadoreños; y cuando estudié Historia de Centro América sentía gran entusiasmo y cariño por el General Francisco Morazán, el Napoleón centroamericano, que aunque no nos dejó ni un recuerdo en materias militares escrito de su propio genio, sí nos dejó las glorias de más brillo que registra la Historia de nuestra patria.

El General Morazán fue hondureño y cómo admiro y quiero a aquel héroe, por acción refleja quiero y estimo al digno pueblo de Honduras en mayor grado, apartando a El Salvador, que todos los demás pueblos de Centro América juntos. Por Honduras soy capaz de dar hasta mi vida porque se le deje libre e independiente. Lo digo con todo el valor que guardo aquí en mi pecho y quedo triste al pronunciar esta palabra porque no puedo expresarme mejor.

Si llegara la hora fatal de la lucha, por la libertad de Honduras, por el bienestar. de la república, sería el último soldado, pero el primero en presentarme a la Jefatura: del Partido Autonomista a prestar mis servicios en cualquiera de las tres armas que conozco superficialmente, con la condición expresa de luchar hasta la muerte, contribuyendo con mi sangre a la libertad de Honduras. Soy salvadoreño, pero amo la libertad de Honduras como sus propios hijos...

Por las razones expuestas, hago mías todos los ultrajes a la soberanía de Honduras, inferidos por los marinos norteamericanos, y suplico a todos los escritores hondureños se dediquen a tocar una fibra del corazón del soldado hondureño y no a los sándwiches — porque eso a nada conduce—, puesto que hay más mérito en el ascenso que en el des censo (me refiero al señor Ministro norteamericano señor Franklin E. Morales).

Pensad, valientes hondureños, que las causas justas, aunque sea tarde, siempre triunfan; no desmayéis en defender la libertad del país, olvidad todo y dejadle campo a la nobleza que vive en nuestros corazones para que se termine de un golpe todo peligro,

SALVADOR BRIZUELA

Tegucigalpa, 26 de marzo de 1924.

Cuotas patrióticas

para pagar a los cajistas que trabajan en este boletín

1	Mercedes Garay	$ 5.00	29	Porfirio Guardiola	$	2.00
2	Román Ramos Valdés	5.00	30	Tito López Pineda		2.00
3	Cristóbal Canales	5.00	31	Manuel Corea Bueso		10.00
4	Federico C. Canales	5.00	32	M. Bersabé Ramos R		2.00
5	Cecilio Colindres Zepeda	2.00	33	Rosendo Ferrari		5.00
6	Miguel Oquelí Bustillo	5.00	34	Carmen Muñoz P		1.00
7	Manuel A. Reina	5.00	35	Otro centroamericano		5.00
8	Humberto Sosa M	2.00	36	C. M. Gómez		1.00
9	Humberto E. Guerrero	0.50	37	Antonio Reina h		5.00
10	Un centroamericano	5.00	38	Gabriel Valladares		1.00
11	Visitación Padilla	1.00	39	María F. Jereda		1.00
12	Arcadio Díaz Ballesteros	3.00	40	R. R		2.00
13	Pura Vijil	5.00	41	Un salvadoreño		1.00
14	Alfredo Sagastume	10.00	42	Otro mexicano		2.00
15	Camilo Zelaya	1.00	43	Florencia v. de Villalta		1.00
16	X. X	5.00	44	Un colombiano		4.00
17	X. X	5.00	45	Atanasio Valle		5.00
18	Juan B. Vásquez	2.00	46	Ramiro Rodríguez		1.00
19	Antonio Gómez Romero	2.00	47	Tomasa González		0.50
20	Alejandro Armijo h	0.50	48	Carlos Muñoz M		3.00
21	R. J. L	5.00	49	Salomón Zorto		3.00
22	Modesto Rodas Alvarado	7.00	50	José Mario Gutiérrez		5.00
23	Un mexicano	3.00	51	Un hondureño		60.00
24	Amado Tejeda	5.00	52	Santiago Cervantes		2.00
25	Antonia Hernández	1.00	53	Leandro García		0.50
26	Nicolás Toledo	1.00	54	Juan B. Aguilar		0.50
27	Otro centroamericano	3.00	55	A. V		1.00
28	María Luisa Hernández	1.00				

BOLETÍN DE LA DEFENSA NACIONAL

FROYLÁN TURCIOS

**TEGUCIGALPA, HONDURAS, CENTROAMÉRICA
MARTES 3 DE ABRIL DE 1924**

DISTRIBUCIÓN GRATIS no. 18

Los pueblos esclavizados por los yankees

Hace tres años que estuve en Santo Domingo, Haití, Puerto Rico y Panamá, los pequeños países en que se ha cebado implacable la codicia norteamericana. Pude comprobar en ellos hasta la absoluta evidencia, hasta el extremo de que ocultarlo sería un crimen, la crueldad sin ejemplo con que las fuerzas estadounidenses trataron, y aún tratan, a las tres primeras de esas infelices repúblicas, por el único delito de protestar contra el inicuo atropello de su territorio y de su libertad. Con palabras cínicas e insultantes carcajadas contestaban a las peticiones más justas. Hombres y mujeres, ancianos y niños, sufrieron las más viles ofensas de la soldadesca ensoberbecida. Flamantes oficiales, de despectivo gesto y venenoso corazón, como a perros hidrófobos cazaron a balazos a los negros en las montañas de Haití. En Puerto Rico se vieron tremendas atrocidades. En Santo Domingo se torturó a varios periodistas que atacaron audazmente el régimen salvaje de los conquistadores. Podría hablaros días enteros, sin agotar el horrible tema, de los incalificables abusos y torpes violencias de que han sido y son víctimas aquellos míseros pueblos, aherrojados a un poderío extraño por el odioso imperio de la fuerza bruta, entre la criminal indiferencia de las naciones de nuestra raza.

En verdad los actos de piratería cometidos por los norteamericanos en Panamá y los asesinatos de policiales y destrucción de imprentas en Nicaragua —no olvidéis que el protectorado fue pedido por los Gobiernos de dichos países— son apenas insignificantes irregularidades si se comparan con los afrentosos calvarios que sufren aquellas islas en plena esclavitud.

Froylán TURCIOS.

Ante el ultraje

Cuando Juan de Ayolas dejó sus naves en aguas del río Paraguay y se remontó en los bosques de Chaco, acompañado de doscientos soldados, los natarales, los dueños de aquellas tierras, indignados por la presencia de los intrusos, cayeron sobre Ayolas y sus doscientos soldados, degollándolos a todos. Fue una degollina tremenda. Ante ella vaciló la audacia del intrépido conquistador don Pedro de Mendoza. Aquelles sureños amaban su suelo con amor infinito. Nadie debía ir, fusil al hombro, a plantar su tienda dentro de sus fronteras. Aquellos bosques eran bosques de ellos; eran su PATRIA, la tierra donde el sol calentó por primera vez los hogares de sus antepasados, la tierra donde sus padres dijeron las primeras palabras. ¡Bendito amor!

A través de los siglos, la civilización se ha encargado de consagrar este afecto al suelo patrio, como el más noble, como el más alto de los humanos sentimientos; y establecido las reglas de cortesía, de respeto, de dignidad y de honor para que los pueblos se conserven en las líneas de la decencia y del decoro.

Por eso, el abuso de los fuertes contra los débiles nunca dejará de ser un atentado contra la civilización, un paso hacia atrás, un acercamiento a la barbarie. No es ya el tiempo de echarse sobre la dignidad de pueblos indefensos, atropellándolos con insolencia, como tampoco es ya tiempo de las degollinas. Don Franklin E. Morales, sin embargo, descendiendo de su alta jerarquía diplomática, de la noche a la mañana se convierte en policía y hace desembarcar en tierras hondureñas un cuerpo de soldados extranjeros, infiriéndonos la más grave de las ofensas. Y nosotros, heridos en una de nuestras más delicadas fibras; pero pensando siempre en que esta ofensa no viene del poderoso pueblo yankee, sino que tiene origen en un error del propio señor Morales, a su ultraje oponemos nuestra voz de protesta, voz que es voz de todo un pueblo, ya que no es posible siquiera suponer que existan hondureños en cuyos corazones haya muerto el sagrado amor a la Patria.

Ni las intervenciones ni las degollinas a usanza de los habitantes de Chaco. Honduras no ha ofendido ni a Estados Unidos ni al señor Morales. Y han venido esos soldados sin que nadie los haya pedido. Preciso es que tan grave daño sea reparado y que vuelvan a su barco esos huéspedes que con su presencia no hacen otra cosa que fomentar el odio al gringo en el corazón del pueblo.

TITO LÓPEZ PINEDA.

Tegucigalpa.

Carta abierta

Minas de Oro, 19 de Agosto de 1913.

Señor Presidente de Estados Unidos de Norte América, Mr. Woodrow Wilson.
Washington.

Excelentísimo señor Presidente:
El cable nos trae una nueva inaudita: nos dice que el Gobierno de los Estados Unidos de la América del Norte piensa extender a Nicaragua el Protectorado que ejerce en Cuba y Santo Domingo. Los romanos deben de haberse estremecido de dolor y santa ira cuando resonó, del Quirinal al Aventino, el eco formidable de los pasos de las hordas de Atila que, como una tromba de fuego, se acercaban a la capital del mundo.

Algo semejante ha mordido nuestras entrañas en esta hora sombría. Y mi comparación, falsa, si aludiera a nuestra civilización y la civilización romana, era completamente exacta respecto al sentimiento que la amenaza de vuestra conducta sin precedente ha producido en nosotros.

¿Qué quién soy? —decía—. ¿Qué con qué derecho me dirijo a vos?

Soy hondureño, soy centroamericano, soy hijo de América Latina; y si esto nada os dice, como parece demostrarlo vuestro proyecto, os diré que soy vuestro semejante, vuestro hermano en el seno de la humanidad.

El derecho que tienen los oprimidos —hacen muchos año que lo somos por vosotros— de protestar contra los opresores, cuando éstos los amenazan con la muerte: he allí, condensado, el gran derecho que me asiste al dirigirme a Vos.

Atendedme, pues, señor Presidente. Sabemos lo que vuestro Protectorado significa; y si no lo supiéramos, allí están Cuba y Santo Domingo para decírnoslo. Allí Colombia, Panamá, Puerto Rico y Filipinas para gritárnoslo. Nosotros no solicitamos, ni queremos, ni aceptaríamos vuestra intervención en nuestra existencia política; y si, en nombre de vuestra fraternidad, nos la hiciérais aceptar, amenazados con los cañones de vuestros acorazados, un rugido de indignación, que resonaría de uno a otro extremo del Continente, brotaría encendido de nuestros labios...

El mundo civilizado ¡no lo dudéis! lo escucharía con horror. Si creéis, por ventura, que hay en Centro América, que existe en Nicaragua —ese jirón glorioso de nuestra antigua y verdadera patria, en donde vuestros soldados han muerto a muchos héroes—; si creéis que existe acaso una decena de miserables semejantes a Adolfo Díaz, no lo creáis, señor, pues creeríais mal: nuestra mejor aspiración es ser siempre libres; nuestra convicción profunda, depositada en nuestro espíritu como el oro en el seno de nuestras montañas, es la de que hay algo más grande, más amado, más necesario a la vida que el bienestar económico, que el progreso con sus conquistas portentosas, que la gloria con sus triunfos inmortales; y ese bien inestimable es la Independencia Nacional, al calor de cuya épica conquista se forjó el bronce de que fueron hechos los mártires de la América Latina. A excepción de Adolfo Díaz, no hay en Centro América un solo criminal capaz de vender la Patria ni por todos los millones que guardan vuestros banqueros en sus arcas, ni por todas las comodidades ni placeres. que proporciona vuestra civilización pasmosa. Si no solicitamos, ni queremos, ni aceptaríamos de buen grado vuestra intervención en nuestra existencia política ¿con qué derecho intervendríais en ella? En nombre de la fraternidad; porque Norte América es la hermana mayor del Continente y no sería generoso contemplar mano sobre mano nuestras luchas tributarias; para garantizar los intereses de vuestros connacionales, dicen vuestros políticos del dólar, vendidos a los millonarios de Wall Street.

¡En nombre de la fraternidad!

En Hispano América, señor, hace largos años que no se cree en los sentimientos de fraternidad de vuestro gobierno.

¡Con motivo de nuestras luchas tributarias!

Y en vuestra desastrosa guerra de cinco años, ¿intervino acaso una potencia extranjera para poneros en paz?

¡Para garantizar los intereses de vuestros connacionales!

Razón sin valor alguno es ésta: no sólo están garantizados en nuestros países incipientes los intereses de los norteamericanos sino que constituyen riquísimo filón que las concesiones ilimitadas y las reclamaciones injustas convierten en oro que pagamos con nuestra miseria: somos los mendigos a quienes vuestros connacionales arrancan, a pedazos, el harapo que cubre sus enflaquecidos miembros.

¡Y nuestra herida no es de ayer, señor: hace mucho tiempo que chorrea sangre!

Y aun cuando nuestra tierra no fuera excesivamente hospitalaria, como lo es, para los americanos del Norte, y se cometiera contra ellos uno que otro desafuero, decidme ¿qué sentiríais vosotros si con motivo de los atentados realizados en California contra súbditos del Japón, éste pretendiera ejercer protectorado sobre vuestro país, en vez de usar de la vía diplomática?

Pues exactamente los mismos sentimientos que vosotros experimentaríais, si tal ocurriera, experimentamos nosotros al conocer vuestro proyecto.

Estudiadas vuestras pretensiones desde el punto de vista de vuestras conveniencias, recordad que la historia de todos los tiempos nos enseña que el poderío de los pueblos conquistadores no es estable; recordad a los romanos, a los hijos del Profeta, a los españoles;

recordad a todos los pueblos cuyos ejércitos victoriosos conquistaron mundo, en nombre de una civilización mentida, apoyados en el derecho de la fuerza. Todos han sufrido el castigo de sus abusos; todos, al convertirse en conquistadores, perdieron enorme suma de fuerza moral, labrando su propia ruina. El abismo que habéis cavado entre vosotros y nosotros es muy hondo. ¿Por qué no hacerlo desaparecer con pruebas de franca amistad, en vez de ahondarlo más todos los días? ¿No juzgáis posible que mañana u otro día pueda desaparecer convertido en sepulcro de vosotros y nosotros, en una guerra, que llamaríamos, porque así sería, Guerra Santa, y que a vosotros, vencedores o vencidos, os cubriría de ignominia?

Y si previniendo futuros peligros, nos elimináis, dándonos caza, como a los pieles rojas... ¡Pensad, señor, que Dios no es una ficción de la mente humana: que Dios existe y su justicia reparadora se impone tarde o temprano. No es al pueblo de Estados Unidos de América, al que nos referimos; ese gran pueblo no quiere el expansionismo; ese pueblo admirable no quiere la política de escarnio que vuestro Gobierno practica con nosotros; hay en ese pueblo varonil, senadores, diputados, políticos eminentes, escritores meritísimos que hacen la crítica severa del imperialismo yankee.

Y no podía ser de otra manera: la libertad ha sido el sol que bajo la bandera de las estrellas y las listas ha fecundado el progreso que ha convertido a Norte América en coloso entre las naciones. Si he de referirme a vuestra historia política personal y a la del Excelentísimo Mr. Bryan, Secretario en el Despacho de Estado de vuestro Gobierno, e iniciador del proyecto monstruoso a que hago referencia, os diré, con franqueza, que no se sabe en la América Española y en Europa (no lo ignoráis) ¿cómo pueden armonizarse honradamente vuestras doctrinas democráticas, vuestras máximas de justicia, vuestros discursos políticos saturados de altruismo, todo cuanto sobre el particular habéis dicho y repetido ayer, con vuestra conducta práctica de hoy?

Somos débiles y vosotros sois poderosos; somos humildes y vosotros vivís orgullosos de vuestro progreso, de vuestros triunfos y hasta de vuestra sangre; somos casi imperceptibles y vosotros sois semejantes a los cíclopes de la leyenda olímpica. ¿Por qué aplastarnos arrojándonos encima una montaña? ¿No probaríais mejor vuestro heroísmo arrojando esa montaña sobre el Japón, en donde se dice, con todas sus letras, cómo se llama la conducta de vuestro Gobierno? ¿No sería más hidalgo, más conforme con la conducta de los grandes hombres de vuestra historia, más conveniente a vuestros intereses económicos, atar con vínculos de sincero afecto los pueblos de Latino América a vuestra patria exuberante?

Sois el primer Magistrado de uno de los primeros países del globo; de una nación cuyos habitantes han vivido siglos en minutos; de un pueblo abrillantado con los nombres de Washington, de Lincoln, de Franklin y cien más que son honra y gloria del género humano. Pues bien: de Vos solicitamos, de Vos esperamos que evitaréis la realización del más odioso de los crímenes que se pueden cometer contra una raza, a la faz del mundo que os observa. ¡Evitadlo, y habréis realizado una labor de panamericanismo que valdrá por media centuria de generosos esfuerzos!

Yo os digo humildemente y en estilo llano, lo que cualquiera de mis conciudadanos os diría con acento inspirado, en cuyas vibraciones heroicas sentiríais palpitar el espíritu de una raza por cuyas venas corre la sangre de los indios, que en lucha homérica supieron morir por su patria y por su Dios, mezclada a la de aquellos españoles que deslumbraron al mundo, arrojando al rostro de los pueblos el polvo de oro de su gloria.

Dignaos excusarme —no porque os reclamo un derecho perfecto; no porque os muestro la santa rebeldía de mi raza— sino por el tiempo que os he robado, acaso estérilmente para vuestra gran nación y para mí adorada patria Centro América.

Con muestras de mi respeto más profundo y de mi consideración más distinguida. Soy, señor Presidente, vuestro devoto servidor.

V. MEJÍA COLINDRES.

Fue un exceso de imprudencia el de nuestras damas

Indudablemente, nos ha impresionado muy mal la carta (firmada por el joven don Carlos A. Bernhard y que apareció antier en el Boletín de la 'Defensa Nacional. Pero no creemos todavía en la falta de dignidad patriótica de las damas colectoras de la limosna que en estos días solicitan con el objeto de ayudar a las necesidades del Hospital General. Fue un exceso de imprudencia el aceptar una dádiva inoportuna, pues ellas saben muy bien que en estos momentos de peligro porque atraviesa nuestra patria, cualquier obsequio del enemigo sería afrentoso al país.

Él se reiría interiormente de considerar nuestro candor recibiendo una limosna, aun cuando en el fondo él comprendiera que se recibía como una manifestación humana, igual a cualquier otra. El grito de alarma del señor Bernhard es tan digno. Palpita en su acento el estertor del pueblo hondureño por el puñal que le ha clavado en el corazón don Franklin E. Morales.

Fíjese Ud., señor Ministro, cómo es que protesta un ciudadano de nuestra clase obrera. Su carta compensaría la imprudencia de las damas que no hubieran comprendido su conducta al recibir ese socorro.

¡No! Nada necesitamos de la tropa que en compás de conquistadores ha marchado sobre nuestra carretera del Sur y las calles de Tegucigalpa donde nació nuestro gran centroamericano Francisco Morazán. No queremos ser inferiores al héroe de un cuento precioso que Edmundo D´Amicis ha escrito en ese libro tan dulce que se llama Corazón. No puedo recordar exactamente los detalles porque hace varios años que lo leí y no, tengo el libro a la mano; pero sí recuerdo muy bien el argumento. Era a bordo de un vapor.

Un muchacho mendigo, de Italia, recibe .limosna de unos caballeros. Estos comenzaron a juzgar el pueblo de varias naciones y al hablar de los italianos, uno dijo que eran unos ladrones, asesinos, incendiarios y se desataron en otros denuestos terribles contra Italia. Cuando aquella fogosidad había llegado al rojo vivo, la charla que en verdad estaba muy alegre, fue interrumpida por un retintín de objetos: eran las monedas que el mendigo italiano arrojaba a los pies, de aquellos hombres, diciéndoles: "Yo no quiero limosna de los que insultan a mi patria".

Nosotros tampoco.

VISITACIÓN PADILLA

Tegucigalpa, 8 de abril de 1924.

****

Quien no los conoce... que los compre

Se puede ser yanquista, por conveniencia o ignorancia. Por ignorancia, la gente sencilla que por su poca instrucción no ha llegado a comprender hasta hoy lo arbitrario y egoísta que es la política norteamericana; y, por conveniencia, los viles politicastros que andan a caza de popularidad y riqueza a costa de la honra ajena, porque ellos carecen de méritos que los enaltezcan sin humillación.

¿Qué pequeño país ha prosperado con la ayuda del dólar americano? Al contrario, estos gringos llegan a nuestros países con los zapatones al hombro, y después resultan banqueros, grandes empresarios de transporte o excelentes salchicheros.

¡Después, hasta nuestros Ministros de Hacienda llegan a implorarles una limosna por Dios! Y ellos, muy mofletudos e indiferentes, con las mangas remangadas y la pipa colgando de los labios, dejan escapar una mirada de despecho. Mientras nosotros nos morimos de hambre y de miedo bajo la metralla fratricida, ellos, sentados sobre sus talegos de oro, llevan vida de príncipes sajones, haciéndose pasar por intocables, para lo cual han desembarcado la pequeña custodia de doscientos soldados que cuidarán de tan altos y majestuosos personajes.

En Nicaragua son los principales directores de la política de aquel país, mediante la anuencia de los Diaz y Chamorro, que les han dado libre entrada hasta en sus privados aposentos. En el próximo mes de octubre se verificarán las elecciones presidenciales en aquel país mediante una ley electoral elaborada por un gringo Mr. Dolds, a quien el Presidente Diego Manuel Chamorro le confió ese trabajo para que lo hiciera a su antojo, pagándole muchos miles de dólares por esa obra irrisoria que bien podían haberla hecho abogados nicaragüenses evitándose más humillación y ultraje. Si los hondureños se descuidan un poco, tendrán aquí también a esos sabios legisladores, que andan de meca en meca, echándola de grandes licurgos y opresores de la humanidad. Esa rebeldía que están demostrando ahora los hondureños del otro lado de la trincheras deberán tener después si no desocupan Tegucigalpa los soldados americanos, pues este es un asunto de mayor trascendencia nacional que hay que defender, si no queremos pasar por ser viles de les extranjeros que nos ultrajan, y lobos para con nosotros mismos.

PEDRO J. PAIZ

Tegucigalpa,: 1924.

Discurso pronunciado en el parque
La Libertad de Comayagüela

(AGOSTO DE 1913)

CONCIUDADANOS:

Temeroso ocupo este puesto, porque ninguna ejecutoria como orador me abona; pero tratándose de un grave problema para mi Patria en esta simpática e imponente manifestación, no es dable callar. En estos casos el silencio es criminal; en ocasiones como la presente —tan grave y solemne— mi corazón late impetuoso y se desborda en santo patriotismo; en mi cerebro bullen grandes ideales de regeneración y se agolpa a mi mente el recuerdo de los ínclitos varones, apóstoles excelsos de la Independencia Patria. Es esta manifestación, señores, un hecho extraordinario, grandioso, una apoteosis a la patria; una expresión elocuente del alma nacional.

Tratamos en este momento de expresar con toda la energía de nuestra alma varonil, nuestra protesta civilizada y altamente patriótica contra la injustificable como inicua intervención del Gobierno de Norte América en la política del Istmo Centroamericano, y especialmente, contra el proyecto de protectorado en la hermana República de Nicaragua.

Dilatado sería historiar aquí la conducta del Coloso del Norte en Cuba, Panamá, Puerto Rico, Haití, Filipinas y otras débiles naciones: al hacer tal relato, cansaría vuestra atención: básteme deciros, pues, que el Gobierno de la gran nación de Lincoln, Jefferson y de Washington, en la práctica de su política de absorción no ha llevado más que la ignominia, cometiendo en los nativos humillaciones sin

226

cuento, monstruosas injusticias y escandalosos asesinatos contra hermanos indefensos. Y esto precisamente ha pasado en la desventurada Nicaragua: y, ¿qué cosas más no se llevarán a cabo cuando impere en ella, en toda forma, el protectorado propuesto? Se llegará al colmo de la iniquidad; reinará, como única ley, la esclavitud, la muerte, el desprecio para nosotros como a infelices, parias.

Señores: Si el imperialismo tiene su explicación racional al considerarse como el exponente del desarrollo material de un pueblo, de ninguna manera la tiene cuando, prevalidas las naciones poderosas de la fuerza de sus grandes acorazados, cometan en los pueblos débiles atropellos injustificables y violaciones flagrantes a los más elementales principios del Derecho Internacional; y, en consecuencia, no hay duda, señores, que el Gobierno de la Nación de las estrellas y de las barras, merece la reprobación completa de todo hombre honrado, de todo pueblo digno, admirador ferviente de la libertad y de la justicia.

Por más que los americanos del Norte tengan que resolver grandes problemas para lo futuro, en obsequio a la justicia y a la civilización, no deberían ejercer sus actos de dominación en la forma sumamente violenta que han adoptado para las naciones de Continente.

Si como se ha dicho en uno de los periódicos de esta localidad, que la tierra de los bellos y sonrientes lagos es para los americanos del Norte una joya preciosa, nosotros, los centroamericanos, debemos hacer comprender a los audaces sajones que tan codiciada sección de la Patria es para nosotros algo más, que es nuestra madre idolatrada, y que como hijos cariñosos estamos dispuestos a defenderla de las garras del atrevido conquistador moderno, a costa de cualquier sacrificio; hasta del de la muerte, queridos conciudadanos. ¡Sí, hasta del sacrificio de la muerte, y vayamos a ella con estoica resignación, si necesario fuese necesario. Muramos, sí, como morir supieron aquellos gloriosos espartanos que la historia recuerda con admiración y orgullo. ¡Muramos, digo, come morir saben los ciudadanos de una nación libre!

¡Conciudadanos! Si desgraciadamente se llega el momento en que un denodado patriota cual Juan Kosciusko pronuncie el *solemne Finis Centro América,* que sea con la firmeza y sublimidad con que el héroe justamente admirado vertió de sus labios, en momento de transporte glorioso, aquel célebre *Finis Polonia.*

Deseo, quiero, anhelo, señores, que, si agotados los medios pacíficos, todo lo que la prudencia y la civilización aconseja, no logramos nuestra patriótica aspiración de ver a nuestra cara Centro América libre de las potentes garras del águila del Norte: anhelo, digo, que en tal caso, con ímpetu soberbio y en unión perfecta cual un solo hombre, nos lancemos a las armas todos los centroamericanos dignos; cojamos, sí, el puñal, el fusil, la bomba mortífera, el arma redentora, y cobijados con el manto sagrado de nuestro emblema nacional, sepamos atacar con ira santa a nuestro cruel enemigo, debiendo principiar nuestra heroica empresa haciendo rodar con macabro gesto las cabezas de los traidores centroamericanos que, cual nuevos Judas, han entregado maniatada a nuestra amada patria a la veracidad de la nación del dólar corruptor y mil veces maldito.

¡Compatriotas míos! Nuestra divisa inflexiblemente debe ser ésta: vida libre y digna, o muerte heroica; y la *Liga de la Defensa Centroamericana*, que tengo el alto honor de presidir, está firmemente dispuesta a cumplir ese, hermoso dilema, animada por la sagrada memoria de nuestros mayores. ¡Pueblo heroico! Secundad nuestros santos y justos propósitos: o vida, contemplando, altivos nuestro cielo azul; o muerte, aureolados con los resplandores de la inmortalidad!

CORONADO GARCÍAS

CUOTAS PATRIÓTICAS

Volvemos a excitar a los verdaderos patriotas a fin de que envíen sus cuotas para pagar a los tipógrafos que forman este boletín.

Por la salvación de la patria

Ya que la abulia indiferente no cabe en ningún corazón de patriota hondureño, que siente correr por sus venas la sangre de Lempira y Morazán, de nuestra indómita raza indígena, autóctona y bravía, cuando de conquista se trata, me veo obligado a hacer brillar la espada de mi pensamiento, para que mis conciudadanos que luchan por el Partido Autonomista, no olviden que todos los hondureños estamos listos para acompañarlos en la Cruzada Sacrosanta por la Soberanía y la Libertad de nuestra Madre Honduras, ya que nos asiste la sagrada fuerza del Derecho y de la Justicia.

Amparado únicamente en el principio legal de la libertad de pensamiento, quiero dar yo, como otros muchos, mi humilde opinión, con motivo, de ser pisoteado nuestro suelo patrio por doscientos marinos norteamericanos que sin consentimiento de ninguna autoridad permanecen en esta capital.

El señor F. E. Morales, Ministro de los Estados Unidos, pidió esos marinos; para ello no contó con las autoridades y cometió una falta que no corresponde a las altas funciones que desempeña el señor Morales como Diplomático; y más extraño todavía representando a la patria de Lincoln, de Washington y de Jefferson... Sin embargo, no he perdido del todo la fe en la honradez de esa nación y creo que al terminar nuestra lucha sangrienta, el señor Ministro Morales retirará sus marinos de esta capital; pero si no lo hace así, sabremos morir con honor, antes que vivir con vergüenza, y exclamaremos nosotros, también: *La Patria muere, pero no se rinde.*

GUILLERMO Z. SIERRA

Tegucigalpa, .7, de abril de 1921.

Cómo puede enviar la firma

Todos aquellos que por una razón especial no les sea posible venir a dejar personalmente su firma de protesta por la llegada de los norteamericanos, pueden dirigirnos una nota en esta forma:

Señor Director del Boletín de la Defensa Nacional. —Presente.

Le autorizo para poner mi firma en el libro de protestas por el ingreso de marinos norteamericanos a esta capital.

(Aquí la firma).

Cuotas patrióticas

para pagar a los cajistas que trabajan en este boletí

#	Nombre	$	#	Nombre	$
1	Mercedes Garay	5.00	31	Manuel Corea Bueso	10.
2	Román Ramos Valdés	5.00	32	M. Bersabé Ramos R	2.
3	Cristóbal Canales	5.00	33	Rosendo Ferrari	5.
4	Federico C. Canales	5.00	34	Carmen Muñoz P	1.
5	Cecilio Colindres Zepeda	2.00	35	Otro centroamericano	5.
6	Miguel Oquelí Bustillo	5.00	36	C. M. Gómez	1.
7	Manuel A. Reina	5.00	37	Antonio Reina h.	5.
8	Humberto Sosa M	2.00	38	Gabriel Valladares	1(
9	Humberto E. Guerrero	0.50	39	María F. Jereda	1.
10	Un centroamericano	5.00	40	R. R	2.
11	Visitación Padilla	1.00	41	Un salvadoreño	1.
12	Arcadio Díaz Ballesteros	3.00	42	Otro mexicano	2.
13	Pura Vijil	5.00	43	Florencia v. de Villalta	1.
14	Alfredo Sagastume	10.00	44	Un colombiano	4.
15	Camilo Zelaya	1.00	45	Atanasio Valle	5.
16	X. X	5.00	46	Ramiro Rodríguez	1.
17	X. X	5.00	47	Tomasa González	0.8
18	Juan B. Vásquez	2.00	48	Carlos Muñoz M	3 0
19	Antonio Gómez Romero	2.00	49	Salomón Zorto	3.0
20	Alejandro Armijo h.	0.50	50	José Mario Gutiérrez	5.0
21	R. J. L	5.00	51	Un hondureño	60.0
22	Modesto Rodas Alvarado	7.00	52	Santiago Cervantes	2.0
23	Un méxicano	3.00	53	Leandro García	0.5
24	Amado Tejeda	5.00	54	Juan B. Aguilar	0.5
25	Antonia Hernández	1.00	55	A. V.	1.0
26	Nicolás Toledo	1.00	56	Samuel Laines	4 0
27	Otro centroamericano	3.00	57	Modesto Cubas	1.0
28	María Luisa Hernández	1.00	58	Marcial Lagos	5.0
29	Porfirio Guardiola	2.00	59	Toribio Ponce	3.0
30	Tito López Pineda	2.00			

—Si eres un traidor a tu patria escóndete bajo la tierra para que nadie te vea. Pero, ¿dónde podrás esconderte que tu conciencia no te halle?

BOLETÍN DE LA DEFENSA NACIONAL

Director Froylán Turcios

**TEGUCIGALPA, HONDURAS CENTROAMÉRICA
MIÉRCOLES 2 DE ABRIL DE 1924**

DISTRIBUCÓN GRATIS No. 19

Importante excitativa

El Director de este boletín, en su carácter de Presidente de la Acción Ibero Americana, excita a todos los miembros de la referida asociación, damas y caballeros, para que, en estos días de gravísimo peligro para la autonomía de Honduras, cooperen activamente con sus trabajos en el sentido de que la tropa extranjera salga lo más pronto posible del territorio patrio.

De varios modos pueden colaborar en esta obra, la de mayor trascendencia entre los grandes problemas de todo género que afectan actualmente la vida de la República.

Si hay algunos de nuestros compañeros que desconfían de sus propias fuerzas o no vean la forma concreta en que puedan ayudarnos, les rogamos pasar por nuestra oficina y con el mayor gusto les señalaremos la tarea que les corresponde.

Esperamos que esta excitativa será atendida sin pérdida de tiempo. En ella vibra el alto espíritu que conmueve y dio vida a la Acción Ibero Americana y que se sintetiza en el lema de nuestra bandera: *Por la Patria y por la Raza.*

Sobre la autonomía nacional

(Fragmento)

¿Debemos aceptar el tutelaje americano, con esa resignación estoica con que se aceptan las consecuencias de un hecho irremediable? No: quitémosles su actual pretexto, procediendo con sensatez en el arreglo de nuestros asuntos interiores, no porque creamos que con ello se evita el peligro, sino porque así conviene a nuestros propios intereses para obligarlos a descubrir sus velados propósitos; elevemos ante ellos nuestras enérgicas protestas por la ofensa inferida de considerarnos incapaces de gobernarnos nosotros mismos, para demostrarles que somos ciudadanos conscientes de nuestros derechos y que tenemos un alto concepto de nuestra dignidad; preparémonos para la defensa material de nuestra autonomía, educando nuestra juventud en la escuela del trabajo, del orden y del patriotismo; hablemos claro, hagamos pública, ante propios y extraños, nuestra justa indignación contra todos los que de un modo u otro atenten contra nuestra soberanía nacional, porque callar en los momentos de peligro o someterse a las inicuas pretensiones de un amo, lo juzgo un crimen de lesa patria y una cobardía sin precedente en la historia del género humano.

Hasta ahora ningún pueblo libre de la tierra ha aceptado voluntariamente el yugo de un poder extraño; todos los que han sido sometidos se han resignado únicamente hasta después de haber sucumbido en la demanda. Nuestro pueblo heroico y patriota por temperamento no podrá ser jamás una excepción, porque no querrá aparecer ante el mundo civilizado como un rebaño de esclavos o de eunucos. Si se llega el caso, debemos morir defendiendo nuestra autonomía.

Federico C. CANALES.

—MARÍA SEGUNDA, niña colombiana de nueve años de edad, estudiaba en una de las escuelas americanas de Ancón. Es ley en todos aquellos establecimientos que cada mes los alumnos hagan un juramento a la bandera americana. Un día, como de costumbre, los niños fueron llevados al salón de la bandera y allí, ante un grupo de sus graves profesores y teniendo al frente la bandera americana, fueron uno a uno pronunciando en voz alta las fórmulas juramentales.

Pocos momentos antes de llegarle el turno a María Segunda, ésta desaparece clandestinamente y corre a su pupitre en donde, sobre un pedazo de papel, traza rápidamente, con colorines, la bandera de Colombia, que fija luego en la pared, junto al pabellón de las cuarenta y ocho estrellas.

Ya en presencia de sus rubias condiscípulas y ante el grupo de sus profesores, cuando uno de ellos le exige el juramento, exclama con voz firme y fuerte:

—Yo no juro por la bandera americana. Yo juro —señalando la de Colombia— por esta bandera que es la de mi patria: soy colombiana.

El asombro es general e indescriptible. Una desobediencia, una rebelión, un escándalo inaudito. Es forzoso un castigo ejemplar, y llaman en el acto al Intendente de las escuelas norteamericanas. Llega éste al fin, grave y serio. El silencio de espanto es absoluto. Hay general conmoción. Sólo la niña colombiana está tranquila.

Su castigo será terrible e indudablemente quedará expulsada. Pero el Intendente, que sin duda es hombre de corazón y de talento, después de enterarse de lo ocurrido, exclama:

—Esta niña acaba de dar un gran ejemplo de valor y patriotismo. De hoy más, cuando llegue el día de juramento de bandera, esta niña jurará la de su patria. El patriotismo debe ser respetado e imitado dondequiera que se ostente. Esta es una lección que sólo saben dar, y siempre deben seguir, las almas dignas.

LA VOZ DEL MAESTRO

En nuestra campaña autonomista, una de nuestras mayores contrariedades es el obstáculo de las comunicaciones interrumpidas con los demás pueblos de la República; porque deseamos que nuestra protesta contra el abuso del 19 de marzo, perpetrado por el señor Ministro de Norte América, y contra la permanencia de ese ejército extranjero en el Hotel Agurcia, lleve ante las naciones civilizadas la autorización de todos los hombres y las mujeres patriotas del país.

Pero nos llena de rebosante entusiasmo saber que en el Libro del Honor Nacional brillan firmas pertenecientes a todos los partidos políticos, de todas las profesiones, del arte y el estudio científico y, entre todos; también, representantes del magisterio hondureño, con vista del futuro siniestro que amenaza a la juventud que se educa.

—¡Pobres niños! —decimos los maestros—. ¡Qué dolor nos da el pensar que estamos formando una generación que mañana, acaso, perecerá degenerada en las montañas por no querer someterse al yugo de un conquistador sin misericordia por las razones que estima inferiores a la suya!

Ahora, en presencia del ultraje de que somos víctimas los hondureños, en estos momentos, reconocemos el deber sagrado de levantar con altivez nuestra frente para encararnos al asaltador de soberanías. Que firmen la protesta los maestros que aún no han tenido tiempo de llegar a firmarla; que manden una carta, si tienen algún impedimento de salir. Vosotras, amadas colegas, señoritas honorables de Tegucigalpa: las que teméis que figure vuestro nombre en un papel público; las que teméis que vais a perder la amistad de algún ciudadano norteamericano; las que pensáis que es desdoro a la nobleza femenina llegar a una redacción donde se lucha por la libertad de la patria: no me imitéis a mí, pero imitad a la distinguida maestra, señorita María Luisa Herradora, sabiendo, que la patria está sobre todas las conveniencias y sobre todos los prejuicios.

Los maestros de la juventud hondureña debemos enseñarle con nuestra brava protesta al invasor, una lección gráfica de patriotismo y, si no lo hacemos, mañana no seremos dignos del título de educadores que se nos ha confiado en nombre de la República de Honduras, nuestra querida Patria.

VISITACIÓN PADILLA

Tegucigalpa, 9 de abril de 1924.

—Piensa mucho, medita mucho antes de comprometer tu vida en un delito de lesa patria; porque este delito no prescribe nunca y el tiempo lo agranda en las conciencias.

Cuotas patrióticas

para pagar a los cajistas que trabajan en este boletín

1	Mercedes Garay	$ 5.00	32	M. Bersabé Ramos R	$	2.00
2	Román Ramos Valdés	5.00	33	Rosendo Ferrari		5.00
3	Cristóbal Canales	5.00	34	Carmen Muñoz P		1.00
4	Federico C. Canales	5.00	35	Otro centroamericano		5.00
5	Cecilio Colindres Zepeda	2.00	36	C. M. Gómez		1.00
6	Miguel Oquelí Bustillo	5.00	37	Antonio Reina R		5.00
7	Manuel A. Reina	5.00	38	Gabriel Valladares		1.00
8	Humberto Sosa M	2.00	39	María F. Jereda		1.00
9	Humberto E. Guerrero	0.50	40	R. R		2.00
10	Un centroamericano	5.00	41	Un salvadoreño		1.00
11	Visitación Padilla	1.00	42	Otro mexicano		2.00
12	Arcadio Díaz Ballesteros	8.00	43	Florencia v. de Villalta		1.00
13	Pura Vijil	5.00	44	Un colombiano		4.00
14	Alfredo Sagastume	10.00	45	Atanasio Valle		5.00
15	Camilo Zelaya	1.00	46	Ramiro Rodríguez		1.00
16	X. X	5.00	47	Tomasa González		0.50
17	X. X	5.00	48	Carlos Muñoz M		8.00
18	Juan B. Vásquez	2.00	49	Salomón Zorto		3.00
19	Antonio Gómez Romero	2.00	50	José Mario Gutiérrez		5.00
20	Alejandro Armijo h	0.50	51	Un hondureño		60.00
21	R. J. L	5.00	52	Santiago Cervantes		2.00
22	Modesto Rodas Alvarado	7.00	53	Leandro García		0.50
23	Un mexicano	8.00	54	Juan B. Aguilar		0.50
24	Amado Tejeda	5.00	55	A. V		1.00
25	Antonia Hernández	1.00	56	Samuel Laines		4.00
26	Nicolás Toledo	1.00	57	Modesto Cubas		1.00
27	Otro centroamericano	8.00	58	Marcial Lagos		5.00
28	María Luisa Hernández	1.00	59	Toribio Ponce		8.00
29	Porfirio Guardiola	2.00	60	Alberto R. Acosta		1.00
30	Tito López Pineda	8.00	61	Agustín Soto		8.00
31	Manuel Corea Bueso	10.00				

TIPO-LITOGRAFIA NACIONAL

APOSTROFES

Hablo a vosotros que muchas veces habéis dicho ser hondureños: A vosotros, menguados, sin el menor concepto de patria, porque apenas en vuestra mente se dibuja como en los mapas que habéis recorrido en la niñez efímera. A vosotros, carentes de todo patriotismo, porque no os envanecéis con ninguna página de su Historia, escritas con el genio y la sangre de sus hombres libres. A vosotros, pusilánimes, que vais al extranjero a negar vuestro origen, cuando la media sangre india que lleváis en las venas es un blasón del que bien podíais ufanaros como el Cantor de América, cuya heráldica es incaica.

A vosotros, que no sabéis más Geografía Nacional que la de vuestro barrio. A vosotros, moluscos, cuya digestión jamás ha sido perturbada por ningún rapto de entusiasmo ardiente. A vosotros, incomprensivos de la belleza, pues jamás vuestros ojos se detuvieron a admirar la esplendidez del terruño.

A vosotros que formáis la peor fauna que puede exhibir un país, yo os digo: Desgraciados, a quienes el peligro atrae con la sugestión del abismo, abrid los ojos, que allá en el fondo sólo existe esa deletérea corriente, donde se sumen los abyectos...

¡Deteneos!

¿Pero, quién puede detener vuestro paso? Oíd, si aún es tiempo, esa voz suprema que se alza de vuestra conciencia, oíd esa repercusión de atávicas ondas, tan viejas como todo lo que existe, pero tan vibrantes, tan fieles, como si ellas fueran la voz de todos los que nos han precedido en nuestro suelo.

¿Cómo será vuestro fin si ellas no golpean en vuestro espíritu?

—¿Qué es lo que no me habla de la Patria? —decía el Dante en su destierro. Nada como sentirse ausente, ya no digamos ver perderse la única herencia que engendra esa enfermedad que devora, como el buitre de Prometeo, el corazón más enardecido: la nostalgia de la patria.

Menguado aquél que no ama su país tal como es. Miserable el que no lo acepta con todos sus defectos y no aboga con la mayor suma de sus esfuerzos a su reivindicación. Canalla el que duda un instante del honor nacional y no se empeña en mantenerlo límpido. Baldón para el que voluntariamente extiende el cuello a la coyunda. Estigma para aquellos que nacieron libres, pero que tienen el alma esclava.

Para vosotros, todos los intervencionistas de Honduras, que cruzados de brazos vais a contemplar su crucifixión, pido que no os asista remordimiento alguno en ningún instante; deseo sí que el oro yankee diga su canto eterno en vuestro oído; que por él os rebajéis en todas las formas que se pueda descender, más allá de toda condición humana; que seáis la piara a quien se harta con la bellota dorada, pero que estéis condenados a sudar la grasa de vuestra ignominia.

MANUEL RAMÍREZ.

FRAGMENTO

Justo es confesar que en la peregrinación de los patriotas dominicanos para recuperar la libertad y soberanía de Santo

Domingo, no ha faltado la cooperación espontánea y noble de un sinnúmero de ciudadanos norteamericanos, publicistas, políticos y oradores, y hasta mujeres distinguidas de la gloriosa patria de Washington y Lincoln han levantado el clarín de sus protestas, contra la ocupación militar aludida. Cualesquiera que hayan sido los errores cometidos por los grupos políticos, porque, en Santo Domingo no ha habido hasta ahora partidos con tradiciones ni programas, que se sustituyen de manera ilegítima el Gobernación del país, ningún principio derecho público autorizaba ni autoriza al Gobierno americano para intervenir en las cuestiones internas de un pueblo libre y soberano, que sin su cooperación, conquistó su independencia a costa de infinitos sacrificios y crueles martirios, cubiertos de lágrimas, y de cadáveres, y mucho menos puede permitir, para el cobro de deudas y manera de pagarlas, el derecho de intervención armada, sin un laudo arbitral ajeno a ambos países contratantes, que declare la forma de indemnizar a la parte perjudicada los daños y perjuicios irrogados por la contraria y los medios de impedir su futuro incumplimiento.

Por eso, hoy que Santo Domingo está en vías de recobrar su libertad constitucional, los patriotas verdaderos miran con tristeza y temores las cláusulas del nuevo Pacto y no pueden confiar en la sinceridad del Gobierno americano, mientras un soldado yanqui pise con sus plantas el suelo de la infortunada Quisqueya. Es necesario que se rectifiquen con la nueva política republicana, y de eso no hay más que una ligera esperanza, los procedimientos de la política democrática de Wilson, para que renazca en la patria de Duarte el afecto y la confianza al Gobierno y al pueblo norteamericanos.

B. AGUIRRE Y TORRADA

Manzanillo (Cuba), octubre de 1922.

DISCURSO
pronunciado en nombre de la Sociedad de Artesanos EL
PROGRESO

(Agosto de 1918)

La Honorable Sociedad de Artesanos El Progreso, ha querido, una vez más, honrarme con su representación, en esta apoteosis a los caros fueros de la Patria. HERMANOS: Ya sabía que, tarde o temprano, iba a estar con vosotros, en este lugar y bajo esta misma crispación de protesta y de santa rebeldía.

Y ya sé, que tal vez dentro de menos tiempo, estaré con vosotros en la montaña abrupta, rodeando el sagrado pabellón de la Patria, para morir por él, una y mil veces, antes que la planta oprobiosa del conquistador manche con cieno y lodo sus pliegues de inmarcesible pureza.

Tiempo ha, que os vengo señalando, con el índice del patriotismo, el nubarrón siniestro que cabalga horriblemente sobre nuestro cielo azul. Tiempo ha que os enseño el corazón sangrante, dándoos la voz de alerta, para que estuvieseis prevenidos de una maquinación monstruosa contra, nuestra independencia y soberanía. Pero apenas unos cuantos creyeron en mis palabras, y otros muchos pesaron, tal vez, en las locas imágenes de mi ardiente fantasía. Hoy, me siento feliz, me siento en uno de los instantes más sublimes de mi vida, porque veo en lontananza una luz esplendorosa, que se llama LIBERTAD, y que ilumina todas nuestras conciencias, para escalar el tabor en la dilecta visión de una muerte digna. Me siento feliz, porque esta grandiosa irradiación de patrio anhelo, que oscila dentro mi alma, la sentís también vosotros; y sólo esperamos el momento supremo para que el grito de protesta se convierta iracundo en el himno egregio de: GUERRA AL INVASOR.

¡Ilusos! No han pensado, un instante siquiera que no puede ser esclavo pueblo que sabe morir!

¿No tamizaron en su cerebro, que herir la honra nacional, es fulminar los espíritus, que en miríadas dispersas, llegarían hasta Dios, desplegando todas las banderas de la suprema indignación?

¿Qué harían, pregunto yo, si por una circunstancia cualquiera, si por una de esas leyes imprevistas que frecuentemente conmueven la humanidad, se viniera abajo la federación de barras y estrellas? ¿Qué harían, digo; si Inglaterra quisiera de nuevo imponerles el yugo abominable de la esclavitud?

¿Qué harían si del Canadá se desprendiera una irrupción de conquista hacia ellos?

¡Oh! De su tranquilo lecho mortuorio, se levantaría la figura excelsa de Jorge Washington, para decir a Inglaterra: *¡Detente, que mi corazón está en el pueblo americano!*

Asimismo, en nuestras venas hierve la sangre augusta de José Matías Delgado, de José Barrundia, de Francisco Morazán, de Máximo Jerez y de Juan Santamaría.

En nuestras venas hierve esa sangre autóctona del indio Tecum Umán, que en vertiginosa propulsión hacia la gloria, murió pleno de luz, al cantó postrero del quetzal cautivo.

Asimismo, sobre la bóveda infinita; clarea majestuoso el Sol Libertador del 15 de t septiembre de 1821. Y ante esos mares y ante ese sol, juramos llegar al sacrificio, a la muerte, antes que consentir su injusta, su incalificable profanación.

¡Sí, es ésta la causa más santa, la causa más noble, que pecho nacido puede alentar!

¡Sí, es la misma causa que bebimos en los senos de la Madre Patria, de la gloriosa España, en la epopeya infinita del dos de mayo!

¡Sí, es la erupción sugestiva de ese fuego intenso, que perennemente se exhala por todas las bocas humanas!

¡Es el grito del niño cuando le quieren arrancar de los brazos de su madre! ¡Es la queja de la vestal cuando se pretende mancillar su pudor y su decoro! ¡Es la justa indignación del sacerdote, cuando alguien pretende profanar la hostia consagrada!

¡Es algo que todos tenemos, que todos sentimos, y que apenas podemos explicar! ¡Es algo que siente el marino, cuando después de la catástrofe, ve desde lejos hundirse lentamente, en la proa del buque, la bandera de su patria, el símbolo bendito de su nación, el único recuerdo de aquella tierra querida, y tal vez, ya salvo, se hunde, también, para que no quede sola en la callada inmensidad!

Centro América, patria idolatrada: Vednos aquí, reunidos en fraternal y profundo abrazo: Vednos aquí rodeando nuestro pabellón inmaculado, que nadie hasta hoy, ha osado mancillar. Pero si del mismo cielo descendieran en coro maravilloso, ángeles conquistadores, hacia ellos, como un solo hombre, como una sola masa terrible e indómita, lanzaríamos todas las fuerzas, todas las energías que nos concedió la naturaleza.

Nosotros no distinguimos la efigie del conquistador. Vemos un coloso que pretende humillarnos.

Vemos una raza extraña que pretende imponernos su yugo abominable.

Y si llega a consumarse el más horrendo, el más espantoso crimen, el más injustificable atentado de lesa humanidad... PATRIA: sólo los buitres graznarán en la altura, porque ríos de sangre y caravanas de espectros bordearán los escombros de donde fue Centro América.

SAMUEL LAINES

CUOTAS PATRIÓTICAS

Volvemos a excitar a los verdaderos patriotas a fin de que envíen sus cuotas para pagar a los tipógrafos que forman este boletín.

Bajo el dolor de la hora presente

Pues bien, ya están los yanquis en Honduras; ya clavaron sus aceradas uñas en tan ansiada presa; ya consideraron que las disensiones por ellos avivadas y fomentadas habían debilitado suficientemente los recursos, las fuerzas y la resistencia moral y material de nuestra patria; ya presumen no necesitar sino tender la mano para apropiarse de su territorio; la forma más o menos decorosa, la mayor o menor desfachatez en los pretextos y procedimientos para lograr su objeto, es lo de menos. Sólo un milagro podrá salvar a Honduras en lo porvenir de la tutela de los Estados Unidos de Norte América.

Los ejemplos de los pueblos de nuestra raza, no les sirve de nada. Honduras, próspera, rica y respetada como nación libre e independiente, es hoy víctima de sus propias culpas, hábilmente explotadas por las malas artimañas con que realiza sus rapiñas el tío

Sam y ante cuya frecuencia es incomprensible la indiferencia del resto de la humanidad y que no escarmienten las demás naciones americanas, constantemente amenazadas por el celoso del norte.

El antagonismo que ha existido entre los latinoamericanos y los yanquis, debió de ser motivo para que Honduras extremara la prudencia, de que se fortificase moral y materialmente, por la unión, ante el eterno vampiro; de evitar pretextos de intervención, de consolidar relaciones con otros pueblos de su misma raza. Sólo Dios sabe el final de esta nueva fase de la política yanki, de amor a la humanidad; de aplicación, a su modo, de la famosa doctrina Monroe, enunciada allá, el año de 1823, por el Presidente Monroe, con objeto de resguardar la integridad de las Repúblicas iberoamericanas de la agresión territorial de poderes no americanos, mientras que, al mismo tiempo, comprometía virtualmente a los Estados Unidos a una política de no intervención en los asuntos políticos de Europa.

La voz de paz inspirada en sentimientos de amor de razas, de humanidad, de patriotismo y desinterés que, por iniciativa de varias honorables matronas y señoritas. de esta capital, y por el digno medio de don Froylán Turcios, dirigió en fecha relativamente reciente al Consejo de Ministros y los Directores del movimiento revolucionario, no fue oída como debió serlo; suspendiendo, desde luego, las hostilidades, y sometiéndose, de común acuerdo, a un arreglo patriótico. Fatales, rumbos han tomado después los sucesos; pero aun cabe optimismo para los que, como nosotros, confían siempre en la vitalidad de la raza latinoamericana y espera un resurgimiento de su esplendor.

Unámonos los hondureños ante el enemigo común: y quién sabe si se operará el milagro, quién sabe si en Honduras encontrarán los yanquis el castigo a su proceder depresivo, a su conducta injusta y abusiva de su poder para con los pueblos débiles. La historia de la raza está llena de hechos tan heroicos como inesperados. Las repúblicas americanas, de origen español, llevan en sus venas, mezclada con la de los indomables indígenas, sangre de los que lucharon siglos por su independencia, de los que dominaron el mundo, de los que descubrieron América, de los que humillaron a Napoleón.

¡Haga la Providencia que la sangre fraterna que se está derramando en Honduras no fructifique más, para derramarla, si

241

necesario es, contra la política absorbente seguida por los yanquis con procedimientos reprobables, indignos de un pueblo que, porque es rico y se precia de libre, está más obligado a ser culto y a ser noble!

José CABRERA REYES.

Empieza el castigo de los traidores

Sabemos con placer que cada número de este boletín hace temblar a los traidores, esperando ver sus nombres en anchas Ya los verán, ya los verán. Los exhibiremos un día de letras de luto, éstos, cuando menos lo piensen. Estamos completando la lista lúgubre: la ratificaremos de manera absoluta. Comienzan a expiar su nefando crimen esos malos hijos de Honduras; comienzan a sentir el miedo mórbido, pueril y terrible, del que asesinó en la sombra; la punzada íntima y dolorosa del remordimiento...

Día por día, hora por hora, irá creciendo su delito en sus conciencias y en las conciencias de todos los centroamericanos y mañana serán señalados sus hogares como sitios de oprobio y sus hijos sentirán con horror la vergüenza de sus nombres y ya en la región de las sombras, al ver sus lápidas en el cementerio, dirá el transeúnte con desprecio: *Las rosas más bellas se convierten en áridas ortigas al caer sobre los sepulcros de los traidores a su Patria.*

La esclavitud de Nicaragua

POR ISIDRO FABELA

La diplomacia del dólar.---La revolución contra Zelaya,

En estas circunstancias, el Presidente de los Estados Unidos ya no puede sentir por el Gobierno del Presidente Zelaya, aquel respeto y aquella confianza que debía mantener en sus relaciones diplomáticas, que comprenden el deseo y la facultad de conservar el respeto debido entre un Estado y otro.

El Gobierno de Nicaragua, que usted ha representado hasta ahora, se servirá dar enterado por la presente notificación, que lo será también el jefe de la revolución de que el Gobierno de los Estados Unidos le hará estrictamente responsable de la protección de la vida de los americanos, e igualmente a las facciones de hecho que dominan las regiones del Este y del Oeste de la República de Nicaragua.

Respecto de la reparación que debe hacerse por la muerte de los señores Cannon y Groce, el Gobierno de los Estados Unidos se resiste a imponer al inocente pueblo de Nicaragua un castigo tan pesado en expiación de las culpas de un régimen mantenido por la fuerza, o a exigir del Gobierno que surja, si éste sigue una política diferente, en pago de aquella penalidad...

Al discutirse esta reparación, debe discutirse al mismo tiempo la existencia en Managua de un gobierno capaz de responder a la demanda.

Debe también considerarse hasta dónde puede llegar la responsabilidad de los que perpetraron el hecho, y las torturas que precedieron a la ejecución, si esto se comprueba, y la cuestión de si el nuevo Gobierno está enteramente desligado de las presentes intolerables condiciones y es digno de que se le tenga confianza de evitar la repetición de actos semejantes.

En tal caso, el Presidente de los Estados Unidos, como amigo que es de Nicaragua y de las otras Repúblicas de Centro-América, estará dispuesto a reducir la indemnización a lo que realmente se deba a los padres de los fusilados y exigir el castigo solamente de aquellos que lo merezcan.

De acuerdo con esta política, el Gobierno de los Estados Unidos suspenderá temporalmente su demanda de reparación; mientras tanto, dará los pasos necesarios para la debida protección de los intereses americanos.

Para asegurar la futura protección de los legítimos intereses americanos, y en consideración a los intereses de la mayoría de las Repúblicas centroamericanas, lo mismo que con la esperanza de hacer más efectivos los oficios amistosos establecidos por las convenciones de Washington, el Gobierno de los Estados Unidos se reserva, para tiempos más oportunos, el discutir las estipulaciones con que el Gobierno constitucional de Nicaragua se obligue, por medio de una convención, en beneficio de todos los gobiernos interesados, a garantizar en lo futuro el mantenimiento de las convenciones de Washington y sus ideas pacíficas y progresistas.

Por todo lo anterior, usted debe comprender que ha terminado su misión de Encargado de Negocios; y tengo el honor de remitir adjunto su pasaporte para el caso de que usted quiera salir del país.

Debo agregarle, al mismo tiempo, que, aunque su misión diplomática ha terminado, tendré mucho gusto en recibir a usted, lo mismo que tendré el gusto de recibir al representante de la revolución; uno y otro como medios no oficiales de comunicación entre el Gobierno de los Estados Unidos y las autoridades de facto, con quienes habré de tratar para la protección de los intereses americanos, mientras se establece en Nicaragua un gobierno con el cual puedan los Estados Unidos mantener relaciones diplomáticas.

BOLETÍN DE LA DEFENSA NACIONAL

Director: Froylán Turcios

**TEGUCIGALPA, HONDURAS, CENTROAMÉRICA
JUEVES 10 DE ABRIL DE 1924**

DISTRIBUCIÓN GRATIS No. 20

Plumas jóvenes

Ayer nos referíamos a la satisfacción que sentimos de ver las firmas de muchos maestros al pie de nuestra protesta. Hoy quiero hacer público mi entusiasmo por la valerosa actitud de los jóvenes que no solo han dejado sus firmas en ese Libro Patriótico, sino que también escriben artículos donde manifiestan todo el ardor de su corazón indignado por el incalificable abuso que don Franklin E. Morales ha cometido contra nuestra patria,

Un país donde la juventud no siente en su alma las heridas profundas que recibe el suelo natal, ya sea por el derecho del pueblo ultrajado, ya sea por su autonomía vilipendiada en cualquier forma, este país ha caído en la degeneración suprema.

La juventud es el nervio de las grandes causas; su entusiasmo es el fuego que arde en el altar del sacrificio en pro de los más altos ideales que persigue la humanidad. Donde ella no está, falta el espíritu de las lámparas sagradas y reina el silencio de las tumbas.

Porque es la juventud el elemento que acoge con pureza las nuevas ideas.

El desinterés y el altruismo brotan de su corazón como los manantiales cristalinos de las montañas vírgenes. En nuestra campaña autonomista, su palabra vibrante nos anima, haciéndonos soñar en mejores días de libertad y progreso para nuestra patria. Los que anhelan la independencia plena de Hispano América, dirigen sus miradas a la juventud que honra nuestras repúblicas.

Un ilustre diplomático español, don Franços Rodríguez, político y guido periodista, fue designado por S. M. el Rey D. Alfonso XIII para representar a España en las fiestas con que los pueblos sudamericanos conmemoraron el 4° centenario del descubrimiento del Estrecho de Magallanes. A su regreso de América, después de haber cumplido dignamente su misión, el señor Rodríguez ha dicho al Rey y a la prensa de Madrid, sus mejores impresiones, las que ha manifestado al escritor don Ramón Martínez de la Riva:

"Recuerdo —dice con verdadero gusto— las impresiones recibidas en Panamá, donde todo propende por circunstancias imperiosas a que el país se identifique con los Estados Unidos, y donde, sin embargo, el españolismo se mantiene pujante y optimista, gracias sin duda a la juventud intelectual panameña, principalmente.

Tenemos una frase en estas tierras: "Los jóvenes son los hombres del mañana". Pero si no son jóvenes no serán nunca hombres. La misión de la juventud es más trascendente de lo que pensamos. Es la que guía el carro del progreso con el calor de su sangre impetuosa, así como el hombre maduro tiene que dirigirlo con la serenidad del pensamiento. Pero siempre el poder maravilloso de ese fuego es necesario. La juventud es la fuerza viva que crece y avanza. Morazán legó sus ideales a la juventud de Honduras.

VISITACIÓN PADILLA

Tegucigalpa, 10 de abril de 1924.

MI CRITERIO
(Con motivo del actual atropello).

La presente conculcación de la soberanía de Honduras no es, en mi concepto, sino un acto, un ejercicio concreto del tutelaje general que los Estados Unidos de Norte América ejercen, franca e irresponsablemente, sobre la América española ecuatorial. Semejante tutelaje lo practica dicha nación, entera e incontrastablemente, desde que ella domina en Cuba y, sobre todo, desde que se adueñó bucaneramente de Panamá.

Por consiguiente, me parece lógico que entonces fue cuando el patriotismo y el orgullo o dignidad nacional y racial de Centro América, México, las Antillas, etc., debieron haberse encendido y puesto a flor de actividad, unánime e incontrastablemente, todas las manifestaciones de la solidaridad racial y todo el formidable heroísmo que desarrolla no sólo el patriotismo lugareño sino también el racial y continental. Pero no.

En el mundo de Bolívar no sólo hubo inconsciencia sino que faltó hasta el instinto de conservación. En vez de haber trenzado el esfuerzo racial para presentarlo al invasor como una muralla infranqueable, la América que fue de España solidarizó con aquél, permaneciendo ésta impasible cuando el yanqui desgarraba a Colombia y activa, al reconocer oficialmente como República libre, independiente y soberana a la rapiña rusvaltiana de Panamá.

Y ya que Panamá constituía el nudo vital de nuestra América, nunca como entonces debió alzarse unánime y terrible el patriotismo continental de la raza iberoamericana. ¡Panamá!... La Castilla de Oro de los tiempos de auge glorioso de nuestra madre. ¡Panamá! La base diamantina del más genial de los sueños de Bolívar. ¡Panamá! ¡El signo interrogativo y prometedor de nuestro porvenir destrozado por la zarpa yanqui con la aquiescencia de un mundo hijo de España! Si en vez de Panamá, tan caro como vital para nuestro continente, los yanquis asaltan una roca solitaria y lejana del mar chileno o una caleta austral argentina, entonces sí, el patriotismo lugareño se alzar unánime, fiero e incontrastable. Estrabismo de la visión de un pueblo que jamás la tuvo continental ni racial.

ANTONIO CORRALES.

A pesar de que en el boletín del 8 del actual, el señor Saul Zelaya Jiménez alude solamente a UN nicaragüense indigno de ser compatriota de José Madriz y Benjamín F. Zeledón, la colonia nicaragüense, por mi medio, cree oportuno hacer presente al público, que ese nicaragüense es solamente UNO, que sin duda debe ser amigo de los Chamorros esclavistas; pero nunca de los que hemos venido aquí a morder el duro pan del ostracismo y en busca del honrado trabajo.

PEDRO J. PAIZ

FRAGMENTOS
de un discurso pronunciado el 3 de agosto de 1913

Si con ocasión de lo que pasa en Nicaragua, no se presenta en el resto de Centro América otro traidor, ambicioso y vulgar, que sirva de instrumento ciego y vil a la obra de conquista empezada, nuestra independencia contará con el baluarte de nuestra propia dignidad y cordura. La intervención americana necesita pretextos más o menos fútiles para ingerirse en nuestros asuntos internos. Alejemos, pues, esos pretextos, pero de buena fe, con inquebrantable voluntad. Denunciemos al mundo entero el atentado que nos hiere de muerte y que sonroja nuestras mejillas de vergüenza, cubriéndonos de ignominia y de baldón.

Señalemos con el índice de la justicia al trastocador de las leyes que guardan y equilibran las relaciones de los pueblos entre sí, de la misma manera que las leyes celestes guardan el equilibrio inalterable de los astros que ruedan sin cesar por el espacio, sin chocar. Digamos en voz muy alta, con la mirada vuelta al Norte: Deteneos, conquistador, que estáis violando impunemente, lo cual es una vergüenza, la soberanía de un pueblo débil que no os lastima en manera alguna: que os recibe con los brazos abiertos, vengáis vestidos o haraposos, con patente limpia o en vergonzosa fuga penitenciaria. No atropelléis un pueblo que os da con largueza pan, vino y albergue. Respetad un pueblo que os entrega sus tesoros ocultos, sin exigiros la menor retribución. Meditad un poco y respetad nuestro hogar humilde, pero honrado, que puede ser el vuestro por otros medios que la moral no repruebe. No deshonréis la memoria grandiosa de Washington, libertador y padre de vuestra patria; Lincoln, nivelador de razas y libertador de millones de esclavos; de Franklin, venerado, que arrebató el rayo a los cielos y el cetro a los tiranos. No mengüéis vuestra historia tan inmensamente grande. No devolváis, en cambio de la confianza y cordialidad recibida, la traición más infame, hollando nuestro suelo indefenso.

Vosotros, americanos del Norte, intervenís en nuestra política interna pretextando la falta de capacidad y moralidad de estos pueblos para el ejercicio del gobierno propio; y olvidáis sin duda que en vuestro propio suelo se corrompe de la manera más escandalosa la función más augusta del gobierno, de la Democracia y de la República, el voto electoral, convirtiéndolo en vergonzosa mercancía de vuestras cajas repletas de oro.

¿Olvidáis que no podéis enseñar ni gastar moralidad política con Centro América, ni moralidad social, puesto que se arranca de la silla eléctrica al reo bancario, trasladándolo temporalmente al manicomio, mientras se le redime de una muerte inevitable para el menesteroso?

¿Los apellidáis civilizados cuando extermináis en las sombrías soledades de las selvas, sin piedad ninguna, a los pobres pieles rojas, sin más derecho que vuestro orgullo inmoderado? ¿Habéis olvidado tan pronto la sangrienta lucha que sostuvisteis por tanto tiempo para mantener la infamante esclavitud de los negros? ¡Ah! ¡Norteamericanos! ¿Qué me respondéis a todo esto? En cambio, los gobiernos todos de Centro América, de todos os matices políticos, han contribuido, cual más, cual menos, al mejoramiento incesante del indio primitivo.

Concluyamos, señores: si a pesar de nuestra cordura el conquistador yankee invade nuestras fronteras y profana con su bota ferrada nuestro patio solariego, pidamos inspiraciones de amor patrio a nuestros mayores, y con valor de espartanos sucumbamos en la demanda, para que el pabellón de las barras y de las estrellas flamee sobre montones de ruinas y vapores de sangre.

SALVADOR ZELAYA.

Los indescifrables o extranjeros perniciosos

(EDITORIAL DE PATRIA, 13 DE FEBRERO DE 1923).

En la antigüedad no había derecho de inmigración. El extranjero era el bárbaro, el enemigo: *hostis*. El extranjero no tenía derecho a ningún derecho y por eso se le reducía a la esclavitud y se le prohibía adquirir propiedades o contraer nupcias. En la edad media el derecho de albinagio o despojo del extranjero era corriente en el mundo occidental o sea la cristiandad. Maquiavelo dejó a sus paisanos como programa político a realizar, ejecutado en el siglo último, *el cacciari i barbari d' Italia,* o sean los extranjeros que mantenían al país en la división y la esclavitud (1).

El siglo XIX ha sido bien generoso con los extranjeros: todas las puertas, de todas las naciones les fueron abiertas; pero en todas partes casi no han sabido corresponder a esa confianza, especialmente en las nuevas repúblicas del hemisferio americano, en donde el extranjero, con raras y nobles excepciones, se ha dedicado a explotar más las pasiones de ambiciosos mandarines que las tierras exuberantes. Los reclamos del Pacifico han estado a la orden del día (2): por ellos varias repúblicas han escapado de perder su autonomía en medio de guerras espantosas y fratricidas (3). Por esos extranjeros aventureros, varias repúblicas han sido desmembradas o reducidas a la esclavitud (4).

Por eso en todas partes se nota un movimiento de reacción: México acaba de expulsar por perniciosos a extranjeros que se han inmiscuido en la guerra civil. Guatemala amenaza con algunas expulsiones. Los salvadoreños proclaman *primero noso tros en Centroamérica.* Las grandes potencias provocan próximos congresos de inmigración ante esos movimientos. Nosotros, en medio de todo eso, debemos hacer un imparcial recuento para honrar al extranjero que honradamente viene a trabajar con nosotros o a enseñarnos a trabajar; y para expulsar sin contemplación a los extranjeros sembradores de corrupción o de discordia nacional. Ya hemos dado prueba de nuestra virilidad: el filibustero Walker vino a acabar fusilado en nuestras playas, mereciéndonos el respeto del mundo.

Algunas veces hemos hecho reembarcarse a extranjeras tropas que amenazaban pasar por encima de nuestro derecho (5). Algunos cónsules extranjeros vieron revocados sus exequátur por nuestro Gobierno, a causa de haberse inmiscuido en las luchas civiles (6). Algunos ministros diplomáticos han sido suspendidos o cortados en su carrera por haberse metido a honduras. en Honduras (7). Y en esa cruzada han de ayudarnos Dios y nuestro Derecho.

LUIS ZUAZO.

(1) Cavour y Garibaldi echaron fuera a los austriacos de Italia que dominaban en el país desde el siglo XV.

(2) Díganlo si no, los millones que sin derecho nos ha reclamado el "Honduras Syndicate" y Valentine. Recuérdese el reclamo de la Compañía Americana del Orinoco que cobraba 1,200.000 dollars a Venezuela y los árbitros apenas le reconocieron 85,000 con dollars.

(3) Intervención franco-inglesa en la Argentina. Intervención franco-anglo española en México. Intervención anglo-italo-germánica en Venezuela. Intervención americana en Santo Domingo..

(4) Desmembramiento de Colombia por Roosevelt & CV. Protectorados de Nicaragua y de Panamá

(5) Los soldados ingleses que habían ocupado Amapala; los corsarios de Belice que invadieron las Islas de la Bahía y la Mosquitia; y los marinos americanos del PETREL en Puerto Cortés, en 1912.

(6) Drew Linard y Virgil C, Refoold, americanos; Pierre Devaux, francés.

(7) Parece que eso sucedió a Philip Brown, Mc. Creery y Sambola Jones.

YO CONFÍO

(Del libro Labor Hondureña por la Autonomía de C. A.).

Siempre que siento vibrar el alma nacional centroamericana, renace en mí la esperanza en la salvación de la Patria. Y este Libro es una vibración de ella que, inspirado por una idea de Defensa y Unión Nacional, va indicándonos el camino de nuestra salvación.

De sus páginas emana no sé qué extraña inspiración que comunica al alma la fluidez divina del sentimiento patrio. Cada acta es una protesta, y cada protesta un grito que, repercutiendo de hoja en hoja, viene a estallar en uno solo, que podría llamársele el grito del espíritu nacional dormido.

Es la voz de Honduras que, salida del fondo de sus valles y montañas, se resuelve en un *¡MUERA!* al protectorado americano. Y este Libro que unifica el grito de un pueblo que despierta, puede llamársele con justicia su *¡PROTESTA!*

Cuando un pueblo habla así, y piensa así, no hay que desconfiar del porvenir.

Yo confío en que lo que hoy es un alerta sea mañana un empuje sobrehumano, convertido en hermosa realidad. Yo confío en que estas manifestaciones serán bien pronto las avanzadas, que nos escudarán contra futuras agresiones. Yo confío en que nuestros pueblos separados sabrán unirse antes de ser por la fuerza conquistados. Yo confío en que antes de vendernos como esclavos, sabremos defendernos como hermanos.

Yo confío en que antes de consentir la invasión, habremos preparado ya las bases de nuestra grande y futura unión. Yo confío en que nuestra sangre no ha de derramarse ya, sino es para conquistar nuestra grandeza y libertad.

¡Yo confío en que cinco pueblos débiles sabremos hacer uno solo fuerte y respetable. Yo confío en esa noble y valerosa juventud que, luchando contra el indiferentismo de los más, ha hecho un culto de la patria, formando esa nueva y poderosa falange del unionismo.

Yo confío en nuestros pueblos y en la abnegación de nuestros gobiernos.. Pero en fin, si hemos de perecer y sucumbir en la contienda, yo confío en la Naturaleza; confío en que, abriendo el ancho seno de sus mares, sepultará en sus ondas, en fragoroso y colosal cataclismo, lo que con orgullo llamamos Centro América, haciéndola desaparecer para siempre en el fondo negro de su abismo.

JOAQUÍN RODAS M.

Por la defensa nacional

¡Hondureños! Ha llegado el momento en que cada uno de vosotros ponga todo lo que haya a vuestro alcance en el terreno del patriotismo, para no permitir que las garras del águila del Norte vengan a posarse en el corazón de vuestra patria, Soy nicaragüense y he patentizado el sufrimiento de mi patria en sus contorsiones agónicas, al ser herida su soberanía por los vampiros del oro. Estos, hombres de fuerza y de dominación, sembradores de esclavitud, al penetrar al seno de la República, lo hacen siempre bajo una forma amistosa y pretextando proteger sus intereses y Legación. Empero, tan luego están dentro, desarrollan su programa de humillación, y desenvolviendo el látigo de la intervención, azuzan a los patriotas haciéndolos tomar el camino del ostracismo y elevan al poder a un Judas que les permita la libertad de adherirse a la ubre de la nación, extrayéndole el jugo de sus rentas y el precioso metal de las entrañas de su tierra.

No creáis que estáis solos, pues cada uno de los centroamericanos residentes en vuestra hospitalaria tierra, os ayudará marchando con vosotros y, de este modo, colocará su grano de arena hasta la reconstrucción del edificio de las libertades soberanas de vuestra patria. Hay que fijarse que, en estos casos, el que calla otorga y este silencio es criminal.

Los labios de la Historia se han hecho para condenar el crimen y no para absolverlo; el crimen pasa y la Historia queda y vuestras futuras generaciones será el tribunal: que juzgará vuestra actitud presente en el actual problema. ¡Adelante, en la actitud firme de la defensa nacional!

J. M. MUÑOZ B.

Tegucigalpa, 8 de abril de 1924.

Protesta de la 1a. Compañía de Ametralladoras

Guacerique, 9 de abril de 1924.

Señor Director del Boletín de la Defensa Nacional. —Pte.

Distinguido patriota:

Tengo el honor de enviar a Ud., por la presente, la enérgica protesta de la 1ª Compañía de Ametralladoras, por el atropello cometido en la soberanía de nuestro territorio por los marinos yankees, consignada en la siguiente acta, que literalmente dice:

Acta de la 1 Compañía de Ametralladoras en pro de la Defensa Nacional. En Guacerique, a los nueve días del mes de abril de mil novecientos veinticuatro. —Los suscritos, miembros de la Primera Compañía de Ametralladoras, compuesta de elementos juveniles y disciplinados, haciendo suya la voz unánime de todos los hondureños, cuyo eco resuena por todos los ámbitos del país; y Considerando: que es deber de todo individuo del Ejército velar por los sagrados intereses de la Patria, y no pudiendo tolerar el incalificable abuso cometido en la República, fuera de todo derecho y precedente, disponemos: 1°. Mantenernos en pie y con la mayor organización posible, a fin de permanecer listos, si el caso se llega, para prestar nuestro contingente el día que la Madre Patria nos llame a defenderla; y 2°. Levantar y firmar, de nuestro puño y letra, la presente acta, para su publicación y conocimiento de nuestros compatriotas.

B. Octavio Murillo, Juan A. Portillo, Rubén Pineda, César Reyes C., José B. Maradiaga, J. Gutiérrez, Clotilde López, Pedro Rivera, Max. Urbina, P. Valladares B., Virgilio Pineda, J. Domingo Aguilar, Ricardo Zelaya, Julián Velásquez, Manuel Valenzuela, Rubén Barrientos, José L. García, Secundino L. Iriarte. De Ud., atento y S. S.

B. OCTAVIO MURILLO

****

Cómo puede enviar la firma

Todos aquellos que por una razón especial no les sea posible venir a dejar personalmente su firma de protesta por la llegada de los norteamericanos, pueden dirigirnos una nota en esta forma:

Señor Director del Boletín de la Defensa Nacional. —Presente. Le autorizo para poner mi firma en el libro de protestas por el ingreso de marinos norteamericanos a esta capital.

(Aquí la firma).

La esclavitud de Nicaragua

POR ISIDRO FABELA

La diplomacia del dólar.---La revolución contra Zelaya.
(Continúa).

Esta nota, independientemente de las verdades o inexactitudes que contenga en su relato, es un ejemplo raro de incompetencia diplomática. Después de leerla, ocurre preguntarse: ¿Es realmente un diplomático el autor de ese escrito? ¿Merece el gran pueblo norteamericano tener un canciller que deja en los archivos de su Secretaría de Estado un documento como éste, desprovisto en absoluto de la cortesía y la dignidad debidas a un diplomático y a un Presidente, y que, en el fondo, viola principios reconocidos de derecho de gentes?

Cuando se compara esta nota y otras similares de la Cancillería estadounidense con las verdaderas notas diplomáticas, nos viene la idea de que sus autores se olvidaron completamente de que existe la Historia y que redactaron esos documentos como si fueran destinados no a una nación, sino a un subalterno a quien se despide con desdén. Y, sin embargo, esa nota, como otras muchas dirigidas a las cancillerías hispanoamericanas, ha sido recogida por los archivos y publicistas; forma parte de la historia diplomática de la Gran República y será mañana una constancia viva de la injusticia y de la intemperancia diplomática de los Estados Unidos hacia sus hermanas menores del continente. Beltrán y Rózpide dice de ella:

"Difícilmente podrá encontrarse en la historia de las relaciones internacionales documento parecido a éste. Como era de esperar, promovió un movimiento unánime de protesta en toda América".

Un periódico de Costa Rica, La República, lo calificó de "modelo de cinismo, de falsedad y de incultura diplomática"

No es, pues, de extrañar agrega —Beltrán y Rózpide— que de día en día vaya marcándose más entre los pueblos americanos la animadversión hacia los Estados Unidos (1).

Es posible también que el señor Knox sea un jurisconsulto avezado al Derecho Internacional y al Diplomático, y que tenga de la

255

justicia un alto concepto; es posible, por consiguiente, que conozca a fondo sus deberes formales y substantivos de Cancillería, y que, dándose cabal cuenta de sus palabras y actos, con toda intención haya dirigido aquéllas contra el presidente de una república, y contra el pueblo de Nicaragua éstos, realizando así una grosería consciente y descubriendo un apetito preconcebido. Entonces nos encontramos frente a un caso brutal de imperialismo que no tiene excusa en la forma ni en el fondo, ni es digno del gran pueblo septentrional.

Dice Wattel: "Es una consecuencia manifiesta de la libertad y de la independencia de las naciones que todas tienen el derecho de gobernarse como lo juzguen conveniente, y ninguna tiene el menor derecho de mezclarse en el gobierno de otra. De todos los derechos que pueden pertenecer a una nación, la soberanía es, sin duda, el más precioso y el que las demás deben de respetar con el mayor escrúpulo si no quieren hacerle injuria (2).

Y Martens afirma: "El carácter esencial de la soberanía es que el Estado, en lo que toca a su constitución y a su gobierno civil, no tiene, por derecho, que recibir leyes de ningún extranjero". (3).

¿Por qué violó el Gobierno norteamericano este sagrado principio? ¿Por qué el Presidenta Zelaya, según la particular opinión de Knox, ha mantenido a Centro América en constante inquietud y turbulencia? ¿Por qué las instituciones republicanas han dejado de existir en Nicaragua, excepto de nombre? Porque dos oficiales norteamericanos, al servicio de las fuerzas revolucionarias, fueron fusilados conforme a la ley militar de Nicaragua. ¿Para hacer pagar al pueblo nicaragüense una indemnización por la muerte de los coroneles del ejército nicaragüense, convictos y confesos del delito de rebelión contra el Estado? ¿Con qué derecho el señor Knox se permite juzgar en un oficio de cancillería al presidente de una república soberana, diciendo que ha hecho desaparecer en su país las formas republicanas, que sólo existen de nombre?

¿Es acaso su señor feudal? Dice Wattel, hablando de las prerrogativas inherentes al jefe de una nación, qua ninguno potencia extranjera tiene derecho a erigirse en juez de su conducta y de obligarle a cambiarla en nada. Y Makintosh, defendiendo la independencia de los pueblos, dice al respecto que una nación, aunque sea atrasada, es la única competente para arreglar su organización política, civil y religiosa.

(Continuará).

(1) R. Beltrán y Rózpide, Los pueblos hispanoamericanos en el siglo XX, volumen, correspondiente 1907-1909. pág 99. (Madrid, Patronato de Huérfanos, 1910).

(2) Wattel, Le droid des gens, cap, 54. pág. 22-(Guillaumin & Cle., Paris, 1863).

(3) Martens, Précis de droid des gens, cap. 16, pág. 77.

"Modelad Vuestro poder a las leyes, si queréis conservarlo"

El pretexto de pacificación en que comúnmente se atrincheran los yankees, no lo pone a cubierto de su verdadera y descarada ambición: auxiliados de la fuerza, asesinan y se entronizan sobre las ruinas, sin que se pueda alegar en favor, las leyes holladas por ellos mismos. Las demás naciones poderosas permanecen quizá en común acuerdo, impávidas, esperando el abrir y cerrar del telón en el drama yankee-latino La tempestad se ha formado en el cielo de los modernos bárbaros del Norte, que aunque tarde descargará sobre sus penachos; y esperamos que su estrago será tanto más considerable cuanto lo sean la apatía, la indolencia, la arbitrariedad, el, despotismo y la tiranía que sustenten contra la raza latinoamericana.

Aguardemos que esta estrella eclipse. Es justo el castigo para el verdugo sin piedad.

CUOTAS PATRIÓTICAS

Volvemos a excitar a los verdaderos patriotas a fin de que envíen sus cuotas para pagar a los tipógrafos que forman el boletín.

BOLETÍN DE LA DEFENSA NACIONAL

Director: Froylán Turcios

**TEGUCIGALPA, HONDURAS, CENTROAMÉRICA
VIERNES 11 DE ABRIL DE 1924**

DISTRIBUCIÓN GRATIS No. 21

Continuamos activamente nuestra campaña a despecho de los traidores y de los indiferentes.

Vamos haciendo esta campaña contra los yankees invasores, derribando todo género de obstáculos. A cada hora se nos presentan dificultades que vence nuestro patriotismo perseverante. Nuestro esfuerzo se abre camino por entre las cosas pasivas que intentan detenernos: contra las gentes que no ven ningún peligro con la permanencia de los conquistadores en Tegucigalpa, y que, por consiguiente, juzgan fuera de lugar nuestra propaganda patriótica.

Si pudiéramos escrutar las almas en relación con el sentimiento de verdadero amor patrio, de nacionalismo íntegro, de amplia autonomía y libertad para Honduras, encontraríamos muchas —quizá las menos sospechosas por sus antecedentes—, obscuras en esta ocasión, llenas de apetitos egoístas y de cosas malsanas.

Tiempo llegará en nuestra labor por la soberanía centroamericana, en que deslindemos enérgicamente los campos de lucha y en que nos veremos frente a frente, cara a cara con los traidores, sí, como esperamos, cobran con el tiempo un poco de valor o cinismo. Ahora se esconden como ratas y sólo dan señales de vida con algún ataque por la espalda. Esta hoja tiene dos objetos: apresurar, con sus tenaces trabajos, la salida del enemigo común; y hacer conciencia nacional.

En esta última tarea, a despecho de los elementos poderosos que trabajan contra ella en la sombra, vemos claramente que conquistamos terreno, pues cada día se define en el pueblo nuestra acción con mayor éxito. Y el resultado sería completo, en un orden de perfecta amplitud si las comunicaciones con los departamentos no estuvieran interrumpidas. Porque en los pueblos de la República que no están contaminados directamente con las conveniencias de los políticos, con la rapacidad de ciertos extranjeros desvergonzados, vibra, en toda su sinceridad y fuerza, sobre todos los otros sentimientos que caben en el alma ciudadana, el alto, el noble, el supremo sentimiento de la soberanía, de la autonomía de Honduras, el más caro tesoro que pudo darnos el Destino, el que debemos defender con nuestra pluma y por el que derramaríamos gustosos nuestra sangre.

Consúmanse de ira los traidores por nuestra campaña; véanla con indiferencia los abúlicos; táchenla de inútil los que simpatizan con los yankees: que nosotros continuaremos en ella, sin importarnos un comino sus opiniones, seguros de que cumplimos activamente con nuestro deber; y que si pecamos alguna vez de exagerados en nuestro patriotismo, este exceso de energía en el más generoso de los impulsos, más bien constituirá para nosotros un mérito en el concepto de los hombres dignos.

****

La propia personalidad

Una de las cosas que muchos de los que van a Estados Unidos, crean indispensable, es olvidar el español y poner a la patria como mantel de casamiento. Como ellos son ya hombres prácticos (su práctica consistió en lavar platos en los restaurantes o en cargar fardos en los muelles), desdeñan lo sonoro y suave de nuestro idioma y se extasían ante la rigidez rocallosa y cortada a pico del inglés. En inglés hablan para espantar a los indígenas, y lo hacen con la misma voluptuosidad y el mismo desdén para los demás con que Juan de Ega, en Lisboa y en pleno calor, se abrigaba con una pelliza suntuosa.

Claro que no saben inglés, pero tampoco saben americano, que es lo que se habla en la gran República. Y acaso lo único que los consuele es que también lo ignoran. Pero, en fin, estas cuestiones idiomáticas no son más que cuestiones de tontería, de recargo de plomo en el cerebro, que hacen reír a los demás. Porque es condición de los majaderos provocar la risa allí donde ellos creen, con solípeda buena fe, despertar admiración. Pollos y pollas conocemos, que se creerían degradados si en público se expresaran en español. Forman una especie de secta que se hace signos de inteligencia, en el mutuo recuerdo del asfalto, del eléctrico y de los rascacielos. La cuestión es que se sepa que han ido a Estados Unidos, lo cual es un indiscutible signo de superioridad, por más que allá hayan pasado, como a todos sucede, en el más perfecto anonimismo.

Pero además del aspecto cómico de estos pobres diablos (y diablesas) que hablan de Nueva York o de Frisco, hasta para pedir los frijoles, hay otro un poco más serio: aquel en que, so pretexto de una civilización superior, que desde luego han digerido mal y de prisa, se desatan en horrores contra la tierruca cuyo único pecado es amamantar imbéciles y quieran para ella algo que subleva la conciencia, la dignidad y hasta el estómago: que los otros, los superiores, vengan a hacernos la merced de sus métodos y de su protectorado.

No hay derecho para tanto cretinismo. Uno puede regresar muy deslumbrado, sudando admiración por todos los poros, jurando por el subway o por el Golden Gate y hasta diciendo que tuvo una cita con la Mary Pickford; pero eso no quiere decir que querramos desaparecer so pretexto de mejorar.

Vengan maquinarias, maravillas eléctricas, puentes y rayos verdes y mirlos blancos: importemos a Edison si es preciso; pidamos aeroplanos, que los automóviles anden por sobre los tejados. Pero no renunciemos a lo que somos; no querramos ser otra cosa distinta; no abdiquemos, no querramos ni siquiera abdicar de nuestra propia y original personalidad.

JOSÉ RODRÍGUEZ CERNA.

✳✳✳

—Hasta los villanos, hasta los hombres ruines que atacan nuestra labor y a quienes vemos como seres insignificantes desde el plano en que nos agitamos, reconocerán mañana la sinceridad de nuestro esfuerzo patriótico, nuestro profundo afecto por Honduras, y nuestra pasión por la libertad, por el derecho y la justicia.

****

<u>OPOSICIÓN</u>

No hay obstáculo ninguno para una voluntad firme en sus propósitos. Los leones del camino llámanse a menudo *el qué dirán,* prejuicios, costumbres, amistad, familia..

Si tienes conciencia de que lo que dices edifica, de que lo que haces tiende a grandes resultados, ¿por qué temes? Si pudiéramos enseñar a las generaciones que el bien debe ser el fin de nuestros mejores esfuerzos y que, para realizarlo necesitamos mirar de frente la montaña, sin vacilaciones ni vértigos, ¡qué cambios tan profundos! Señor Ministro de los Estados Unidos, don Franklin E. Morales: Creemos que el delito perpetrado por Ud. contra la soberanía de Honduras es un acto bárbaro que no sólo merece la reprobación de nuestro país ofendido, sino también la airada protesta del pueblo honrado de los Estados Unidos, que jamás estuvo de acuerdo con los vandalismos de ningún filibustero.

En consecuencia, nuestra labor, que cada un día atrae más elementos dispersos, no por falta de patriotismo, sino por distintas circunstancias; nuestra labor, le decía, no reconocerá otros obstáculos, que los de una fuerza incomprensiva y desleal que en un momento imprevisto pudiera ensañarse contra nuestra noble causa.

Ese momento no llegará, porque Dios es justo. En todos los tiempos ha puesto una piedra en la honda de un pastor para derribar a los gigantes. Y eso es lo que él nos ha dado, lo que usamos con su autorización: piedras. Porque somos indios; piedras, porque somos el pueblo más salvaje del mundo, según la opinión de un extranjero; pero un pueblo que preferiría el estado de canibalismo a una civilización que le trajera la argolla infamante para sus mujeres y el fierro para el rostro valiente de sus hombres.

Con el fin de protestar contra el atentado de don Franklin E. Morales contra la soberanía, ni reconocemos los leones del camino.

Familia querida, amigo preferido que comes conmigo en la misma mesa: nada tengo que ver con vosotros, si sois enemigos de mi patria en este día de dolor.

VISITACIÓN PADILLA

Tegucigalpa. 11 de abril de 1924.

EL IMPERIALISMO YANKI EN LA AMÉRICA LATINA

Hay para los pueblos de la América Latina un grave peligro que nadie ignora y que todo el mundo ve con marcada indignación: el imperialismo yankee. Es ese imperialismo algo así como un mar enfurecido que amenaza inundar nuestros verdes prados; es algo así como un viento tempestuoso que amenaza derrumbar el magno edificio de nuestras instituciones republicanas y sepultar bajo sus ruinas las heroicidades y el nombre de la raza. Poner en él la atención, es un deber; luchar por detenerlo, una urgente necesidad.

A nadie que tenga algún conocimiento de la actual política norteamericana, por muy escaso que éste sea, se oculta que desde hace no menos de medio siglo la noble raza latinoamericana es víctima de una serie de atentados a todas luces injustificables y desastrosos, con que los hombres del Norte, escarneciendo la muy augusta memoria de su libertador, disminuyen notablemente nuestro poder y territorio, profanan nuestra soberanía y dignidad de pueblos libres y conquistan con oro y a veces con cañones. Los Estados Unidos de América, esa nación rica y poderosa llamada Gran República del Norte, por intereses continentales, por razón de armonía y de derecho y para recobrar el honroso nombre de pueblo equitativo, ese nombre que con tanta gloria les dio el inmortal Washington y que con tanto escarnio han perdido en estos últimos años, para recobrar la grandeza de su cuna, debiera ser un amigo desinteresado y franco de los pueblos latinos de este Continente, procurando el engrandecimiento. Pero desgraciadamente sucede lo contrario; nos conquista y no nos defiende; nos aniquila y no nos desarrolla. Los Estados Unidos de América no intervienen en nuestros asuntos, guiados por un noble sentimiento de fraternidad continental; no son sus intenciones hacernos pueblos cultos y vigorosos; no abrigan ideas sanas cuando se mezclan en asuntos extranjeros; no intervienen para bienestar y prosperidad; no hay nobleza y menos justicia en las intenciones de los norteamericanos. Nuestros pueblos pueden muy bien oponerse a ese otro que llaman, coloso del Norte, pues cuentan con todos los elementos de defensa; y más aún; la abnegación y valentía de la raza y el derecho que tienen a ser libres. Los norteamericanos vienen desarrollando una campaña abominable y a nosotros nos dignifican con el derecho: ellos son agresores y nosotros debemos ser defensores. Sin medir sus fuerzas debemos salirles al encuentro.

Tegucigalpa, 8 de abril de 1924.

EDUARDO BULNES

La esclavitud de Nicaragua

POR ISIDRO FABELA

La diplomacia del dólar.---La revolución contra Zelaya.
(Continúa)

Responsabilidades del Presidente Zelaya

Si el señor Zelaya estableció en su patria un poder absoluto, son sus compatriotas quienes deben decirlo, y si encontraron en él un déspota y esa fuera la causa de una revolución civil contra su Gobierno, bien está. Precisamente las revoluciones son el derecho de los pueblos contra las tiranías; pero es, cada pueblo el que ha de juzgar a sus gobernantes, porque es, además, el único capaz de conocerlos. Cuando un gobierno extranjero incurre en el grave error de entrometerse en la política interna de otro Estado, cae fácilmente en yerro por la falta de conocimiento de las costumbres, de las personas y de las necesidades de ese Estado, y resulta que, en vez de hacerle un bien, le hace un mal, provocando en sus ciudadanos el odio al extranjero, avivando la cizaña entre los partidos nacionales, y, por otra parte, introduciendo o fomentando la traición a la patria, que no es sino traición la que cometen los nacionales de un país cuando buscan, provocan y aceptan la intervención extranjera en los destinos de su patria. Si el señor Zelaya fue un mal o buen gobernante, lo juzgarán los nicaragüenses y la Historia, pero no tiene derecho el canciller Knox a erigirse en su tribunal, declarando que el régimen por aquél sostenido fue un borrón en la historia de Nicaragua.

Por desgracia, no son pocos los políticos norteamericanos que se creen autorizados a inmiscuirse en los asuntos domésticos de Hispano América; unos, dizque para dar protección al capital y las vidas norteamericanos, como Wilson en Santo Domingo; otros, a título de protectores de la civilización, como Mr. Roosevelt en Panamá; y otros, como Knox, para dar satisfacción a la justicia y al pueblo de los Estados Unidos por la muerte de dos de sus hijos, ajusticiados por haber intentado volar con dinamita un buque extranjero lleno de soldados. Todos, en realidad, a título precario, abusando de la fuerza y de la impunidad de sus actos y con el fin de extender su dominio y aumentar su riqueza. Porque nosotros no creemos en el apostolado civilizador de los Estados Unidos en la América española.

La época de las conquistas humanitarias y de las misiones evangélicas pertenece a la Historia. En la actualidad, los pueblos necesitan libertad para desarrollar sus propias capacidades y la ayuda noble de las grandes naciones: pero no al precio de la independencia y de la humillación.

Si algunos países iberoamericanos no han podido alcanzar un alto grado en su civilización popular, será llegado el caso de tenderles la mano, de las infinitas maneras que los grandes pueden ayudar a los pequeños; pero de ningún modo explotándolos por la fuerza y reduciéndolos a la categoría de vasallos o colonias, porque, como dice Pinheiro Ferreira, "las naciones que quieren propagar por la fuerza de las armas la prosperidad política de que ellos gozan, se parecen a esos devotos que se esfuerzan en hacer el bien a los incrédulos por el fuego y el hierro".

En cuanto a la imputación que Knox hace a las autoridades nicaragüenses de que hicieron preceder la ejecución de los reos con las más bárbaras crueldades, el Presidente Zelaya publica, en su obra citada, el testimonio del otro procesado, Couture, quien declara que no es exacto tal cargo; que los reos, ni en su conducción ni durante su cautiverio, padecieron maltratos de ninguna especie, en ningún tiempo, y, antes al contrario, nada les hizo falta, pues de todo se les proveyó con oportunidad. Este relato fue hecho por Couture a la autoridad correspondiente, hallándose presente, en el acto de la declaración, el señor Cónsul de Bélgica, don Luis Layrac, quien autenticó con su firma haber oído las palabras anteriores (1).

Un acto sí es de la responsabilidad personal y total del señor Zelaya: la denegación del indulto a los dos sentenciados a muerte. El Presidente, en el manifiesto que lanzó al pueblo nicaragüense al dejar la presidencia de la República, justifica su conducta alegando las siguientes razones:

"La muerte de los filibusteros Cannon y Groce, que me imputa directamente el Gobierno americano, es el resultado de un juicio en que se dio audiencia plena a los reos y en que no se omitió ninguna formalidad legal.

Eran ellos revolucionarios, según lo afirma oficialmente el Gobierno americano en la nota del Secretario de Estado, y figuraban como jefes principales del movimiento, al cual le prestaban el valioso concurso de su actividad e inteligencia, dirigiendo las operaciones científicas de levantar planos topográficos y de fortificación; habiendo sido, además, muy buenos tiradores y los únicos encargados de manejar aparatos infernales para minas explosivas, que tanto daño hicieron en las maniobras de las fuerzas del Gobierno.

De modo, pues, que Cannon y Groce expiaron su delito del modo que lo indica nuestro Código Militar: con la pena de muerte,

Además de haber sido jefes revolucionarios importantes, recayó sobre ellos la responsabilidad criminal de un hecho gravísimo y horrendo: hacer volar con dinamita nuestras naves, repletas de tropas, que en su mayor parte habrían sucumbido en las sirtes del rio San Juan si, por un hecho casual y por la gran habilidad en el movimiento de uno de los vapores, no se hubiese logrado cruzar con rapidez el lugar donde la mina hizo explosión. Esos individuos no podían asimilarse a los prisioneros de guerra que se toman al enemigo en una contienda internacional: eran filibusteros al servicio de una revolución interna, pagados para producir estrago y muerte;

mercenarios extranjeros que venían a aumentar nuestras desgracias, no por amor a un país que no era el suyo, sino por alcanzar una recompensa de los rebeldes y traidores que venían ensangrentando el suelo nacional.

La sentencia que el Consejo de Guerra dictó contra ellos está de acuerdo con lo prescrito en nuestras leyes militares; los reos confesaron su culpabilidad, y manifestaron también, claramente y por escrito, que habían sido tratados en su prisión con las mayores consideraciones y cuidados.

Mi única intervención en este penoso asunto consistió en negar la gracia de indulto que solicitaron los reos, porque ese derecho es potestativo del Presidente de la República, y porque creía y creo que la sentencia era justa, que se debía cumplir, estando el enemigo al frente, y que era necesaria la medida extrema de ajusticiar a dos reos convictos y confesos para mantener el orden y la moral en el ejército. Como Cannon y Groce eran revolucionarios, perdieron el derecho a la protección de su Gobierno, según la ley americana, y, en tal caso, no tienen por qué sentirse agraviados los Estados Unidos. De todos modos, el Gobierno de Washington podía haber entablado la reclamación correspondiente antes de declarar, por eso, rotas sus relaciones con Nicaragua. Dos pesas y dos medidas tiene el fuerte, tratándose del débil. Cuando la voladura del Maine, ni siquiera se halló un alambre, una pieza, la más pequeña, que pudiese dejar la convicción de que se había cometido un crimen. Mas, el hecho solo de que el buque se hallaba en aguas de Cuba bastó para que el Gobierno americano declarase la guerra a España, pereciendo por ella centenares de víctimas.

En Nicaragua se captura en plena campaña a dos jefes revolucionarios, se encuentra la mina, se encuentran los aparatos para su funcionamiento, se toma a los reos infraganti y estos confiesan su delito; sin embargo, el Gobierno americano no halla justo que se les aplique el castigo que señala la ley, sin duda porque se trata de dos americanos. Cannon y Groce no tenían derecho a la protección de los Estados Unidos, y el Gobierno de Washington no podía, sin pasar sobre elementales principios de soberanía interna y externa de Nicaragua, valerse de un pretexto tan mal hallado para intervenir, primero diplomáticamente y después por medio de las armas; en un país independiente. *(Continuará)*

(1) Certificación extendida por el Juzgado primero civil del distrito.-(Zelaya, ob. cit., págs. 162 a.166).

Cómo puede enviar la firma

Todos aquellos que por una razón especial no les sea posible venir a dejar personalmente su firma de protesta por la llegada de los norteamericanos, pueden dirigirnos una nota en esta forma:

Señor Director del Boletín de la Defensa Nacional. —Presente.

Le autorizo para poner mi firma en el libro de protestas por el ingreso de marinos norteamericanos a esta capital.

(Aquí la firma)

El traidor

El peor estigma que una criatura puede llevar en el mundo, es este fatídico vocablo. Es un eterno sambenito, como una piedra de toque, que entre más se frota, se compacta su consistencia. El traidor va rodando, en su vida sin oriente, solo, apocado, torvo, con la triste mirada del ciervo, sin un algo que divise en lontananza, sin la fe consoladora, El traidor; como el Judío Errante de la leyenda, no encuentra un oasis fecundo: no encuentra una fuente murmurante que mitigue su sed abrasadora; ha perdido toda esperanza de redención, llevando solamente el peso enorme en su conciencia fementida siendo la piedra de escándalo, por la que rehúyen los hombres afiliados a las obras del bien. Y en su cerebro arde la antorcha consumidora, arde la maldición de sus hermanos, sin que escuche una voz, la dulce voz del consuelo. Y él anda y anda terrible con que el Gran Maestro conjuró al réprobo, revolotea en sus oídos como las furias del averno.

El Padre de la Humanidad; lleno de mansedumbre sublime, perdonó la bofetada, perdonó la murmuración, perdonó la calumnia y aun se dice que a sus propios verdugos, con aquel postrer suspiro y aquellas frases de oro purísimo que se escaparon de sus labios:

"Padre, perdónalos, porque no saben lo que hacen"; pero cuando llegó su turno al traidor, su corazón lloró lágrimas de amargura y pronunció la sentencia aterradora contra aquel bárbaro que por una miserable prebenda, entregó a su padre espiritual. ¡Amigos míos! Busquemos a los culpables de la afrenta que el anglosajón nos ha inferido. Busquemos a los avechuchos obscuros y miserables que en vuelos inciertos se han albergado detrás de un escudo extranjero. No son hondureños, grita la patria sangrante; no son hondureños, repercute nuestro grito de protesta en nuestras azules montañas; no son ciudadanos, dice el anciano levantando su báculo en un momento de altives; no son hombres, grita la dama delicada. Ellos han tendido sus manos y quieren buscar las nuestras para que la vil cadena, como una serpiente bicéfala, nos aferre eternamente en la garra del intruso rapaz.

Contristase el alma al contemplar el indiferentismo que priva en algunos. Parece marchitarse el árbol fecundo de la libertad. Parece como si un hado fatal, como un bacilo pernicioso, hubiese roído los tejidos de la dignidad. ¡Levantaos, ciudadanos! No durmáis en la hora solemne en que Honduras reclama vuestro recurso. Sed dignos de llevar el nombre glorioso de hondureño. Observad el ejemplo de los hombres que lanzan sus protestas; que ansían ser nuestros conciudadanos, si no fueran de otro países. Porque, mañana, cuando el augusto tribunal de la Historia os llame a juicio por vuestra pasiva conducta, ¿querrías saborear el limbo de los malditos? No os dejéis caer en esa tentación.

¿Que somos débiles? ¿Que somos una raza desordenada? ¿Qué nación del mundo podrá tirar la primera piedra sobre este último concepto? No tomemos la debilidad intrínseca de nuestra hacienda; y a partir de esto, debo confesar que los países libres llevan en sí la dignidad, que es la fortaleza suprema, por cuyo atributo son respetados y catalogados por sus semejantes. No hay disculpa, no hay pretexto para tomar camino del pesimismo. Recordad las palabras de Robespierre ante los adversarios de los girondinos:

"¿A qué conduce el tomarse interés por personas particulares? La República no piensa sino en la libertad. Regenerad la opinión, mejorad las costumbres, apresuraos si no queréis perpetuar la crisis de la República".

No os imaginéis que los cubanos, los haitianos, los filipinos, los nicaragüenses, en fin, todos los que sienten la presión férrea de la bota yankee, se han sometido a la obra de los traidores. Oh, no. Aquellos latinoamericanos, estimulados por la tremenda desventura, pugnan por romper los lazos ignominiosos de la intervención. Asqueantes ven a su suelo bajo la tutela del extranjero y en su desesperación suprema, vuelven los ojos a la Madre Patria, como el desafortunado vástago busca el seno de su madre ante las desgracias que le afligen. También allá, decía, hay traidores; también en la América Insular hay brotes de esa planta exótica; pero aquellos renegados, como éstos, van quedando apartados, olvidados y disueltos, si se quiere, ante el empuje vigoroso de los que levantan la bandera del autonomismo en esta América.

¡Ah, los traidores! Sabe Dios para qué los incubó la fuerza del destino. Sin embargo, refrescada la mente; navegando en el tranquilo mar de la razón, viene una convicción íntima: en el mundo, en toda su organización, hay polos opuestos como para guardar el equilibrio del mismo sistema orgánico. Mas, tocando el corazón humano, no se encuentra esta concatenación de hechos. El hombre, como ser racional y superior, no ha de abrigar el instinto perverso que empuja, que sugestiona con fuerza irresistible, como un ofidio a la presencia de un pobre batracio, al decir de algún pesimista, y se impone la maldad con la sutileza de un vestiglo, en el corazón vulnerable de algunos hombres, para recibir esa bacteria pútrida. No será, pues, susceptible a la reparación.

Así, el Judas fementido, a pesar de su pétrea conciencia, tuvo en la hora trágica el valor, de señalarse como traidor al imprimir en la suave mejilla del Maestro, aquel ósculo corrosivo. Después vagó momentos crueles que para él fueron siglos infinitos, con su retina opaca y su cerebro hecho un infierno, en busca de la muerte, ya en un abismo, deslizándose en espantosa rotación, o ya en un generoso árbol en donde una cuerda lazó su cuello para quedar en el espacio como un péndulo que la brisa balancea, para dar al mundo un ejemplo de cómo merecen desaparecer los traidores.

ALFREDO M. ORTIZ.

Cuotas patrióticas

para pagar a los cajistas que trabajan en este boletín

1	Mercedes Garay	$ 5.00	33	Rosendo Ferrari	$ 5.00
2	Román Ramos Valdés	5.00	34	Carmen Muñoz P.	1.00
3	Cristóbal Canales	5.00	35	Otro centroamericano	5.00
4	Federico C. Canales	5.00	36	C. M. Gómez	1.00
5	Cecilio Colindres Zepeda	2.00	37	Antonio Reina h	5.00
6	Miguel Oquelí Bustillo	5.00	38	Gabriel Valladares	1.00
7	Manuel A. Reina	5.00	39	María F. Jereda	1.00
8	Humberto Sosá M	2.00	40	R. R	2.00
9	Humberto E. Guerrero	0.50	41	Un salvadoreño	1.00
10	Un centroamericano	5.00	42	Otro mexicano	2.00
11	Visitación Padilla	1.00	43	Florencia v. de Villalta	1.00
12	Arcadio Díaz Ballesteros	3.00	44	Un colombiano	4.00
13	Pura Vijil	5.00	45	Atanasio Valle	5.00
14	Alfredo Sagastume	10.00	46	Ramiro Rodríguez	1.00
15	Camilo Zelaya	1.00	47	Tomasa González	0.50
16	X. X.	5.00	48	Carlos Muñoz M	3.00
17	X. X.	5.00	49	Salomón Zorto	3.00
18	Juan B. Vásquez	2.00	50	José Mario Gutiérrez	5.00
19	Antonio Gómez Romero	2.00	51	Un hondureño	50.00
20	Alejandro Armijo h	0.50	52	Santiago Cervantes	2.00
21	R. J. L.	5.00	53	Leandro García	0.50
22	Modesto Rodas Alvarado	7.00	54	Juan B. Aguilar	0.50
23	Un mexicano	3.00	55	A. V.	1.00
24	Amado Tejeda	5.00	56	Samuel Laines	4.00
25	Antonia Hernández	1.00	57	Modesto Cubas	1.00
26	Nicolás Toledo	1.00	58	Marcial Lagos	5.00
27	Otro centroamericano	3.00	59	Toribio Ponce	3.00
28	María Luisa Hernández	1.00	60	Alberto R. Acosta	1.00
29	Porfirio Guardiola	3.00	61	Agustín Soto	3.00
30	Tito López Pineda	2.00	62	B. Octavio Murillo	2.00
31	Manuel Corea Bueso	10.00	63	Jorge Ramos R	2.00
32	M. Bersabé Ramos R	2.00	64	José Emiliano Chévez	1.00

Nuestros trabajos por la libertad de Honduras no perecerán. La semilla que hoy sembramos dará frutos fecundos y los hombres nuevos recogerán sus cosechas.

BOLETÍN DE LA DEFENSA NACIONAL

Director: Froylán Turcios

**TEGUCIGALPA, HONDURAS, CENTROAMÉRICA
SÁBADO 12 DE ABRIL DE 1924**

DISTRIBUCION GRATIS No. 22

En la suprema crisis

—Esta grave crisis que está pasando la vida autónoma de la República servirá para aquilatar el mérito de los hondureños. Ahora conoceremos el valer de cada compatriota. En la balanza del verdadero patriotismo pesaremos sus caracteres y sabremos de cierto a qué atenernos en relación con los valores efectivos con que se podrá contar en los días de las grandes acciones en pro de la soberanía de Honduras.

—En las regiones remotas de nuestro país, en algunos pueblos y caseríos de Olancho, Yoro y la ignorada Mosquitia, por ejemplo, ignoran en absoluto la desgracia nacional que hace veinticuatro días cayó como un rayo sobre nosotros: el ultraje de que ha sido víctima Honduras con el allanamiento de su territorio por soldados yankees. A otros lugares de nuestra tierra, más cercanos a la capital, habrá llegado la funesta noticia como un rumor o como una verdad más o menos concreta y segura. Ciertamente, no lo dudamos ni un segundo: todos nuestros conciudadanos que no tienen el corazón lacrado de ignominia, habrán sentido hasta las entrañas el agudo dolor de la humillación, el golpe rudo de la afrenta en pleno rostro. Igual cosa

273

pensamos de nuestros hermanos de las otras cuatro repúblicas del Istmo, excepción hecha de los traidores que vendieron a Nicaragua y que ansían ver extenderse en Honduras la podredumbre moral que impera en la patria de Jerez.

—Esperamos con ansia que se normalicen los servicios de correos y telégrafos para conocer, en toda su evidencia, la palpitación del alma de Centro América, con motivo del grosero ultraje inferido a esta República. La solidaridad que liga a las fracciones de la antigua Patria se hará efectiva, de una manera práctica, en estos días de luto para la autonomía nacional.

Éxito de nuestra labor

Más de algún silencioso ha dicho en estos días que el Boletín de la Defensa Nacional no está haciendo nada. La eterna prédica de ese practicismo inconsciente de que con discursos no se hace el progreso. Corresponde a esa misma clase de individuos para quienes un libro, un periódico no existen en el rol de sus ambiciones, por la misma razón de que una alhacena no es la vitrina delicada donde se guardan los perfumes.

Es la verdad que nada estamos haciendo en el alma de los traidores que hicieron pacto con don Franklin E. Morales —según él mismo afirma— para que entrara al país ese piquete de marinos armados que aún permanecen en nuestra capital. Persiste la idea que siempre de ellos hemos tenido: son enfermos de incurable degeneración moral y, creemos también que nada estamos haciendo en la conciencia planchada de un filibustero que está representando indignamente a la gran nación de los Estados Unidos de Norte América. Los sacerdotes que sacrifican en el altar de la patria ofician en comunión con las almas no contaminadas. Son ellas las que pueden escuchar la voz de la justicia, mientras los espíritus malévolos no tienen ojos ni oídos para sentir las elevadas manifestaciones del ideal y del bien. ¿Podemos, entonces, pedirle manzanas al espino?

Sin embargo, dice el Senador Borah: "Los Estados Unidos han acabado con la libertad de imprenta encarcelando y castigando severísimamente a todos los periodistas que han tenido el valor de protestar contra los atentados que cometen. Luego, por estas palabras tan autorizadas tenemos derecho a dudar que nada estamos haciendo en el conocimiento obcecado por el delito del señor Ministro norteamericano y los traidores de Honduras. La cólera de los malvados contra nosotros traducida en anónimas y cobardes, ausencias significa uno de nuestros mejores triunfos.

Pero no estamos nosotros hablando a esos entes ignaros, vergüenza de las sociedades. Nuestra voz es para la juventud de ideales inmaculados; para la mujer hondureña, portento de virtudes y para la conciencia nacional que no conoce todavía las claudicaciones de servir a un gobierno que ha ultrajado la independencia de su patria.

Y vendrá nuestro éxito y aplazamos a los traidores, como ha dicho muy bien el Jefe de nuestra campaña autonomista. Y.... ¡Oh, Excmo., señor Ministro de los Estados Unidos don Franklin E. Morales! ¿Qué lugar ocuparéis en la liquidación final?

VISITACIÓN PADILLA

Tegucigalpa, 12 de abril de 1924.

Los hondureños que desean —tratándose de los supremos intereses de la Patria— la pasividad ante la afrenta, la forma comedida ante el atropello, el silencio ante el insulto, son seres menguados que se dejarían abofetear sin un gesto de protesta, que verían vilipendiada a su propia madre sin que alzase el puño vengador sobre el verdugo.

MI CRITERIO
Con motivo del actual atropello

Dueños los Estados Unidos de Norte América del Istmo, por piratería, cavó el canal, tumba eterna donde yace la dignidad iberoamericana; con lo cual no sólo dividió y menguó mortalmente a nuestra América, si no que se colocó a ésta, ipso facto, bajo la incontrastable y absorbente influencia de aquél. Al menos, la América ecuatorial, con dicha canalización, ha pasado al dominio de los Estados Unidos de Norte América. Podrá haber alguna resistencia, como la habrá en México de seguro; pero ello no detendrá la fatalidad cruel del hecho. Tal es el poder de ciertas llaves geográficas en manos de razas enérgicas,

¡La América ecuatorial bajo el dominio yanqui sin haberle o costado éste más que canalizar el Istmo!

Y pensar lo que tan vasta, fecunda y prometedora (por su excepcional posición geográfica) porción hemisferial implica, y la consiguiente obligación que pesaba sobre nuestra raza de no dejarla caer en manos de otra raza. El Istmo americano, insólita llave geográfica, no debió ser canalizado sino, por su raza de ocupación, porque al no realizala ella semejante obra, se suicidaba

La raza que no cuida ni aprovecha su tesoro geográfico, deja de existir.

ANTONIO CORRALES
Miembro de la Acción Ibaremericana.

****

¿Irán los Estados Unidos hasta donde sueñan?

De memoria sabemos todos los hispanoamericanos el martirologio de los pueblos que han caído bajo la protección yanqui; todos sabemos para donde vamos con la eficaz intervención de ese pueblo, nada dispuesto a admitir en el continente otra supremacía de raza que la suya. Ellos se consideran propietarios exclusivos de todo lo que es la América, atenidos que a ello les da derecho su desarrollo inmenso y por eso hacen caso omiso del derecho de existencia que tienen los pueblos débiles y convulsivos que, a su decir, impiden la acción civilizadora de los norteamericanos. Por eso es que yo no juzgo, ni nadie podrá juzgarlo, que sean los Estados Unidos quienes puedan dar cima a los propósitos civilizadores que abrigan, si principian por decapitar, en primer lugar, el símbolo de autonomía que resplandece en los más altos ideales de los pueblos. Y para mí la supresión de raza es del todo imposible. Nosotros, a través de los siglos, seremos hispanos hasta el tuétano, a pesar de los matices. Cuba es hoy día más hispana que nunca, y los Estados Unidos, aunque llegaran a hacer culminar su imperialismo, jamás abatirán esa influencia que, a través de tantas centurias, en un fenómeno de razas, arrribará a la etapa que los históricos llaman la revancha.

La conquista moderna por la fuerza económica y sostenida por el mausser —dice Martín Orbeda— tiene que ser, por inevitables razones, un poderío transitorio. Los pueblos no se conquistan dos veces; si acaso, se dominan. Y los Estados Unidos no son ni colonizadores. Carecen, como todo pueblo reciente, de la historia necesaria para estar dotados de una sabia filosofía de dominación. Y si no, comparadlo con cualquier potencia europea que posee inagotable tradición, historia incalculable y preparada, en fin, para esa labor encomendada a todo pueblo occidental. Los Estados Unidos, como todo pueblo precoz, en el concierto de las potencias es una aberración y, como tal, el futuro dirá si llega a la mitad de su carrera.

MANUEL RAMÍREZ

La voz de ARIEL

La vida norteamericana describe efectivamente ese círculo vicioso que Pascal señalaba en la anhelante persecución del bienestar, cuando él no tiene su fin fuera de sí mismo. Su prosperidad es tan grande como su imposibilidad de satisfacer a una mediana concepción del destino humano. Obra titánica, por la enorme tensión de voluntad que representa y por sus triunfos inauditos en todas las esferas del engrandecimiento material, es indudable que aquella civilización produce en su conjunto una singular impresión de insuficiencia y de vacío. Y es que si con el derecho que da la historia de treinta siglos de evolución presididos por la dignidad del espíritu clásico, y del espíritu cristiano, se pregunta cuál es en ella el principio dirigente, cuál su substratum ideal, cuál el propósito ulterior a la inmediata preocupación de los intereses positivos que estremecen aquella masa formidable, sólo se encontrará, como fórmula del ideal definitivo, la misma absoluta preocupación del triunfo material. Huérfano de tradiciones muy hondas que le orienten, ese pueblo no ha sabido sustituir la idealidad inspiradora del pasado con una alta y desinteresada concepción del porvenir.

Vive para la realidad inmediata del presente, y por ello subordina toda su actividad al egoísmo del bienestar personal y colectivo. De la suma de los elementos de su riqueza y su poder podría decirse lo que el autor de *Mensonges* de la inteligencia del marqués de Norbert, que figura en uno de sus libros; es un monte de leña al cual no se ha hallado modo de dar fuego. Falta la chispa eficaz que haga levantarse la llama de un ideal vivificante e inquieto sobre el copioso combustible. Ni siquiera el egoísmo nacional, a falta de más altos impulsos: ni siquiera el exclusivismo y el orgullo de raza, que son los que transfiguran y engrandecen en la antigüedad la prosaica dureza de la vida de Roma, puede tener vislumbres de idealidad y de hermosura en un pueblo donde la confusión cosmopolita y el atomismo de una mal entendida democracia impiden la formación de una verdadera conciencia nacional.

Diríase que el positivismo genial de la metrópoli ha sufrido, al transmitirse a sus emancipados hijos de América, una destilación que le priva de todos los elementos de idealidad que le templaban, reduciéndole, en realidad, a la crudeza que, en las exageraciones de la pasión o de la sátira, ha podido atribuirse el positivismo de Inglaterra. El espíritu inglés, bajo la áspera corteza de utilitarismo, bajo la indiferencia mercantil, bajo la severidad puritana, esconde, a no dudarlo, una virtualidad poética escogida y un profundo venero de sensibilidad, el cual revela, en sentir de Taine, que el fondo primitivo, el fondo germánico de aquella raza modificada luego por la presión de la conquista y por el hábito de la actividad comercial, fue una extraordinaria exaltación del sentimiento. El espíritu americano no ha recibido en herencia eso instinto poético ancestral, que brota, como surgente límpida, del seno de la roca británica, cuando es el Moisés de un arte delicado quien la toca. El pueblo inglés tiene en la institución de su aristocracia —por anacrónica e injusta que, ella sea bajo el aspecto del derecho político— un alto e inexpugnable baluarte que oponer al mercantilismo ambiente y a la prosa invasora; tan alto e inexpugnable baluarte, que es el mismo Taine quien asegura que desde los tiempos de las ciudades griegas no presentaba la historia ejemplo de una condición de vida más propia para formar y enaltecer el sentimiento de la nobleza humana. En el ambiente de la democracia de América, el espíritu de vulgaridad no halla ante sí relieves inaccesibles para su fuerza de ascensión, y se extiende y propaga como sobre la llaneza de una pampa infinita.

ARIEL

(Continuará).

****

Carta de una señorita Profesora

Tegucigalpa, 10 de abril de 1924.

Señorita Profesora Visitación Padilla. —P.

Estimada Choncita:

Con vivo interés leo siempre sus bellos artículos publicados en el Boletín de la Defensa Nacional. Su alma de mujer se perfila hoy en el más hermoso de los gestos; y con orgullo debe ser escuchado el grito de su corazón por toda hondureña consciente de su responsabilidad para con las generaciones futuras. Bien. Quiero, sobre todo, felicitarla por el toque tan oportuno que da para quienes nos llamamos maestros, porque, en verdad, es a los maestros a quienes corresponde, antes que a ningún otro, dar la más alta nota de civismo. Maestros que no sienten las ofensas hechas a la Patria, no merecen el elevado título de mentores de la juventud. Esta era, precisamente, una oportunidad que todo maestro debe aprovechar para que su voz resuene por todas partes, traduciéndose en la más interesante, hermosa y saludable lección; deber de los maestros es demostrar que las palabras de amor a la Patria; dichas en la cátedra, son palabras de oro que deben vivir grabadas en todos los corazones.

Usted como yo, y como yo los demás colegas, han de estar esperando ansiosos la voz de los Directores de los dos primeros centros docentes del país —las Escuelas Normales— ya que ellos tienen en la actualidad la misión de formar los encargados de dirigir los cerebros de muchas generaciones. Ojalá usted excite, de manera especial, los sentimientos patrióticos de la señorita Lagunas Vargas y del señor Ingeniero don Pompilio Ortega, cuyas palabras, en estos

279

instantes, tienen indudablemente que ser una valiosa y magnífica lección no sólo para sus alumnos sino para el pueblo que les ha confiado la educación de sus hijos. Por maestros y por hondureños estamos obligados a velar siempre por la dignidad nacional, y no debemos perder ocasión para señalar los buenos senderos y hacer que nuestra voz llegue a las almas como deben llegar todas las prédicas santas: el amor a Dios, el amor a la Patria y el amor a todo cuanto en la vida es fuente de humanidad y de honor. Con todo afecto la saluda su atenta servidora,

MARÍA F. IDIÁQUEZ.

Ante la repetición de la Historia debemos estar alertas

La Historia, a través del tiempo se repite, dicen los observadores. Es una verdad concluyente.

En la antigüedad, Roma, la señora del mundo, con su poderío asombroso, no podía admitir la presencia de ningún país que, mediante sus esfuerzos, marchara en pos de su prosperidad. Y cuando esto sucedía, preparaba sus emisarios para tratar con la nación aspirante. Pero esos tratados, esas pláticas sin fe, iban envueltas con un bagaje de mentiras y con los adormecimientos de planes subversivos para reducir al desdichado pueblo a una provincia tributaria, quedando a merced de sus caprichos. No admitía que en su territorio (hoy Mediterráneo) se levantara rival alguno. De este modo pereció la inofensiva Cartago, que fue la eterna pesadilla de Catón el Censor, como estos países lo son del Departamento de Estado. (Ya sabéis a quien me refiero). La ciudad de Cartago, bajo las dictaduras de Asdrúbal y el General Aníbal, llevaba visos de eclipsar a la ciudad eterna. Y observando su política interna e internacional, se ve que siempre pactó con pueblos débiles, como los bárbaros del Norte de aquel tiempo, o sean los teutones. Después hubo de celebrar un tratado de paz y amistad con su temida rival. Cuando tenía todos los medios posibles y conocía perfectamente el poder y eficiencia en otros sentidos de los cartagineses, empezó sus hostilidades, exigiendo lo que exige el conquistador: la absorción de sus riquezas, diezmando, por otra parte, su población, para dejarla en un estado tal, que no pudiera oponerse a ninguna excitativa. Cuenta la Historia, que una vez llegaron unos embajadores romanos al capitolio cartaginés, en demanda de una contribución de peculio para el servicio de una guerra que Roma tenía con los Partos; aplicando, decían los diplomáticos, las cláusulas del tratado.

Cuando el Senado respondió negativamente o con evasivas, como era natural, uno de los emisarios, tomando su bastón de caballero, llamó al que representaba o llevaba la voz de la nación y trazando un círculo a su alrededor, le dijo: "Ante de salir de ese círculo, responded al Senado Romano". Y aquel varón, que comprendía la arrogancia de los extranjeros, contestó afirmativamente, para darse tregua de los insolentes.

Pero los valerosos cartaginenses, ante las exigencias exabruptos de sus enemigos embozados, ¿sabéis lo que dispusieron? Sencillamente morir todos, hombres y mujeres, ancianos y niños, en hecatombe terrible, en cruentos combates, antes que permitir el hierro romano. Cuando el valeroso Scipión invadió con legiones numerosas, vieron su causa perdida. Sin embargo, no estaba quebrantado su honor. Los invasores dieron fuego a la ciudad, pues sólo con semejante procedimiento podían vencerlos. Pero aquellos guerreros, émulos de la Ilíada, de los escombros de su querida ciudad, fabricaron, con todos sus esfuerzos, una escuadra para atacar a la enemiga, que causó asombro general. ¿Por qué nosotros, señores, vamos a sentarnos a la vera de nuestra vía dolorosa?

Templemos nuestro carácter en las mismas desgracias de la Patria. Ello es un crisol, no lo dudéis, y nos dará aliento sublime para enfrentarnos ante el invasor yankee. Dicen los hombres sin fe que hay tratados que dan derecho al Departamento de Estado para intervenir como un amigable componedor en nuestra vida política. Esto he oído decir a más de un degenerado de estas tierras. Nosotros, el pueblo hondureño, no ha dado ese paso inicuo, ya que los libres saben comprender cuánto vale la integridad de la nación, para no tener que bajar la cerviz a la presencia de los mercenarios y de los híbridos. Un pueblo como el nuestro no abdicará jamás de sus derechos conquistados por su dignidad, pues está llamado a cumplir grandes misiones en el porvenir; como que será el puente de la civilización que avanza rápidamente, así como las corrientes oceánicas que van de un polo a otro.

Que hay una doctrina que domina, que subyuga, que es difícil sustraerse a su influencia poderosa, esta es, la Doctrina de Mr. James Monroe. Esas consideraciones se dejan para los que no saben vivir ni tienen concepto de la condición autónoma. Porque interpretada en su esencia natural, resulta de su análisis, que la América no es para los americanos del Norte, no. Quiere decir que la América es para los americanos en conjunto; declaración solemne que se traduce, por otra parte, honradamente, en el sentido de que estos países, desde México hasta Cabo de Hornos, quedan exentos de las conquistas de cualquier nación europea. Fue, pues, la sentencia justa que dio de mano a las constantes amenazas del Antiguo Continente. Esto aprendí en los centros superiores de educación y es lo que me han enseñado los hombres.

Que nuestro pecado original, es ser débiles; que nuestras guerras nos pondrán bajo un dominio extraño. Yo excito a cualquier país que levante la mano en señal de pureza; que haya nacido a la vida libre, sin maculas, sin esos ancestros ineludibles que hacen, a veces, retrotraerse a la humanidad, buscando por una ley atávica, su origen primitivo. Estos fenómenos tan comunes, se han observado en toda sociedad, sin que por ello sea un óbice en nuestra marcha hacia la perfección. Ya las componendas de los débiles pasaron de moda, y como tales no debemos llevarlas a la consideración de nuestros compatriotas. Hágase el vacío en torno de los pobres de espíritu y hagamos un llamamiento a los hombres que tienen el corazón bien puesto para que, alzando la antorcha de la verdad, nos señalen los senderos escogidos que van directamente hacia la cumbre y hacia la gloria. No pierdo la esperanza de ver a mi patria regenerada. No pierdo los anhelos de que se transformen las sociedades en elementos puros, incorruptibles, algo como la purificación del oro arrancado del seno de nuestras montañas y vallados. No he perdido la fe, porque ella morirá conmigo. Y si hay, como lo aseguran los teósofos, un más allá, siempre lo sustentaré con orgullo, porque es el espíritu indestructible del patriota.

¡La libertad es inmortal!

Os repito, hombres de buena fe: laborad en bien de Honduras. Arrancad el puñal que hiere y envenena las fibras del corazón de mi patria. Sed los primeros en levantar su prestigio marchitado, como un haz de laureles abandonados. Cuando hay voluntad, hay fuerza inconmensurable para libertarnos de las arremetidas del Coloso del Norte. Todo dependerá de la voluntad. Creedme. Cuando esta condición se impone, cada brazo de vosotros será como Hércules que, en un instante bravío, abre las fauces del León de Nemea, matándolo, porque infestaba las campiñas lujuriosas de su suelo.

A veces, cuando la calma envuelve el espíritu y viene el recogimiento, hacemos elucubraciones que nos transportan a regiones desconocidas, dándonos oportunidad para buscar los males de la Raza, y no encontramos más que el desenvolvimiento natural de las cosas, sin las cuales no se concibe la regeneración de las masas. Es indispensable sentir los males para buscar el remedio. Despreciad, pues, el peligro; acogeos bajo la bandera inmaculada de este girón de América, para que no haya necesidad de expresar como un lamento, lo que Lamennais, aquel sabio religioso que veía las cosas que se suceden, a través de la luz de la verdad, refiriéndose a los polacos e italianos, allá por 1847: "Uníos, armaos, arrancad de las manos a los hartos el pan que necesitan vuestros hijos". Y agregaba: "Pueblo, despertad; esclavos, levantaos; romped vuestra cadenas, no sufráis que por más tiempo se degrade en vosotros el nombre de hombre. ¿Pretendéis que un día vuestros hijos, lívidos con los hierros que les habéis trasmitido digan: Nuestros padres fueron más viles que los esclavos romanos, porque no había un Espartaco en ellos?". Pensad en el porvenir de Honduras, hondureños.

ALFREDO M. ORTIZ

CUOTAS PATRIÓTICAS

Volvemos a excitar a los verdaderos patriotas a fin de que envíen sus cuotas para pagar a los tipógrafos que forman este boletín.

Tegucigalpa, 8 de abril de 1924.

Distinguido poeta:

Con verdadero regocijo he leído sus luchas sobre la soberanía del país; le admiro junto con sus compañeros que siguen adelante marchando hacia la defensa patriótica El Sr. Ministro de Norte América debe, con su diplomacia, dar salida a los yankees, ya que con su audacia logró llegaran aquí dichos marinos, para evitar trascendencias sobre las personas que se suponen han intervenido a la venida de la tropa americana nuestro suelo patrio.

Levantemos todos el estandarte de la Libertad, escribiendo todo aquello que pueda ser útil a nuestras generaciones, dando consejos saludables, bañados de heroísmo y fortaleza de ánimo; defendiendo la nación, que por el momento se considera amenazada por el yugo yankee. "El amor de la Patria es la ley de gravedad del alma".

De Ud. atto. S. S.

S. LOPEZ ANZALDO.

Tegucigalpa, 11 de abril de 1924.

Señor don Froylán Turcios. —Presente.

Distinguido patriota:

Sin pretensión alguna, sino con el deseo de expresar con franqueza mis sentimientos, manifiesto lo siguiente: —POR AMOR A LA PATRIA. —Aunque nuestro país es deficiente en número de habitantes, no es causa justa para dejarnos subyugar de extranjeros que quieren apoderarse de él, sin contratiempos para conseguirlo; pero esto que se imaginan fácil, es lo difícil; los hondureños sinceros, amantes de la patria, no debemos desmayar en una lucha santa y de trascendental importancia como es la libertad, de la cual gozamos, por medio de ilustres centroamericanos antepasados. Ojalá tomen en cuenta nuestra actitud los yankees y abandonen nuestro territorio ante las razones de preclaros hondureños autonomistas y de jóvenes que sentimos amor ardiente por la soberanía y santidad de la patria.

DANIEL ALFARO A

****

Tegucigalpa, 8 de abril de 1924.

Señor don Froylán Turcios. —P.

Aunque no tengo el honor de conocerle, me permito felicitarlo por la labor patriótica que ha emprendido en su apreciable hoja Defensa Nacional; labor que no dudo inmortalizará su nombre, haciéndolo pasar gloriosamente a la Historia de la República. Le adjunto esa exhortación al pueblo hondureño, para que, si lo tiene a bien, se insertada en su importante hoja, y le ruego hacerle la corrección ortográfica de que carezca, por lo que le quedará muy agradecido su S. S.

J. M. MUÑOZ B.

La esclavitud de Nicaragua
POR ISIDRO FABELA

La diplomacia del dólar.---La revolución contra Zelaya

(Continúa)

Fiore establece esta regla: "Los gobiernos fuertes y potentes no deben abusar de su superioridad y exagerar el deber de protección, haciendo presión sobre los gobiernos débiles para obligarlos a favorecer a sus ciudadanos; la regla general de la conducta de los gobiernos debe ser la más escrupulosa abstención para no inmiscuirse en todo aquello que pertenece al curso regular de la justicia".

Si Knox consideró como ciudadanos de su nación (que no lo dice) a Cannon y Groce, no cumplió con este precepto universalmente reconocido. La justicia penal de un Estado —dice Neumann— se aplica a la infracciones cometidas sobre su territorio por toda persona o en el extranjero por sus nacionales, o aun por un extranjero, si se trata de atentados contra su existencia, su crédito o su constitución.

"De manera que, cometido el atentado, y atentado gravísimo, contra la existencia del Gobierno y la Constitución del Estado, la justicia penal de Nicaragua era perfectamente aplicable al caso".

"En cuanto a las demás inculpaciones que Mr. Knox hace al Presidente Zelaya en su ya famosa nota, éste las relata punto por punto en su opúsculo referido, creyendo demostrar que son injustas y sosteniendo con energía que las afirmaciones del Secretario de Estado son falsas, llegando a calificar algunas de cínicas".

Después de la nota Knox, los revolucionarios levantados en armas contra Zelaya encontraron mayor apoyo moral y material de los Estados Unidos y reavivaron su lucha contra el Gobierno constituido.

El Presidente Zelaya, por el contrario, se amilanó ante la actitud del canciller norteamericano, se consideró incapacitado para combatir contra sus enemigos, por tener éstos el sostén del poderoso Gobierno de los Estados Unidos, resolviéndose, al fin, por presentar su dimisión al Congreso, para evitar a Nicaragua humillaciones y ultrajes de un poder extraño y colosal, empeñado en ejercer una influencia decisiva en los destinos del país. Antes de renunciar el poder, el presidente Zelaya cometió un grave error que debemos hacer resaltar porque constituye un precedente funesto en las relaciones de la América española con los Estados Unidos, y que no debe repetirse por nuestro honor y conveniencia.

El señor Zelaya, el 4 de diciembre de 1909, días después de enterarse de la nota Knox, dirigió a su enviado especial en Washington, doctor Pedro González, el siguiente cablegrama:

"Sírvase informar al Secretario Knox que tengo la seguridad de que las fuentes de información que ha tenido son viciadas. Solicito de los Estados Unidos el envío de una comisión honorable e imparcial para que venga a investigar si los actos de mi Administración han sido en detrimento de Centro-América, y si esto fuere probado, con gusto resigno el poder. —Zelaya".

El Presidente Zelaya no debió jamás solicitar de ningún gobierno extranjero que fuera a su país a investigar los actos de su administración. El representante del Poder Ejecutivo de una

República independiente no puede, sin faltar a sagrados deberes de ciudadanía y patriotismo, invitar a un poder extraño a su nación a juzgar sus actos. Si el señor Zelaya creyó, como decía en su Mensaje a los diputados, que las difíciles circunstancias porque atraviesa la República reclaman actos de verdadera abnegación y patriotismo; si él conocía, como dijo en un telegrama al General Porfirio Diaz, que el Gobierno americano, simpatizando desde el principio con revolucionarios, encuentra hoy pretexto para ejercer presión violenta y quizá para intervenir directamente contra Nicaragua, con desdoro y peligro para Centro-América, y no se sentía capaz, por falta de elementos, por abatimiento moral o por convicción arraigada de ser inútiles todos los esfuerzos que hiciera para defender a su Gobierno, por contar sus enemigos con el apoyo decidido de la Casa Blanca; sólo entonces el señor Zelaya, después de consultar con la nación y su conciencia, debió presentarse al Congreso nicaragüense a renunciar el Poder; pero de ningún modo llamar a comisionados extranjeros que fiscalizaran sus actos, de cualquier naturaleza que ellos fueran. El jefe de un Estado no debe tener más juez que su pueblo en el presente y la Historia en el futuro.

(Continuará)

BOLETÍN DE LA DEFENSA NACIONAL

Director: Froylán Turcios

TEGUCIGALPA, HONDURAS, CENTRO AMÉRICA
LUNES 14 DE ABRIL DE 1924

DISTRIBUCIÓN GRATIS No. 23

Dignidad cívica

Floreció en remotos tiempos un país admirable, pequeño por su dimensión geográfica, pero grande por sus virtudes patricias.

Un poderoso imperio pirata, que asoló el planeta, y que tendía su formidable red invasora desde el piélago ártico hasta las riberas legendarias del mar latino, invadió súbitamente con sus terribles legiones el pródigo paisecillo de los valles balsámicos y de los hombres libres.

Armado de todas armas, con la grosera altanería propia de su raza, llegó el conquistador a la capital, sumida en solemne silencio, y clavó su orgulloso estandarte en el más elevado de los edificios públicos. Casi al mismo tiempo se alzó un pabellón de luto sobre cada puerta, hasta la más humilde; y toda la ciudad se cubrió así de duelo, como si la muerte tendiera las alas sobre su recinto.

Nunca sus moradores cruzaron una palabra, ni un saludo, ni una mirada con los extranjeros. Las matronas y las doncellas, por espontáneo impulso, ocultáronse en el interior de sus mansiones; los niños y los ancianos rehuían la presencia del invasor, y hasta los perros aullaban coléricos cuando el intruso les tendía la mano. Desaparecieron en las montañas los campesinos y el país entero tomó un aspecto de horror y desolación.

Agotáronse inútilmente las ordenes drásticas contra la altiva dignidad silenciosa de aquel pueblo; se levantaron los negros patíbulos, corrió en rojos ríos la sangre generosa; y nunca se oyó una queja, ni un lamento, ni un grito demandando piedad.

Pasaron las horas tremendas y el civismo del pequeño país se fortalecía y brillaba más y más con el propio ejemplo. Cada ciudadano, en la serena plenitud de la más noble emulación, se sobrepasaba a sí mismo en actos de sublime sencillez.

Y un día —celebrado después en los siglos con imperecedero esplendor— el ejército del vasto imperio, vencido por aquella altísima actitud de severo civismo, de patrio orgullo y prócer dignidad, abandonó, en grave silencio, con las banderas recogidas, los campos y las ciudades del pequeño país y cruzó sus fronteras para no volver jamás.

Froylán Turcios

13 de abril de 1924.

Reembarque los americanos, señor Ministro

—Paz sea en esta casa.

—Ah, señor Morales, es usted. Pero ¿cómo se atreve a hablarme de paz cuando lo veo siempre armado?

—¡Oh! Mi ser católico de la iglesia militante.

—Y triunfalmente ¿verdad?

—*Osté burla. Osté no* portarse con ministro evangélicamente. ¡Oh! Cristo manso y humilde de corazón. Cristo decir *si te pegan en una mejilla, tú mostrar la otra.*

—Eso quiere decir, señor Ministro, que si usted ha cometido el abuso de desembarcar doscientos marinos, sin permiso del Gobierno, nosotros debemos decir: Muchas gracias, señor Ministro. Ya que ha desembarcado doscientos marinos, ¿por qué no nos trae unos cinco mil más?

—¡Oh, señorita! Cristo decir así.

—Señor Ministro, yo puedo demostrarle a usted que Cristo con esas palabras, de ninguna manera ha predicado que el hombre no tiene derecho de defensa. Los fariseos temblaban de rabia oyendo sus apóstrofes. Sepulcros blanqueados, les decía. Generación de víboras; y no respetó que Herodes fuera tetrarca para mandarle a decir que era una zorra.

—¡Señorita! ¡Señorita!

—No se aleje, señor Ministro, que no le tengo miedo a su Thomson. Hay más acerca de Cristo:

Cuando el criado del Sumo Sacerdote le dio la bofetada en el rostro, el Señor no le dijo: "Pégame más". Le dijo: "Si he hecho mal, da testimonio del mal; y si bien, ¿por qué me hieres?".

—¡Oh! Mucho de palabrería. Mi no ser español. Mi ser más Franklin que Morales.

—No disimule, señor Ministro. Véame de frente, que Ud. está armado hasta los dientes con todas las armas de la civilización: máquinas Thomson, submarinos, aeroplanos.

—Un señorita no debe pelear con un hombre.

—¿Porque esté como yo desarmada? Está Ud. equivocado, señor Morales. Yo tengo un arma que pusieron en mis manos los misioneros norteamericanos: arma de la justicia porque es de Dios la Biblia que, según dijo San Pablo, es espada de dos filos que penetra hasta el tuétano.

—Ministro no habla más con Ud. Estar en Semana Santa.

—Yo sí quiero hablar con el señor Ministro de los Estados Unidos, don Franklin E. Morales.

La mujer hondureña pide a Ud. que, de acuerdo con las prescripciones del Derecho de Gentes, proclamado por las naciones civilizadas del mundo, reembarque sus doscientos soldados al vapor de donde proceden.

VISITACIÓN PADILLA

Tegucigalpa, 14 de abril de 1924.

—Indígnate contra los crímenes de lesa patria; contra los traidores, contra los indiferentes ante las desgracias nacionales. Si no vibras, si permaneces impasible palpando las infamias, viendo las injusticias, o eres un canalla o eres una momia que merece la incineración del crematorio.

Los indescifrables y su sanción

Hay que descubrir y catalogar los no-deseables, nacionales o extranjeros, no sólo para señalarlos al desprecio público, sino también para aplicarles la sanción correspondiente, pues la impunidad es la que nos ha desatado las calamidades que nos azotan, especialmente la bancarrota financiera y la guerra civil.

La entrada y permanencia de los marinos norteamericanos en esta capital, es un acto nada amistoso de los representantes de los Estados Unidos de Norte América; y nos obliga a la reciprocidad. Debemos boicotearlos privándolos no sólo del habla, sino del agua y del fuego: hagámosles sentir el peso de nuestro patriótico bloqueo pacífico.

Si por cuidar intereses materiales, protegidos por nuestras leyes, han venido los marinos americanos a ofender la soberanía de esta República, las autoridades hondureñas tienen el derecho y están en el deber de expulsar, según la ley, a los extranjeros que hayan pedido esas tropas americanas o hayan fomentado la guerra civil. Hay en la República muchas concesiones onerosas para la nación, acordadas a ciudadanos o compañías extranjeras, la mayor parte americanas, y deben aprovecharse estas circunstancias para examinar su conducta y revisar y cancelar tales concesiones, que en definitiva sólo ocasionan ruina y desmoralización en el país: véase que el Estado regala cada año a esas empresas cerca de seis u ocho millones de pesos en dispensas de derechos corrientes, sin perjuicio de la exoneración en el país de toda clase de impuestos habidos y por haber, a cargo de los hondureños: recuérdese también los conceptos que Valentine y otros cazadores de concesiones, han vertido sobre el modo de conseguirlas, mantenerlas, mejorarlas o prorrogarlas: piénsese en la triste suerte de nuestros trabajadores, supeditados por las gentes de color. Salvo los casos de complacencia culpable, con la mayor buena fe y con la mayor generosidad e hidalguía, pero con la mayor imprudencia, nuestros mayores abrieron las puertas de la nación a esos aventureros cazadores de concesiones, para crear empresas que ahora son amenaza para los Gobiernos cuando estos pretenden volver por los fueros del país; más de una vez hemos visto a los Gobiernos cederles en sus pretensiones por el miedo, justificado o no, de que tales empresas fueran a armar a cualesquier saltimbanqui de nuestra política bochinchera.

Es necesario reaccionar: Honduras debe ser para los hondureños o centroamericanos; después, si cabe, para los desheredados del mundo. Por ahora boicoteemos: Que nadie compre ni venda a los comerciantes extranjeros que han solicitado tropas norteamericanas. Privemos del agua y del fuego a quienes han querido humillarnos. En seguida: Expulsemos legalmente a los que hayan intranquilizado la República o a los que hayan desconfiado de sus destinos; revisemos y cancelemos las concesiones onerosas o leoninas; y practiquemos la política de puertas abiertas; pero nada de concesiones especiales para capitalistas extranjeros, colocados ahora en mejores condiciones que los nacionales,

Y si esas medidas preliminares y de coerción legal no fueran suficientes, el patriotismo hondureño, en su desesperación, sabrá encontrar, no hay que dudarlo, las medidas que causarán arrepentimiento eterno por haber pretendido ofender y humillar a un pueblo libre y generoso, pero terrible cuando se le obliga a serlo.

LUIS SUAZO

30 de marzo de 1924.

ERRATA

En La voz de Ariel, que apareció en el número anterior de este boletín, se omitió, por un descuido de la formación, la firma de José Enrique Rodó.

Ante los yankees

Tratándose de la Defensa Nacional no deja de haber algunas personas a quienes he oído decir con cierto tono, o mejor dicho, despreciativo: *¿qué vamos a hacer nosotros contra los yankees? Somos nada contra ellos.* No se creyera, pero así sucede. Indudablemente que esos sujetos no piensan para hablar, porque si analizan lo dicho, dirían lo contrario, pues se trata nada menos que de defender la patria y nuestra vida misma; tesoros que están sobre todo y si no los rescatamos de quienes nos la quieren usurpar de una manera tan vil, moralmente dejaremos de ser hombres.

Yo no creo que esto lo hayan dicho por un sentimiento de desamor al terruño, o porque simpaticen con la maldita intervención, pues bien saben lo que es, no; lo atribuyo únicamente a la diferencia que ven entre nuestros medios y armamento para la guerra con los yankees, que en verdad es superior, pero nosotros, que ejercemos nuestro sagrado derecho y nuestro deber ineludible, no retrocederemos nunca ante tales cosas. Dios no lo permita; pero si se llega el día en que empuñemos el arma redentora, no serán los yankees los que pondrán su bota en nuestro suelo hasta que pasen por sobre nuestras cadáveres; traerán sus escuadras navales y aéreas, traerán sus gases asfixiantes y sus cañones que alcanzan leguas, hasta que hayan deshecho el último hondureño.

Y a vosotros, hondureños, que decís que somos nada ante los yankees, reflexionad y no os rebajéis tanto: que aunque seamos lo que somos, preferiremos que nos maten sus proyectiles antes que vernos humillados por su despótico trato.

J. ANTONIO JIMÉNEZ

Tegucigalpa, 7 de abril de 1924.

****

GRACIAS: Las damos muy expresivas, en nombre de los cajistas de esta hoja, a las personas que han ido aumentando semanalmente el valor de sus cuotas.

Responsabilidad del crimen máximo

Teniendo todo hecho su causa, en lo que se relaciona con los individuos, hemos de considerar móviles de voluntad y de responsabilidad en los que cuentan edad madura, y esa responsabilidad es mayor en el campo de las funciones políticas, puesto que en ellas intervienen elementos escogidos, que es de suponer poseen la capacidad suficiente para el correcto ejercicio de sus cometidos; y, yendo más allá, la responsabilidad se aumenta cuando en la acción se comprometen las vidas de los Estados, en sus relaciones y existencias individuales: cabe, exigir, entonces, mayor idoneidad en los encargados de ejercitar ese trato y mantener la vida independiente de sus respectivos Estados. Por lo anterior, ninguna nación, medianamente organizada, busca individuos ineptos para ser representada, salvo cuando, arrastrada por fines ajenos a la aceptada convivencia de países, no respeta el derecho natural y quiere sujetos ignorantes, que por su misma ignorancia realicen más pronto los deseos vampirescos que la animan.

La consideración expuesta me sirve de base para juzgar ¡cómo estamos, cómo se respeta nuestra soberanía, cómo se traiciona el hospedaje y la humillada amistad que ingenuamente ofrecen nuestras patrias a la patria de Washington! ¡Cómo la nación que pretende ser generosa ultraja nuestro honor nacional! ¡Nos ha herido, nos ha decapitado y no nos dice, siquiera, en nombre de qué principio, de qué agravio, de qué solicitud autorizada, de qué espíritu o de qué interés ha venido a pisar nuestro territorio una fuerza armada suya, que no podía, en fuerza de los sagrados derechos de los pueblos, desembarcar a nuestras playas, sin permiso alguno! ¿Es que la nación angloamericana abusa de su poderío con un pueblo débil? ¿Por desorganizado? En los hondureños hay dos sentimientos pronunciados: odio a las tiranías y amor a la libertad, y con México y contados países latinoamericanos, ¿hay otros que merezcan más honor, por su amor tradicional a la libertad? En todas las épocas, los abusos del poder y los desastres administrativos han engendrado las convulsiones intestinas. Que haya autoridades que respeten a cada uno en sus esferas de vida, y ya veremos la tranquilidad colectiva. ¿La desorganización se toma como pretexto para ultrajarnos? Francia misma, no vivió una época igual a la nuestra? En este siglo, que los

Códigos internacionales han nacido del seno de Congresos creados por mayores hecatombes que las nuestras, no es posible que la patraña siga siéndolo sin ser descaretada; ahora los pueblos ven muy bien y entienden las argucias de los poderosos: no es por humanidad que se llega a ultrajarnos; es por ambición utilitarista: hasta que nuestra Costa Norte mostró ser tierra propicia para el banano, la caña y otras plantas que el mercado yanqui ha enrolado en sus truts, hasta entonces hemos sabido de su generosidad; hasta que los banqueros de Wall Street, hallaron aquí donde plantar las redes de sus arañas, hasta entonces hemos disfrutado de su magnanimidad.

Pero en la herida honda que se nos ha inferido, ¿quién es el responsable más directamente? ¿Seremos víctimas de la inconsciencia, del miedo o de la villanía? Es indudable que concurren varias razones para multiplicar la responsabilidad: la ambición rastrera del poder, no para edificar, sino para destruir; la indiferencia reinante en los elementos que debieran constituirse, sobreponiéndose a la fuerza arrasadora, en directores del movimiento regenerador, y la falta de vergüenza en algunos prohombres, que llegan hasta solicitar la horca para la madre patria. Agréguese, como fuente principal, la sistemática manera de los Estados Unidos de Norte América: fomentar las revoluciones en los países caribeños, valiéndose de los caudillos que engañados van a las redes de los judíos de Wall Street. Mas, aun cuando fuera cierto que hondureños bastardos han implorado el ultraje recibido por Honduras, siempre la seriedad de aquella nación queda muy mal parada, y ha de ser en adelante, para la América Latina, el gran gavilán con cantos de paloma; y si no ha autorizado un paso del tamaño que representa el agravio hecho, no puede ni debe permitir que en su nombre se cometa un nuevo crimen internacional, y ha de prestarse a reparar, hasta donde sea posible, la ofensa; de otra manera, abiertamente se echa contra nosotros con las mismas carantoñas que ha usado con Santo Domingo, Cuba, Nicaragua y demás países estrangulados. Despierte la raza avivando el instinto de conservación, y laboremos con todos los medios a nuestro alcance para oponer al invasor que hoy conquista con el dólar la fuerza que jamás podrán destruir y la que será mayor que la de ellos: la Unión latinoamericana, que será fuerte, generosa, altiva, idealista y comprensiva de las grandezas imperecederas. Hay responsabilidades odiosas, que borran la personalidad; tal los asesinos, incendiarios, ladrones, saqueadores, etc.; ¿pero no es más odiosa aún la responsabilidad de los que victiman nacionalidades; la de los bárbaros que ajenos de todo sentimiento de patriotismo, ofrecen la vida de su patria, sólo para obtener satisfacción a sus pasiones desenfrenadas? ¡Y pensar que hay hondureños que ríen, porque parece que el crimen máximo está consumándose; y otros que saborean escondidos el proceso del hecho que ellos tramaron, en nombre de la Libertad y de Honduras.

DARÍO MONTES.

CUOTAS PATRIÓTICAS

Volvemos a excitar a los verdaderos patriotas a fin de que envíen sus cuotas para pagar a los tipógrafos que forman este boletín.

La voz de ARIEL

(Continúa).

Sensibilidad, inteligencia, costumbres, todo está caracterizado en el enorme pueblo por una radical ineptitud de selección, que mantiene junto al orden mecánico de su actividad material y de su vida política un profundo desorden en todo lo que pertenece al dominio de las facultades ideales. Fáciles son de seguir las manifestaciones de esa ineptitud, partiendo de las más exteriores y aparentes para llegar después a otras más esenciales y más íntimas. Pródigo de sus riquezas —porque en su codicia no entra según acertadamente se ha dicho, ninguna parte de Harpagón—, el norteamericano ha logrado adquirir con ellas plenamente la satisfacción y la vanidad de la magnificencia suntuaria, pero no ha logrado adquirir la nota escogida del buen gusto. El arte verdadero sólo ha podido existir en tal ambiente a título de rebelión individual. Emerson, Poe, son allí como los ejemplares de una fauna expulsada de su verdadero medio por el rigor de una catástrofe geológica. Habla Bourget en Outremer del acento concentrado y solemne con que la palabra arte vibra en los labios de los norteamericanos que ha halagado el favor de la fortuna; de esos recios y acrisolados héroes del self-help que aspiran a coronar con la asimilación de todos los refinamientos humanos la obra de su encumbramiento reñido. Pero nunca les ha sido dado concebir esa divina actividad que nombran con énfasis sino como un nuevo motivo de satisfacerse su inquietud invasora y como un trofeo de su vanidad.

La ignoran en lo que ella tiene de desinteresado y de escogido; la ignoran a despecho de la munificencia con que la fortuna individual suele emplearse en estimular la formación de un delicado sentimiento de belleza; a despecho de la esplendidez de los museos y las exposiciones con que se ufanan sus ciudades; a despecho de las montañas de mármol y de bronce que han esculpido para las estatuas de sus plazas públicas. Y si con su nombre hubiera de caracterizarse alguna vez un gesto de arte, él no podría ser otro que el que envuelve la negación del arte mismo; la brutalidad del efecto rebuscado, el desconocimiento de todo tono suave y de toda manera exquisita, el culto de una falsa grandeza, el *sensacionismo* que excluye la noble serenidad inconciliable con el apresuramiento de una vida febril.

JOSÉ ENRIQUE RODÓ.

(Continuará).

****

Propaganda malsana

Con el título de Autonomistas auténticos publica el boletín del 10, un artículo firmado por un falso autonomista que desea, ocultando su intención, justificar la permanencia de los marinos extranjeros en territorio hondureño.

Dice en el artículo que la vida de los pueblos sólo es efectiva cuando se vive dentro de la esfera del Derecho, y que, los pueblos que pisotean y desgarran sus instituciones y sus leyes con la misma indiferencia con que se estruja cualquier papelucho, están condenados a desaparecer bajo las plantas de los pueblos fuertes; que el Derecho protege a las que se conducen por la senda de la legalidad, pero que castiga a los que se ponen fuera de tan marcado y natural sendero.

El articulista se muestra muy aferrado partidario del Derecho, hablando de él en tono dogmático; pero no da explicación alguna sobre el derecho aplicable a nuestro caso de invasión extranjera. Debiera ser explícito en sus afirmaciones; debiera, después de sentar principios generales de derecho y escudarse en los legalismos que tenga a bien, citar un solo caso del derecho que autorice a los extranjeros su intromisión en nuestros asuntos, aunque se trate, como dice, de que rompamos nuestras instituciones.

Nuestras Instituciones han sido creadas por el pueblo hondureño en forma democrática y generosa, y si seguimos luchando hasta llegar la anarquía, quizá esta desgracia sirva de estímulo para ajustar nuestra futura conducta a nuevas orientaciones y afianzar nuestra existencia política. El colaborador del boletín, de un modo encubierto, lanza un cargo al pueblo hondureño, porque, en el fondo, su escrito quiere demostrar que son nuestros desaciertos los que han traído la invasión extranjera, y para su interior deja la aprobación al acto de tropelía extranjera; pues según él, se requiere, para ser autonomista auténtico: primero, ser legalista; segundo, procurar en seguida el inmediato restablecimiento de nuestro gobierno de derecho, y por último, que después se promuevan las gestiones conducentes al retiro de los marinos americanos que de hecho ocupan la capital de la República.

Es decir, quiere este ciudadano que permanezcan los soldados invasores hollando nuestro territorio hasta que se restablezca el Gobierno de derecho, o sea hasta que pueblo hondureño elija, en tiempo normal, Presidente de la República; y aun así, quiere que no se vayan inmediatamente, sino que su retiro se someta a un expedienteo de carácter diplomático que no tendrá fin.

Esto es lo que quiere el que reclama el puesto de autonomista auténtico.

Perdóneme ese ciudadano amante de su patria; pero este humilde hondureño no entiende así el patriotismo.

S. H. H.

La esclavitud de Nicaragua
POR ISIDRO FABELA

La diplomacia del dólar.---La revolución contra Zelaya.
(Continúa)

El acto del Presidente Zelaya nos importa a todos los hispanoamericanos, y lo censuramos con toda intención, precisamente porque es ya tiempo de que nos preocupemos de nuestra suerte aislada y colectiva, para ayudarnos mutuamente cuando una potencia extraña trate de violar la soberanía del continente indo-hispánico. Cuando los Estados Unidos deseen obtener de nuestros países algo injusto, ejerciendo para ello presión diplomática o militar, los gobiernos que los rijan, y a la cabeza el Ejecutivo, deben resistir hasta lo último, siempre dentro de las leyes y la dignidad patria; y, si es preciso, deben llegar hasta el sacrificio; esto es mil veces preferible a ceder a la fuerza injustificada, porque, cediendo, dan apariencia de legalidad a actos notoriamente ilegales, y está en nuestro interés que nuestros pueblos y el mundo entero sepan que se nos ataca sin derecho. Los gobernantes patriotas que se encuentran en ese caso deben tener presente que, si obran con debilidad ante los extranjeros poderosos, abren la puerta a mayores exigencias y facilitan la realización de tratados y concesiones perjudiciales a su país, que estarán dispuestos a firmar, después de ellos, los traidores. De manera que no evitan el atentado y, en cambio, truecan en la historia de su patria una página gloriosa por otra de vergüenza. Es preciso mantener una actitud enérgica y resuelta a base de justicia, y dejar que la potencia que exige injusticias llegue hasta la agresión y el crimen; esto es preferible, porque deja toda la responsabilidad al agresor y se salva al menos la honra. En ciertos casos, procediendo así, puede salvarse más que el honor; pues cuando el que pretende atacar se cerciora de que las amenazas no bastan, sino que, para lograr sus fines, tiene que llegar a la violencia, no se resuelve, por escrúpulo o simplemente por conveniencia, a agredir, sino que se mantiene en la amenaza, cambia de táctica, aplaza el plan, o desiste de su injusticia.

Del otro modo, con la debilidad, la resignación, la sumisión y la simple protesta, por iracunda o fundada que sea, nada práctico se logra, y se deja en la historia de las relaciones panamericanas el precedente de que, cuando un mal Gobierno de los Estados Unidos quiera intervenir en un país de nuestra raza, no tiene más que ejercer presión sobre él y amenazar a sus gobernantes para asustarles y obligarles a dimitir, con el objeto de que los substituyan otros que se avengan a traicionar a su patria.

Después de resignar la presidencia de Nicaragua, el señor Zelaya salió de su país, embarcándose hacia México en el cañonero mexicano General Guerrero, enviado amablemente por el señor Presidente General Díaz, dice el propio Zelaya. Y continúa: "Los americanos, queriendo desvirtuar la espontaneidad del rasgo de cortesía del ilustre personaje, exigieron entonces al Ministro de México en Managua, señor Carvajal Rosas, que yo dirigiese al comandante del cañonero una solicitud de asilo, la cual no tuve inconveniente en hacer para evitar dificultades".

El Gobierno de los Estados Unidos continuó su hostilidad contra Zelaya, aun fuera de Nicaragua. En la República mexicana permaneció un mes, viéndose obligado a dejar este país por indicaciones del General Porfirio Díaz, quien, a su vez, las recibió de la Casa Blanca, para que no permitiera al expresidente nicaragüense permanecer en México.

El señor General Porfirio Diaz, plegándose a las indicaciones de Washington, suplicó a Zelaya abandonara el territorio mexicano, como lo hizo.

Separado el General Zelaya de la presidencia, el Congreso nicaragüense, conforme a su ley constitucional, procedió al nombramiento de Presidente, habiendo recaído la elección en la persona del Doctor José Madriz, probo magistrado que formó parte de la Corte Suprema de Cartago, el cual, por sus merecimientos particulares y las circunstancias de haber vivido alejado de la política centroamericana y no ser amigo de Zelaya, parecía satisfacer las necesidades del momento; evitando, por otra parte, la continuación de la misma política de Washington, que tomaba como pretexto a Zelaya para inmiscuirse en los negocios domésticos de esa república.

Desgraciadamente, el señor Madriz tampoco fue grato a la Casa Blanca porque no tenía la maleabilidad que requerían los Estados Unidos del Ejecutivo nicaragüense. Ya ellos habían declarado, en la nota Knox, estar convencidos de que la revolución actual representa los ideales y la voluntad de la mayoría de los nicaragüenses.

Además, dice Beltrán y Rózpide: "Lo había dicho públicamente el Senador yanqui, señor Stone, en sesión de la Cámara. En el apoyo que los Estados Unidos dieron a Estrada (contra Zelaya y Madriz), entraban en juego los intereses de un sindicato de financieros y banqueros norteamericanos que se proponían y se proponen refundir las deudas de Nicaragua y otros Estados centroamericanos, en forma análoga a lo que se hizo con la deuda de la República Dominicana.

(Continuará).

BOLETÍN DE LA DEFENSA NACIONAL

Director: Froylán Turcios

TEGUCIGALPA, HONDURAS, CENTROAMÉRICA
MARTES 15 DE ABRIL DE 1924

DISCTRIBUCIÓN GRATIS No. 24

Deber imperativo

Cada hondureño está imperativamente obligado a unir su esfuerzo con el nuestro para salvar a la República del yugo extranjero que la amenaza. El que eluda este sagrado deber en los actuales días tendrá que responder mañana por su silencio.

¿Habrá alguno, ciertamente, que desee ver a Honduras en el ignominioso estado en que se halla Nicaragua y no tema a las maldiciones del futuro? Nos lo han dicho mil veces, nos lo repiten cada hora: que hay un grupo de chamorristas en nuestra tierra que trabaja sin descanso por verla esclavizada. Con asco oímos tales aseveraciones, resistiéndonos a creerlas. Se nos citan nombres propios, algunos de personas importantes, de personas que nunca se creyera que pudiesen llegar a esa infamia...

Si es así recibirán un terrible castigo. Aun triunfantes en sus viles propósitos serían el escarnio de Centro-América y sus mismos hijos los execrarían. Pero no triunfarán jamás porque hay un Dios que protege a las naciones débiles de la brutal rapacidad de las naciones-verdugos y de las crimínales acechanzas de los parricidas.

La Corporación Municipal de la capital de la República de Honduras, fracción de Centro América

Considerando: que desde el día miércoles 19 de marzo del año en curso penetró en el seno de la ciudad un cuerpo armado procedente de los Estados Unidos de Norte América, en número de doscientos marinos, sin la autorización que debió preceder por parte del Gobierno de Honduras y sin que exista para ello motivo alguno que pudiera justificar la determinación de violar el suelo hondureño con la introducción de dichos marinos.

Considerando: que el establecimiento de un cuartel de soldados procedentes de los Estados Unidos del Norte, en esta ciudad, es una amenaza formidable contra la soberanía e independencia de Honduras, carísimos intereses éstos por los cuales deben preocuparse las Municipalidades de la Patria.

Considerando: que la Corporación Municipal antecesora no tomó ninguna actitud acerca del grave asunto de que se ha hecho relación; y que, según ha manifestado el Encargado de Negocios de los Estados Unidos de Norte América, don Franklin E. Morales, varios elementos hondureños y extranjeros solicitaron ante sus oficios el llamamiento de los marinos prenotados; por tanto,

ACUERDA:

Primero. Presentar su más enérgica protesta ante el Encargado de Negocios de los Estados Unidos, por el atropello cometido contra la Autonomía de la República de Honduras, consistente en el desembarco de marinos de su misma nacionalidad y de su acuartelamiento en el corazón de la capital.

Segundo. Protestar, asimismo, contra todos los hondureños que, obcecados por mezquinos intereses, se hayan echado, para hundir la patria, en brazos de la intervención extranjera.

Tercero. Excitar al Supremo Poder Ejecutivo en el sentido de que, para el castigo que corresponde a los traidores de la Patria, se sirva proceder a la organización de los Tribunales para el enjuiciamiento respectivo, de conformidad con las leyes del país.

Cuarto. Pedir al Ministro de los Estados Unidos el inmediato reembarco de los doscientos marinos, en nombre del derecho que tienen todas las naciones a vivir en un medio de Libertad e Independencia.

Quinto. Excitar a todas las Municipalidades de la República para que hagan suya la presente resolución.

Sexto. Remitir una copia del presente acuerdo al Supremo Poder Ejecutivo y al Ministro de los Estados Unidos; que se publique para conocimiento del pueblo, y participarlo a las Honorables Corporaciones Municipales de las capitales de Centro-América, rogándoles que a su vez se sirvan hacer conocerlo a las demás de sus respectivos países.

Dado en Tegucigalpa, en el Salón de Actos del Palacio Municipal, a viernes once de abril del año de mil novecientos veinticuatro y CIII de nuestra Independencia.

Matías Valladares. Luis Ferrari. C. F. Diaz Zelaya. Juan M. Jirón. Miguel Zelaya. J. V. Duarte h. Martin Zúniga. J. Esteban Banegas. S. H. Hernández. Pedro Rovelo Landa, *Secretario.*

Señor Director del Boletín de la Defensa Nacional. —Presente. Los suscritos autorizamos a Ud. para que ponga nuestras firmas en el Libro de Protestas, por el ingreso de marinos norteamericanos a esta capital.

José Clemente Doblado, Policarpo Canales, Alejandro Guardiola, Inés S. Sandres, Enrique Banegas, Trinidad Medina, Manuel Ávila, José Antonio Carías, Arcadio Cáceres, Germán Ventura, Bonifacio Rubio, Hipólito Munguía, Tiburcia Valladares, Ramón Valladares A., Francisco P. Aguilar, Jesús Valladares, María de la Cruz Ruiz.

La voz de ARIEL

(Continúa).

La idealidad de lo hermoso no apasiona al descendiente de los austeros puritanos. Tampoco le apasiona la idealidad de lo verdadero. Menosprecia todo ejercicio del pensamiento que prescinda de una inmediata finalidad por vano e infecundo. No le lleva a la ciencia un desinteresado anhelo de verdad, ni se ha manifestado ningún caso capaz de amarla por sí misma. La investigación no es para él sino el antecedente de la aplicación utilitaria. Sus gloriosos empeños por difundir los beneficios de la educación popular, están inspirados en el noble propósito de comunicar los elementos fundamentales del saber al mayor número; pero no nos revelan que al mismo tiempo que de ese acrecentamiento extensivo de la educación, se preocupe de seleccionarla y elevarla, para auxiliar el esfuerzo de las superioridades que ambicionan erguirse sobre la general mediocridad.

Así, el resultado de su porfiada guerra a la ignorancia ha sido la semicultura universal y una profunda languidez de la alta cultura. En igual proporción que la ignorancia radical, disminuyen en el ambiente de esa gigantesca democracia la superior sabiduría y el genio. He ahí por qué la historia de su actividad pensadora es una progresión decreciente de brillo y de originalidad. Mientras en el período de la independencia y de la organización surgen para representar, lo mismo el pensamiento que la voluntad del aquel pueblo, muchos nombres ilustres, medio siglo más tarde, Tocqueville puede observar respecto a ellos que los dioses se van. Cuando escribió Tocqueville su obra maestra, aun irradiaba, sin embargo, desde Boston, la ciudadela puritana, la ciudad de las doctas tradiciones, una gloriosa pléyade que tiene en la historia intelectual de este siglo la magnitud de la universalidad.

¿Quiénes han recogido después la herencia de Chánnig, de Emerson, de Poe? La nivelación mesocrática, apresurando su obra desoladora, tiende a desvanecer el poco carácter que quedaba aquella precaria intelectualidad. Las alas de sus libros ha tiempo que no llegan a la altura en que sería universalmente posible divisarlos. Y hoy, la más genuina representación del gusto norteamericano, en punto a letras, está en los lienzos grises de un diarismo que no hace pensar en el que un día suministró los materiales de El Federalista.

Con relación a los sentimientos morales, el impulso mecánico del utilitarismo ha encontrado el resorte moderador de una fuerte tradición religiosa. Pero no por eso debe creerse que ha cedido la dirección de la conducta a un verdadero principio de desinterés. La religiosidad de los americanos, como derivación extremada de la inglesa, no es más que una fuerza auxiliatoria de la legislación penal, que evacuaría su puesto el día que fuera posible dar a la moral utilitaria la autoridad religiosa que ambicionaba darle Stuart Mill. La más elevada cúspide de su moral es la moral de Franklin.

Una filosofía de la conducta que halla su término en lo mediocre de la honestidad, en la utilidad de la prudencia, de cuyo seno no surgirán jamás ni la santidad ni el heroísmo, y que, sólo apta para prestar a la conciencia, en los caminos normales de la vida, el apoyo del bastón de manzano con que marchaba habitualmente su propagador, no es más que un leño frágil cuando se trata de subir las altas pendientes.

Tal es la suprema cumbre, pero es en los valles donde hay que buscar la realidad. Aun cuando el criterio moral no hubiera de descender más abajo del utilitarismo probo y mesurado de Franklin, el término forzoso —que ya señaló la sagaz observación de Tocqueville— de una sociedad educada en semejante limitación del deber, sería, no por cierto una de esas decadencias soberbias y magníficas que dan la medida de la satánica hermosura del mal en la disolución de los imperios; pero sí una suerte de materialismo pálido y mediocre, y en último resultado, el sueño de una enervación sin brillo, por la silenciosa descomposición de todos los resortes de la vida moral.

Allí donde el precepto tiende a poner las altas manifestaciones de la abnegación y la virtud fuera del dominio de lo obligatorio, la realidad hará retroceder indefinidamente el límite de la obligación. Pero la escuela de la prosperidad material, que será siempre ruda prueba para la austeridad de las repúblicas, ha llevado más lejos la llaneza de la concepción de la conducta racional que hoy gana los espíritus. Al código de Franklin han sucedido otros de más francas tendencias, como expresión de la sabiduría nacional.

Y no hace aún cinco años, el voto público consagraba en todas las ciudades norteamericanas, con las más inequívocas manifestaciones de la popularidad y de la crítica, la nueva ley moral en que, desde la puritana Boston, anunciaba solemnemente el autor de cierto docto libro que se intitula Pushin to the front (de M. Orrison Swett), que el éxito debía ser considerado la finalidad suprema de la vida.

La revelación tuvo eco aun en el seno de las comuniones cristianas, y se citó una vez, a propósito del libro afortunado, la Imitación, de Kempis, como término de comparación.

JOSÉ ENRIQUE. RODÓ.

(Continuará)

Está bien

Que digan todo lo que quieran —pensará el señor Ministro de los Estados Unidos— pero no se van los marinos. Y... ¡No se van los marinos!

No se llene de muchas ilusiones, señor Ministro, que se van a ir los marinos y Ud. también. Esa falta de tacto que ha redundado en un verdadero delito contra la soberanía de Honduras se tomará en cuenta por el Gobierno de los Estados Unidos, si no quiere hacerse cómplice del paso inconsciente con que Ud. acaba de desacreditar la diplomacia norteamericana.

Sea porque el partido imperialista de aquella nación crea conveniente dar tregua a sus ambiciones, porque en estos últimos años la prensa latinoamericana hace una guerra sin cuartel al yankee, exhibiéndolo ante el mundo como un ogro que comercia con rufianes sus rollos de green Banks, a cambio de la dignidad de nuestros pueblos, es lo cierto que Estados Unidos en estos momentos no quiere aparecer a la luz de la civilización como autor directo ni indirecto de ningún desacato contra la autonomía de las repúblicas de Hispano América.

Confirma este aserto el hecho de que se habla con insistencia de la desocupación de Filipinas. Santo Domingo y Nicaragua y pone de relieve su actitud, a la cual vengo refiriéndome, el reciente reconocimiento que ha hecho del Gobierno Constitucional de México.

Por nuestra propia conveniencia, dice el Senador Borah, debemos abandonar Haití, Santo Domingo, Nicaragua y otras naciones donde estamos como amos sin tener derecho alguno, pues no nos pertenecen.

El Senador Borah concede el título de nación a lo que otros, cínicamente, llaman cacicazgo, con mengua de nuestro honor nacional; y como él, un conglomerado de ilustres estadistas de la gran Federación del Norte reclaman del Capitolio de Washington los derechos que el pueblo hondureño está demandando. Que haya en los Estados Unidos un núcleo de grandes hombres y mujeres que sean más hondureños que esos hondureños sin sangre que han hecho causa común con un filibustero para traer a Tegucigalpa la columna de doscientos soldados extranjeros que desafían con insolencia nuestra bandera desde los altos del Hotel Agurcia, es un baldón que pesa como una montaña sobre la honra de nuestro país.

Pero Ud., señor Ministro, no es responsable del crimen que hayan cometido los traidores hondureños. Ud. es responsable de sus actos y del crédito del pueblo que está representando en Honduras. Rectifique, porque si Ud. quiere, se irán los marinos, y si no quiere, también.

VISITACIÓN PADILLA

Tegucigalpa, 15 de abril de 1924.

Tegucigalpa, 14 de abril de 1924.

Señor don Froylan Turcios, Jefe del Partido Autonomista. Hondureño.

Ciudad

Tengo el honor de dirigirme a usted, muy respetuosamente, rogándole dar cabida a estas líneas en las columnas del periódico que usted edita, con el nombre de Defensa Nacional, en cual es usted verdadero representante del Partido Autonomista Hondureño, por lo que yo me adhiero a los nobles sentimientos patrióticos para salvar nuestra querida patria de un país extranjero que hoy, porque estamos en esta situación, por la guerra intestina desarrollada entre nosotros, quiere hacerse dueño de nuestro suelo, como si fuésemos hombres sin hogar. Yo protesto enérgicamente ante ese grupo de americanos que sin pretexto alguno y sin permiso de nuestro Gobierno se ha introducido entre nosotros y aposentado en el centro de esta capital, por lo cual siento gran dolor y seré uno de los que expondré mi vida en sacrificio de salvar a nuestra amada patria

Sin más que decirle, me suscribo de usted su muy atento y S. S.

CLEMENTE DOBLADO Z.

****

Huéspedes antipáticos

Personas conocedoras de la moderna política norteamericana aseguran que a los Estados Unidos y sus intereses les conviene esa eterna división y luchas fratricidas que permanentemente mantenemos los latinos, pues ellos siempre toman la ocasión por los cabellos para entrometerse como mediadores, unas veces solapadamente, y otras, sin ponerse careta.

Demás está poneros ejemplos y señalar lugares y fechas, pues bien sabido es dónde y cuándo han sorprendido con su presencia y acción a los habitantes de varios países, antes libres y después intervenidos por ellos.

Apenas entramos en guerra, se oye venir del lado del Norte como una invasión aguilina. Son las águilas de Washington que en rápido vuelo cruzan los océanos, llegan a nuestros puertos y después al lugar del siniestro. Ya los tenemos aquí en Tegucigalpa, con bandera desplegada y rifle al hombro por nuestras calles, protegiendo sus intereses (los de los banqueros de Nueva York) e imponiendo la voluntad del más fuerte. Después, todos nos miramos a la cara, exclamando: ¡Aquí ha de haber un traidor!

Son varios, responde el Ministro Morales; pero guardo en secreto sus nombres. Mientras tanto, don Froylán Turcios investiga para la historia y la higienización moral de la patria.

¿Qué despiadado sentimiento movería a estos señores a pedir gente extraña para que se entrometiera en nuestros asuntos? ¿Lo harían por vileza o cobardía? ¿No pudieron soportar como hombres el siniestro que quizá ellos mismos promovieron?

Cuando sean señalados con el dedo de la justicia, van a montar en cólera, aunque razón no les asista. Entonces bien pueden leer nuestro Código Penal, que señala castigo para todo delito, sin distinción de persona grande ni chica; y que Dios se las entienda con ellos o el diablo. Sabemos que algunos de los yankis acuartelados en nuestra capital han notado mucha pobreza pecuniaria en la mayor parte del pueblo, pues así lo manifiestan ellos. Ahora lo que no debemos demostrarles es pobreza de espíritu y pequeñez de ánimo, pues si es verdad que carecemos del dólar poderoso, dignidad no faltará jamás en nuestros pequeños pueblos.

PEDRO J. PAÍZ.

CUOTAS PATRIÓTICAS

Volvemos a excitar a los verdaderos patriotas a fin de que envíen sus cuotas para pagar a los tipógrafos que forman este boletín.

La esclavitud de Nicaragua.
POR ISIDRO FABELA

La diplomacia del dólar.--.La revolución contra Zelaya.
(Continúa)

La revolución, entretanto, seguía su curso favorable a las armas del Gobierno; los Conservadores fueron vencidos en Tisma, y los liberales, avanzando en sus triunfos, trataban de bloquear Bluefields, para impedir que los rebeldes siguieran recibiendo armas y pertrechos de los Estados Unidos, provenientes de Nueva Orleans, y lo hubieran conseguido si el Gobierno norteamericano hubiese cumplido sus obligaciones de neutral. Pero no fue así: en Washington se sostenía a los revolucionarios. El ejército liberal tomó el Bluff, e iba a tomar Bluefields, cuando el comandante del crucero Paducah intimó al jefe liberal no la tomara, ordenando al propio tiempo el desembarco de

311

marinos que hicieran respetar su orden. Con motivo de este ultraje perpetrado contra la soberanía del Estado, el Presidente Madriz dirigió al Presidente de los Estados Unidos, Mr. Taft, el siguiente mensaje (15 de junio de 1910):

"El 27 de mayo último, las fuerzas de este Gobierno tomaron por asalto el Bluff, posición fuerte que defiende a Bluefields. El jefe de las fuerzas tenía orden de proceder inmediatamente a tomar la ciudad, que se hallaba desguarnecida, lo que habría asegurado el término de esta campaña. Esto se frustró por la actitud del comandante del crucero americano Paducah, que intimó al jefe de nuestras tropas que se opondría con sus fuerzas a la toma de la ciudad, y que, al efecto, desembarcó marinos americanos para ocuparla. Con esto la revolución aseguró su base de operaciones; pudo sacar de la ciudad todas sus fuerzas, para oponerlas a una sola de nuestras columnas, y se frustró una combinación preparada cuidadosamente y de éxito seguro.

Este Gobierno compró en Nueva Orleans el barco inglés Venus, hoy Máximo Jerez, que salió para San Juan del Norte con licencia de las autoridades americanas, después de exhibir todos los elementos de guerra que traía a bordo como artículos de libre comercio. En San Juan del Norte fue nacionalizado como buque nicaragüense, armado en guerra y destinado a bloquear el puerto de Bluefields. El bloqueo tenía por objeto impedir que la revolución siguiera recibiendo, como antes, provisiones y recursos de Nueva Orleans. El Gobierno de V. E. ha negado a nuestro barco el derecho de bloqueo respecto a los buque americanos y ha quedado abierta a la revolución la fuente Nueva Orleans. La toma del Bluff dio a este Gobierno posesión de la aduana de Bluefields, con lo que esperaba privar a la revolución de la renta de la aduana.

El Gobierno de V. E. ha declarado que los derechos de aduana deben pagarse a la revolución, y esto ha frustrado en gran parte la victoria de nuestras armas en el Bluff.

El Gobierno de V. E. nos ha negado el derecho de impedir el paso, frente al Bluff, de las naves americanas que vayan con destino a una aduana revolucionaria que acaba de establecerse en Schooner Key sobre el río Escondido, no obstante el decreto de este Gobierno que cierra el puerto y prohíbe ese tránsito como medida necesaria de defensa y pacificación. Un día el comandante del Paducah amenazó al Máximo Jerez con hacer fuego contra éste y hundirlo si nuestras fuerzas intentaban atacar a Bluefields.

Habiendo notado el jefe de nuestras tropas en el Bluff que embarcaciones al servicio de la revolución usaban la bandera americana para pasar frente a la fortaleza sin ser detenidas, notificó al comandante del Paducah su resolución de impedir el libre tránsito de esos barcos frente a sus posiciones. Los comandantes del Paducah y del Dubuque contestaron que harían respetar con los fuegos de sus cañones el comercio americano, aunque consistiese en armas y municiones para la revolución, y que un disparo contra esas embarcaciones significarla declarar la guerra a los Estados Unidos.

Por último, sé que en Bluefields, guardado aún por marinos americanos, se prepara un ataque sobre nuestras posiciones del Bluff y Laguna de Perlas. La intimación del comandante del Paducah nos impide anticiparnos a la acción del enemigo como por legítima defensa tenemos derecho de hacerlo.

Es mi deber decir francament3 a V E. que no hallo modo de conciliar los hechos enumerados con los principios de la neutralidad proclamados por la ley de las naciones Y teniendo confianza en la alta rectitud del Gobierno de los Estados Unidos, no vacilo en dirigirme a V. E. para pedirle respetuosamente la rectificación de las órdenes dadas a sus autoridades navales en Bluefields. Así podrá este Gobierno concluir fácilmente con una revolución sangrienta y asoladora, que carece de vida propia y que está labrando la ruina de Nicaragua. Presidente, José Madriz".

Knox contestó lo siguiente, en 19 de junio de 1910:

"Permanece inalterable la política de los Estados Unidos expuesta en la carta del Secretario de Estado, del 10 de diciembre de 1909, al señor Rodríguez, entonces Encargado de Negocios, por la cual se rompieron las relaciones, con el Gobierno de Zelaya. Respecto a lo que dice el Dr. Madriz al Presidente, el Gobierno de los Estados Unidos no hizo más que dar el paso acostumbrado de prohibir el bombardeo o combates a cualquiera de las dos facciones dentro de la indefensa ciudad de Bluefields, protegiendo de ese modo los intereses americanos y otros intereses extranjeros, de la misma manera que lo había hecho el comandante británico respecto de San Juan del Norte, en donde hay grandes intereses británicos. El Gobierno de los Estados Unidos ha reconocido el derecho de ambas facciones de mantener el

313

bloqueo, pero ha rehusado permitir a buques que han sido ilegal y clandestinamente alistados en aguas americanas molestar al comercio americano.

El Gobierno de los Estados Unidos simplemente exige que cada facción cobre derechos sólo en el territorio que se halle bajo su dominio de facto, y no permitirá que se recauden dobles derechos. Si hubiese ocurrido alguna violación de la neutralidad, eso fue en relación con la salida del Venus de Nueva Orleans en calidad de expedición de la facción de Madriz. Knox".

El Presidente Madriz replicó como sigue:

"Por el derecho de gentes; ningún gobierno neutral puede impedir ni estorbar en tiempo de guerra las operaciones militares que los beligerantes, ejecutan legítimamente. Los extranjeros están sujetos a todas las contingencias de esas operaciones, lo mismo que los nacionales. En consecuencia, no puedo considerar legal el hecho de que los marinos americanos hayan impedido las operaciones de nuestro ejército sobre Bluefields.

Respecto a la salida del Venus de Nueva Orleans, tengo la convicción de que no ha habido violación de las leyes de los Estados Unidos. Además, el zarpe dado por las autoridades de Nueva Orleans, únicamente obligaba a la nave a guardar neutralidad durante el viaje, como sucedió en efecto.

Terminado el viaje para el cual se habla dado el zarpe, entrada la nave en aguas ajenas y nacionalizada conforme a las leyes nicaragüenses, las leyes y autoridades de los Estados Unidos nada han tenido que ver con el destino ulterior del buque, el cual ha podido y puede de derecho ejercitar todas las operaciones de la guerra, entre las cuales, figura el bloqueo.

Omito, por ahora, observar otros detalles de la nota de Mr. Knox, pero quiero hacer constar la seguridad que abrigo de que, sin la interposición de las autoridades navales de los Estados Unidos en Bluefields, en la forma que explica mi cablegrama al señor Presidente Taft, Bluefields estaría tomado, la revolución vencida y Nicaragua en paz. Madriz".

(Continuará)

Cuotas patrióticas

para pagar a los cajistas que trabajan en este boletín

1	Mercedes Garay	$ 5.00	33	Rosendo Ferrari	$	5.00
2	Román Ramos Valdés	5.00	34	Carmen Muñoz P		1.00
3	Cristóbal Canales	5.00	35	Otro centroamericano		15.00
4	Federico G. Canales	5.00	36	C. M. Gómez		1.00
5	Cecilio Colindres Zepeda	2.00	37	Antonio Reina h		5.00
6	Miguel Oquelí Bustillo	5.00	38	Gabriel Valladares		1.00
7	Manuel A. Reina	5.00	39	María F. Jereda		1.00
8	Humberto Sosa M	2.00	40	R. R		2.00
9	Humberto E. Guerrero	0.50	41	Un salvadoreño		1.00
10	Un centroamericano	5.00	42	Otro mexicano		2.00
11	Visitación Padilla	1.00	43	Florencia v. de Villalta		1.00
12	Arcadio Díaz Ballesteros	4.00	44	Un colombiano		4.00
13	Pura Vijil	5.00	45	Atanasio Valle		5.00
14	Alfredo Sagastume	10.00	46	Ramiro Rodríguez		1.00
15	Camilo Zelaya	1.00	47	Tomasa González		0.50
16	X. X.	5.00	48	Carlos Muñoz M		3.00
17	X. X.	5.00	49	Salomón Zorto		3.00
18	Juan B. Vásquez	2.00	50	José Mario Gutiérrez		5.00
19	Antonio Gómez Romero	2.00	51	Un hondureño		60.00
20	Alejandro Armijo h.	0.50	52	Santiago Cervantes		2.00
21	R. J. L.	5.00	53	Leandro García		0.50
22	Modesto Rodas Alvarado	7.00	54	Juan B. Aguilar		0.50
23	Un mexicano	3.00	55	A. V.		2.00
24	Amado Tejeda	5.00	56	Samuel Laines		4.00
25	Antonia Hernández	1.00	57	Modesto Cubas		1.00
26	Nicolás Toledo	1.00	58	Marcial Lagos		5.00
27	Otro centroamericano	3.00	59	Toribio Ponce		3.00
28	María Luisa Hernández	1.00	60	Alberto R. Acosta		1.00
29	Porfirio Guardiola	3.00	61	Agustín Soto		3.00
30	Tito López Pineda	2.00	62	B. Octavio Murillo		2.00
31	Manuel Corea Bueso	10.00	63	Jorge Ramos R		2.00
32	M. Bersabé Ramos R	2.00	64	José Emiliano Chéves		1.00

BOLETÍN DE LA DEFENSA NACIONAL

Director: Froylán Turcios

TEGUCIGALPA, HONDURAS, CENTROAMÉRICA
MIÉRCOLES 16 DE ABRIL DE 1924

DISTRIBUCION GRATIS No. 25

El señor Ministro Morales

Cuando el señor Franklin E. Morales vivió en Honduras como un simple extranjero, nadie se imaginó que tal hombre llegaría con el tiempo a constituir un peligro gravísimo para la soberanía nacional. Blanco, gordo, alegre, galanote, era el tipo neto del varón optimista que piensa bien, que digiere bien y que no hace ningún mal,

Alejóse de este país dejando gratas memorias; y, como sucede con frecuencia en las novelas, y pocas veces en la vida, regresó de improviso a Tegucigalpa hecho todo un Sr. Ministro norteamericano. Sin embargo, la violenta transformación de su destino no cambió un ápice su exterior amable y continuó siendo el extranjero correcto y atrayente que sumaba voluntades con su trato. Así le conocimos a distancia y por lo que de él se nos refería.

Antes de apasionarse en las luchas de nuestra política, le vimos, en pequeños detalles, proceder con espíritu amplio. Empezó a descomponerse su actitud y a subirse sobre sí mismo cuando los candidatos a la Presidencia, en hora fatal, le buscaron como testigo, o juez o árbitro en sus discusiones interminables por el poder público, dando así un paso funesto hacia el abismo en que ahora peligra nuestra patria; y cuando arreció la borrasca en que nos hallamos envueltos, él fue entrometiéndose más y más en nuestros asuntos como parte interesada. Pero todavía con su sonrisa cordial y sus frases y ademanes de persona culta. Esta suavidad se extremó un poco en los días lamentables en que empezaron a sonar los tiros en las calles y en que él sintió de pronto un miedo pueril, hasta el grado de ver por todas par- tes peligros fantásticos y escuchar, en las noches; rondas de malos espíritus y el áspero ruido de los plomos perforando los tejados de su Legación.

Entonces fue cuando se le ocurrió la peregrina idea de llamar unos cuantos marinos para que lo custodiaran; y esta ocurrencia creció en volumen de pensamiento y en número de marinos; fue creciendo y creciendo, a medida que el miedo hiperbólico ensanchaba su persona, hasta convertirse en agresiva realidad contra la autonomía de la República; haciendo llegar a esta capital, sin permiso de ninguna autoridad, y por un incalificable abuso de fuerza, los doscientos soldados de su país, cuya presencia constituye un tremendo ultraje a la integridad de Honduras.

Desde ese instante, el señor Ministro norteamericano se conquistó la animadversión más justa de parte de los verdaderos patriotas hondureños, que se hará precisa y terminante cuando se abran de nuevo las comunicaciones y lleguen hasta él los millares de voces de los departamentos.

Tuvimos oportunidad de hablar con el señor Morales, en su Legación, el día nefasto en que esos marinos llegaron a Tegucigalpa. Y, ya sin miedo, bajo la protección del cuartel yankee (nadie pensó jamás hacerle el menor daño y su miedo era hijo de su fantasía), no vimos ya en él al hombre cordial de sedosas apariencias que habíamos conocido, sino al tipo perfecto del conquistador altanero. Ya no era el mocetón blanco, alegre, galanote, rebosante de optimismo y que atraía con su presencia simpática. Soberbio, con los labios verdes, con los ojos iracundos, lívido de cólera ante nuestra altiva protesta de patriotas, subrayaba con brutales golpes de puño sobre la mesa las palabras violentas que salían silbando de su garganta....

Nosotros le mirábamos con profundo asombro; y, viéndole bajo aquel repugnante aspecto, pudimos comprobar, una vez más, que lo más feo y odioso que existe sobre la tierra es la cara del imperialismo yankee.

NO LES CONVIENE

Por nuestra propia conveniencia debemos abandonar Haití, Santo Domingo, Nicaragua y otras naciones donde estamos como amos sin tener derecho alguno, pues no nos pertenecen. Insisto en considerar estas palabras del Senador Borah, porque, de veras, me llaman la atención demasiado. ¿Y a Ud., Sr: Ministro Morales?

Una política tan sagaz como la de Estados Unidos, esta es la hora que medita con mucha seriedad sobre la protesta de propios y extraños contra ese vandalismo feroz de que poco a poco viene siendo víctima el continente latinoamericano. *Todo el mundo desconfía de Estados Unidos,* dice Mrs. Champman Catt; no porque ella, ni el Senador Borah prefiera nuestra raza, sino por mucho amor y respeto a la gloria de su gran país'y; cabalmente; por su propia conveniencia.

El Departamento de Estado conoce el verdadero alcance de esta declaración y, por lo mismo, tiene que darles un nuevo giro a aquellos trabajos que tienden a deslumbrar nuestros pueblos con la fantasía del panamericanismo. Nosotros creemos que la osadía de Mr. Roosevelt y comparsa será, dentro de poco, un anacronismo en los Estados Unidos, pues déjase ver en el horizonte político de ese país, el signo visible de reacción contra lo que nosotros no llamaremos diplomacia, sino despotismo:

Con vista de tales apreciaciones, señor Ministro, el paso que usted acaba de dar en Honduras trastorna por su base la obra de cambio que se propone realizar Estados Unidos, con referencia a la actitud injustamente hostil que han asumido hacia nuestras débiles repúblicas. No dude usted de las buenas intenciones de los hombres que ahora manejan su país. Tengo noticias de que el actual Presidente de la Federación, por, cierto mi hermano en la fe, es el tipo del verdadero cristiano y un agente muy activo en el movimiento a que me refiero. Por lo tanto, verá con sumo disgusto el atropello que ha cometido usted contra la soberanía de Honduras.

En ninguna manera le convendría a Estados Unidos seguir esta incalificable conducta, ni por su comercio, ni por el derecho que les asiste de considerarse hermanos del vecino más próximo, ni por la educación social y cristiana que reflejamente recibe día tras día el pueblo hispanoamericano.

Pues, unánimemente, estamos de acuerdo para dar el grito patriótico, desde México hasta el Cabo de Hornos: ¡No NECESITAMOS NADA DEL VANKEE!

—¿Que no?

—Esperemos.

VISITACIÓN PADILLA

Tegucigalpa, 16 de abril de 1934

—Defendamos nuestro hogar. Sepamos guardarle de todas las acechanzas. Acojámonos siempre a los pliegues de nuestra sacra bandera. Jamás pueblo alguno dejó de ser libre sin la protesta indignada. Nunca se vio un país caer con la suplica en los labios, sino con el verbo acusador y tremendo. En ningún tiempo, desde el alba pálida del mundo, hubo naciones que se arrodillasen en demanda de misericordia y de piedad. Lo que es nuestro. Lo que ha de ser y lo que será por los siglos de los siglos, debemos conservarlo, debemos custodiarlo, debemos santificarlo con nuestro gran amor, con nuestro propio orgullo, con nuestra propia sangre.

A.C.

1924.

****

COMERCIANTES TURCOS

Vinieron ayer a la redacción de este boletín los comerciantes turcos don Juan, don José, don Salee, don Gabriel y don Simón Kafati a manifestarnos que con extrañeza supieron que se les nombraba entre los turcos que habían pedido la llegada de marinos norteamericanos; que esto es calumnioso, pues ellos jamás habrían armado petición semejante, considerándose hondureños que aman esta tierra como su segunda patria.

¿Hacia dónde vamos?

Con insistencia he oído esta pregunta en medio de la agitación política en que nos encontramos.

¿Hacia dónde vamos? Adivino la respuesta, apreciado lector, y te oigo decir: ¡Al desastre! La apruebo, pero no te detengas únicamente en las consideraciones de tu opinión partidarista; eleva tu corazón y dime si pospones tu propia conveniencia a la de la patria que con inmensa angustia siente resonar lúgubremente las pisadas de los invasores que van por las calles citadinas. ¿Los has visto?

Claro que sí. Di qué ha cruzado por tu espíritu, lector altivo, que amas a tu país con el vibrante cariño de los hombres elevados y convencidos de que el amor de patria es la condensación maravillosa de todos esos afectos profundos que se prolongan infinitamente en tu corazón.

Bien sabes que el que ama a su patria es el hombre que más vinculado está a la humanidad. Solamente la clase bastarda que toma por patria el lugar donde satisface su egoísmo, puede considerarse desligada absolutamente del suelo que lo vio nacer. Vergüenza tendría de ti, lector compatriota, si fuera el miedo el que te hiciera callar porque te asustan los Estados Unidos, que con toda su prepotencia no puede hacer callar a los que se defienden de su filibusterismo.

Desafío a ese pueblo a que evite la divulgación del bajo relieve que un glorioso artista dominicano acaba de plasmar concretando genialmente la insigne figura de Lincoln llorando ante los errores piratas de sus compatriotas.

Si fuertes son ellos por su vasto desarrollo y porque creen haber ido sólo a triunfar: a Europa, yo les diré que su audacia con nuestros países es mojigata y que si las otras potencias que se han repartido el mundo aplauden su afán civilizador, lo hacen hipócritamente. ¡Ay de todos ellos si la incomparable organización germánica hubiera esperado el momento preciso para arrollarlos! Pero aún no es tiempo de que culmine la fuerza del derecho; es irrisorio toda práctica, todo ensayo en este sentido; mientras prevalezcan estados sobre otros estados, la lucha será eterna y los débiles tienen que ser destrozados. Los ideales supremos no han sido más que concepciones metafísicas expuestas para mantener en el más doloroso espejismo a los pueblos y pretender justificarse ante la Historia que aplaza, pero que no perdona.

MANUEL RAMIREZ.

La voz de ARIEL

(Continúa).

La vida pública no se sustrae, por cierto, a las consecuencias del crecimiento del mismo germen de desorganización que lleva aquella sociedad en sus entrañas. Cualquier mediano observador de sus costumbres políticas, os hablará de cómo la obsesión del interés utilitario tiende progresivamente a enervar y empequeñecer en los corazones el sentimiento del derecho. El valor cívico, la virtud vieja de los Hamilton, es una hoja de acero que se oxida cada día más, olvidada entre las telarañas de las tradiciones.

La venalidad, que empieza desde el voto público, se propaga a todos los resortes institucionales. El gobierno de la mediocridad vuelve vana la emulación que realza los caracteres y las inteligencias y. que los entona con la perspectiva de la efectividad de su dominio. La democracia, a la que no han sabido dar el regulador de una alta y. educadora noción de las superioridades humanas, tendió siempre entre ellos a esa brutalidad abominable del número que menoscaba los mejores beneficios morales de la libertad y anula en la opinión el respeto de la dignidad ajena. Hoy, además, una formidable fuerza se levanta a contrarrestar de la peor manera posible el absolutismo del número. La influencia política de una plutocracia representada por los todopoderosos aliados de los trusts, monopolizadores de la producción y dueños de la vida económica, es, sin duda, uno de los rasgos más merecedores de interés en la actual fisonomía del gran pueblo.

La formación de esta plutocracia ha hecho que se recuerde, con muy probable oportunidad, el advenimiento de la clase enriquecida y soberbia que, en los últimos tiempos de la república romana, es uno de los antecedentes visibles de la ruina de la libertad y de la tiranía de

322

los Césares. Y el exclusivo cuidado del engrandecimiento material —numen de aquella civilización— impone así la lógica de sus resultados en la vida política como en todos los órdenes de la actividad, dando el rango primero al *strugle for life,* osado y astuto, convertido por la brutal eficacia de su esfuerzo en la suprema personificación de la energía nacional —en el postulante a su representación emersioniana—, en el personaje reinante de Taine.

Al impulso que precipita aceleradamente la vida del espíritu en el sentido de la desorientación ideal y el egoísmo utilitario, corresponde físicamente ese otro impulso, que en la expansión del asombroso crecimiento de aquel pueblo, lleva sus multitudes y sus iniciativas en dirección a la inmensa zona occidental que, en tiempos de la inde pendencia, era el misterio, velado por las selvas del Mississipi. En efecto, es en ese improvisado Oeste que crece formidable frente a los viejos Estados del Atlántico y reclama para un cercano porvenir la hegemonía, donde está la más fiel representación de la vida norteamericana en el actual instante de su evolución. Es allí donde los definitivos resultados, los lógicos y naturales frutos del espíritu que ha guiado a la poderosa democracia desde sus orígenes, se muestran de relieve a la mirada del observador y le proporcionan un punto de partida para imaginarse la faz del inmediato futuro del gran pueblo. Al virginiano y al yanki ha sucedido, como tipo representativo, ese dominador de las ayer desiertas Praderas, refiriéndose al cual decía Michel Chevalier, hace medio siglo, que los últimos serían un día los primeros.

El utilitarismo, vacío de todo contenido ideal, la vaguedad cosmopolita y la nivelación de la democracia bastarda, alcanzarán con él su último triunfo. Todo elemento noble de aquella civilización, todo lo que la vincula a generosos recuerdos y fundamenta su dignidad histórica —el legado de los tripulantes del Flor de Mayo, la memoria de los patricios de Virginia y de los caballeros de la Nueva Inglaterra, el espíritu de los ciudadanos y los legisladores de la emancipación—, quedarán dentro de los viejos Estados donde Boston y Filadelfia mantienen aún, según expresivamente se ha dicho, el *palládium de la tradición washingtoniana.* Chicago se alza a reinar. Y su confianza en la superioridad que lleva sobre el litoral iniciador del Atlántico se funda en que le considwra demasiado reaccionario, demasiado europeo, demasiado tradicionalista.

La historia no da títulos Cuando al procedimiento de elección es la subasta de la púrpura, A medida que el utilitarismo genial de aquella civilización asume así caracteres más definidos, más francos, más estrechos, aumentan, con la embriaguez de la prosperidad material, las impaciencias de sus hijos por propagarla y atribuirle la predestinación de un magisterio romano. Hoy ellos aspiran manifiestamente al primado de la cultura universal, a la dirección de las ideas, y se consideran a sí mismos los forjadores de un tipo de civilización que prevalecerá.

Aquel discurso semi irónico que Laboulaye pone en boca de un escolar de su París americanizado para significar la preponderancia que concedieron siempre en el propósito educativo a cuanto favorezca el orgullo del sentimiento nacional, tendría toda la seriedad de la creencia más sincera en labios de cualquier americano viril de nuestros días. En el fondo de su declarado espíritu de rivalidad hacia Europa, hay un menosprecio que es ingenuo, y hay la profunda convicción de que ellos están destinados a obscurecer, en breve plazo, su superioridad espiritual y su gloria, cumpliéndose, una vez más, en las evoluciones de la civilización humana, la dura ley de los misterios antiguos en que el iniciado daba muerte al iniciador. Inútil sería tender a convencerles de que, aunque la contribución que han llevado a los progresos de la libertad y de la utilidad haya sido, indudablemente, cuantiosa, y aun que debiera atribuírsele en justicia la significación de una obra universal, de una obra humana, ella es insuficiente para hacer transmudarse, en dirección al nuevo Capitolio, el eje del mundo.

Inútil seria tender a convencerles de que la obra realizada por la perseverante genialidad del aria europeo, desde que, hace tres mil años, las orillas del Mediterráneo, civilizador y glorioso, se ciñeron jubilosamente la guirnalda de las ciudades helénicas, la obra que aún continúa realizándose, y de cuyas tradiciones y enseñanzas vivimos, es una suma con la cual no puede formar ecuación la fórmula Washington más Edison. Ellos aspirarían a revisar el génesis para ocupar esa primera página. Pero además de la relativa insuficiencia de la parte que les es dado reivindicar en la educación de la humanidad, su carácter mismo les niega la posibilidad de la hegemonía. La Naturaleza no les ha concedido el genio de la propaganda ni la vocación apostólica. Carecen de ese don superior de amabilidad-en alto sentido, de ese extraordinario poder de simpatía con que las razas que han sido dotadas de un cometido providencial de educación, saben hacer de su cultura algo parecido a la belleza de la Helena clásica, en la que todos creían reconocer un rasgo propio. Aquella civilización puede abundar, o abunda indudablemente, en sugestiones y en ejemplos fecundos; ella puede inspirar admiración, asombro, respeto, pero es difícil que cuando el extranjero divisa desde alta mar su gigantesco símbolo, la Libertad, de Bartholdi, que yergue triunfalmente su antorcha sobre el puerto de Nueva York, se despierte en su ánimo la emoción profunda y religiosa con que el viajero antiguo debía ver surgir, en las noches diáfanas del Ática, el toque luminoso que la lanza de oro de la Atenea de la Acrópolis dejaba notar a la distancia en la pureza del ambiente sereno.

JOSÉ ENRIQUE RODO.

(Continuará).

****

Lo que está pasando

No me explico que en la patria de Morazán existan individuos obcecados que desconozcan los principios más fundamentales, como son: el amor a la patria. Hay quien tenga la desfachatez de decir que don Froylán Turcios no está haciendo absolutamente nada. Esto, al oírlo en boca de alguno de nuestros compatriotas, es el colmo.

Cuanto he oído articular esta palabra por los labios de un extranjero la he pasado inadvertida, y he dicho para mí: un extranjero es capaz de decirlo, por el simple hecho de que ésta no es su patria y, en consecuencia, no siente ese amor entrañable que es intenso en nosotros.

Por otra parte, los extranjeros no tienen ningún derecho de quejarse; basta que en esta tierra hayan encontrado un asilo sagrado para que estén infinitamente agradecidos. He aquí la equivocación. Creen que, como han encontrado asilo, tienen los mismos derechos que nosotros y, en consecuencia, entran de lleno, inmiscuyéndose en nuestros asuntos políticos; no teniendo para ello ningún derecho, como anteriormente lo he dicho. Es indudable que nuestras guerras intestinas les trae muy buenas ganancias y para la desaventurada Honduras, sólo pérdidas de vidas, capitales y energías.

Refiriéndome a los antipatriotas, ya que están contribuyendo a la desgracia y perdición de su patria, que no sean un obstáculo para los que están agotando todas sus energías por ver siempre y para siempre libre a Honduras, y poder decir: ¡Viva Honduras libre! Imitad a los hombres del pueblo que, aunque suelen ser más sencillos, han sido los primeros que han acudido a inscribirse en el Libro Autonomista. Estos antipatriotas y desventurados hijos de Honduras son dignos de lástima.

Tienen un criterio tan estrecho que no son capaces de llegar a concebir la responsabilidad que pesará sobre ellos, que aún es más pesada que una montaña; antes que articulen automáticamente, observen lo que dicen y quedarán espantados de decir que nada se está haciendo en el Boletín de la Defensa Nacional. Callar en estos momentos es otorgar, y guardar silencio es un crimen. Algunos dicen: *Yo probaré mi patriotismo, no con palabras sino con hechos.* Tengo la seguridad que esos tales se esconderían cuando se tratara de llegar a la acción; y hoy se excusan por miedo de hacer una protesta enérgica. En mi criterio creo que el que no es capaz de demostrarlo con palabras, hoy que se necesita de una protesta enérgica, estaría más lejos de demostrarlo con hechos, pues llegándose el caso, no lo harían.

SAÚL MORÁN

Tegucigalpa, abril 12 de 1924.

La esclavitud de Nicaragua
FOR ISIDRO FABELA
La diplomacia del dólar.---La revolución contra Zelaya.

(Continúa)

El Gobierno de Taft no tenía empacho en hacer confesión pública de sus teorías absurdas, de sus procedimientos violentos y de sus palabras bruscas. Estaba decidido a que triunfaran los revolucionarios, porque entre ellos se hallaban los hombres que le hacían falta para conseguir, por medio de tratados internacionales, lo que se hablan propuesto obtener de Nicaragua, y llegaron al fin.

Se llegó a este extremo: Según el relato de americanos imparciales, cuyos informes ha publicado la prensa de los Estados Unidos. Los marinos americanos han ido a reforzar las posiciones del ejército de Estrada, desempeñando el oficio de soldados de la revolución. Ya este otro: El Gobierno de Madriz, que estaba reconocido como legitimo por el de Noruega, logró de éste que prohibiera a todos los buques que portaran bandera de aquella nación el transporte de contrabando de guerra para los revolucionarios, o desobedecer en cualquier manera las órdenes del Gobierno legítimo; pero el jefe de la marina americana en aquellas aguas, apoyado expresamente por el Departamento de Estado, impulsó a los capitanes de los buques noruegos a la desobediencia, poniendo en su barco marinos americanos, como ya se ha dicho, para garantizar su entrada libre, y, por haber informado la verdad en ese asunto, el Vicecónsul noruego, Mr. Clancey, fue destituido del viceconsulado americano, que también ejercía

El Dr. Madriz sabía que con su patria y con él estaba el derecho. El mismo decía, en un informe preparado y no presentado al Congreso nicaragüense: "Como beligerantes podíamos atacar y destruir al enemigo en cualquier parte que no fuese territorio ajeno, Bluefields era la cuna y el asiento de la revolución; allí estaba su gobierno, allí el depósito de sus recursos, provisiones y armas. Tomarla o rendirla era destruir la base de la revolución. En cuanto al peligro de los intereses americanos, la ley internacional establece que los extranjeros residentes en un lugar están sujetos a todas las contingencias de las operaciones de guerra ejecutadas legítimamente por un beligerante. Esta tesis, indiscutible en principio, fue sostenida por el Gobierno americano cuando el bombardeo de San Juan del Norte, ciudad abierta, desarmada, puramente comercial, por el buque Cyane, de la marina de guerra de los Estados Uni-dos, el año 1854.

El Dr. Madriz no era hombre de lucha; consciente de sus derechos, no quiso mejor dicho, se creyó incapaz de hacerlos valer. También él erró, y decimos que erró no porque abriguemos la creencia de que su presencia en el Gobierno nicaragüense hubiese evitado las violencias norteamericanas, sino porque, siendo éstas seguras, era mejor que hubiesen sido cometidas contra él, que era una bandera legal y de honor, que dejar la primera magistratura a otros que dieran a la intervención extranjera el visto bueno, en nombre del pueblo de Nicaragua, aunque esta representación fuera espuria.

El Dr. Madriz, honrado y capaz, como lo atestiguó el propio Almirante norteamericano Kimball, quien, quizá por la sinceridad con que a ese respecto había hablado, fue substituido en el mando, renunció la Presidencia de la República, depositándola en manos de un diputado que la entregó a los revolucionarios.

El Dr. Madriz salió de su patria rumbo a México, donde murió lleno de abatimiento por la suerte de Nicaragua.

(Continuará).

Cuotas patrióticas

para pagar a los cajistas que trabajan en este boletín

#	Nombre	$	#	Nombre	$
1	Mercedes Garay	5.00	35	Otro centroamericano	15.00
2	Román Ramos Valdés	5.00	36	C. M. Gómez	1.00
3	Cristóbal Canales	5.00	37	Antonio Reina h.	5.00
4	Federico C. Canales	5.00	38	Gabriel Valladares	1.00
5	Cecilio Colindres Zepeda	2.00	39	María F. Jereda	1.00
6	Miguel Oquelí Bustillo	5.00	40	R. R	2.00
7	Manuel A. Reina	5.00	41	Un salvadoreño	1.00
8	Humberto Sosa M	2.00	42	Otro mexicano	2.00
9	Humberto E. Guerrero	0.50	43	Florencia v. de Villalta	1.00
10	Un centroamericano	5.00	44	Un colombiano	4.00
11	Visitación Padilla	1.00	45	Atanasio Valle	5.00
12	Arcadio Díaz Ballesteros	4.00	46	Ramiro Rodríguez	1.00
13	Pura Vijil	5.00	47	Tomasa González	0.50
14	Alfredo Sagastume	10.00	48	Carlos Muñoz M	3.00
15	Camilo Zelaya	1.00	49	Salomón Zorto	3.00
16	X. X	5.00	50	José Mario Gutiérrez	5.00
17	X. X	5.00	51	Un hondureño	60.00
18	Juan B. Vásquez	2.00	52	Santiago Cervantes	2.00
19	Antonio Gómez Romero	2.00	53	Leandro García	0.50
20	Alejandro Armijo h.	0.50	54	Juan B. Aguilar	0.50
21	R. J. L	5.00	55	A. V	2.00
22	Modesto Rodas Alvarado	7.00	56	Samuel Laines	4.00
23	Un mexicano	3.00	57	Modesto Cubas	1.00
24	Amado Tejeda	5.00	58	Marcial Lagos	5.00
25	Antonia Hernández	1.00	59	Toribio Ponce	3.00
26	Nicolás Toledo	1.00	60	Alberto R. Acosta	1.00
27	Otro centroamericano	3.00	61	Agustín Soto	3.00
28	María Luisa Hernández	1.00	62	B. Octavio Murillo	2.00
29	Porfirio Guardiola	3.00	63	Jorge Ramos R	2.00
30	Tito López Pineda	2.00	64	José Emiliano Chévez	1.00
31	Manuel Corea Bueso	10.00	65	Un cadete	1.00
32	M. Bersabé Ramos R	2.00	66	Un amigo de Honduras	10.00
33	Rosendo Ferrari	5.00	67	Otro amigo de Honduras	5.00
34	Carmen Muñoz P	1.00			

TIPO-LITOGRAFIA-NACIONAL

BOLETÍN DE LA DEFENSA NACIONAL

Director: Froylán Turcios

TEGUCIGALPA, HONDURAS, CENTROÁMERICA
JUEVES 17 DE ABRIL DE 1924

DISTRIBUCIÍN GRATIS No. 26

Nuestra acción se impondrá en la conciencia nacional

Hay individuos, hondureños y extranjeros, que atacan por detrás nuestra campaña; que la obstaculizan cobardemente en la sombra; que tienen los ojos y los oídos cerrados a toda expresión patriótica.

Nuestras grandes voces de protesta y de combate no llegan a sus almas herméticas; almas negativas, que merodean a flor de tierra, pesadas y obscuras, aptas solamente para las vulgares emociones.

El eje vital de estos hombres es el abdomen y todo lo subordinan a sus groseros apetitos. El cerebro, el corazón ¡qué orden tan secundario ocupan en esas existencias sin ninguna finalidad superior! Para ellas da lo mismo que su patria sea libre o esclava y sin vacilar preferirían esto último si en esa condición de esclavitud pudieran medrar con mayor holgura.

Egoístas en el más repugnante concepto del vocablo, la materia bruta, el goce animal, la función fisiológica, son su ideal único; y jamás estos seres conocen, siquiera en un rápido segundo, la sed de lo infinito, la ilusión de las cosas resplandecientes. Vivir, temer a la muerte, engordar, enriquecerse, ostentar lujos y vanidades: a esto concretan sus energías. En ellos está la madera de los traidores de la patria, la cera dócil a toda claudicación moral; el terreno propicio para las semillas malditas del oprobio y de la infamia. Forman rebaño, dispuestos siempre a oponerse con su chatura y con su grasa a todo anhelo generoso, a todo vuelo del espíritu, a toda noble acción colectiva. Bajo su costra física, dentro de su miserable carroña, se agitan contra las altas ideas que pueden alterar su digestión.

Así los vemos reptar en la obscuridad contra este boletín, procurando destruir nuestra propaganda cívica.

Pero fracasarán miserablemente en su ingrata labor. Nuestro esfuerzo será como un ancho río luminoso en el obscuro porvenir; y nuestra obra de sincero patriotismo, de profundo amor a la tierra nativa, crecerá, a despecho de los traidores, en el corazón de la juventud, en el alma del pueblo, perfeccionándose y engrandeciéndose a través de los tiempos.

****

ATENCIÓN

Anteayer corrió la noticia de que los turcos de esta capital habían firmado la solicitud para la venida de los marinos yankis. Los suscritos damos a conocer al pueblo hondureño que somos inocentes en ese crimen; que amamos a Honduras como a nuestra patria y de ninguna manera le pagar+iamos su hospitalidad con una traición.

Tegucigalpa, 17 de abril de 1924.

Juan, José, Salee, Gabriel y Simón Kafati.

No hay enemigo pequeño

Un país como Honduras que apenas puede contar 700.000 habitantes, si acaso, será considerado en el exterior como un punto en el mapa de las naciones. Podemos afirmar que ésta es la razón principal, me refiero a la falta de pobladores, del desprecio que inspiramos. Sin embargo, Honduras no ha visto su pequeñez para hacerse solidaria con las naciones que le hicieron la guerra a Alemania. Los aliados aceptaron su concurso sin burlas de ninguna clase, hecho que debemos tomar en cuenta para comprender que ningún pueblo pesa menos que otro en la balanza del derecho. Porque un hombre nunca será más que su semejante como hijo de la naturaleza, de Dios y de la humanidad; como llamado a tomar parte en las oportunidades de la vida. Así los pueblos, los cuales siguen una línea paralela al desarrollo del individuo humano, por una ley indestructible, no pueden substraerse a entrar en el círculo de su total desenvolvimiento.

En Honduras vamos llegando lentamente, pero hemos entrado ya, a pesar de todos los errores y todas las vejaciones, y necesitamos emprender una campaña optimista en el sentido de que aprovechemos nuestros elementos, con sólo poner en acción las aptitudes de que disponemos y guardar con mucho cuidado los tesoros de que somos dueños, sobre todo, el de nuestra soberanía, atropellada cínicamente el 19 de marzo por el señor Ministro de Estados Unidos, don Franklin E. Morales.

Desde el punto de vista de que cada pueblo tiene su personalidad, los Estados Unidos no tienen razón de considerarnos como una hormiga que pueden aplastar sin misericordia. Los pueblos de Hispano-América han despertado ya como de una pesadilla y están recogiendo todo su valor para enfrentarse al enemigo colosal de nuestras libertades, y el imperialismo yankee no ha medido todavía las consecuencias de la cólera de los que impunemente han ultrajado, y de la solidaridad de que darían muestra los demás hermanos del Continente.

El llamamiento a la lucha ha comenzado y ha comenzado por la familia intelectual. Su palabra deja oírse por las urbes y las multitudes recíbenla con simpatía. Esto y las medidas aconsejadas como trabajo preliminar no es posible que no se tomen en cuenta: son sugestivas y ya no se dicen al oído. Honduras siente muy claras sus vibraciones. Escuchad lo que dice Fabio Fiallo a Froylán Turcios:

—Hagamos la prédica del sacrificio. No compremos a los Estados Unidos ni calzado, ni camisas, ni telas.

Los ricos con todo su orgullo necesitan del servicio personal del pobre, del dinero del pobre, a cambio de sus productos. Los Estados Unidos para sostener su grandeza necesitan de su pequeñez. ¿Por qué deben hostilizarnos?

(VISITACIÓN PADILLA). Tegucigalpa, 17 de abril de 1924.

La doctrina de Monroe y la de la raza

EDITORIAL DE LA PRENSA, DE COSTA RICA

La Doctrina de Monroe, proclamada en los Estados Unidos en 1823 para sofrenar los empeños colonizadores de Europa, y que durante una centuria fue recibida con el beneplácito de algunos pueblos americanos, principia a ser peligrosa y amenazante para las Repúblicas iberoamericanas y para la raza. Nunca jamás se le ha dado una definición acabada y comprensible a dicha Doctrina, y por el contrario, los que en los problemas internacionales hacen uso de ella a cada rato tratan de darle elasticidad, ondulación y aspecto proteico e interpretación convencional,

La historia es elocuente. La política norteamericana con respecto a estos países, es deficiente. Indefinida, tornadiza, maliciosa en sumo grado. Los más connotados internacionalistas la encuentran nociva. Es como la lanza de Aquiles; cura y mata. He ahí a México, la atormentada; Cuba, la abatida; Nicaragua, la violada; Panamá, la humillada. Con ironía lacerante se juega a los dados, sobre las mesas de Washington, el porvenir y la libertad de estas jóvenes nacionalidades. Se pretende, con injustificados procedimientos, sin legítimos fundamentos, cubanizar primero estas tierras soberanas, y luego ayanquizarlas con medidas reguladoras.

Los hispanizantes protestan con toda su sangre, que se convierte en elocuencia; y los norteamericanizantes, implacables, hacen el elogio de la fuerza y del dominio. Vasconcelos, en un gesto de rebeldía loable, en el Norte, lanza un anatema a esa política subrepticia y embaucadora; José Ingenieros, en el Sur, advierte a los abanderados de la raza que la garra intervencionista pretende ya aherrojar el gran pulmón de la América Latina. ¡Y contra la Dotrina Monroe, se aviva agiganta la de Drago, que es ya un grito que se oye estruendosamente en las selvas de la patria común!

1924.

La voz de ARIEL

Y advertid que cuando, en nombre de los derechos del espíritu, niego al utilitarismo norteamericano ese carácter típico con que quiere imponérsenos como suma y modelo de civilización, no es mi propósito afirmar que la obra realizada por él haya de ser enteramente perdida con relación a los que podríamos llamar los intereses del alma. Sin el brazo que nivela y construye, no tendría paz el que sirve de apoyo a la noble frente que piensa. Sin la conquista de cierto bienestar material es imposible en las sociedades humanas el reino del espíritu. Así lo reconoce el mismo aristocrático idealismo de Renán cuando realza, del punto de vista de los intereses morales de la especie y de su elección espiritual en lo futuro, la significación de la obra utilitaria de este siglo. Elevarse sobre la necesidad —agrega el maestro— es redimirse. En lo remoto del pasado, los efectos de la prosaica e interesada actividad del mercader que por primera vez pone en relación a un pueblo con otros, tienen un incalculable alcance idealizador, puesto que contribuyen eficazmente a multiplicar los instrumentos de la inteligencia, a pulir y suavizar las costumbres y hacer posibles, quizá, los preceptos de una moral más avanzada. La misma fuerza positiva aparece propiciando las mayores idealidades de la civilización.

El oro acumulado por el mercantilismo de las repúblicas italianas, apagó —según Saint Victor— los gastos del Renacimiento. Las naves que volvían de los países de Las mil y una noches, colmadas de especias y marfil, hicieron posible que Lorenzo de Médicis renovara en las lonjas de los mercaderes florentinos los convites platónicos. La historia muestra, en definitiva, una inducción recíproca entre los progresos de la actividad utilitaria y la ideal. Y así como la utilidad suele convertirse en fuerte escudo para las idealidades, ellas provocan con frecuencia (a condición de no proponérselo directamente) los resultados de lo útil. Observa Bagehot, por ejemplo, cómo los inmensos beneficios positivos de la navegación no existirían acaso para la humanidad si en las edades primitivas no hubiera habido soñadores y ociosos seguramente mal comprendidos de sus contemporáneas, a quienes interesase la contemplación de lo que pasaba en las esferas del cielo. Esta ley de armonía nos enseña a respetar el brazo que labra el duro terruño de la prosa.

La obra del positivismo norteamericano servirá a la causa de Ariel, en último término. Lo que aquel pueblo de cíclopes ha conquistado directamente para el bienestar material, con su sentido de lo útil y su admirable aptitud de la invención mecánica, lo convertirán otros pueblos, o el mismo en lo futuro, en eficaces elementos de selección. Así, la más preciosa y fundamental de las adquisiciones del espíritu —el alfabeto, que da alas de inmortalidad a la palabra—, nace en el seno de las factorías cananeas y es el hallazgo de una civilización mercantil que, al utilizarlo con fines exclusivamente mercenarios, ignoraba que el genio de razas superiores lo transfiguraría convirtiéndole en el medio de propagar su más pura y luminosa esencia. La relación entre los bienes positivos y los bienes intelectuales y morales es, pues, según la adecuada comparación de Fouillée, un nuevo aspecto de la cuestión de la equivalencia de las fuerzas que, así como permite transformar el movimiento en calórico, permite también obtener, de las ventajas materiales, elementos de superioridad espiritual.

Pero la vida norteamericana no nos ofrece aún un nuevo ejemplo de esa relación indudable, ni nos lo anuncia como gloria de una posteridad que se vislumbre. Nuestra confianza y nuestros votos deben inclinarse a que, en un porvenir más inaccesible a la indiferencia, esté reservado a aquella civilización un destino superior. Por más que, bajo el acicate de su actividad vivísima, el breve tiempo que la separa de su aurora haya sido bastante para satisfacer el gasto de vida requerido por una evolución inmensa, su pasado y su actualidad no pueden ser sino un introito con relación a lo futuro. Todo demuestra que ella está aún muy lejana de su fórmula definitiva. La energía asimiladora que le ha permitido conservar cierta uniformidad y cierto temple genial, a despecho de las enormes invasiones de elementos étnicos opuestos a los que hasta hoy han dado el tono a su carácter, tendrá que reñir batallas cada día más difíciles, y en el utilitarismo proscriptor de toda idealidad no encontrará una inspiración suficientemente poderosa para mantener la atracción del sentimiento solidario. Un pensador ilustre que comparaba al esclavo de las sociedades antiguas con una partícula no digerida por el organismo social, podría quizá tener una comparación semejante para caracterizar la situación de ese fuerte colono de procedencia germánica que, establecido en los Estados del centro y del Far-West, conserva intacta, en su naturaleza, en su sociabilidad, en sus costumbres, la impresión del genio alemán, que, en muchas de sus condiciones características más profundas y enérgicas, debe ser considerado una verdadera antítesis del genio americano. Por otra parte, una civilización que esté destinada a vivir y a dilatarse en el mundo; una civilización que no haya perdido, momificándose, a la manera de los imperios asiáticos, la aptitud de la variabilidad, no, puede prolongar indefinidamente la dirección de sus energías y de sus ideas en un único y exclusivo sentido. Esperemos que el espíritu de aquel titánico organismo social, que ha sido hasta hoy voluntad y utilidad solamente, sea también algún día inteligencia, sentimiento, idealidad. Esperemos que de la enorme fragua, surgirá, en último resultado, el ejemplar humano, generoso, armónico, selecto, que Spencer, en un ya citado discurso, creía poder augurar como término del costoso proceso de refundición. Pero no le busquemos ni en la realidad presente de aquel pueblo ni en la perspectiva de sus evoluciones inmediatas, y renunciemos a ver el tipo de una civilización ejemplar donde sólo existe un boceto tosco y enorme, que aun pasará necesariamente por muchas rectificaciones sucesivas antes de adquirir la serena y firme actitud con que los pueblos que han alcanzado un perfecto desenvolvimiento de su genio presiden al glorioso coronamiento de su obra, como en el sueño del cóndor que Leconte de Lisle ha descrito con su soberbia majestad, terminando, en olímpico sosiego, la ascensión poderosa, más arriba de las cumbres de la cordillera.

JOSÉ ENRIQUE RODÓ

La amenaza del Norte

(FRAGMENTO)

El coloso del Norte, con sus inmensos tentáculos, nos amenaza de muerte. Clavados ya en las Islas Filipinas, en Cuba, Santo Domingo, Panamá y en un jirón de nuestro suelo centroamericano, pretende extenderlos hasta el Cabo de Honduras.

Ante peligro tan inminente, no cabe el indiferentismo individual ni colectivo. Ante las tempestades comunes, ante una desgracia general, hay que deponer el odio atávico, las rencillas lugareñas y las discordias internacionales; porque la indemnidad de nuestro suelo, los fulgores de nuestra libertad, el honor a la sangre latina, implican la defensa de la Kaza.

Pueblos que se preparan para el afiance de sus derechos continentales, son pueblos humanos y heroicos. Podrán exterminarlos en la lucha, pero jamás vencerlos. Durante mucho tiempo nos hemos preparado para morir; preparémonos hoy para matar. Frescos en la mente los recuerdos entenebrecidos de Polonia, y tibia aún la sangre derramada en el Transvaal y en Marruecos, no nos queda, a nosotros, otro recurso, que estrecharnos en abrazo fraternal con los demás pueblos bañados por el mar de Balboa y el Atlántico, y lanzarnos después a la pelea.

No prestemos oídos a las majaderías optimistas de los que se sobrecogen de orgullo en sus conciencias, como los precónsules romanos en sus gruesas túnicas; ni a la verborrea epiléptica de esos oradores hiperbóreos (entre ellos Mr. Roosevelt), que pretende darnos lecciones de pacificación y confraternidad, para después encajarnos el sablazo. Rechacemos la intromisión de los trusts norteamericanos en nuestra agricultura, en el comercio, en nuestros asuntos político-económicos y en nuestras contiendas internacionales, porque ello significa, ¡oh pueblos hispanoamericanos! la verdadera imposición yankee. Ha sonado la hora de proceder con cordura y sensatez.

Promovamos congresos latinoamericanos que discutan la salvación de nuestra autonomía continental. Prediquemos por medio de conferencias los sentimientos más nobles de hidalgo patriotismo: hagamos converger hacia ese fin, la conciencia de las multitudes, por medio de la escuela y el periódico.

Y si después de agotada la gestión, las hordas famélicas de Yanquilandia irrumpen nuestras playas y nuestro cielo tropical, escudémonos entonces con nuestras banderas y nuestros dioses penates, y lancémonos al combate fiero; porque antes que vencidos y anonadados de vergüenza, que queden nuestros huesos emblanqueciendo los campos de batalla, e iluminando, en noches pavorosas, el alma de la raza.

VIDAL MEJÍA.

CUOTAS PATRIÓTICAS

Volvemos a excitar a los verdaderos patriotas a fin de que envíen sus cuotas para pagar a los tipógrafos que forman este boletín.

EN ESTOS MOMENTOS

El celo que demostramos en cuidar nuestras fronteras para que no la traspase fuerza armada de nuestros vecinos y hermanos centroamericanos, ese mismo celo debemos multiplicarlo en estos momentos contra esos que vienen de muy lejos, de raza idioma distintos, con tendencia mercantilista y de predominio. En estos momentos también, cada pluma debe ser un acicate que fustigue a los traidores y al yankee insolente, como lo hace Froylán Turcios, y así, mantener vivo el espíritu y la cólera del pueblo, para que no se humille ni se arredre ante el ultraje a su patria. No podemos regalarle dulce a quien sólo nos trae amargura, ni podemos brindar placer a quien nos odia y desprecia.

Verdaderamente, en los días de mayor desgracia es cuando se comprende mejor la necesidad de la Unión Centroamericana y de la Unión Nacional, ¡del abrazo fraterno! Cuando negros nubarrones cubren nuestro claro cielo y el rayo aterrador descarga su látigo de odio s exterminio, nos acordamos de Dios y de sus consejos de padre bienhechor. Hoy que los norteamericanos han traspasado el umbral de nuestra casa, ni siquiera les hubiéramos requerido con el ¡quién vive! del alerta del centinela, sino con el ¡va fuego! del escuadrón patriota. Así procedieron casi todos nuestros caciques con los conquistadores españoles, para quienes guardaron siempre odio y venganza eterna, hasta que llegó la fecha libertaria del año de 1821.

Por eso, nuestro odio contra todo opreso es como una herencia que nos legaron nuestros aborígenes, legado que no debemos pisotear jamás, si no queremos pasar por indignos.

Cuando se trate también de defender una región de la patria centroamericana, no miremos de dónde somos ni a qué partido pertenecemos, porque eso demostraría pequeñez de espíritu y mezquino amor patrio.

Yo, que pertenezco a la sección de Nicaragua, no he podido ver impávido el allanamiento de Honduras por extranjeros, y muy pronto, también, retornaré a mi país, para trabajar contra esos cuervos que han explotado y escarnecido aquel precioso suelo, en favor de sus propios intereses y el de los banqueros de Nueva York, como pretenden hacerlo en Honduras, y después en el resto de Centro América. ¡Alerta, hondureños, que Judas Iscariote quiere besar la mejilla de vuestra patria con los labios malditos, aunque después tenga que correrse una cuerda a la garganta, suplicio de los traidores!

Tened presente, también, que a la espada que no salga ahora de la vaina, como a la pluma que permanezca muda, nada les quedará que defender mañana, pues los momentos de mayor prueba habrán pasado.

PEDRO J. PAIZ

Tegucigalpa, 1924.

La esclavitud de Nicaragua
POR ISIDRO FABELA
La diplomacia del dólar.---La revolución contra Zelay

(Continúa).

¡La intervención política! —La intervención financiera. Los autores
del atentado. —La nota Weltzel

El sucesor de don José Madriz fue el General Juan J. Estrada, uno de los jefes de la revolución triunfante, iniciador del movimiento contra el Presidente Zelaya. Acto seguido a esta mutación política, los Estados Unidos actuaron a su antojo. Del conocimiento que de esos hombres (los revolucionarios) tenía el señor Knox surgió el convenio Dawson, del cual sabemos —dice Leets— que fue celebrado entre el delegado, Mr. Dawson, y cinco de los que ellos llaman personajes conspicuos del partido conservador, a saber: Adolfo Díaz, Luis Mena, Juan J. Estrada, Emiliano Chamorro y Fernando Solórzano, de los cuales ninguno tenía representación legal del país, y a cambio de compromisos financieros, que después se han llevado a la práctica, aunque no se conoce todavía hasta dónde llegará su alcance, quedó convenido que el señor Estrada continuaría ejerciendo la Presidencia por dos años, durante los cuales sería Vicepresidente Adolfo Díaz, y que, al tener que practicarse elecciones, los cinco nominados (constituidos, por sí mismos y por la gracia de Mr. Dawson, en grandes electores de Nicaragua), escogerían entre ellos mismos los que deberían ser electos Presidente y Vicepresidente para el próximo período...

Estrada dimitió poco después, obligado por sus partidarios y por el ministro americano Northcott, quien le imponía admitiese nuevamente en su Gabinete a un ministro a quien había puesto preso.

Le sucedió en la Presidencia Adolfo Díaz. Su primer acto —dice Fernández Güell— fue contratar un empréstito con las casas Brown y Seligman, de Nueva York, dando en garantía las rentas de las aduanas del país y permitiendo que un recaudador norteamericano, nombrado por los banqueros, con la aprobación del Departamento de Estado, interviniera en todas las operaciones aduaneras; luego enajenó los ferrocarriles, que eran nacionales, y pidió como una merced el protectorado yanqui. A veces resultó que el señor recaudador apareciera delincuente, como en el caso de Mr. Chifford D. Ham, quien, aparte de tener un fuerte sueldo y gastos que extendía al consumo de sus empleados en las cantinas, cometió un escandaloso peculado, que no quisieron descubrir al público, ni castigar, Diaz y su Ministro de Hacienda.

El control financiero de los Estados Unidos en Nicaragua tomó el carácter de un control político, dicen Viallate y Caudel. El mes de enero de 1912, el Congreso nicaragüense ha sido invitado por el Encargado de Negocios de los Estados Unidos a aplazar la promulgación de la nueva Constitución, hasta la llegada del ministro enviado por el Gabinete de Washington, que desearía hacer algunas enmiendas a este documento.

Sería curioso contemplar la sorpresa del Congreso estadounidense en caso de que una nación cualquiera le hiciese la misma demanda, de no aprobar su Constitución hasta no oír sus opiniones sobre ciertas reformas convenientes. Tal ocurrencia produciría en el capitolio estupefacción e hilaridad, por ser excepcionalmente absurda. Pero, entre las relaciones de los Estados Unidos y la América española, el Derecho cambia.

Mr. Knox al menos así lo cree. El convenio Knox-Castrillo, que fue la base para un empréstito con los banqueros de Nueva York, fue aprobado de manera inopinada, contra la protesta enérgica de seis diputados y dos secretarios del Gobierno, que no quisieron mancharse con la nota de vendedores de su patria.

"El empréstito contratado fue de quince millones de dólares, al noventa por ciento de emisión, fuera de gastos y otros gravámenes, con interés de cinco por ciento y uno por ciento de amortización.. El empréstito tenía que ser ratificado por el Senado americano, con excepción de la suma de un millón y medio, que desde luego serían anticipados previa entrega de las aduanas a los colectores norteamericanos. A esta suma se agregó, también con urgencia, la adicional de setecientos cincuenta mil dólares, garantizada con la entrega de los ferrocarriles y vapores nacionales".

Del dinero que virtualmente se prestó a Nicaragua, nada entró al país, y del producto de las aduanas, sólo un tanto por ciento muy reducido era devuelto al Gobierno, después de colectado por los agentes extranjeros. El Senado de los Estados Unidos no ratificó el tratado relativo, no obstante lo cual los recaudadores aduanales detenían los productos de los ingresos, reduciendo al Gobierno nicaragüense a una completa miseria. Por esto precisamente se vio obligado a entregar los ferrocarriles y vapores, con lo cual consiguió una corta cantidad de las sumas colectadas. Esta fue la situación financiera engendrada por la dollar diplomacy. Pero no era todo.

La intervención política armada vino a complementar este estado de cosas en Nicaragua.

Durante la presidencia de Díaz, estalló una nueva revolución, encabezada por el General Mena. La opinión general fue favorable a la revolución, porque el Gobierno de Díaz, que nació sin prestigio, se hizo odioso al pueblo; pues consumó en empréstitos ruinosos la venta de su patria.

El Gobierno de los Estados Unidos, por el contrario, no fue adicto al sublevado General Mena, sino a Díaz. La lucha fue sangrienta. Mena tomó Masaya y Granada. El General Benjamín Zeledón obtuvo también, contra Díaz, algunos triunfos. La causa de la revolución parecía triunfar, cuando los Estados Unidos, descontentos del resultado de la lucha y con el socorrido pretexto de salvaguardar los intereses americanos y extranjeros, consumaron la intervención militar en la República.

La Cancillería de Washington definió en la nota inserta más adelante su parecer acerca de la revolución, sus deseos respecto a la conducta que tenía que observar la nación nicaragüense y sus planes para el caso de no cumplirse esos deseos.

BOLETÍN DE LA DEFENSA NACIONAL

Director: Froylán Turcios

TEGUCIGALPA, HONDURAS, CENTROAMÉRICA
SÁBADO 19 DE ABRIL DE 1924

DISTRIBUCIÓN GRATIS No. 27

Un mes de angustia para el patriotismo hondureño

Un mes se cumple hoy del ingreso a Tegucigalpa de los marinos yankees. Un mes de vergüenza para el civismo hondureño; un mes de inquietud y perpetua angustia para los que conocemos el terrible peligro que encierra la prolongada permanencia del invasor en el territorio de un país débil.

Un mes hace también que luchamos en este boletín por los sagrados intereses patrios.

¿Cuándo veremos salir de Honduras a estos intrusos? ¿A estos intrusos, que audazmente y sin permiso alguno invadieron nuestra tierra con un pretexto vulgar y permanecen acuartelados en el centro de la ciudad, violando los más elementales derechos?

¿Que viven pasivamente, que no hacen ningún daño? Esta no es una razón, ni un consuelo, sino para los mentecatos. Claro que no hacen por ahora ningún daño porque no podrían hacerlo. Eso vendría después.

Pero ¿qué sentiría el conciudadano más indiferente, qué pensaría el mismo traidor a su país, aun siendo el hombre más linfático, más calmoso y abúlico del mundo, si repentinamente un individuo procaz, abusando de su fuerza corpórea, se introdujera por sorpresa en un apartamento de su propia casa y se quedara ahí.... aunque sin hacerle otro daño?

¿No pensaría que aquel extraño era un pirata, no sentiría profunda indignación por el ultraje hecho a su hogar? ¿No temería, además, que aquel brutal extranjero, de abuso en abuso con el más grosero irrespeto por el derecho ajeno llegara en su atropello hasta arrojarlo a puntapiés a la calle? Pues este es el procedimiento yankee con los pueblos infelices. Este es el procedimiento drástico que la formidable nación, que en un remoto tiempo fue modelo de la más pura democracia, impone hoy a las míseras repúblicas americanas que gimen bajo su despótico dominio.

—Caliente está aún la sangre que hemos vertido en defensa de la libertad. Lo primero para cada hombre es su Patria: *Jorge Washington.*

PATRIA

Patria: vulgarmente el sitio donde se nace. Etimológicamente: —Patris Taerra—, la tierra de nuestro, padre.

Sentimentalmente —madre patria— la tierra madre —donde. nacieron de nuestros padres—. Esta última definición llevó precisamente a un reformador superficial a proponer la substitución del vocablo PATRIA por el de MATRIA —la tierra de nuestra madre—.

Digo superficial porque la palabra padre aquí empleada no se usa en el sentido sexual, sino en su significación generatrix cuyos factores integrantes y complementarios son los padres sin diferenciación de sexo.

Para los antiguos, que acaso percibían mejor que nosotros estas misteriosas armonías entre la tierra en que se nace y nuestras almas, el concepto de patria envolvía: Pro Aris et Focis —los altares y los hogares. Definición que, sometida a la exégesis crítica, satisfará las exigencias del más intransigente.

No faltarán otros amigos

Por desgracia, hay entre nosotros quien diga: "Todo nos viene de Estados Unidos". Como quien dice: "Si ellos no nos, ¿qué haremos?".

Tengo muy presente en estos días, las conferencias de un delegado del obrerismo mexicano ante las asociaciones de igual índole en Centro América. Algunas fueron dictadas en el Salón de Actos de la Sociedad de Artesanos El Progreso y de otras en el Teatro Variedades, de esta capital. El señor don José Colado no vino a hablar de sindicatos, ni trajo ninguna misión de carácter bolchevique, no más que verbo de la libertad de América. Venía, dijo, a dar a los pueblos la voz de alerta contra el peligro yankee y con suma elocuencia desvirtuaba panamericanismo frente a los delitos consumados por sus predicadores; se indignaba al considerar el abuso de la enmienda Platt, y finalmente, nos descubría, para que lo conociéramos en todos sus detalles, el monstruo amenazante del imperialismo con sus garras crispadas.

Él no nos echó en cara nuestra responsabilidad, justificando los crímenes de lesa patria cometidos por un Knox, un Taft, como hacen, cínicamente, los intervencionistas de nuestros climas. Sólo de una, recalcando su importancia: compramos a los Estados Unidos sus productos industriales, sin fijarnos si es bueno o malo lo que nos venden; mandamos nuestra juventud estudiosa a sus universidades si saber si van a aprender o no.

El señor Colado demostró que son basura las mercaderías que nos vienen de los Estados Unidos y que los muchachos educados en aquellos centros sólo traen un mal inglés, olvidan nuestra lengua divina y, sobro todo, van a perder en la atmósfera del dólar, los sentimientos desinteresados y el amor profundo a la belleza que está sustituido por ese utilitarismo escueto que mata los nobles impulsos del espíritu. ¿Por qué no compramos mejor en los mercados de Europa cosas de mejor calidad y desde luego más bellas?

Los mismos Estados Unidos, decía, (era en la guerra mundial) ahora no mandan aquí ciertas telas porque necesitan muchas tintas cuyo secreto es conocido sólo de los alemanes y los belgas. ¿Por qué los ricos no mandan sus hijos a Europa, en donde están las fuentes puras de la cultura humana, allá donde están expuestos los monumentos inmortales del arte donde viven los representantes más ilustres de la ciencia moderna?

Señor Ministro de los Estados Unidos don Franklin E. Morales: Ud. procura restarle un amigo y un cliente más al país que está representando. Reembarque sus marinos e ingrese a las filas de los hombres y mujeres importantes que laboran por el honor y el bienestar de los Estados Unidos.

Visitación PADILLA.

Tegucigalpa 19 de abril de 1924

—Yo creo que los buenos americanos del norte volverán a pelear las mismas batallas —algo por el estilo hicieron en Chateaux Thierry— para obtener los mismos resultados. Lo que necesitamos es llevar estas cuestiones al pueblo americano. Y cuando digo al pueblo me refiero al pueblo sano, al pueblo noble, al pueblo justo, al verdadero pueblo americano; no a los *politicians*, no a los *carpetbaggers*. Al pueblo que maldeciría a sus gobernantes si supiera que el Maine fue volado por manos criminales para levantar el sentimiento patrio en favor de la guerra contra los españoles; al pueblo que maldeciría la memoria del presidente que perpetró el atropello panameño; al pueblo que castigaría con su desprecio a los gobernantes que comprometen la buena fe de los descendientes de Washington y Jefferson, desplegando banderas de sórdido comercialismo sobre los más sacros ideales humanos. JUAN RIVERAL.

Tegucigalpa, 18 de abril de 1924.

Señor don Froylán Turcios. —Presente.

Me permito salude cordialmente al Jefe del Autonomismo de mi querida patria, y al mismo tiempo lo felicito por la atinada labor que está Ud. desarrollando en el Boletín de la Defensa Nacional. A la enérgica protesta de Ud., distinguido poeta, hondureño de verdad, uno yo la mía como lo hice con el rifle en la mano, defendiéndonos de las armas norteamericanas en nuestra hermana Nicaragua, en la ciudad de Masaya, barrio de Monimbó, reductos de Magdalena, en donde fuimos tacados por los dichos marinos en número de 800, aumentados por las columnas de los conservadores, en los días memorables del 8 y 4 de octubre de 1912, ataque que hicieron con artillería primero y con infantería después. La superioridad de elementos les dio el triunfo que afianzó al Gobierno de Adolfo Díaz, pues Juan Estrada desde antes era un elemento secundario y les inspiraba desconfianza. Estimamos como gloriosa la sangre que derramamos allá muchos hondureños (entre ellos los generales Maldonado y Amaya, los oficiales Francisco Montoya y Mardoqueo Rivera y otros varios) en defensa de la autonomía nicaragüense; y por lo que a mí toca, estoy dispuesto a llegar hasta el sacrificio, si así lo exige la defensa de nuestra soberanía nacional. Con todo aprecio, quedo de Ud. muy atto. S, S.

RAFAEL LANZA RAMOS.

La chamorrización de Centro América

Mucho me agrada que se interese usted por la propaganda antiyanqui, la cual sé que la hará con la inteligencia y ardor que acostumbra. Los tratados que han firmado las cinco Repúblicas en Washington equivalen a la chamorrización de Centro América entera. Supongo que esos pactos necesitan ser ratificados por los Congresos de las cinco naciones y algunos de esos Congresos, ¡siquiera el de Costa Rica, no los aprobará! Si resulta que se ratifican esos convenios, en adelante no habrá sino una gran Nicaragua, desde la frontera de México hasta la de Colombia. No sé por qué los yanquis han de adquirir a Centro América tan barata, cuando, si es de venta que se trata; sólo Panamá les costó diez millones.

Es desesperante pensar que ya nuestros pueblos ni siquiera se venden, sino que se regalan. Me han dicho que aquí se va a fundar un periódico por miembros de la numerosa colonia centroamericana; no sé si quedará en proyecto. Ya habrá visto usted que el canal por Nicaragua y Costa Rica es una burla sangrienta; después que han obtenido los derechos los yanquis, dicen que no pueden construirlo porque tiene un precio prohibitivo; por lo demás, es encantador que se burlen de esa manera de la codicia de los venduteros de patrias, que todo lo sacrifican a soñadas lluvias de millones, los cuales nunca llegan.

HUMBERTO TEJERA.

México, D. F., febrero de 1923.

****

El pretexto fútil

Ese pretexto que alega siempre el imperialismo yankee para atropellar a su gusto la soberanía de los pueblos indefensos; ese pretexto de proteger las personas e intereses norteamericanos en nuestras lamentables revoluciones es tan falso, tan burdo, tan fuera de lógica, que jamás podrá tomarse en serio. Los rubios conquistadores, que vienen a enriquecerse a nuestro país, son tratados por los hondureños con respeto y consideraciones y no se registran atentados a su hacienda. Cuando, por una excepción extraordinaria, se comete una ligera irregularidad con ellos, ha sido pagada por nuestros Gobiernos a precio de oro contante y sonante. Al que pierde cien pesos se le pagan cinco mil.

¿Qué yankees y qué intereses yankees vinieron a proteger a esta capital los marinos? Todo el mundo sabe aquí, a pesar de los miedos hiperbólicos del señor Morales, que ningún ciudadano de los Estados Unidos fue atropellado y que los dos pequeños establecimientos comerciales norteamericanos radicados en Tegucigalpa no estuvieron nunca en peligro de perder nada en los días anormales que atravesamos. Pero cuando no existe la más ligera sombra de derecho para un atropello, se busca un pretexto para excusarlo, aunque ese pretexto sea el más infeliz, el más gastado, el más fútil de todos los pretextos.

****

—El ejemplo del general cubano Aguilera, sacrificando una por una todas sus propiedades, hasta arruinarse, para ayudar a la revolución de su patria, debiera escribirse con luminarias eternas en la mente de nuestras ambiciosas juventudes. ¡Cuando el lujo, el juego, o el vicio, labran la ruina de una fortuna, no se halla uno que se sacrifique por el Ideal!".

LOS INVASORES

Es el más adecuado y mejor calificativo que merecen quienes han dirigido la politica de los Estados Unidos de Norte América, desde Teodoro Roosevelt a la fecha actual.

De civilizadores, humanitarios y ecuánimes es de lo que menos han demostrado estos modernos directores da pueblos, pues bien lo dice José Enrique Rodó, que carecen de ese don superior de amabilidad, en alto grado, y también del sincero propósito para la ejecutoria de tan elevadas y desinteresadas tendencias, agregamos nosotros. Además, los hechos hablan más claro.

En ninguno de los lugares donde han levantado su tienda de campaña, han hablado de la moral de Dios ni del bien nacional. Muy tiesos y silenciosos, con ojo mercantilista escudriñan y se apoderan después de las mejores rentas y empresas nacionales, o explotan a su antojo los mejores productos del suelo donde se asilan, como están haciendo actualmente en nuestra Costa Norte. Tienen, pues, mucho de judíos y de chinos, con su bagaje siempre al hombro de invasores. Habrá allá hombres justicieros, como en todas partes del mundo, pero; respecto de quienes han venido gobernando en estos últimos tiempos ese país y su cuerpo diplomático en América, todos obedecen a una sola consigna, cual es, el predominio comercial y político, aunque en último caso tenga que emplearse la invasión y la política de mano fuerte.

De los Estados Unidos sólo esperemos el zarpazo, y no omito repetiros otra y muchas veces, que los hechos hablan más claro. Mr. Knox, digno Secretario del Presidente Mr. Taft, en la época que manejaron la política de Estados Unidos, llevaron a cabo onerosas combinaciones bursátiles, como el arriendo de Nicaragua, y se adueñaron también de otros países más de nuestro continente.

Los estrangulados hemos creído cándidamente que, al cambiar de gobierno los Estados Unidos, el nuevo que surja será más humanitario que el anterior. Nos hemos equivocado, pues los estranguladores no han cambiado de táctica, ni será fácil que la cambien, pues se trasmiten, de uno a otro, la maldita herencia del predominio y la agresión contra los débiles.

Hacer dinero honrada o desvergonzadamente, es la máxima o consigna de casi todos los compatriotas de Teodoro Roosevelt; e invadir nuestra América, la China y hasta las regiones heladas del Polo Norte, si Dios y los mares se lo permiten. Llególe su turno a Honduras, pues estaba en la lista de los ajusticiados; pero la vindicta pública y un puñado de hijos patriotas la defenderán hasta el fin, aunque otros, con la boca cerrada y cruzados de brazos, sólo se toquen el estómago, mirando a su conveniencia, ideal único por el que se harían matar.

PEDRO PAIZ

Tegucigalpa, 1924.

—No quiero colonia, ni con España, ni con los Estados Unidos; deseo y quiero a mi Patria libre y soberana, porque sin la libertad no hay vida digna ni progreso positivo. —RAMÓN EMETERIO BETANCOS (prócer portorriqueño).

ERRATAS

En el editorial del número anterior de este boletín, se lee: "En ellos está la madera de los traidores de la patria la cera; dócil a toda claudicación moral". Debe leerse: "En ellos está la madera de los traidores a la patria; la cera dócil a toda claudicación moral".

NUESTRO BOLETÍN

Esta hoja patriótica circula con amplitud en Tegucigalpa y Comayagüela; pero desearíamos vivamente que fuera bien conocida en los campamentos revolucionarios y en todo Honduras.

Desearíamos que ningún hondureño dejara de leer este boletín, pues lo editamos para todos, sin distinción de colores políticos, ya que él resume el problema más trascendental para nuestra patria. Estamos formando gran número de colecciones completas que nos será grato mandar distribuir entre los compatriotas que no lo conozcan, cuando vuelvan a reinar la paz y la normalidad entre nosotros. A los departamentos y a toda la prensa centroamericana y del mundo entero irán todos los números del Boletín de la Defensa Nacional, tan pronto como queden abiertas las comunicaciones.

351

CUOTAS PATRIÓTICAS

Volvemos a excitar a los verdaderos patriotas a fin de que envíen sus cuotas para pagar a los tipógrafos que forman este boletín.

La esclavitud de Nicaragua
POR ISIDRO FABELA
La diplomacia del dólar.---La revolución contra Zelaya

(Continúa)

Se trata de otra nota diplomática, dirigida esta vez por el Ministro de los Estados Unidos en Nicaragua, Mr. George F. Weitzel, al Ministro de Relaciones Exteriores del Gobierno de Adolfo Díaz, en 13 de septiembre de 1912. La transcribimos, para ocuparnos de ella, continuando luego la historia de los acontecimientos militares:

"Excelencia: Tengo la honra de informar a V. E. que el Departamento de Estado me ha dado instrucciones por cable de transcribir al Gobierno de V. E., y de modo no oficial a los jefes rebeldes, así como hacer pública, la siguiente declaración autorizada de la política de los EE. UU. en los presentes disturbios. La política del Gobierno de los EE. UU. en los presentes disturbios de Nicaragua es tomar los medios necesarios para una protección adecuada de la legación de Managua, mantener abiertas las comunicaciones y proteger la vida y la propiedad americanas. Al desconocer a Zelaya, a cuyo régimen de barbarie y corrupción puso término la nación nicaragüense después de una sangrienta guerra, el Gobierno de los Estados Unidos condenó no sólo al individuo, sino al sistema, y este Gobierno no podría tolerar ningún movimiento para restablecer el mismo régimen destructivo.

El Gobierno de los Estados Unidos, en consecuencia, se opondrá a cualquier restauración del zelayismo y prestará su eficaz apoyo moral a la causa del buen Gobierno legalmente constituido para beneficio del pueblo de Nicaragua, a quien ha tratado de ayudar desde hace largo tiempo en su justa aspiración hacia la paz y prosperidad, bajo un Gobierno constitucional y de orden. Un grupo como de ciento veinticinco plantadores americanos, residentes en una región de Nicaragua, ha pedido protección. Como dos docenas de casas americanas que hacen negocios en el país, han pedido protección, los bancos americanos que han hecho inversiones de fondos en ferrocarriles y vapores en Nicaragua, como parte de un plan para el alivio de la angustiosa situación financiera de aquél, han pedido protección.

Los ciudadanos americanos que están ahora en servicio del Gobierno de Nicaragua y hasta la propia legación se han expuesto a peligro inmediato durante los fuegos. Dos ciudadanos americanos se dice que han sido bárbaramente asesinados. Además del reclamo Emery, debido a ciudadanos americanos, y de la indemnización por la muerte de Cannon y Groce durante la guerra de Zelaya, hay varias reclamaciones de americanos e intereses ocasionados por concesiones en Washington.

Los Estados Unidos tienen el compromiso de ejercer su influencia para el mantenimiento de la paz general, que está seriamente amenazada. por el presente levanta miento, y en este sentido hacer cumplir estrictamente las convenciones, de Washington y prestar debido apoyo a sus designios y propósitos. Cuando el Ministro americano pidió al Gobierno de Nicaragua que protegiera la vida y las propiedades americanas, el Ministro de Relaciones Exteriores respondió que las tropas del Gobierno debían de ocuparse en vencer la rebelión, agregando, en consecuencia:

—Mi Gobierno desea qué el Gobierno de los Estados Unidos garantice con sus propias fuerzas la seguridad y la propiedad de los ciudadanos americanos en Nicaragua y que haga extensiva la protección a todos los habitantes de la república.

En esta situación, la política de los Estados Unidos será proteger la vida y la propiedad de sus ciudadanos del modo indicado, de tal manera que Nicaragua pueda reanudar su programa de reformas, libre del obstáculo puesto por los viciosos elementos que querían restaurar los modos de Zelaya, incitando al General Mena a rebelarse con flagrante violación de sus promesas, dadas a su propio Gobierno y al Ministro americano y pacto Dawson por el cual estaba solemnemente obligado, y su tentativa para derrocar al Gobierno de su propio país, con miras exclusivamente egoístas y sin tener siquiera la pretensión de luchar por un principio, hace que la presente rebelión sea desde su origen la más inexcusable en los anales de Centro América. La índole de los actuales disturbios y los procedimientos empleados imprimen a esos disturbios el carácter de una anarquía más bien que el de una revolución ordinaria. —Acepte V. E., etc.,—. George F. Weitzel, Ministro americano".

Esta nota fue enviada al Ministro de Relaciones, Diego M. Chamorro, quien, a su vez, la transcribió como circular a los señores jefes políticos, Gobernador e Intendente y Comandante de Armas de Nicaragua.

(Continuará).

BOLETÍN DE LA DEFENSA NACIONAL

Director: Froylán Turcios

TEGUCIGALPA, HONDURAS, TEGUCIGALPA
LUNES 21 DE ABRIL DE 1924

DISTRIBUCIÓN GRATIS No. 28

Nuestra propaganda autonomista gana terreno

Con placer consignamos que nuestra propaganda autonomista gana todos los días terreno entre las clases populares. Grupos de obreros y de modestos trabajadores se acercan a nosotros a informarse detalladamente de cuanto se relaciona con el peligro yankee y con nuestra soberanía. No se conforman con leer este boletín: desean que les expliquemos todo lo que se refiere al trascendental problema. Y nosotros lo hacemos con la mejor voluntad, procurando que nuestras explicaciones sean precisas y exactas.

Hemos de recordar aquí, en un ligero paréntesis, que desde nuestra adolescencia, entreviendo por nuestras lecturas el peligro, trabajamos por alejar de nuestro país la odiosa dominación yankee; y que estamos en acción contra ella desde 1909, en las columnas de nuestro diario El Heraldo, al que fijamos por lema: —Autonomía y Unión de Centro América.

Hace más de dos años, cuando regresamos de Europa, con la conciencia plena de que la amenaza se concretaba con más fuerza, nos propusimos dar una serie de conferencias en las plazas públicas sobre el avance del imperialismo, dando la voz de alerta y mostrando el abismo en que podría hundirse nuestra libertad. En Puerto Príncipe, en San Juan de Puerto Rico, en Santo Domingo, en Panamá acabábamos de ver, de palpar, de sentir con profunda pena, las atrocidades de los enemigos de nuestra raza. Y teníamos el espíritu palpitante y en vibración el pensamiento para iniciar la tarea difícil de poner en guardia a nuestra pobre Honduras de los arteros ataques del conquistador. Pero dificultades entonces invencibles no lograron nuestros sinceros propósitos; y no fue sino medio año después que fundamos Hispano-América, abriendo una tenaz campaña en pro de nuestra autonomía.

Lleguen, con absoluta confianza a nuestras oficinas, todos los conciudadanos de los suburbios o de los campos que quieran conocer mejor las diversas fases del problema patrio: que nos será muy grato ponerlos al corriente de lo que deseen saber. Colocados en el alto plano a que nos llevó nuestro amor a la tierra que nos dio la vida, tenemos el deber de alzar una cátedra de civismo allí donde el interés colectivo la necesite. Para ello ampliaremos cuanto nos sea posible nuestros conocimientos sobre el grave tópico y nuestra aptitud para transmitirlos a los espíritus fraternos. Seguros de que así intensificamos noblemente nuestra vida, prodigándonos en alma y pensamiento para hacer triunfar la más grande y hermosa de las causas.

****
**

La silla 22

En la ciudad de Washington existe un edificio ocupado por la institución denominada Unión Pan-Americana. En una de las salas del edificio hay una mesa rodeada de 21 sillas, en las cuales se sientan los representantes de las 21 repúblicas que hay hoy en América. La Unión Pan Americana es esa; y la Unión Pan Americana debía ser otra. La familia americana está compuesta por más de 21 pueblos. Esos 21 son libres y soberanos; los demás no. Y no es porque éstos sean menos dignos que los otros a la libertad; sino que es cuestión de circunstancias.

Es muy hermosa esa Unión Pan-Americana; y todas las Repúblicas que la forman tienen nuestra simpatía. Pero la principal preocupación de ese organismo, su primer deber a cumplir, su más elevado y primordial propósito debe ser la libertad de toda América; 21 repúblicas ocupando en América millones de millas de superficie y pobladas por millones y millones de habitantes, toleran que aún hayan en el Nuevo Mundo colonias de naciones europeas. Es decir, que soportan el ultraje a la Libertad en el propio hogar americano.

Y aún hay algo peor: entre ese grupo de 21 repúblicas hay una, la más antigua, la que alardea de ser más liberal y democrática, la que se llama hermana mayor ultrajando a un hermano pequeño. ¡América esclavizando a América! Gran doctrina la doctrina de Monroe: una nación europea no puede traspasar sus colonias a otra europea; pero sí a una república americana. ¿Cuál es entonces la moral de la doctrina de Monroe? Si se impide a las naciones de Europa que traspasen sus colonias, se proclama solemnemente el principio de que éstas se emancipen. Así lo entendemos, confirmando nuestro criterio el mensaje dirigido por el Presidente Grant al Congreso de los Estados Unidos en 1869.

La doctrina de Monroe se forma con tres elementos: la colonia existente, la nación metropolítica y la que ha de recibir la cesión de la colonia. Los dos primeros elementos, los únicos dos que existen, los respeta la doctrina de Monroe; y la esencia de ésta consiste precisamente en impedir la existencia del tercer elemento, es decir, en impedir que una nación adquiera colonias en América. Y esto es lo que han hecho los Estados Unidos: de modo que ellos mismos han violado la doctrina de Monroe.

¿No hay un hombre en la Unión Pan-Americana que se ponga en pie valientemente y pida que se acuerde que el primero y más noble propósito de ese Congreso de Repúblicas sea la libertad inmediata de todos los pueblos de América?

Puerto Rico se dirige a la Unión Pan-Americana y le pregunta: ¿Qué debe esperar de esas Repúblicas un pueblo culto, con civilización propia, de idioma y raza como la mayoría de vosotras, y hermano de todas en el seno de América, que ha recibido de Dios el derecho de ser libre y ha conquistado su libertad con sangre tributada al mismo dominador?

Reúnanse en Congreso las 21 repúblicas, inspírense en la Justicia y completen loa asientos alrededor de esa mesa. ¡A puerto Rico le corresponde la silla 22! Entonces ese edificio, hermoso por su arquitectura, podría aleccionar a los demás pueblos del mundo, ostentando en su frontis esta bella inscripción: ¡Toda la América es libre!

José COLL CUCHI.

—Si te sientes ayanquizado porque viviste algún tiempo en los Estados Unidos y hablas bien o mal el inglés, avergüénzate, pobre hombre. Reacciona en beneficio de ti mismo y de Honduras y comprende para siempre que la tierra más bella, la más pródiga y digna de ser amada, es la que te dio la existencia y en la que se iluminó tu alma con la primera aspiración y con el primer amor.

F. T.

No son ilusiones

Refiriéndose a nuestro comercio con Estados Unidos, Fabio Fiallo vuelve a decir a Froylán Turcios: "Imagínese cuál será su actitud cuando sus buques regresen abarrotados de su mala mercancía". Esto, en cuanto a relaciones comerciales y, desde el punto de vista social, somos incapaces de calcular lo que significaría para el orgullo de los Estados Unidos el menosprecio a sus maestros y a sus costumbres que insensiblemente estamos imitando. Ya la casa de este tiempo, por ejemplo, en Tegucigalpa, no es la habitación amplia, fresca, alegre de cielo y de sol. La estamos sustituyendo por los panales de Nueva York, estrechas para los pulmones y para el espíritu. Las mujeres nos sentamos cruzadas como los hombres; hemos abandonado el noble mantón, herencia de nuestra Madre España, por la moda norteamericana, destapadas en las calles; y, contra lo que la Biblia enseña, cometemos la abominación de cortarnos el cabello, imitando siempre a nuestras amigas del Norte.

La reacción de Hispano América a favor de su independencia, cuando pueda ostentar el sello de una civilización original, nos traerá un cambio completo en todos los órdenes de la vida. México ha dado la señal. Ya nos anuncia su industria; nos ofrece vapores; ha dejado de comprar zapatos a los Estados Unidos, sombreros y, lo más sensible de todo, pues el ministro de Jesucristo no tiene ciudadanía, sólo a los protestantes mexicanos les está permitido predicar el evangelio.

Alguien podría decirme:

—Ud. habla desatinos. La influencia de los americanos es irresistible.

—Los norteamericanos que aman a su patria, señor intervencionista, no me confirmarían la réplica de usted. El Senador Borah, a quien tantas veces me he referido, hace énfasis en aquellas palabras: "Por nuestra propia conveniencia no debemos, etc". Esa frase entraña un mundo, una clarividencia fatal del porvenir de un pueblo castigado por sus injusticias.

Pero la reacción no sería completa con sólo atacar a Calibán por el estómago, como dice Fabio Fiallo. El continente latinoamericano juntará todas sus energías en un futuro de libertad; cual un diluvio serán desbordadas y una sola bandera que llevará por escudo el cóndor de los Andes desafiará las águilas del Norte, que buscan en nuestro cielo espléndido un azul más puro y más brillante para la fiebre de sus alas.

No son ilusiones de la fantasía, señor Ministro de los Estados Unidos, don Franklin E. Morales, decirle hoy a usted que el sueño de Simón Bolívar será una realidad tan cierta como que usted ha desembarcado el 19 de marzo esos doscientos marinos acuartelados en el Hotel Agurcia, en desacato a nuestra soberanía nacional.

VISITACIÓN PADILLA

Tegucigalpa, 21 de abril de 1924.

Cómo puede enviar la firma

Todos aquellos que por una razón especial no les sea posible venir a dejar personalmente su firma de protesta por la llegada de los norteamericanos, pueden dirigirnos una nota en esta forma:

Señor Director del Boletín de la Defensa Nacional. —Presente.
Le autorizo para poner mi firma en el libro de protestas por el ingreso de marinos norteamericanos a esta capital.

(Aquí la firma).

****

Un grito de protesta

No soy hondureño. Soy centroamericano. Y esto me parece bastante para estar en el deber de lanzar un grito de protesta ante el atropello porque atraviesa la tierra de Morazán. Es cosa de dignidad, de patriotismo y de amor, lo que se necesita para no ser indiferente a las serias dificultades que en estos momentos agobian al país. Fuera de lo posible parece, a primera vista, la crisis amenazante que se cierne sobre la hermosa tierra que fuera cuna de la más brillante pléyade de hombres ilustres que figuran en la historia centroamericana. Digno de mejor suerte es y ha sido siempre este rico y hospitalario suelo.

Por eso, ante el peligro que encarna la presencia de tropas extrañas en esta capital, los buenos hondureños, los verdaderos centroamericanos, debemos compactarnos, a fin de engrandecer nuestro esfuerzo y nuestra protesta que con tanta justicia levantamos hoy contra el ingrato insulto que a Honduras se ocasiona con la ocupación de su territorio, o parte de él, por los marinos norteamericanos. Ya se dijo varias veces, en esta hoja de patriotismo y redención, y no será innecesario repetirlo, una vez más, que la medida razonable y eficaz para contener la violenta intromisión de los yankees resultaría del aunamiento de los esfuerzos comunes que hoy tan disgregados y reñidos andan. Nada sería de un tan efectivo provecho para el bienestar y soberanía de la patria como eso de sacrificar nuestros apasionamientos políticos que nos debilitan hasta el grado de colocarnos en un plano de ferocidad, de debilidad y de inconsciencia. ¡Liberales! ¡Conservadores! ¡Alerta! Llevad vuestras miradas más allá del círculo estrecho en que ahora las tenéis puestas. Ved el inminente peligro que a la marcha de nuestras instituciones se presenta. Poned los ojos un momento en el hoy obscurecido cielo de la patria. Ahora que un piquete de repulsivos soldados ha violado el honor y el decoro nacional; ahora que un viento de satrapía y de ambición golpea nuestras puertas; ahora que se intenta nulificar nuestra vida de libertad; ahora que el descaro de algunos perversos hijos de la patria, apoya y acata la presencia de las fuerzas norteamericanas; ahora, es cuando debemos deponer nuestras rencillas y nuestros odios infraternos para poder hacer frente, con todas nuestras potencias físicas y mentales, a la amenaza que sintetiza la política absorbente de los Estados Unidos.

Para los que no tienen valor o para los pobres de voluntad; para los que demuestran flojedad y cobardía ante la supuesta superioridad del yankee, el futuro les reserva el castigo merecido. Sobre ellos habrá de recaer la responsabilidad que implica su indiferentismo. Y esta responsabilidad, la Historia sabrá calificarla: dirá que el eclipse de nuestras libertades fue debido, ya a la cobardía de algunos malos hondureños, ya a compromisos contraídos por ellos mismos, a fin de alcanzar un bienestar y una garantía que sólo en la miope misión de su ignorancia se pueden concebir. El espíritu de patriotismo debe superar al de partido. La lucha que hoy se nos ofrece es más digna, más gloriosa y más propicia para la adquisición de los méritos que todo noble lidiador alcanza. Un esfuerzo, un grito, una protesta salidos del corazón, son un algo bastante poderoso para llegar a formar un dique en donde pueda contenerse todo aquello que de malo, de insultativo, de cobarde y de absorbente lleva en sí la estancia de los norte americanos en nuestro territorio.

G. RAÚL CASTRO.

Tegucigalpa, 19 de abril de 1924.

—Antes de hablar mal de Honduras, hondureño, córtate la lengua; antes de traicionarla sumándote a los extranjeros que la ultrajan, cuélgate de un árbol. *F. T.*

****

Alea jacta est.

Con motivo de la situación anormal en que se encuentra nuestra patria, no creemos oportuno quitar el antifaz ominoso a los hijos espurios que con sus ambiciones insaciables han solicitado ante el Ministro Morales la intervención para los hondureños. Por el momento dejémosles a esos dignos émulos del Judas bíblico que rían que rían... *bertoldescamente,* como si creyeran haber consumado ya su crimen inaudito. Y en cuanto a los intrusos (yanquis imperialistas conquistadores de pueblos indefensos), ya verán cuando hable la esfinge, muda desde hace 82 días; cuando despierte; cuando vuelva en sí del estupor en que la dejará sumida el desastre actual: cuando hable la verdadera Honduras, sintiéndose dueña de todo el orgullo y de toda la grandeza de su raza; cuando con gesto altivo, lance el vade retro a esos mercaderes de soberanía.... se abra paso entre la multitud y grite con toda la fuerza de sus pulmones, para hacerse oír con voz clara y estridente en el Capitolio:

NO, NO QUIERO ESA CIUDADANÍA, SOY HONDUREÑO, SOY CENTROAMERICANO. ¡Y ESO ME BASTA!

Es muy fácil cambiar políticamente la nacionalidad. Es tan fácil, señor Morales, que se hace sencillamente con un rasgo sobre un papel; pero la sangre, la idiosincrasia, la herencia ancestral, la raza, en una palabra, eso no se cambia jamás. Nosotros, hondureños, centroamericanos, de alma latina, imaginativos, nerviosos, ardientes por el sol de nuestro clima y por la sangre de nuestras venas, con un proceso histórico distinto, diverso lenguaje, costumbres diferentes, ¿podríamos, de súbito, al repentino imperio de una ley, aún deseándolo nosotros con voluntad intensa y firme, convertirnos en ciudadanos americanos, en aquel sentido espiritual que la noción de la ciudadanía requiere; sentir, pensar, querer, hablar como los norteamericanos, tener con ellos aquella solidaridad en la vida, en el recuerdo, en la esperanza, en el ideal, en el largo, concurrente y continuo esfuerzo hacia los fines nacionales e internacionales de su república? Todo esto lo tenemos para ser buenos ciudadanos de Honduras, y todo esto nos falta para ser súbditos norteamericanos.

Es tanto el amor que sentimos por nuestra ciudadanía y nuestra patria, señor Morales, que, para terminar tendremos que usar de una hipérbole figurativa de la avaricia de nuestro sentimiento. Somos, como todos los hondureños, creyentes en la existencia de Dios y de una vida sobrehumana perpetua; pero, si hubiera una ciudadanía del cielo con derecho a la eterna venturanza, y se nos ofreciera el cambio por la nuestra, vacilaríamos para aceptarla y en ningún caso la aceptaríamos;

Y, para que los norteamericanos posean verdaderamente este país, tienen que arrojar de aquí a todos los hondureños. Y si esos hijos desnaturalizados que han pedido la intervención con todas sus consecuencias, están dispuestos a ver sus hijos alejarse tristemente y para siempre de su patria, porque el anglosajón habrá adquirido toda la tierra, toda la propiedad inmueble y nos habrá reducido a la servidumbre como ha ocurrido en otras partes; si su ceguedad fanática e inconsciente o su abyección ser vil e infame los lleva a ese extremo, den un paso adelante. LA SUERTE DE LA PATRIA ESTÁ ECHADA.

CUOTAS PATRIÓTICAS

Volvemos a excitar a los verdaderos patriotas a fin de que envíen sus cuotas para pagar a los tipógrafos que forman este boletín.

La esclavitud de Nicaragua
POR ISIDRO FABELA
La diplomacia del dólar.---La revolución contra Zelaya.

(Continúa)

Ignorancia diplomática y agresividad Imperialista

¿No es verdad que este documento más bien parece panfleto de política pueblerina que no la nota diplomática del plenipotenciario de una gran potencia? Estamos casi seguros de que, cuando el diplomático Mr. Weitzel llegue a estudiar Derecho diplomático, se convencerá de que precisamente su manera de decir las cosas y las mismas cosas que dice son contrarias a su misión, que debiera haber sido la de estrechar las buenas relaciones entre el Gobierno y pueblo de los Estados Unidos y el Gobierno y pueblo de Nicaragua. No conocemos su discurso de presentación de credenciales al Presidente de la República, pero estamos ciertos de que así lo expresó, de que así lo prometió solemnemente, e hizo lo contrario, porque el pueblo de Nicaragua no podrá olvidar el agravio que le infiriera ese señor al decirle, por ejemplo, "que el Gobierno de los Estados Unidos, en consecuencia, se opondrá a cualquier restauración del zelayismo y prestará su eficaz apoyo moral a la causa del buen Gobierno legalmente constituido".

Olvidó el señor Weitzel que es el pueblo de todos los Estados independientes el que tiene, conforme a su constitución fundamental, el inalienable derecho de darse sus gobernantes y cambiar la forma de su gobierno, puesto que la soberanía, inherente a su naturaleza de país libre, radica en el pueblo, nunca en la voluntad de un diplomático extranjero. Si el zelayismo que estigmatiza el diplomático de Washington convenía o no a la nación nicaragüense es asunto que ella misma había de discernir en la paz o por la guerra, del mismo modo que todos los pueblos del mundo han resuelto sus problemas políticos internos, llegando algunos, como el de los Estados Unidos, verbigracia, a las luchas más terribles, en las que los intereses y las vidas de los extranjeros donde fueron más gravemente perjudicados que en Nicaragua, donde "dos ciudadanos americanos se dice que han sido asesinados"; en la que "los ciudadanos americanos, ahora al servicio del Gobierno de Nicaragua", se han visto expuestos a peligro, donde hay "varias reclamaciones de americanos, entre otras la indemnización por la muerte de Cannon y Groce".

Establece el diplomático Weitzel, en su nota, y lo dijo también el Presidente Taft, que el fundamento de la intervención armada de los Estados Unidos en Nicaragua es la petición que de ella hizo el Ministro de Relaciones nicaragüense, en la forma copiada en el oficio anterior. ¿Es que realmente el señor Weitzel pudo creer que la solicitud de un ciudadano era la voluntad de la patria? Es evidente que no lo creyó, como no lo creyeron Mr. Taft ni el pueblo de la Unión. Y, sin embargo, al efectuarse la ocupación militar norteamericana en Nicaragua, se dijo que estaba pedida por el Gobierno de Adolfo Diaz, y que, por consiguiente, era justificada. ¿Y porque un hombre así pidió la intervención extranjera en su patria, los señores Taft, Knox y Weitzel la estimaron legítima y declararon que el pueblo nicaragüense la deseaba? Es seguro que no, a no ser que pensaran que todos los nicaragüenses eran traidores a su país. Es posible también que, para excusarse a sí mismos de cometer el atentado, se dijeran: "Una nación que tiene traidores, no merece respeto ni es digna de ser libre". Si se hicieron los gobernantes estadounidenses esa consideración, se equivocaron, cometiendo una injusticia más, porque traidores los ha habido, los hay y probablemente los habrá en todas partes, aun en las naciones más civilizadas, donde el culto patriótico ha sido más exaltado.

Los Estados Unidos debieran proceder al contrario de cómo proceden, puesto que son más fuertes que las otras Repúblicas del continente; en caso de hallarse con caudillos traidores en los pueblos débiles de América, deberían despreciarlos, pero de ningún modo crearles ellos mismos una personalidad político-internacional, que es de todo punto artificial, puesto que no está basada ni en el valor intrínseco de la persona ni en la voluntad popular.

Las consecuencias de este error son de perniciosa trascendencia moral y material para nuestros países hermanos. Eleva a los puestos más altos de la gobernación del Estado no a los más aptos, sino a los más venales, que no pueden ser amigos desinteresados del pueblo si comenzaron por hacer tratos respecto a la independencia de su Estado, siendo así la nación la que sufre al cabo por culpas ajenas; además, ese proceder subleva el espíritu público, lo conduce al heroísmo, al martirio y a la desesperación, o bien al descorazonamiento y al odio incurable y eterno contra sus propios compatriotas y contra los invasores de su tierra, de su vida doméstica, de sus negocios particulares, de su alma nacional, que, buena o mala, el pueblo de todas partes la considera como lo más sagrado, lo más caro de su vida.

Nosotros creemos que sería el momento oportuno, el actual, para que los estadistas honorables de los Estados Unidos, que son muchos, reflexionaran sobre estas cuestiones, revisaran la historia de las relaciones internacionales entre los Estados Unidos y la América española, y se decidieran a corregir las faltas ejecutadas con los países hispanoamericanos, de manera de devolver su libertad a algunos de los pequeños y establecer una corriente de efectiva armonía política con todos. Y sería esta la oportunidad, porque precisamente durante la guerra europea última, y al fin de ella, se han venido lanzando, con los honores de la mayor publicidad, las más nobles y reconfortantes teorías de humanitarismo, de protección de los pueblos débiles, de independencia de todas las naciones oprimidas, de libertad internacional completa, etc., etc.

De no rectificarse la política norteamericana en Nicaragua, en Puerto Rico, en Cuba, en Santo Domingo, en Haití, en Colombia, en México, las palabras del presidente Wilson, en lugar de ser apostólicas, resultarían sarcásticas. La intervención de los Estados Unidos en Nicaragua nos hace recordar la que efectuó Napoleón III (no Francia) en México, el año 1561. Ambas tienen un punto de contacto, puesto que ambas trataron de presentarse al mundo como legales, diciendo que eran el pueblo mexicano y el nicaragüense los que la solicitaban.

Un grupo pequeño de conservadores mexicanos, traidores a su patria, se presentó en Miramar a ofrecer la corona del imperio mexicano al archiduque Maximiliano, en nombre del pueblo de México. El archiduque aceptó el trono y murió en el patíbulo ajusticiado por el verdadero pueblo mexicano, que no estando compuesto de traidores, como los que fueron a Miramar, no aceptó, desde un principio, y rechazó con las armas y con sus leyes constitucionales la ocupación de un ejército extranjero y la intromisión de un príncipe austriaco en sus negocios internos, pretendiendo ser emperador de un país americano, libre y demócrata.

Maximiliano, en su defensa, alegaba la misma razón que Mr. Taft: "Se me pidió que viniera, y vine. No he cometido ningún delito. En todo caso, fui engañado".

No: no obra de buena fe quien cree que un pueblo espontáneamente puede llamar a un ejército extranjero y a gobernantes extranjeros para que lo manden. El que lo creyera sería un iluso, un tonto, o un ambicioso injusto. Maximiliano, al aceptar estando en Europa, quizá fue un engañado por incapacidad política. Ya en México tuvo excusa, porque se convenció de que el pueblo mexicano lo rechazaba pero en vez de renunciar a una corona absurda, dejando al pueblo mexicano que él mismo decidiera sus destinos, se quedó en el país, continuó una lucha horrenda, en que murieron files y miles de mexicanos, y, lo que es más grave todavía, dictó contra los patriotas una ley bárbara de exterminio, que se aplicó sin piedad a algunos héroes nacionales y que fue, a la hora de su proceso, la ley que en realidad lo condenó a él.

(Continuará).

Convéncete: la mejor tierra es tu patria y renegar de ella es un crimen que tendrás que expiar algún día. —F. T.

Todos los latinoamericanos hemos permanecido como aletargados durante mucho tiempo ante la amenaza del Norte; pero, de pronto, esa amenaza tomó tal volumen, que los grandes espíritus se han puesto de pie dispuestos a defender sus derechos.

BOLETÍN DE LA DFENSA NACIONAL

Director: Froylán Turcios

**TEGUCIGALPA, HONDURAS, CENTROAMÉRICA
MARTES 22 DE ABRIL DE 1924**

DISTRIBUCIÓN GRATIS No. 29

Que se vaya el conquistador y que no vuelva jamás

Mientras el conquistador mancille nuestro suelo con su planta, nos tendrá enfrente armados con la pluma de combate. Como una palpitación perenne de la conciencia nacional, ya en la forma en que hoy lo hacemos en este boletín, o en el folleto, el libro, el diario o la tribuna; en nuestra patria o fuera de ella, si aquí no es posible, siempre, siempre nuestra acción y nuestro nombre, en pertinaz energía, atacarán al yankee invasor, exhibiendo su insidia, mostrándolo ante Centro América bajo su verdadero aspecto y material.

Pudiera ser que nuestros activos contra el verdugo de los países débiles del Continente se suspendieran por un corto lapso debido a fuerza mayor; pero este momentáneo eclipse de nuestra propaganda nada significaría ante el poderoso impulso con que después continuaríamos la lucha.

Tacharán los inútiles y los pesimistas de loca audacia nuestra perseverante protesta, nuestro enérgico ataque contra el formidable enemigo, cuyos millones de tentáculos de oro y de acero circulan el mundo; pero nosotros, cuando luchamos por la libertad de nuestra patria no medimos el tamaño del enemigo sino que arremetemos contra él con todas nuestras fuerzas, sin importarnos la derrota o la muerte.

Vivir en un país esclavizado es, para los hombres dignos, vegetar miserablemente; reducirse a la condición de parias; perder el honor y la vergüenza en un ambiente de oprobio. Después de sentir por la infeliz Nicaragua una triste piedad y por sus buenos hijos fraternal simpatía, y desprecio y asco por los traidores que la vendieron, hoy, el villano atropello de Honduras exaspera nuestro amor patrio.

Quiera Dios que veamos pronto salir de nuestro territorio al conquistador, cuya bandera es el pabellón de duelo que se alza contra la libertad, temido y odiado en las Antillas y en Centro América como en los antiguos tiempos el trágico estandarte de los buques piratas en los mares jue fijaban su imperio.

Quiera Dios que en breves días lo miremos alejarse de nuestra tierra, sin que su pie deje huella, ni su presencia mancha de opresión, ni su sombra, sombra de vergüenza. Que se vaya, que se vaya; y que no vuelva jamás. Que el altivo pueblo hondureño rechaza todo yugo, toda cadena, todo vasallaje. Sobre las espaldas de los traidores a su patria brillará bien la marca de fuego del esclavo; pero el hombre libre prefiere mil veces la muerte a sentir sobre su piel el infamante sello de la conquista.

EL PRIMER CAÑONAZO

¡Oh 16 de septiembre! No lo olvidaré. Sirvió de escala hacia una etapa ascendente y fue en ese día cuando todo el aire, desde los montes hasta la ciudad, se pobló de olor de laureles.

¿Qué no tienen olor ni flor los laureles? ¡Bah! ¡Y cómo se aspira ese perfume cuando la faena de una victoria hace sudar sudor de héroes a las frentes ilusionadas! El Gral. Zeledón había salido del Cuartel General; inspeccionaba las líneas que habían sostenido el fuego de la víspera, tenazmente, economizando los cartuchos como una cosa preciosa. Volvían algunos montados con los restos que dejó el enemigo en su derrota: fusiles, parque, vestidos, provisiones de boca; avanzados, algunos heridos. Y no se perseguía a las columnas en retirada; en primer lugar porque no había cartuchos y en segundo porque no teníamos caballería. Llegaban datos propicios: por el lado del túnel, al sur, iban dos piezas, con poco resguardo. ¡Una ocasión que hacía agua la boca a los más entusiastas! Pero no se podía hacer más que resistir en las trincheras, a tiro de máquina solamente y a bayoneta después.

Ya estarían muy cerca los ochocientos leoneses que romperían el sitio y que nos traerían provisiones por Granada. A pesar de la situación, aislados, hambrientos, desprovistos de todo, el entusiasmo hervía en nuestros pechos.

Fue a las diez de la mañana.

Quedé sólo en el cuartel con unos pocos oficiales. Me tocaba atender por teléfono a todas las posiciones de Masaya, cuando el General no aparecía. Tenía instrucciones y procuraba cumplir con mi deber. De pronto el timbre repicó largamente. Contesté. Llamaban del Coyotepe, pidiendo órdenes. Era el General Sobalvarro, Jefe de la artillería. Sufría un trance supremo, de gravedad incalculable: un tren avanzaba desde Campuzano, con nueve carros, mostrando en la trompa de la máquina la bandera de las barras y las estrellas. El convoy, a juzgar por la marcha, intentaba cruzar las líneas de Masaya. ¿Qué hacer?

Los soldados yanquis no habían mostrado una actitud resuelta hasta entonces. Anteriormente los veíamos nosotros paseando su pabellón por las sabanas que fueron tabacales, haciendo maniobras. Aquel paso de entonces era hostil. El General no aparecía. En las instrucciones que se habían dado, no estaba prescrito ese avance.

—Ya vienen llegando a Nindirí —me gritó el teléfono—. ¿Qué hacemos? ¡Ordene! Ya después no habrá tiempo. ¡Pronto!

Una irresolución nerviosa me sobrevino. ¿A quién pedirle consejo cuando sólo la voz del General era oída? Si permitía el paso del tren ¿no faltaba a mi deber exponiendo al ejército a un ataque embozado de fuerza extranjera, una vez puesta dentro de la ciudad? Y si ordenaba que se hiciera fuego ¿no exponía la causa, no acarreaba responsabilidad sobre mi cabeza y sobre la revolución?

Sólo puesto entre estos dos extremos fatales se puede comprender lo horrible de la indecisión. Y en medio de mi nerviosidad me preguntaba yo mismo a veces:

—¿Expondré a mis compañeros? ¿Perderemos por una imprudencia? Mientras tanto el tren avanzaba. La voz de Sobalvarro, otro joven, de impaciente se tornaba suplicante:

—¿Hago fuego...? ¡Por Dios!... Ya se distinguen los soldados con sus uniformes kaki. Traen artillería sobre los vagones.. ¿Qué hago? ¡Mande pronto! No sé cómo lo dije; pero una visión de martirios legendarios se anidó en mi imaginación enferma. Deseché todo temor y no vi más que la protesta de los pequeños, concentrada en un salivazo. ¿Qué importaba mi castigo personal y el sacrificio de mis compañeros, si eran jóvenes los que lo hacían y quedaría la historia justificando nuestra imprudencia?

Grité enloquecido:

—¡Fuego!

Y casi al mismo tiempo, aquel muchacho que esperaba en la cima, dio la voz. La explosión, sacudiendo el hilo del teléfono, casi rompió la membrana del escuchador.

Brinqué al balcón. De entre las tiendas del Coyotepe se elevaba el humo del cañonazo...

Pregunté, azorado, el efecto y me tranquilicé con el triunfo.

—El tren va en retirada. Los cascos de la metralla salpicaron los carros.

Respiré, dispuesto a soportar la degradación y la reprimenda en público que me daría el jefe. A la hora enviaban emisarios los americanos, diciendo que creían que nuestros artilleros no habían visto la bandera de Estados Unidos en la parte delantera del tren.

Y se siguió parlamentando hasta el 4 de octubre, en que nos atacaron abrumadoramente, después de ofrecimientos de neutralidad. Aquel día, cuando llegó Zeledón, lo puse al tanto de todo lo sucedido y ninguna palabra alegué en mi favor.

—¿He obrado mal al dar la orden? —le dije antes de que se supiera el efecto que en los yanquis había hecho la protesta.

—Ha hecho usted bien —me contestó oprimiéndome la mano.

Este es el acto que más me enorgullece en mi vida de veinte años.

HERNÁN ROBLETO.

Profética

"Al detenerme a auscultar la vida continental, al inclinarme sobre el pecho de cada región para percibir sus latidos íntimos, he tenido la radiosa sorpresa de comprobar que mi América Latina está viva aún y que a pesar de todos los abandonos y todos los compromisos, a pesar de todas las habilidades y todas las complacencias, existe de Norte a Sur una nacionalidad indómita y tan indestructible, que si mañana intentara otro pueblo la conquista, si una raza extraña pretendiera doblarnos bajo su yugo, la resistencia sería heroica y la masa entera se retorcería en una crispación, terrible para burlar los planes del invasor.

Aquí tenemos otro apóstol de la causa latinoamericana: Manuel Ugarte. Yo lo vi subir a la tribuna de la Universidad Central en 1912, entre las ovaciones de una juventud frenética de patriotismo, a pronunciar el discurso de donde he tomado las frases preliminares de este artículo. Las he copiado para Ud., señor Ministro Morales.

Acuérdese de cuando hablaba español y gozaba de la sonoridad poética de nuestra lengua en el brillante período que se desarrolla como una cinta de oro a la contemplación del espíritu. Acuérdese del pueblo latino, cuya sangre no puede usted ya extraer de sus venas al conjuro del entusiasmo enloquecedor, que es un símbolo en la bella isla de fuego, como le canta en su lira Gabriela Mistral. ¡Cuba! El país de los poetas mártires que dieron su vida por la libertad de la patria. De la misma sangre de Ud. es el argentino Manuel Ugarte que ha visitado los países de Hispano América, al mismo tiempo que Mr. Knox viajaba también buscando en estos lugares agentes audaces del imperialismo yankee, de esos que saben desembarcar escuadras de marinos sin permiso del Gobierno para introducir el pánico en una ciudad indefensa.

Lea ese párrafo, señor Ministro de los Estados Unidos, como un sello a mis afirmaciones que he tratado de hacerle comprender sobre ese temible armagedón que se incuba en el seno de nuestras montañas. El día de la ira tiene que llegar para los Estados Unidos. Veo el infierno donde se hundirá por los siglos la gloria de una nación orgullosa que, sin ostentar otros derechos que sus tesoros de fábula, humilló a los pueblos menos fuertes para quitarles sus bienes, la tierra bendita que sólo pertenece a Dios.

Y, sobre los campos enrojecidos, brillará sobre los escombros de aquel diluvio sangriento el lucero de la mañana; y una América Nueva resurgirá del tiempo, purificada en el heroísmo, al esplendor de la justicia vencedora".

VISITACIÓN PADILLA

22 de abril de 1924,

La América de origen español

Supongamos que la América de origen español es un hombre. Cada república es un miembro, una articulación, una parte de él. La Argentina es una mano.

La América Central es un pie. Yo no digo que porque se corte un pie deje de funcionar la mano. Pero afirmo que después de la amputación el hombre se hallará menos ágil y que la mano misma, a pesar de no haber sido tocada, se sentirá disminuida con la ausencia de un miembro necesario para el equilibrio y la integridad del cuerpo. Una nación conquistadora nos puede ahogar sin contacto. Si le cortan al hombre el otro pie, si le apagan los ojos, si anulan sus recursos más eficaces, si lo reducen a un pobre tronco que se arrastra ¿para qué servirá la mano indemne sino para tenderla al transeúnte pidiendo la limosna de la libertad?

Manuel UGARTE.

CUOTAS PATRIÓTICAS

Volvemos a excitar a los verdaderos patriotas a fin de que envíen sus cuotas para pagar a los tipógrafos que forman este boletín.

El colector norteamericano

*(Palabras finales del discurso
relativo a un contrato de
empréstito, que fue rechazado).*

Por más mal que pudiera yo querer —políticamente, se entiende— a un Presidente de Costa-Rica, jamás podré desearle que en su Admón. llegue el día de recibir un telegrama de Limón en que se le avise el desembarco del colector americano. Cuando muere uno de nuestros Presidentes o ex Presidentes, las bandas militares entonan los acordes tristísimos de la obra inspirada del maestro Chávez, El duelo de la Patria. Cuando ese colector americano venga, entonces sí será la ocasión de que resuenen las notas de aquella marcha desgarradora: no habrá muerto un Presidente, sino que habrán muerto todos los Presidentes de Costa-Rica.

Recuerdo haber leído que cuando Hénuingsen, el lugarteniente de Walker, abandonó Granada, a consecuencia del asedio de era plaza por las fuerzas centroamericanas, incendió la ciudad y dejó clavada en la plaza mayor una lanza con un cartel que decía: "Aquí fue Granada". Así, cuando llegue a Costa Rica el colector americano, podrá fijarse en el suelo de Limón otra lanza, con esta inscripción: "Aquí fue Costa Rica".

RICARDO JIMÉNEZ.

****

Una nota que hiere y unas balas que matan

Como ya habrán visto nuestros lectores, publicada en este mismo boletín la célebre nota fecha 13 de Setiembre de 1912, enviada por el ministro George F, Weitzel al ministro de Relaciones Exteriores de Nicaragua en aquella fecha, Diego Manuel Chamorro, (que en paz descanse), a raíz del protectorado a que fue sometido aquel vecino país por los Estados Unidos, protectorado pedido de rodillas y pagado por Adolfo Diaz, los Chamorros y otros más de la misma talla.

La parte más contundente y falaz de la nota del ministro norteamericano en referencia dice así:

—El Gobierno de los Estados Unidos, en consecuencia, se opondrá a cualquier restauración del zelayismo y prestará su eficaz apoyo moral a la causa del buen gobierno legalmente constituido para beneficio del pueblo de Nicaragua, a quien ha tratado de ayudar desde hace largo tiempo en su justa aspiración hacia la paz y prosperidad, bajo un gobierno constitucional y de leyes.

Toda esa nota fue una píldora hábilmente preparada por la diplomacia del dólar, para que la tragara aquel infeliz pueblo, como un eficaz remedio a mayores sufrimientos en el futuro, la cual fue recibida al mismo tiempo con gran' regocijo por los vende patria que ya conocen ustedes. Si mal no recuerdo, hasta le mandaron cantar un Tedeum a tan glorioso documento, en gracia a la sabrosa pitanza que les aseguraba en el porvenir, cual era, el afianzamiento en el poder de la Nación por largos años.

Por otra parte, como se verá, dicho documento abundaba en promesas falsas, como eso del eficaz apoyo moral a la causa del buen gobierno legalmente constituido, para veneficio del pueblo de Nicaragua. El beneficio todavía lo estamos cosechando los nicaragüenses en el amargo ostracismo, pues el buen gobierno que surgió después, impuesto y sostenido por las bayonetas y cañones norteamericanos, fue un baldón y una vergüenza que será difícil borrar de nuestro querido suelo y de la conciencia pública.

He aquí otro BENEFICIO que el pueblo nicaragüense recibió la noche del 8 de diciembre de 1021, de mano de los soldados norteamericanos. La prensa diaria del día 9 siguiente, registraba esto como una campanada de duelo y de protestas.

"Nicaragüenses: El hecho más insólito que se registra en la historia de Nicaragua, tuvo efecto anoche en esta capital. Como a las nueve de la noche, en las calles de la ciudad, un grupo de marinos de la guardia norteamericana que pertenece acantonada en el Campo de Marte, asesinó bárbaramente a los policiales don Obdulio y don Manuel Gómez y don Guadalupe Valverde, e hirió a los ciudadanos don Manuel Pineda, Chon Cuadra, Ignacio Dona, Alejandro Malespín y Fernando Zamora, quienes ocurrieron a defender a la policía. Este horrendo hecho de sangre fue defendido por el entonces Ministro de Gobernación de Nicaragua, Humberto Pasos Díaz, quien se echó también sobre el pueblo indefenso, y dio protección a los soldados asesinos norteamericanos, hasta conducirlos sanos y salvos a su cuartel, en vez de llevarlos a la penitenciaría nacional donde les correspondía.

Ya ven, hondureños, el igual peligro que os espera, si permiten adueñarse de su patria a los banqueros de Nueva York, representados por agentes secretos esparcidos por toda nuestra América, con carácter diplomático.

Por desgracia, el pueblo nicaragüense no tuvo una linterna que le alumbrara a tiempo este camino tenebroso, hace tres años, pues sí caímos en el lazo fue más por inconsciencia que por cobardía. Hoy, que estamos en pleno día, con respecto a la política opresora y cruel de los EE. UU., sólo pueden caer luchando brazo a brazo con el agresor, los que aman de verdad a su patria y no la quieren ver esclavizada vergonzosamente.

PEDRO J. PAIZ.

La esclavitud de Nicaragua
POR ISIDRO FABELA
La diplomacia del dólar.---La revolución contra Zelaya

(Continúa).

El Gobierno de Mr. Taft no tuvo estos peligros. Nicaragua es tan pequeña que, por grandes que sean los delitos que contra ella so cometan, si los ejecuta una poderosa potencia pueden fácilmente permanecer impunes, y si son delitos continuos, pueden prolongarse en el tiempo, a voluntad del agresor. Siendo así, la intervención en Nicaragua tiene una agravante: la de perpetrarse en un sujeto indefenso, aunque haya dado pruebas de ser digno.

No quisiéramos pasar adelante sin hacer algunas observaciones relativas a la forma diplomática que emplearon Mr. Knox y Mr. Weitzel en sus sendas notas. Ellas carecen de estilo diplomático y son tan desusadamente duras que cualquier internacionalista se vería apurado para titularlas con justicia notas diplomáticas. El clásico tratadista argentino Calvo no las llamaría tales. Él dice: "Las comunicaciones escritas que se refieren a las relaciones internacionales están sometidas a ciertas reglas de dicción determinadas por el uso. La infracción a estas reglas puede tener graves inconvenientes y motivar, cuando no es espontáneamente reconocida y reparada, sea una demanda formal de reparación, sea una protesta, sea una devolución de piezas, sea de reservas para el porvenir".

Y después de hablar de las cualidades intrínsecas del estilo diplomático (claridad, simplicidad, precisión, lógica, propiedad en los términos, concisión y corrección en el lenguaje, que son elementales en toda cancillería y que no parecen preocupar, sino en parte, a los expresados diplomáticos), recomienda Calvo: "Es preciso con un cuidado extremo evitar toda expresión que pudiera lastimar injustas susceptibilidades del estado o del funcionario al cual el documento está destinado. El venezolano don Andrés Bello dice, sobre estos particulares: "Las hipérboles, los apóstrofes y en general las figuras del estilo elevado de los oradores y poetas, deben desterrarse del lenguaje de los gobiernos y de sus ministros, y reservarse únicamente a las proclamas dirigidas al pueblo".

En las notas de marras hay frases que encajarían más bien, como dice Bello, en las proclamas al pueblo, como aquello de régimen de barbarie y corrupción, identifican a la rebelión de Mena con el aborrecible e intolerable régimen de Zelaya, régimen que ha sido un borrón en la historia, la opinión y la prensa han sido estranguladas, la presente rebelión sea, desde su origen, la más inexcusable en los anales de Centro América.

Heffter hace un atinado razonamiento sobre los deberes diplomáticos que atañen al estilo. Él dice:

—Si es cierto, como lo ha dicho un eminente escritor, que el estilo es el hombre, puesto que refleja sus ideas. Estilo en el cual se expresa el Estado debe entrar alguna cosa de su carácter elevado. El ministro encargado de hablar en nombre del Estado debe hacer abstracción de su propia individualidad y elegir las formas que hacen resaltar mejor la posición independiente del Estado representado y la dignidad de su soberano. En consecuencia, el estilo diplomático debe mantenerse a cierta altura, debe evitar las expresiones bajas y comunes".

¿Quién, siendo imparcial, podría afirmar que en la nota Knox y en la nota Welizel se cumplieron los preceptos del eminente jurisconsulto?

Pero hay autores, aún más explícitos y más exigentes, cuya consulta no hicieron en sus estudios diplomáticos, u olvidaron en la práctica el canciller y el plenipotenciario norteamericano. Meisel, en su obra especial en la materia, *Curso de estilo diplomático,* escribe: "Puesto que se habla en nombre de un soberano a otro soberano, todas las expresiones deben ser decentes y mesuradas. Se evitarán, con más cuidado aún, las invectivas, las injurias, los reproches ofensivos, las imputaciones calumniosas. Eso es ultrajante a las costumbres y al buen sentido, es faltar al respeto que se debe a sí mismo, es excitar impolíticamente los odios y las venganzas, es, en fin, ponerse en la penosa alternativa de desautorizar un lenguaje que se ha autorizado o de retractarse por una reparación solemne o de mostrarse inconsecuente halagando a aquél a quien se acaba de insultar.

(Continuará).

Cuotas patrióticas

para pagar a los cajistas que trabajan en este boletín

Mercedes Garay, $ 5.00; Román Ramos Valdés, $ 5.00; Cristóbal Canales, $ 5.00; Federico C. Canales, $ 5.00; Cecilio Colindres Zepeda, 2.00; Miguel Oquelí Bustillo, $ 5.00; Manuel A. Reina, $ 5.00; Humberto Sosa M., $ 2.00; Humberto E. Guerrero, $ 0.50; Un centroamericano, $ 5.00; Visitación Padilla, $ 1.00; Arcadio Díaz Ballesteros, $ 5.00; Pura Vijil, $ 5.00; Alfredo Sagastume, $ 10.00; Camilo Zelaya, $ 1.00; X. X. $ 5.00; X. X., $ 5.00; Juan B. Vásquez, 2.00; Antonio Gómez Romero, $ 2.00; Alejandro Armijo h., $ 0.50; R. J. L., $ 15.00; Modesto Rodas Alvarado, $ 7.00; Un mexicano, $ 3.00; Amado Tejeda, $ 5.00; Antonia Hernández, $ 1.00; Nicolás Toledo, $ 1.00; Otro centroamericano, $ 3.00; María Luisa Hernández, $1.00; Porfirio Guardiola, $ 3.00; Tito López Pineda, $ 2.00; Manuel Corea Bueso, $ 10.00; M. Bersabé Ramos R., $ 2.00; Rosendo Ferrari, $ 5.00; Carmen Muñoz P., $ 1.00; Otro centroamericano, $ 15.00; C. M. Gómez, $ 1.00; Antonio Reina h., $ 5.00; Gabriel Valladares, $ 1.00; María F. Jereda, $ 1.00; R. R., $ 2.00; Un salvadoreño, $ 1.00; Otro mexicano, $ 2.00; Florencia v. de Villalta, $ 1.00; Un colombiano, $ 4.00; Atanasio Valle, $ 5.00; Ramiro Rodríguez, $ 1.00; Tomasa González, $ 0.50; Carlos Muñoz M., $ 3.00; Salomón Zorto, $ 3.00; José Mario Gutiérrez, $ 5.00; Un hondureño, $ 60.00; Santiago Cervantes, $ 2.00; Leandro García, $ 0.50; Juan B. Aguilar, $ 0.50; A. V., $ 2.00; Samuel Laínes, $ 4.00; Modesto Cubas, $ 1.00; Marcial Lagos, $ 5.00; Toribio Ponce, $ 3.00; Alberto R. Acosta, $ 5.00; Agustín Soto, $ 3.00; B. Octavio Murillo, $ 2.00; Jorge Ramos R., $ 2.00; José Emiliano Chévez, $ 1.00; Un cadete, $ 1.00; Un amigo de Honduras, $ 10.00; Otro amigo de Honduras, $ 5.00; Amelia Cruz, $ 1.00; M. M., $ 1.00; X. L. $ 5.00; Jesús de Pon, $ 0.50; Un Autonomista, $ 10.00; R. M., $ 5.00.

TIPO-LITOGRAFIA-NACIONAL

BOLETÍN DE LA DEFENSA NACIONAL

Director: Froylán Turcios

TEGUCIGALPA. HONDURAS, CENTROAMÉRICA MIÉRCOLES 23 DE ABRIL DE 1924

DISTRIBUCIÓN GRATIS No. 30

La sombra del Sr. Morales

Se nos dice que el Sr. Franklin E. Morales, en una situación política que le fuera favorable, haría que en Honduras, descarada o subterráneamente, se negara el agua y la sal a los que actuamos en la campaña por la soberanía de la nación.

No creemos que haya jamás un hondureño comprensivo que en ejercicio del poder público niegue o reproche nuestra acción patriótica, colocando su política y su administración bajo la influencia extranjera y que prevalezca en nada la voluntad del yankee más nocivo que ha llegado a nuestro país.

Nosotros contestamos al que nos dio tal noticia, que la juzgamos pueril, sin consistencia alguna; y que, por el contrario, todos los hondureños dignos levantaremos, a su debido tiempo, una petición a quien corresponda, para que sea inmediatamente retirado de su cargo diplomático el individuo que, de la manera más odiosa, ultrajó la soberanía de la República, allanando su territorio y fijando un cuartel extranjero en el centro de esta capital.

Comayagüela, 20 de abril de 1924.

A don Froylán Turcios. —Tegucigalpa.
Culto amigo:

Hágole presente mi saludo afectuoso y, a la vez, acepte mi cordial felicitación por su campaña autonomista en los momentos gravísimos que cruzamos. Recuerdo esta simpática frase que Timoteo Miralda escribió para usted en una carta desde Los Ángeles

—Si Honduras tuviera una veintena de hombres de tu clase, estaría salvada de las pretensiones del Tío Samuel.

Si no es así en la forma, lo es en el fondo. Lástima que este compatriota permanezca ahora en el exilio; Honduras hoy reclama el brazo hercúleo de sus buenos hijos. Ofrezcámoslos y no dejemos asesinar a la República. Sírvase incluir mi nombre en las columnas del Libro del Honor Nacional. Soy de usted afectísimo amigo y admirador ferviente.

LEANDRO B. OCHOA.

Nuestra campaña autonomista

Quizá haya hondureños que critiquen nuestra campaña, pensando que ellos la hubieran hecho de otro modo. Si así fuera, les replicaríamos que obras son amores y no buenas razones; y que cada cual cumple con sus deberes de patriotismo según su propio criterio. Si nuestro impulso cívico peca de ardoroso y aun de exagerado, que se tenga presente siempre nuestra absoluta sinceridad; y que es mil veces preferible la exageración, cuando se defiende la libertad de la patria, al silencio criminal, a la crítica sorda de una noble labor o a la inercia ante los peligros que amenazan nuestra soberanía. Nosotros practicamos nuestro deber en este gravísimo asunto según los dictados de nuestra conciencia y así procederemos a despecho de los pasivos e indiferentes. Creemos que lo que estamos haciendo es lo que debemos hacer y eso es todo.

La opinión pública es nuestra

He deseado mucho referirme a una carta muy fina que apareció en este boletín, firmada por mi estimable amiga la Srita. Profesora Tomasa Idiáquez, privándome de esa satisfacción las últimas pláticas dedicadas a don Franklin E. Morales," contrariando a algunas de mis amigas, quienes piensan que es demasiada honra la que le estamos tributando a ese caballero, mencionándolo tanto.

Haciendo, pues, un paréntesis, he consagrado este día a mi distinguida comprofesora, no sólo por la gratitud a que me obliga su nobleza, sino también por la relación que tiene su carta con nuestra campaña autonomista.

"Con orgullo, me dice, debe ser escuchado el grito de su corazón por toda hondureña consciente de su responsabilidad para con las generaciones futuras".

Me parece que este es el alma de şu linda pieza literaria, amiga mía. Ese grito es el grito de la mujer hondureña a quien me he permitido representar en esta lucha cívica, porque sé muy bien que, tácitamente, no está de acuerdo con el abuso del 19 de marzo y que si guarda silencio, no se debe tampoco a falta de aptitud para expresarse, sino porque carece del valor que Ud., la Srita. María Luisa Herradora y otras apreciables damas han tenido, mostrando su personalidad.

Sin embargo, el mismo día que apareció su carta en esta hoja patriótica enviaron sus firmas a la oficina de don Froylán Turcios, doña Pura Vega v. de Vijil, la señorita Pura Vijil y nuestra compañera de labores, señorita Trinidad Sánchez; y continúan los nombres en el Libro de la Defensa Nacional, a despecho de la estulticia y la maledicencia de algunos extranjeros y connacionales que están justificando el atropello que el señor Ministro de los Estados Unidos ha inferido a la dignidad de la República.

No conseguirán que Honduras sea borrada del mapa de los pueblos libres. Dios y la opinión pública están con nosotros. Mañana que sean restablecidas las comunicaciones, el clamor libertario será general en todo el país y acaso la mujer hondureña sacudirá su timidez ingénita, externando sus sentimientos patrióticos, del mismo modo que ahora, en el gineceo, discuten algunos acaloradamente sobre el triunfo futuro del candidato de sus simpatías. Sólo que, cualquier desmayo en el trabajo que hemos emprendido, sería concederle terreno al enemigo que debe abandonar muy pronto nuestros lares.

Agradecemos los oportunos alientos de la señorita Idiáquez por la causa autonomista, por la mujer hondureña y, sobre todo, por la honra de nuestro magisterio.

VISITACIÓN PADILLA

Tegucigalpa, 23 de abril de 1924.

A los verdaderos autonomistas

Les hacemos un llamamiento para que cooperen en nuestra obra, ya enviando sus artículos de protesta, ya remitiendo sus cuotas para el pago de los cajistas que forman esta hoja. Creemos que atenderán, con oportunidad, esta nueva excitativa, para dar mayor firmeza a la acción de defensa común.

Ya es tiempo de que se conozcan los nombres de los traidores hondureños

Ha transcurrido un mes. Un mes de verdadera angustia, de dolor intenso, porque nuestra soberanía recibió la primer puñalada asestada por el rubio conquistador. Un mes que nuestros corazones arrojan sangre, que nuestros nervios viven en una continua crispación, maldiciendo al moderno filibustero en la persona de don Franklin E. Morales. Y en este mes, como si dijéramos en este siglo transcurrido, hemos vivido pendientes del Boletín de la Defensa Nacional, esperando la hora suprema de ver en sus columnas —en grandes caracteres negros— los nombres de los traidores de esta hidalga tierra. Porque ya es tiempo de que se les conozca. Ya es tiempo de que se les cruce el asqueroso rostro con el látigo del oprobio. Ya es tiempo de que sobre sus espaldas brote la marca candente que debe distinguir a los verdugos de su madre.

¿Quiénes son? He ahí la incógnita que deseamos se despeje. Los nombres de los traidores no deben ocultarse, porque con ello se comete una flagrante ingratitud con la abatida Honduras. Nosotros hemos oído algunos nombres de extranjeros y se nos ha dicho que de los que nacieron bajo este cielo aparecen doce en lista; pero no hemos podido averiguar quiénes son ellos. Hubo un momento en que dudamos hubiera hondureños desnaturalizados; y en nuestro optimismo por el engrandecimiento patrio, habríamos jurado que en Centro América sólo había un Adolfo Díaz, y sólo una familia patricida: Chamorro. Erramos. Y nos duele el alma confesarlo. Y porque erramos y porque confesamos nuestro error honradamente, es que quisiéramos conocer esos vampiros de nuestro suelo. Se nos dice que las anormalidades actuales impiden dar a conocer esos fariseos. Quizá haya razón. Pero convenzámonos de que tamaños criminales no deben quedarse sin castigo, sin el castigo que a su atrocidad corresponde.

Entréguense al pueblo esos pícaros para que sean exhibidos en plena plaza pública, al pie de los bronces de nuestros héroes, para que en medio de tanta caída que llevamos, les demostremos que aún tenemos en nuestras venas la sangre autóctona que nos legaron

SAÚL ZELAYA JIMÉNEZ.

22 de abril.

Grupos de marinos armados en las calles.

Con verdadera extrañeza hemos visto grupos de marinos armados en las calles de Tegucigalpa. Del modo más culto llamamos la atención del jefe respectivo sobre el peligro de esta inconveniencia. Los soldados de la plaza transitan armados por todas partes, en considerable número, y en la hora menos pensada puede haber una colisión deplorable.

Nosotros vivimos alerta en el sentido de evitar un choque entre esos extraños y la tropa hondureña y así lo predicamos continuamente de palabra y en este boletín.

Tenemos confianza en que se evitará en lo sucesivo esta irregularidad, que podría ser de graves consecuencias; pero si nos equivocamos y no se nos atiende, que quede aquí plena constancia de nuestra excitativa y que caiga sobre quien corresponda la responsabilidad consiguiente.

****
****

Nada hay que justifique la soberanía de los
Estados Unidos sobre Puerto Rico

Nosotros aseguramos que nada hay que justifique la soberanía de los Estados Unidos sobre Puerto Rico. Vamos a analizar ligeramente la cultura de ambos pueblos, para que se vea cómo resalta la enormidad de la justicia. Los que creen que el progreso en todos los Estados Unidos corre parejas con el Capitolio de Washington y la 5 Avenida de New York, son unos infelices ignorantes: y los que comparan esos exponentes admirables con la pobreza de nuestras chozas campesinas, son unos perversos mal intencionados: cuando lo hace un extraño es un malvado que desprestigia al país que le da hospitalidad: y cuando lo hace un puertorriqueño, es un traidor reo del más infamante delito.

El pueblo de los Estados Unidos no tiene identidad de origen: necesita atravesar por muchas generaciones para formar una población en la que se hayan borrado las diferencias étnicas ancestrales; y los odios y prejuicios mantienen las razas que lo habitan en perpetua hostilidad. No tienen comunidad de historia; para ese lazo es requisito indispensable el sentimiento, y en contra hablan la guerra de secesión, la formación de los Estados después de la guerra de independencia y todo el territorio desde el Oeste del Mississippi hasta el Pacífico. No tienen unidad de lenguaje: en los Estados del Este hay ciudadanos de los Estados Unidos de origen alemán, italiano, ruso, etc., y en los del Oeste de origen español, y en unos y otros de todas las razas, que no hablan inglés. No tienen afinidad de costumbres: en este aspecto llegan a extremos tan opuestos que algunos Estados desconocen completamente la vida social de otros. Ya esto podemos añadir la intensa diversidad de legislación entre Estados, creadora de perturbaciones, abusos e inmoralidades; y aún más podemos añadir, que en el propio seno de los Estados Unidos hay territorios salvajes, a los que no ha llegado aún la marcha progresiva de la civilización.

El pueblo de Puerto Rico tiene, en su inmensa mayoría, un mismo origen; y la raza de color, que procede de fuente distinta, convive con la blanca en perfecta armonía y relaciones fraternales. Tenemos comunidad de historia: los actos heroicos de las defensas de San Juan contra ingleses y holandeses, los de los valerosos arecibeños comandados por el capitán Correa, defendiendo en ellas el honor de España, como los sacrificios de Lares, Yauco y Camuy, en donde brillaron los primeros resplandores de la estrella solitaria, son queridos y recordados con igual orgullo por todos los puertorriqueños. Tenemos unidad de idioma: con una misma expresión del pensamiento se reclama el derecho y se administra justicia, se fragua la ley en el taller parlamentario, se cultivan las artes, las letras y las ciencias, se discuten las ideas en la tribuna o en la prensa, se comercian los productos de la tierra y de la industria, se elevan las plegarias a Dios, se derrama en la cuna del infante la dulce canción maternal, y en alas del mismo lenguaje vuela por todos los ámbitos de la isla y anida en todos los corazones puertorriqueños el fecundo sentimiento del amor. Tenemos las mismas costumbres: en San Juan o en Barranquitas, como en Ponce o en Adjuntas, se acude a los templos cristianos, a las plazas públicas, a los centros de arte y de recreo, a las giras campestres, en celebración de las mismas fiestas, y son iguales los trajes, los cantos, la música y en general todas las prácticas sociales, formando un concierto armónico en el panorama insular. Y por último, nuestra civilización se extiende por todo el país como una cadena que va eslabonando los grados de cultura, desde las crestas de nuestras olas hasta las crestas de nuestras montañas; como una red que cubre toda la isla, marcando por doquier el paso del progreso; como un poema en el que los gritos de triunfo de la ciencia, los toques de campana de la fe y las voces de un pueblo que lucha por su libertad, forman un eco inmenso que pregona por el mundo nuestra cultura, razón poderosa que justifica el derecho de los puertorriqueños a formar una patria soberana y libre,

Por eso son tan sabias aquellas palabras de Betances: "Los verdaderos amantes de la libertad de Puerto Rico, tanto los que han muerto como los que viven, no quieren colonia, en ninguna época y con ninguna metrópoli. Los fundamentos de nuestro derecho están en las leyes naturales y en nuestros propios méritos. Queremos ser un pueblo soberano y no reconoceremos jamás por espontánea voluntad la imposición de otra soberanía. En la balanza de la Justicia no pesamos la bondad del amo, si no la pureza de nuestro derecho. Queremos que la aguja esté al fiel: en un platillo nuestro respeto y amistad para todos los pueblos del mundo; y en el otro platillo la amistad y respeto de todos los pueblos del mundo a Puerto Rico libre y soberano".

Hechos notables iluminan la historia de aquel apóstol de la Independencia, en la que sobresalen actos como el que inició la abolición de la esclavitud. Hace mucho más de medio siglo que Betances, a las puertas de un templa, extendió su mano redentora sobre la cabeza de un niño negro, arrancando de aquella faz inocente el sello ignominioso de la esclavitud. Rasgado el manto de tinieblas que envolvía a la infeliz criatura, una onda de luz de libertad penetró alegremente inundando el alma del tierno ser dignificado; y cuando las bóvedas del templo cobijaron al niño libre, el sacerdote ofició ante la pila sacramental, corriendo por la frente del infante el agua del bautismo, tan bendita y tan límpida como las del Jordán cuando hubieron tocado las sienes de Jesús. El apóstol de la Libertad entregó al apóstol del Cristianismo una criatura digna de su Creador; y devolvió a la Humanidad ofendida y mutilada, un ser acreedor al aprecio de sus semejantes, iniciado en la vida del Derecho por un acto de Justicia y por amor a la Libertad.

Amemos los grandes ideales y los grandes hombres, y defendamos y glorifiquemos los nuestros. Si las circunstancias han permitido a otros pueblos luchar por su libertad en revoluciones sangrientas, a nosotros no ha sido posible más que dar nuestra sangre generosamente en otras tierras, y sostener en la nuestra una lucha desigual y cruel esgrimiendo únicamente el arma de la inteligencia. En esa contienda hay, por desgracia, menos posibilidades, pero no hay menos mérito. No es más profunda la herida que causa una espada en el campo de batalla, que la que causa una pluma bien templada que hiere en el corazón al despotismo. No produce más espanto en los campamentos enemigos el estallido del cañón, que el que produce la voz tonante de un tribuno en las conciencias de los que por la fuerza ahogan la libertad. Y en estas grandes luchas de los pueblos, no corre más riesgo el que pelea que el que escribe; que al menos en el campo de batalla se mata y se muere con el brazo bien armado y cara a cara al enemigo; y en estas tristes contiendas en que pueblos pequeños hacen esfuerzos enormes, el que esgrime la pluma ilumina el espacio con el relampagueo de sus ideas, mientras es herido en la sombra y muchas veces por la espalda.

Pueblo de Puerto Rico: Betances fue un defensor de nuestros grandes ideales; vamos a tributar un homenaje a la llegada de sus restos, que su memoria será eterna- mente venerada por nosotros. Procuremos ser dignos de los que han muerto luchando por nuestra libertad; y mantengamos en el templo de la Patria el sacro fuego del ideal, que un día, brillará en la estrella solitaria de la República de Puerto Rico.

JOSÉ COLL CUCHI,
Presidente de la Asociación Nacionalista

La esclavitud de Nicaragua
POR ISIDRO FABELA
La diplomacia del dólar.---La revolución contra Zelaya

(Continúa).

Es evidente que los señores Knox y Weitzel incurrieron precisamente en las transgresiones que señala Meisel, sólo que el canciller y su ministro no se pusieron en ninguna penosa alternativa porque no desautorizaron su lenguaje, ni hicieron reparación solemne, ni trataron de halagar a quien habían lastimado. Meisel se refiere a los gobiernos que, al cometer una falta de aquella especie, se exponen a una demanda de reparación, a un acto de reciprocidad, a una represalia, a una guerra; pero no a los casos similares a este de Nicaragua y los Estados Unidos; porque entonces el Estado vilipendiado, impotente para castigar, y aun para levantar el tono de la voz, queda ofendido sin remedio. En efecto, produciría real estupefacción el saber que las cancillerías norteamericanas que han vulnerado las leyes y prácticas internacionales en los países iberoamericanos dieran excusa por sus palabras o reparación de sus actos. Sin embargo, el día en que las cosas pasaran de ese modo, la paz y la cordialidad panamericanas serían un hecho conquistado. No es así, entre otras causas, por lo venimos examinando. Un buen número de plenipotenciarios norteamericanos desconoce por completo las formas diplomáticas o, conociéndolas, no las quiere emplear con que las cancillerías hispanoamericanas, haciéndonos pensar lógicamente que, si no son aptos para las funciones delicadas de la carrera diplomática, no debieran ser nombrados representantes de su nación, porque pueden acarrearle enemistades, antipatías o conflictos, que el pueblo norteamericano no merece, por ser ajeno a los errores de sus agentes públicos.

Si los diplomáticos conocen las reglas que, por ser elementales, según cree Pradier-Foderé, son rara vez desatendidas, y cumplen en todas partes sus nobles oficios, menos cuando se dirigen a los gobiernos hispanoamericanos, entonces tenemos derecho a quejarnos con mayor fundamento, puesto que somos objeto de un tratamiento singular de inconsideración y desenfado.

Llegados a este extremo, la voz del orgullo y de la dignidad de nuestros pueblos protesta, porque nada hay que hiera más a una nación que saberse humillada o vista con desprecio. Pero las protestas siempre justificadas de los distintos pueblos de América ultrajados por los Estados Unidos no han sido atendidas. La política y la diplomacia seguida por los gobiernos norteamericanos en los países de nuestra raza ha sido contraria a nuestros intereses, contraria a nuestros deseos y contraria al Derecho. La prosecución de esta conducta será, tarde o temprano, fatal; pondrá nuevamente en peligro la paz del mundo.

La intervención armada—Las protestas de los patriotas

Como consecuencia de la nota Weitzel, los marinos norteamericanos desembarca en Corinto y fueron recorriendo el territorio nicaragüense. Su propósito era sostener al Gobierno de Adolfo Díaz para obrar en Nicaragua sin obstáculos legales y de acuerdo con sus intereses financieros.

Las autoridades de León dirigieron al almirante de la flota una protesta en la que, entre otros capítulos, expresaban:

—El puerto de Corinto está ocupado por militares extranjeros, no obstante las garantías que se han dado a los intereses internacionales por parte de estas autoridades. La ocupación de un territorio por fuerzas de otra nación sólo procede cuando va precedida de una declaratoria de guerra, salvo que se trate de un acto de conquista. De otro modo, es un hecho violatorio del Derecho Internacional y una manifestación de la fuerza por la fuerza.

Un ciudadano nicaragüense ha sido muerto por un soldado de las fuerzas norteamericanas sin que de parte del victimado hubiera habido ninguna provocación. Estando el pequeño ejército del ex-Presidente Díaz reducido a una parte del departamento de Managua, los movimientos de nuestras fuerzas le obligarían pronto a capitular si las fuerzas norteamericanas, que se empeñan en llevar hasta la capital su tren de elementos de guerra y provisiones, detuvieran su avance, comprendiendo la razón y el derecho que nos asisten para negarles nuestro consentimiento; de modo que, al proseguir su viaje, a pesar de nuestra protesta, no harían otra cosa que desconocer la justicia e irrogar un agravio a un pueblo libre que tiene perfecto derecho de cambiar el personal de su Gobierno, como una de las atribuciones de su soberanía.

(León 3 de agosto de 1912).

El almirante Southerland no respondió a este comunicado.

BOLETÍN DE LA DEFENSA NACIONAL

Director: Froylán Turcios

TEGUCIGALPA, HONDURAS CENTROAMÉRICA
VIERNES 25 DE ABRIL DE 1924

DISTRIBUCIÓN GRATIS No. 31

TEGUCIGALPA, HONDURAS, CENTROAMÉRICA
VIERNES 25 DE ABRIL DE 1924

DISTRIBUCIÓN GRATIS No. 31

No supo lo que hacía

Cuando el capitalista don Juan Pablo Torres estaba construyendo su casa de habitación frente a la residencia del Gral. don Miguel R. Dávila, no pudo nunca imaginarse que preparaba el cuartel de donde, en algún tiempo, se expedirían las órdenes depresivas a la soberanía de su patria. Cuando por las tardes íbamos a ver el friso que modelaba finamente el arquitecto italiano Sr. Rigamonti, esa águila llena de vida, con las alas abiertas protegiendo la elegante portada del edificio ¿quién nos hubiera dicho que se estaba levantando en Tegucigalpa la mansión señorial de los reyes del petróleo, que más tarde elevarían el tono de su voz para imponernos su voluntad en nombre de la fuerza?

Los norteamericanos no tienen derecho a usar en su escudo el águila noble de la altura. Su enseña debiera ser el oso blanco del polo, en la misma actitud de cuando sale de las cavernas de nieve, pasado el invierno, a devorar cuanto encuentra.

Águila legendaria, águila que fuiste orgullo del genio latino, ¿por qué te prestas ahora como símbolo del poder del oro y de la injusticia, no debiendo ser otra cosa que la alegría divina del pensamiento, la figura del ideal en los espacios azules? Los poetas aman tus alas y no la garra cruel que ha limado el yankee para destruir la libertad y conquistar el tesoro del indio indefenso. La piedra muda de la Legación de los Estados Unidos de Norte América no dice nada a la razón entenebrecida de un extranjero que se ha burlado de la amistad del pueblo hondureño. Los cuatro traidores que lo han invitado a Ud., señor Ministro Morales, a profanar el suelo patrio, no constituyen la voluntad nacional que está esperando todavía la satisfacción que se le pide desde el día en que Ud. ha desembarcado, sin permiso del Gobierno, esos doscientos marinos acuartelados en el Hotel Agurcia.

Este es el lenguaje del águila: Significo la nobleza. Reina de los aires, soy la libertad. Cuando tengo hambre, devoro la presa viva, fuerte, palpitante de energía. No soy el gavilán artero que acecha la paloma tímida.

Dn. Franklin E. Morales: váyase de Honduras en busca de una oportunidad mejor a sus aspiraciones diplomáticas. Yo le daría una recomendación para mi hermano en la fe, Mr. Calvin Coolidge, Presidente de su país, a ver si lo manda a Inglaterra. Allí se daría gusto, desembarcando en Liverpool toda la armada americana, si Ud. quiere. La cabeza de Jorge V no sería un mal bocado para sus valientes marinos que armados se pasean por las calles de nuestra capital.

VISITACIÓN PADILLA

24 de abril de 1914.

La esclavitud de Haití

El memorándum de Pierre Hudicourt sobre la anexión de la República de Haití por los Estados Unidos que empezamos hoy a publicar da la exacta medida del cínico procedimiento usado por los yankees para esclavizar a las pequeñas repúblicas de la América Central y de las Antillas.

Indigna ese desvergonzado abuso de fuerza, ese robo escandaloso de la libertad de un pueblo, ese brutal bofetón a la majestad de la Justicia y del Derecho.

El folleto se contrae a la primera etapa del atropello y está escrito con estilo mesurado. Las crueles matanzas de negros fueron después. En Honduras, país que los conquistadores califican de salvaje, aquellos horrores parecerían inverosímiles.

Ciertamente, el prodigioso progreso material de los Estados Unidos está en relación directa con el descenso de sus grandes valores morales. Sus primeros gobernantes, altos tipos de la más pura democracia, están en las esferas de la Libertad y del Derecho, en el polo opuesto en que han actuado los últimos dirigentes de la política internacional norteamericana. Y así, entre un Jorge Washington y un Teodoro Roosevelt existe la total diferencia que separa, en el vasto campo de la historia, a un prócer de los tiempos ilustres de Roma, de un capitán de piratas sin Dios y sin conciencia.

****

Los yankees no trabajan de balde

Existe en el pueblo hondureño la convicción de que el actual Ministro de los Estados Unidos en esta capital desarrolla toda clase de manejos políticos que favorecen las miras de su país y por ende las suyas personales. Entre los yankees nadie trabaja de balde y el apotegma de que cada minuto es esterlina sonante lo realizan con la actividad característica que cumple a esa raza de plutócratas que sólo delicia el becerro de oro. Antecedentes muy graves nos hacen desconfiar de esos agentes diplomáticos que primero nos visitan en la forma que lo hizo don Franklin E. Morales, a quien nunca hubiéramos imaginado ver representando una gran nación en la alta calidad de Ministro residente en nuestro país; pero en Estados Unidos, donde priva la extravagancia, no era extraño haberlo seleccionado para nosotros, puesto que allá se nos tiene por verdaderos antípodas.

La América-Hispana ha dado en investir a sus más distinguidos intelectuales con cargos diplomáticos. El más nulo de los que figura en el protocolo continental jamás ha comenzado su carrera tras los mostradores de un hotel cualquiera; pero en la tierra de los fenómenos se escoge al de las infalibles disposiciones, penetrado de nuestros defectos idiosincráticos y capaz de afrontar una responsabilidad como la que pesa sobre Mr. Franklin E. Morales.

Honduras, antes del actual Ministro Morales, ha tenido enemigos que con el mismo, cargo la han puesto en el gravísimo trance de perder su autonomía, y el último fue un vejete que ha pagado bien caro todas las flaquezas que tuvo con un partido político; pero nadie había llegado a los extremos donde ha ido Mr. Morales. Nosotros hemos perdido la fe en esa nación, porque lo que debía ser un sol sobre la América nuestra, no es más que una garra rampante que obscurece nuestro sol tropical.

Nosotros, la admiración que nos infundía ese pueblo pujante, la hemos trocado en aversión, porque un pueblo que tras un ilusorio sueño de dominación universal acogota la libertad de pueblos indefensos, preocupado únicamente por la absorción de su vitalidad, que él sabe convertir en oro, no puede ser más que un pueblo pirata y efímero sobre la faz del planeta. Tarda la justicia muchas veces hasta para los hombres; pero nadie se escapa y mucho menos los pueblos odiados y llamados a perecer prematuramente por su propia precocidad.

MANUEL RAMÍREZ.

—Todos los Gobiernos de la América están, por lo que toca a nosotros, sobre un pie de igualdad perfecta y de independencia indiscutible. *Woodrow Wilson.*

Fortalezcamos nuestra raza

En vista del peligro oculto que a diario nos amenaza, fortalezcamos nuestra raza, moral, intelectual y hasta físicamente, lo más posible, para hacer una defensa más firme y eficaz contra los norteamericanos intervencionistas que luchan por adueñarse de toda nuestra América.

Prediquemos reacción eterna contra el tutelaje a que nos quieren someter esos extranjeros avaros, y más fraternidad y concordia para con nosotros mismos.

¡Paz! ¡Paz eterna! De nuestros fértiles campos brotará más abundante la simiente confortable que nos dé fuerza física y alegría espiritual, hasta en la choza pobre, habitada por el humilde labriego.

El maestro en la cátedra, el periodista en la prensa y el orador en la tribuna, todos de consuno, anunciando mejores y más prósperos días en el porvenir, harían torcer la corriente malsana; y de odio político que está torturando nuestros pueblos, señalándoles, al mismo tiempo, el buen camino de la verdad, del progreso efectivo y edificante.

Si carecemos de leales y enérgicos conductores del pueblo, oigamos siquiera, con religiosidad y respeto, lo que nos dice la buena conciencia y la santa verdad. Para esto bastaríamos abrir el gran libro de la experiencia, y un raudal de luz purificada inundará nuestra frente abatida.

Mujeres que pasáis las horas y los días en charlas baladíes, poned también vuestro contingente, cuidando de esos pequeñuelos que os deparó la Naturaleza. Dadles fortaleza moral, intelectual y física, si alguna facilidad tenéis para ello, para que puedan defenderse mañana de los más fuertes, de los opresores de pueblos débiles.

Aunque ya en otra época dijo el gran Víctor Hugo a los oprimidos: "¡Si queréis libertaros, sed hombres!".

Hoy, solamente armados de valor y de verdadero amor patrio, podremos detener nosotros a esos escuadrones de extranjeros que llegan, rifle al hombro, en son de guerra, a nuestro amado suelo. Pero, como nuestro agresor es tenaz y porfiado, de seguro no se irá muy lejos. Seguirá rondando nuestras costas del Caribe y del Pacífico, siempre rifle al hombro en actitud opresora.

Entonces, preparémonos mejor para la defensa nacional, fortaleciendo nuestra raza, moral, intelectual y hasta físicamente, lo más posible, para enfrentarnos al futuro que nos espera; y maldigamos las guerras que nos vienen desangrando, llevándonos también al retroceso.

PEDRO J. PAIZ

Tegucigalpa, 1924.

—Ninguna nación debe tratar de extender su política sobre otros pueblos naciones, porque debe dejarse en libertad a cada pueblo escoger su propia política, su forma propia de desarrollo, sin trabas, sin amenazas, sin temores, los pequeños al lado de los grandes y poderosos. *Woodrow Wilson.*

LOS RUBIOS DEL NORTE
(DE MI MEMORÁNDUM)

Miércoles 19 de marzo. —Se habla con insistencia de la llegada de marinos americanos a la capital. Pareciera que los verdaderos patriotas hondureños tuvieran la percepción de la desembarcada de estos señores en tierra hondureña y que repercutió en su espíritu la conmoción que produjo en esta tierra, virgen en atropellos extranjeros, al desembarcar en San Lorenzo los representantes de la fuerza bruta y el más alto exponente de las piraterías llevadas a cabo con pueblos indefensos. A las 9 y 35 a. m. salió un camión con bandera norteamericana, rumbo a la carretera del Sur, y se dice que va a traer el equipaje de las fuerzas acantonadas en la estación inalámbrica. A las once y cuarenta, cruzan las calles de la capital DOSCIENTOS MARINOS DE LAS FUERZAS REGULARES DE ESTADOS UNIDOS, los que fueron a acantonarse a la Legación americana y al Hotel Agurcia, anexo.

Los soldados van graves, pero el paso no es firme: pareciera que sintieran ellos que la tierra tiembla bajo sus pies en señal de protesta por el ultraje inferido. Dos oficiales que van en medio de las compañías no pueden llevar su gravedad hasta el extremo, cambian unas pocas frases y sonríen, sonríen. Yo les preguntaría si pudiesen sonreír así, si viesen a los japoneses cruzar armados por el último pueblo norteamericano. Yo sé que no; que solo pensarlo les crispa los nervios y a sus labios sale la protesta de todo buen hijo de la tierra donde duermen sus padres y donde han visto, por primera vez, las maravillas de la creación sus hijos.

¡Consumado el crimen de lesa Patria! Por una eternidad llevarán en sus conciencia honda acusación ante la patria, ante la Historia y ante sus hijos, los responsables de esta situación que pone a la Libre y Soberana Honduras, en la condición vergonzosa de Haití, Cuba, Filipinas, Santo Domingo y Nicaragua. Una corona más al carro de la conquista de los RUBIOS DEL NORTE: los insaciables USURPADORES de las soberanías de los pueblos débiles!

¡Horror para los conquistadores! ¡ASCO para los traidores!

Jueves 20 de Marzo. —Circulan hojas sueltas por la llamada y llegada de los soldados a la República y a la capital: una en nombre del Consejo de Ministros, firmada por el señor Ministro de Relaciones Exteriores, Dr. Rómulo E. Durón, y la otra por el alto poeta y autonomista centroamericano don Froylán Turcios, en que excita a todos los hondureños, sin distinción de colores políticos, a declararse AUTONOMISTAS O INTERVEN CIONISTAS, abriendo en la Redacción de Hispano América, el libro de inscripción donde firmarían su protesta los patriotas. ¡Loor a esa obra digna de este hombre ilustre, fiel exponente de la soberanía de su patria!

El nombre de Froylán Turcios lo repetirán las generaciones futuras con cariño y respeto, pues su solo nombre es la mejor protesta que ha presentado el pueblo hondureño ante las naciones civilizadas con motivo del imperialismo yankee en esta sección de Centro América. ¡Pobre Honduras, tú eres la segunda víctima de la deshonrada ambición conquistadora!

¡Yérguete, lucha hasta el cansancio de la muerte por tu autonomía!

Viernes 21 de Marzo. —El señor Franklin E. Morales, para sincerarse un poco de su actuación directa en este asunto de graves trascendencias, dice que lo hizo a pedimento de personas hondureñas que se juzgaban amenazadas. El señor Turcios le ha pedido los nombres de dichas personas, nombres que a estas horas, las cinco de la tarde, no han dado aún, y que yo creo que, al ser cierto, no los dará, dada la poca importancia que dan estos señores a su palabra empeñada con los INDIOS de Centro América, pues ellos creen que hasta el último mozo de cordel y el más ignorante *servant* de hotel, es superior a un togado de nuestras tierras. Y a fe que tienen razón. Viene un gringo arruinado, como solemos llamarles, y somos con ellos más pródigos, más deferentes y más obsequiosos que con nuestros hermanos de Centro América, y andando el tiempo pagan nuestra generosidad con su política INTERVENCIONISTA, hasta llegar al extremo de traer, como bagaje de conquista, soldados y banderas americanas y hasta cañones como prueba inequívoca de cariño y desinterés.

¿Y las doctrinas de igualdad y respeto de Wilson? ¿Y la Liga de las Naciones? ¿O es que los pueblos débiles, por pequeños, no merecen llamarse naciones como las otras?

¡Oh, Liga de Naciones, ruborízate!

El pez más grande se come al más chico. Esa es la ley de los salvajes que alardean, de una civilización y de un derecho que sólo los reconocen para ellos.

¡Nos tratan como a parias! Quieren conquistarnos, quieren civilizarnos; ¡oh, filibusteros, causáis indignación! ESCLAVISTAS, sí los hay, merecéis el anatema de patricidas, si traficáis rufianescamente con el honor de vuestra Madre Pairia en provecho de vuestras bastardas ambiciones!

El sedimento putrefacto de vuestras conciencias envenena el ambiente. ¡Ahorcaos como Judas!

Oh, hombres sin honor, sin patria y sin conciencia: haced que cuando muráis, os quemen para que no se manche la tierra centroamericana con vuestro contacto. ¡Que el aire purificador de ambientes malsanos arroje vuestras cenizas al mar, allá, a las riberas, de los conquistadores, de vuestros amos, de vuestros verdugos!

HUMBERTO SOSA

CUOTAS PATRIOTICAS: Volvemos a excitar a los verdaderos patriotas a fin de que envíen sus cuotas para pagar a los tipógrafos que forman este boletín.

Anexión de la República de Haití por los Estados Unidos del Norte

MEMOÁNDUM DEDICADO A LA QUINTA CONFERENCIA PANAMERICANA DE SANTIAGO DE CHILE, EN NOMBRE DE LA UNIÓN PATRIOTICA DE HAITI, POR PIERRE HUDICOURT, EX DELEGADO PLENIPOTENCIARIO DE HAITI A LA 2 CONFERENCIA DE LA PAZ.

Destrucción de la soberanía y de la independencia de Haití por los Estados Unidos.

Desde el 19 de enero de 1804 hasta el 28 de julio de 1915, Haití fue un Estado soberano e independiente. Como tal está ligado, por diversas convenciones y tratados, con las grandes potencias de Europa y con los Estados Unidos; se adhirió a las convenciones de Ginebra y ha sido parte en catorce convenciones firmadas en La Haya y en otras firmadas en México, Buenos Aires y Rio de Janeiro. Con Estados Unidos ligaban a Haití, especialmente, convenciones comerciales y un tratado de arbitraje, firmado y ratificado en 1909. Pues bien, en 1915, las tropas norteamericanas desembarcaron inesperadamente en suelo de Haití y asumen el control del país, desde entonces hasta la fecha.

Su soberanía fue destruida y abolida su independencia, bajo el pretexto de un pseudo tratado, que lleva la fecha de 16 de septiembre de 1915. Haití fue una antigua colonia francesa. Después de los Estados Unidos, fue la primera en proclamar su independencia en este hemisferio. Su población es de más de 2.500.000 habitantes. Produce café, algodón, cacao, maderas preciosas, etc. Su subsuelo no ha sido aún explorado.

Después de haber realizado en 1804 su organización política, Haití fijó en su Constitución, como una precaución a la vez política y económica, que los extranjeros no tenían derecho para poseer bienes raíces. Tenía más razón para ello que algunos de los Estados de la Unión Americana, en donde existe igual prohibición, por ejemplo, Vermont, Alabama, North Carolina, etc.

No se puede negar que, desde un principio, Haití sufrió disensiones intestinas, como todos los pueblos de la América. Pero tampoco se puede sostener que, durante tales luchas, hayan estado en peligro la vida o los intereses de ningún extranjero.

Los intereses de la deuda exterior se pagaron siempre escrupulosamente, hasta la ocupación norteamericana. Sin embargo, desde hacía mucho tiempo los haitianos habían comenzado a sospechar sus intenciones de su poderoso vecino del norte.

Desde 1847 los Estados Unidos hicieron tentativas para obtener la bahía de Samaná, en la costa este de la República Dominicana, o la Mole de San Nicolás, en la costa occidental de Haití, para el proyecto declarado de una base naval. En 1891, el gobierno de los Estados Unidos envió a Port and Prince al almirante Gherardi, con una flota numerosa, para tratar la cesión de la Mole de San Nicolás. El gobierno de Haití declinó discutir la cuestión y la flota norteamericana se retiró. La buena armonía no cesó de reinar entre los dos países.

En 1910 el gobierno haitiano quiso hacer en Francia un empréstito de 65.000.000 de francos. El ministro de Estados Unidos en Port au Prince se opuso a dicho empréstito, en una nota conminatoria, con el pretexto de que el proyecto desconocía los intereses americanos y era perjudicial a los intereses del pueblo de Haití. A pesar de todo, dicho empréstito se celebró: una parte considerable de él se había colocado entre los banqueros de New York. Por este tiempo el Gobierno de los Estados Unidos emprendía activamente los trabajos del canal de Panamá.

A partir del momento en que el canal fue abierto al tráfico comercial (1914), el Gobierno de los Estados Unidos manifestó una febril ansiedad por intervenir, en cualquiera forma, en Haití.

De 1914 a julio de 1915, los Estados Unidos hicieron abiertamente varias proposiciones a Haití. Todas fueron rechazadas. Hacia fines de 1914, Mr. Bryan escribía al Presidente, Wilson:

—Creo de capital importancia aumentar inmediatamente la fuerza naval en aguas haitianas, no sólo con el fin de proteger los intereses extranjeros, sino también para manifestar la intención evidente que este Gobierno tiene de arreglar la condición no satisfactoria de los asuntos de Haití.

Se aumentó el número de barcos de guerra norteamericanos, y el 10 de diciembre de 1914 el Ministro de Estados Unidos presentó formalmente al Gobierno de Haití un proyecto referente al control y administración de las aduanas haitianas. Tales eran las condiciones que se fijaban para reconocer a un gobierno recientemente organizado en Haití. Este proyecto también fue rechazado.

(Continuará).

La esclavitud de Nicaragua
POR ISIDRO FABELA
La diplomacia del dólar.---La revolución contra Zelaya

(Continúa).

Con posterioridad, una comisión civil, nombrada al efecto, pidió oficialmente la entrega de la plan de Corinto. Los soldados de los Estados Unidos se negaron a ello.

El Presidente de la República de El Salvador, seriamente preocupado de la intervención en Centro América, mantuvo una activa correspondencia con sus ministros en Washington, Managua y Costa Rica, y con los señores Presidentes de Honduras, El Salvador, Guatemala y Costa-Rica, con el deseo de que todos hicieran las gestiones aisladas y conjuntas cerca del Gobierno norteamericano, para que esto suspendiera sus avances Intervencionistas en Nicaragua.

El Presidente don Manuel Araujo no tuvo ningún éxito en sus trabajos pacifistas

El señor Presidente de Honduras, Manuel Bonilla, también actuó en el mismo sentido, con igual resultado.

El 26 de agosto, el Presidente Araujo se dirigió a Washington en estos términos, por conducto de su Legación en esta capital: Temo graves desórdenes si se realiza intervención americana en Nicaragua. Llegaron cincuenta marinos más a León; pueblo amotinose en estación para matarlos.

Oportuna intervención del Ministro de El Salvador impidió desgraciado incidente.

Acérquese Departamento de Estado para poner de relieve graves peligros y excitación general Centro América si efectuase intervención. La paz se impone. Urge gestione en ese sentido".

Al propio tiempo dirigióse al Presidente Taft, diciéndole: "La situación de Nicaragua se agrava de día en día y temo serias complicaciones si las tropas americanas penetran en territorio nicaragüense. En León (repite lo dicho al Ministro). Respetuosamente ruego a Ud. insinuar al Presidente Diaz que entre en algún arreglo de paz, aceptando una tercera persona. Hago esta manifestación movido por mi ardiente deseo de paz en Centro América y mi sincera amistad al soberano y pueblo americanos. —Presidente Araujo.

Mr. Taft no sólo desatendió las pertinentes demandas del Presidente Araujo, sino, que le echó en cara su conducta, imputándolo a su patria intervención parcial en los acontecimientos.

La comunicación, en su parte conducente, asienta: "El Gobierno de los Estados Unidos no ha tenido la intención de dejar su legación y la vida e intereses de sus ciudadanos en Nicaragua, a la merced de una rebelión sin fundamento y que por acciones hacen pensar en la época de Zelaya, cometiendo los atropellos más flagrantes a los principios del honor, de la humanidad, orden y de la civilización como V.E. me lo indica.

No creo que fuera de justicia insinuar al Gobierno de Nicaragua cualquier arreglo con las personas que han demostrado que no cumplen los compromisos contraídos con las autoridades locales, representadas legalmente y en el ejercicio de sus derechos. He tenido la pena de sabor, aunque no le he dado crédito, que la presente revolución de Nicaragua está recibiendo auxilio de territorio salvadoreño. No creo necesario manifestar a V. E. que la vindicación salvadoreña encontrará una oportunidad en la convención de Washington. —William H. Taft.

El Dr. Araujo, por boca de su Ministro de Relaciones, replicó a Mr. Taft que "con profunda pena ha visto calumniosa versión sin citarse ningún hecho concreto... Esto es completamente falso, como puede justificarse con documentos de valor irrefutable. Mi Gobierno se limitó a ejercer nobles oficios pero ha guardado y guardará la más absoluta neutralidad en las contiendas de los países hermanos, de acuerdo con los pactos internacionales, a los cuales rinde siempre acatamiento.

www.ingramcontent.com/pod-product-compliance
Lightning Source LLC
Chambersburg PA
CBHW071133130626
46553CB00004B/1358